古代日本の東アジア交流史

鈴木靖民
［著］

勉誠出版

はじめに

本書は古代日本の朝鮮・中国の諸国、諸地域との文化、仏教、信仰などを主とする交流史の研究を内容とする。対象とする時代は一世紀の弥生時代後期から一〇、一一世紀頃の平安時代、または中世成立期までである。一九の章はそれぞれの時代の交流に関するテーマを取り挙げて論じるが、一部に概説的な論文を含んでいる。半数以上は日本や海外の新出資料に照明を当て、文献研究をふまえつつ、私なりの問題関心によって意義づけしたものである。なかには学界だけでなく、市民に伝えるべく心がけたものが少なくない。近年、日本でも公共考古学が導入されているが、私は最新の古代史研究を市民に還元する意味で〝公共歴史学〟の普及を意識している。

私はこれまで東アジアの視点から古代日本の対外関係を中心として国家の形成、構造、制度、政策の究明を課題にして取り組んできた（『古代対外関係史の研究』吉川弘文館、一九八五年、『日本の古代国家形成と東アジア』吉川弘文館、二〇一一年、『倭国史の展開と東アジア』岩波書店、二〇一二年など）。

私は研究を続けるうちに、外交や政治の問題に限らなければ、出土文字史料や金石文、それに伝世する正倉院の宝物なども史料（資料）として考察対象とすべきことを知った。そして現地調査を始めた韓国では、倭（日本）との交流を示す多くの遺跡、遺物に目を見張るものがあった。また一九八〇年代半ばに広開土王碑の調査を契機として留学した中国東北でも、高句麗・渤海の考古学が著しく進んだ。一九九五年頃から二〇〇〇年代に入る頃以後は、遣唐使と入唐僧の足跡調査、西安・洛陽で出土する日本関係の唐代墓誌などを通して、数々の貴重な資料に接してきた。これらは何よりも人とモノの交流史をありのままに示す歴史資料群であり、日朝間、日中間を超えて東アジア規模の広域史を語る資料もある。

出土文字史料や考古学資料を取り挙げるにつれて、対象とする時代の幅と地域が広がり、テーマも多岐にわたってきた。それらの多くは文化史、仏教史、信仰史に関連する領域である。とはいえ、古代の仏教信仰や心性を含む文化の内実、その伝播、受容などは、政治や外交と不可分の関係にある。

文化現象を直に表す文献史料は余りなく、ほとんどが物質的な資料、すなわちモノであり、モノの背後には文化、技術の問題が存在する。あるいはモノの持つ文化的なコンテクストやバリュー・システムへの目配りも不可欠である。本書はこうした問題や視角を含意する文化史的な交流史の考察をベースに据えてまとめてみた。

各部の各章の論旨を述べると、Ⅰは1で弥生時代の出雲、2で古墳時代の毛野、それぞれの遺跡、遺物の具体例を扱い、中国、朝鮮からもたらされた文物などからその時代や社会における渡来文化の意味、人とモノの移動に関与し交易という経済を動かす公権力（王権）について考えた。Ⅱは七世紀における飛鳥時代の交流を取り上げる。1は初期仏教の拠点となった飛鳥寺の主な由来を百済の寺院、仏教に探り、さらに中国に源流を求めた。2は難波宮出土の二、三の木簡によって、七世紀半ばの王権の特徴、祭祀または儀式などにかかわる様相を憶測した。3は百済と高句麗の滅亡後に来日（倭）するそれぞれの使いが新羅の遺民統治と外交戦略によることを明らかにした。4は遣唐使のメンバーに選ばれる地方豪族の特徴と事情を近江の守君氏を例にして述べ、5は百済から唐への移民となった陳法子の墓誌が

『日本書紀』の任那（加耶）関係記事の理解に資することを示した。Ⅲは七・八世紀、すなわち飛鳥・藤原京の時代と奈良時代の古代文化の形成と特質を東アジアのなかで捉える。1は飛鳥地域の百済・新羅の渡来文化と渡来人の役割を木簡やモノによって述べ、文化形成と国家形成の一体的な時代像を考えた。2は出雲大社の高層建築と神信仰が国内的な理由だけでなく、朝鮮との関係や東アジア情勢を背景に成立すると見なした。3は藤原京と平城京に住む新羅人と新羅文化をクローズアップし、都市の渡来人（帰化人）の存在形態、その社会的、政治的役割を解明した。4は一世紀から八世紀にかけての渡来人の帯びる技術、技能とその伝習の実相と意義を、鉄生産と文字文化を例にして論じた。5は奈良時代の唐・新羅・渤海との外交、文化交流を通観して、いわゆる天平文化の背景や条件を明らかにした。Ⅳは日本の信仰・宗教を東アジアの視座からみる。1は七世紀から一〇世紀頃までの神信仰と仏教の関係と展開について、中国・朝鮮の土着信仰と外来宗教（仏教）との混交の事実に触れ、また王権・国家との密接なあり方を論じてその国際、国内両面からの強いインパクトを指摘した。2では中国河南省法王寺で発見された入唐僧円仁の名のある石刻資料を紹介し、3においてその円仁石刻に関する現地での調査経緯を述べ、法王寺の歴史のなかでの位置づけを通して史料的価値、信憑性を確かめた。4は迎賓館である越前敦賀の松原客館について、北陸の高句麗・渤海との交流、国内各地との交通、港津や駅家の役割、気比神宮などから実態を追った。5は一〇、一一世紀、古代国家の異界にある青森市新田（1）遺跡の性格解明のために、一三世紀の鎌倉の建長寺の苑池遺構出土の祭祀遺物との類似性を論じた。6は「梁職貢図」と『梁書』から想定される東部ユーラシアの歴史空間を提示し、古代日本がその東部ユーラシア世界と東アジア世界構造のなかに重層的に存在していることを展望した。

以上のように、本書では古代日本の東アジア交流史の論点を万遍なく扱ってはいない。しかし、ここでみた文化の移転、受容などの国際交流は、人や社会や文化を規定し、国家を大きく突き動かすような場合が大いにある。日本と相手の交流のベクトルは必ずしも対等でないが、それは東アジアの政治、文化の中心である中国王朝に対して、日本、朝鮮が辺縁か周辺であったこととかかわっている。弥生・古墳時代に関しては、二つの章で考古資料を扱うトピカルな問題で代表させた。飛鳥時代以降、奈良・平安時代については、一七の章で文献の捉え直しと、出土文字史料や考古資料をもとにして、交流史のポイントを押さえる史実、問題をひとまず論じ得たであろうか。これらによって、古代日本の王権や国家の公的な外交に伴うか、逆に余り関係のない文化交流や交易活動が中国、朝鮮との間に種々の形で展開し、多少の断絶を挟み、起伏がありながらも長年にわたって続けられてきた歴史とその性格、特色を粗々提示できたと思われる。

各章は折々の機会に史料（資料）に向き合い、歴史の意味を考えたものを骨子にしている。それゆえ、全体史を理論的に解明し、既成の世界論や文化論の継承を志向するとか、批判するとかを意図してきたわけでない。しかしこの一冊は人やモノ、文化の交流や移動の事実を可能な限り析出し、新たな歴史像を追い求めてその意義の描出に努めたものである。さらには、日本史の側から東アジア世界または東部ユーラシア世界の議論にも加わり、その上、伝播論や構造論のモデル構築のために少しでも寄与するところがあると認めて頂けるなら幸いである。

目次

終章　東アジア交流史と東アジア世界・東部ユーラシア世界

I

弥生・古墳時代の東アジア交流

1 島根県田和山遺跡と東アジア

――環濠集落・特殊建物・硯

はじめに

島根県松江市中心部の西南の郊外に位置する田和山遺跡は、島根県乃木平野の東側の独立丘陵上に営まれた、弥生文化前期後葉（I期）と弥生中期中葉～後葉（II期）の環濠集落として有名である。これまでの調査・研究成果で究明された遺構・遺物を、古代の東アジアのなかでの出雲、さらには日本列島という視野に広げてみると、①三重に囲む環濠と土塁、柵列施設、②中期の山頂部最高所の九本柱で田の字形を呈する建物跡とその南側の空間（広場）、③硯とみられる板石と楽浪土器の三つが時代の様相や文化の特色を表す重要な歴史資料であり、日本史全体のなかでもすこぶる注目される。

本章では、近年の関連する調査・研究の事例や成果に基づいて、そこから復元される歴史像と意義の概略と要点を押さえ、東アジア交流の視角から考えられる事柄について考察する。

一　環濠集落と東アジア

弥生時代の時期区分と年代は、土器の型式による相対年代だけでなく、近年では炭素の存在比率を指標とするAMS年代測定法が導入され、前期は紀元前八～三世紀（前一〇世紀説もある）から、中期は前一世紀から、後期は一世紀中葉から三世紀中葉まで、その後、古墳時代に入るとされている。従って、田和山遺跡は、前三世紀頃（修正すると前二世紀の終り頃）（Ⅰ期）と、一時期衰えるが、前二世紀から一世紀頃（修正して前一世紀中葉から一世紀中葉頃）（Ⅱ期）までの環濠のある弥生時代の集落遺跡である。その面積は一・六ヘクタールと狭く、集落を構成する住居を示すのは、環濠の外側にある三カ所のゾーンにまとまる竪穴住居と掘立柱建物である。特にほかに比べて懸隔するような支配層の建物はない。山頂部に建造物があるが、後述の通り住居でなく、特殊な施設であった。

さらにこの遺跡の北にある友田遺跡の墳墓群が田和山の人びとの墓域だったとみられている。西側に忌部川が流れ、宍道湖に注いでいる。周辺の欠田、門田などの集落遺跡も母村と小村の関係として捉えられるかは措いても、田和山遺跡にかかわりを持った同一エリアの地域社会を構成していたと思われる。

日本列島の弥生時代の文化はその前の縄文時代の伝統を受け継いで複合しながら展開したが、それ以前とは大きく異なる特徴も有していた。それは、東アジアの交流のなかで、外来の移住民によってもたらされた文化という点である。受容には地域差を考慮すべきとされるが、第一に稲作が雑穀の畑作とともに入って〔安藤広道二〇一四〕、狩猟や漁労に代わるほどの主要な生業になり、それぞれの地域の多様性があるにせよ〔設楽博己二〇一三〕、列島社会が特に水稲農耕の技術を安定して受容し、拡大した時代であることが挙げられる。第二に、石器に代わるか、並存するかしての鉄や青銅で作った道具、つまり金属器が、水稲農耕や農耕の生活や信仰に伴う各種の工具、利器、祭器などとして使用されたことである。第三に、すべての弥生期の集落に当てはまるわけでないが、これらに山や丘陵や台地に造られる環濠集落を加えるべきであると私は考える。

環濠集落は遥かに六〇〇〇年以上も前の仰韶《ぎょうしょう》文化の時代、中国陝西省西安市の西の姜寨《きょうさい》遺跡や半坡《はんぱ》遺跡、また内蒙古自治区の敖漢旗《ごうかんき》・興隆窪《こうりゅうわ》遺跡、白音長汗《はくおんちょうかん》遺跡などに祖型を持ち、長い歳月を経て朝鮮半島各地に伝播した。無文土器文化中期、紀元前五世紀頃の、韓国東南部の蔚州《うつしゅう》の検丹里《けんたんり》遺跡が代表的な例である。日本列島では福岡市の板付遺跡を最古の例として九州、四国から近畿、山陰、北陸、関東に及ぶ多数の集落遺跡が弥生後期まで続く。なかでも佐賀県吉野ヶ里遺跡、神奈川県横浜市大塚遺跡が国の史跡に指定されるなどして知られている。山陰では田和山遺跡をはじめとする出雲と伯耆に多く分布する。

韓国で田和山の時代と重なるのは前一世紀中葉から三世紀中葉頃までの大規模な環濠のある金海市大成洞《たいせいどう》の集落遺跡であり、すぐ隣に一世紀から造られる大成洞墳墓群がある。この後、南の鳳凰洞遺跡に人々が移って環濠集落が造られるが、ここが弁韓の狗邪韓国から任那加耶（金官加耶）にかけての時代における地域の拠点であった。

日本列島の環濠集落は韓国南部から伝わった集落の形態であり、台地や丘陵上に立地し、近くに河川がある点が共通する。田和山遺跡では多重の環濠、土塁、柵列を備え、U字型かV字型の濠からは高坏、甕、壺などの土器、九州系土器、多量の円礫（つぶて石）、石鏃、磨製石剣、環状石斧、土玉など、武器となり得る石製や土製の道具が出土する。これらは集落間の争いや外敵の侵入、攻撃を防ぐ防御機能を有することが明白である。これは端的には農耕とその生産物をめぐる争いに備える防御であると考えられている。

こうした集落は稲作、畑作農耕とともにかなり速いスピードで伝わったとみられる。人びとの移動や交流に伴うことはいうまでもない。この新たな集落の形態は、そのプランと土木建築の技術を携えた人びとが直接に、またはその影響で技術や知識を身に付けた人々の移動、移住によって、朝鮮半島南部から北部九州に伝えられ、ついで九州から日本海沿岸を通って出雲にも入ったと類推できる。同時に、人々の移動には水稲農耕の技術も伴ったと想定される。後述の硯などの文物も多分一緒であろう。この環濠集落は一世紀末頃、弥生中期末葉に終息する。これは山陰、出雲では、四隅突出墓の出現に反映するような地域社会の変動、新たな支配層の台頭と社会統合の状況に関連するとみられている。

二　特殊建物の系譜

ところで、環濠内には防御すべき住民の住居がないだけでなく、稲穀などの収穫した生産物を保管する倉庫が認められない。こうした丘陵の頂上部の環濠内に集落のほとんどない例として、松本岩雄氏は近年発掘調査された韓国安城市の初期鉄器時代の環濠集落、盤諸里《ばんしょり》遺跡を挙げている〔島根県八雲立つ風土記の丘二〇一五a、中原文化財研究院二〇〇七〕。同遺跡は検丹里遺跡よりも新しく、日本の弥生前期以後に相当する。

しかし田和山遺跡の山頂部にはⅠ期に五本柱の建物、Ⅱ期（弥生中期中葉〜後葉）に九本柱で最高所に心柱を有する平面が田の字形の建物が建っていたと解される。後者は小規模であるが、七世紀以後の出雲大社本殿のいわゆる大社造りに類似することで早くより注目を集めて来た。これはもちろん住居ではなく、倉庫でもない。そこで、集落を守護し安寧へと導く象徴的・宗教的施設ではないか、また南側の小空間は儀礼用の広場とも解釈できるとする説が唱えられている〔松本岩雄二〇〇二・二〇一五a〕。三重の環壕のうち、第三の壕が小空間に近接する南側丘陵の高い所まで設けられているので、外部との精神的な区画の意味があるのではとされる。つまり田和山遺跡は周辺の集落の人々に崇敬されているランドマーク的な存在だったと推定されているのである。この特殊な建物は韓の移住民の影響を受けているかどうかは証拠立てる資料がないので不明である。田和山遺跡のⅡ期と時期の重なる弥生中期後半には、平地の大環濠集落として知られる大阪府和泉市と泉大津市にまたがる池上・曽根遺跡で独立棟持柱を具える大型掘立柱建物が建ち、その前面に大型井戸を伴っており、神殿であろうと推定されている。

古代の出雲では祭祀跡を示す遺跡が数多く発見されている。特に出雲市斐川町の杉沢遺跡でも、八世紀後半の田の字形の建物遺構を検出している。出雲大社の建造よりも後の時代のことであるが、八世紀から九世紀初め、奈良時代後半から平安時代初め頃の出雲市青木遺跡の神社と考えられる三棟の建物跡でも九つの柱痕が出土し、真ん中は心柱を思わせる太さであり、大社造を推測させる確かな神社遺跡である。その周辺では斎串、形代などの祭祀遺物、木簡、遺構も検出され、祭祀が行われたとみられている〔平石充・松尾充晶二〇〇四、錦田剛志二〇一三〕。なお、非日常的な使われ方を感じさせる井戸の側に樹木が植えられていたとされる。

ごく大まかに括るなら、弥生時代以来の出雲の地域社会では、特有の神観念があり、自然の山や岩石、川、湖、池、滝、湧水を対象としてその自然のままの状態で霊魂として祀る崇拝の形があるが、それとは別に、住居や倉庫と違った神の籠り坐す人工の施設として、他地域では余りみられない特徴のある形式の建物を造営する神社建築の思想が息づいていたと思われる（なお、〔松尾充晶二〇一五〕参照）。

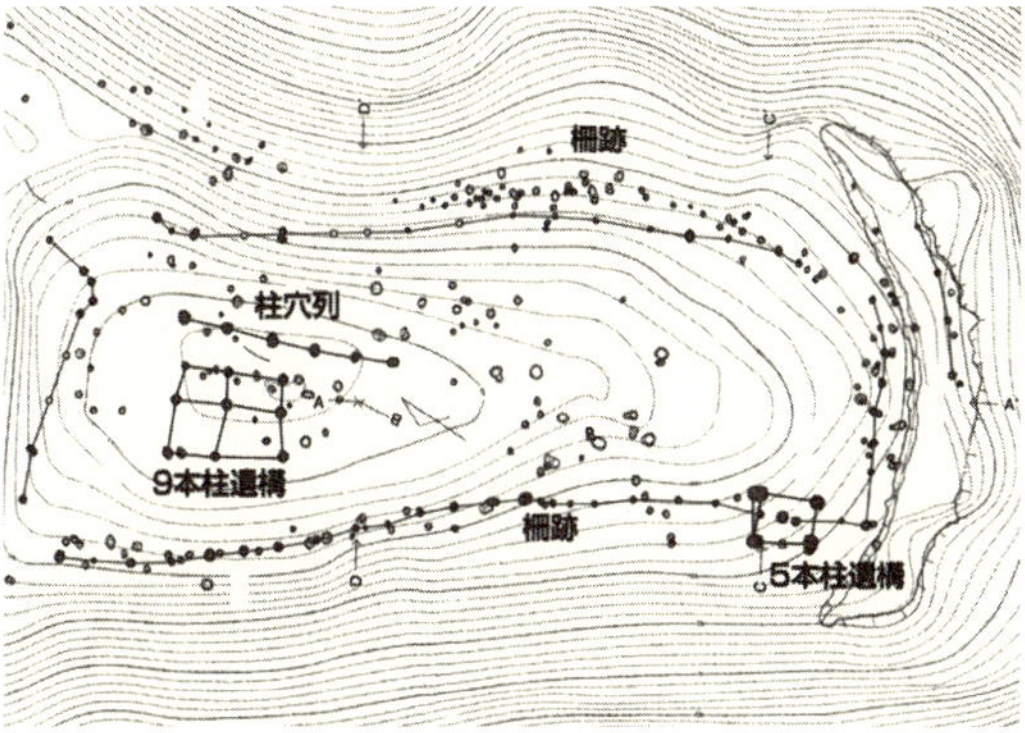

図1　田和山遺跡山頂部の図面
（「田和山史跡公園」パンフレットより）

神の坐す建造物の性格をめぐっては、文献に基づく歴史学よりも、考古学、建築史学、民俗学、文化人類学などの分野からの議論がある。しかし古い時代の文献のなかに窺い知るべき史料はほとんどない。田和山遺跡の田の字形の建物の上部構造は不明である。九本の柱がつながることなく、天空に向かって並び立つという想像も否定できない。また床を持って倉状を呈する建物ともみられ、倉状の施設とその南側の空間を併せて、神が坐すか、神を祭るところかという想定もできるので、多様な可能性を考えて問題を探る必要がある。

考古学資料で知られているのは、田和山遺跡と同じ弥生中期後葉の鳥取県米子市の稲吉角田遺跡で出土した土器（大壺）の線刻絵画であり、船を漕ぐ鳥装の人たちとその左手に細長い柱と長く斜めに懸った梯子を持つ高床建物（やぐら状建物）、その左隣の高床倉庫風の建物、さらに二つの物（銅鐸か）を吊るした大木、鹿が描かれる。この絵画について、祖霊を招き、祭りを介して土地と稲を取り持つ春の祭りの情景と解釈する説がある〔春成秀爾一九九二、山田康弘二〇〇六〕。様々な霊魂、神々がひとところで祭られるのは、後世の例からみてあり得るかと思われる。特殊な高床建物は出雲大社の高層建築を連想させ、神を祭る祠、すなわち施設であるか、神の坐す施設である確率も高いであろう。大木の枝に祭具類を懸けるのも、後述のように十分推測できる。

次に東アジアの視野でこの種の建物をみてみたい。三世紀頃の状況を記す『魏志』東夷伝に、祭祀の種類とともに、住居、宮室、倉庫以外に霊魂、神のいるところ、すなわち神殿などの施設、空間、または神を祭る祭殿などの施設や空間の存在を示す記載が少しあり、参考になると考えられる〔鈴木靖民二〇一二〕。

『魏志』倭人伝に倭王卑弥呼が鬼道すなわち鬼神（霊魂）との交感行為に長じているというのは最も知られているが、記事は簡単で、鬼神を祀る祭祀の場が明示されていない。「夫余伝」に殷の正月（陰暦一二月）や軍事の時に国中が大いに会し、天を祭り、卜占するとあるがその場は明らかでない（後述のように奈良県秋津遺跡の性格と軍事の関係の場合を連想させる）。「高句麗伝」には居するところの付近に大屋を立て鬼神を祭り、また霊星、社稷、すなわち農業を司る星、土地と穀物の神を祀る。王を出す消奴部は宗廟を立て、霊星、社稷を祀る。一〇月、国中が大会して、大穴（隧穴）で隧神（三品彰英は、隧は示へんが正しく、もともと歳神であるとする）を迎えて祭るが、木隧（木穟の誤字で穀穂を象った、収穫祭の神とする三品説がある〔三品彰英 一九七三〕）を神坐に置くという（大穴とあるのは、『出雲国風土記』出雲郡条の宇賀郷の磯の西方にある岩窟の穴が「黄泉の穴」と呼ばれていたという伝承、さらには『古事記』のイザナミノ命が行った「黄泉国」の神話を思い浮かばせる。ロシア・アムール川流域に住む北方民族のナナイには、岩石内に人が出入りする伝説、信仰の例がある）。また、「濊伝」に一〇月の節に天を祭る。また虎を神として祭るとある。

「韓伝」によれば、五月の種下しに際して鬼神を祭り、群衆が歌舞し、大地を踏んで低昂する。一〇月の農功（収穫作業）が終わっても同じである。鬼神を信じ、国邑にそれぞれ一人が天神を祭る祭主となる。また諸国にそれぞれ別邑があり、そこを蘇塗とする。そこでは大木を立てて鈴鼓を懸け、鬼神につかえる。「弁辰伝」には、鬼神を祭るのは他の韓と異なる点があると記すが、祭祀の場所を記さない。祭司（祭主）も誰かは分からないが、おそらく集落の支配者たる首長層であろう。

これらは日本列島と朝鮮半島を中心とする東アジアの祭祀の多種多様な様相を中国の観念で捉えて表現しており、祭祀、信仰は天や土地神、大穴、虎神といった天地、自然物、動物への信仰と、農業の予祝、収穫感謝の信仰とに大別される。天の祭りは夫余、濊にみられ、農耕の祭りは韓に詳しく記されるから、北方と南方の地域性の違いが反映していると見なすこともできる。祭祀の場ないし施設、祭神の姿形は明確に書かれないことが多いが、高句麗の岩石に対する信仰がイメージされる隧穴の神は、木隧、つまり木製の偶像で表され、神の座があるという。神の形が表現され、隧穴か、その周辺に施設が造られることが推定できる。韓の春と秋の農耕祭祀は鬼神、すなわち霊魂を祭り、祭主がいる。祭祀の一部で群衆が大地を踏み鳴らし、声を唸るように低く出すとあるので、広場のような空間での呪術宗教的な行為を想像させる。また韓の聖域である蘇塗では地面に大木を立て音の出る鈴、鼓を懸けて鬼神を祭るというから、大木に表徴される鬼神を祭るものと理解される（最近、韓国の金仁喜氏は蘇塗の農耕儀礼と関係があり、北方に起源があると考えられている鳥型のソッテについて、陶器などの文様の比較によって中国長江の中下流および以南地域と関連すると論じる〔金仁喜 二〇一五〕）。

樹木を神の表われか、または依り代とみて、その枝々に剣、鏡、瓊などの器物を懸ける例は、『日本書紀』の神代の神話や景行四年九月条や仲哀八年条の地域支配者である豪族が倭王の景行や神功皇后に服属する征討説話などにみられるのに通じる（なお、〔三宅和朗 二〇一六〕参照）。唐の代宗の葬儀の式次第を徳宗に命じられて顔真卿がまとめた、八世紀後半の『大唐元陵儀注』には死者の魂が依憑する、鼎を枝に懸けた喬木を立てる「懸重《けんじゅう》」がみられる。東アジアの古代社会で樹木を立てて神格や霊魂を祭ることは、葬祭を問わず共通した宗教的、政治的な習俗であったと思われる。

樹木などが山上から来た神の依り代、招ぎ代であるとする通説について、近頃、笹生衛氏は折口信夫の独創的な考え方ないし着想に基づくもので、その説に従うのは考古学、歴史学の裏付けを欠くとして批判し、見直しの必要性を主張する〔笹生衛 二〇一六〕。この意見に従って、樹木自体に神格が認められたと考えると、樹木で造られた柱もそれに準じる神そのものと認識されたことになるであろうが、呪力のある樹木に神が依りつく例もあるので、双方を峻別しないほうが穏当であろう〔三宅和朗 二〇一六〕。東アジアでは韓の蘇塗の樹木の例も同じである（だが、高句麗のように上屋を持つ建造物に神の坐す例もある）。そして『日本書紀』の地方の豪族が天皇、すなわち倭王に服属する時に、鏡、剣、瓊（玉）を木の枝に懸けるという伝承の類は、笹生氏によると古墳時代の遺物の実態からは元来、鏡は珠文鏡、素紋鏡など、瓊は勾玉、管玉など、剣は剣形木製品であった可能性があり、これらが神への供献物ということになるかもしれない。すると、『日本書紀』の木の枝に懸ける鏡、剣、瓊のセットはいわゆる三種の神器に相当するのであり、編纂時の天皇の象徴物の実態を反映させて整えたという想像もできるかと思われる。

田和山遺跡の特殊建物の性格に戻ると、この遺構が九本の木（柱）を屹立させたものであるか、上屋を有する建築物であるか、なお断定はできない。木を伐って立てた柱と自然の樹木とを同じ神と観念したかどうか、そこに祭られる神が祖霊を含む人格神か、自然の霊魂として崇拝するのか、稲の霊魂（稲魂）などの事物を神格化したものか、それらの複合かは分からない。だがどちらも神と一体的か、神が籠り神の坐す人工の施設であると見なしてよいであろう。その南側の空間は人々が集って神を祭って祈り、歌舞するような広場、また神と飲食をともにする、祭祀とひと続きの饗宴の場でもあろう。当然ながら、祭祀を執行する祭司は「韓伝」の天神を祭る国邑の人物から類推しても、集落の首長層であろう。

日本の樹木信仰の場合、その後の系譜は七世紀後半の奈良県の飛鳥寺の西の広場にあって、一定の境域を象徴する神聖な槻の樹が饗宴や儀式のスポットの中心にもなった代表的な例としてよく知られている（福田陽子二〇〇八）。また奈良時代の各地でみられる郡家の南門の近くに立つ木なども同類の形であろう。また国府や郡家の西北（戌亥）に設けられる神社も、違った信仰要素が加わっているが、この種の系譜上の関係があると考えられる。

田和山の頂上の特殊な建造物が神祭りの核となって一定の信仰圏や宗教ネットワークが作られていた可能性は十分あると思われるが、付近一帯に同時期の類似の宗教的な施設などは確認されていない。しかし古代日本の神信仰の施設のあり方を大きく俯瞰してみると、田和山遺跡の建造物などは出雲大社の本殿の遠い源流であることは間違いないであろう。

田和山遺跡のスポットは、この後、三世紀半ば、古墳初期の奈良県桜井市纏向遺跡のなかの規則的に東西に並ぶ神殿または祭殿と思われる建物群の性格はまだ不明のところがあるが、四世紀半ば以前の奈良県御所市の秋津遺跡で出現した、五世紀初めの八尾市心合寺山古墳の囲形埴輪のモデルともいえる広く囲った空間構造を表す祭祀の施設などのように発展すると解釈できるものであり、後世の大嘗祭に使われる仮設的な囲繞施設に類似すること（米川仁一二〇一五）も含めて、神社（神殿）とそれにつながる祭祀空間の構造という流れに位置づけることが可能であろう（秋津遺跡とその南の中西遺跡の性格や役割は、時期から考えて、例えば石上神宮七支刀銘などに示唆される高句麗との対外戦争に関与して、百済に加担する倭王権としての出兵や列島内部の紛争などの際の、当時の王権を構成する大和・河内の首長たちの集結するような祭祀・儀礼の場である可能性が、上記した天余の軍事の時の天の祭りの例などにより類推できはしないかと憶測する）。

今日に続く神社建築の構造は、早ければ六世紀中葉以後、仏教の普及、中国・朝鮮半島各地の木造の寺院建築の影響で、また王権・国家の指示があって修造が始まるものと普通理解されている。

三　楽浪から来た先進文物——硯をめぐって

田和山遺跡では一九九八年、板状の石製品の破片二点が出土した。のち石の材質、加工の仕方から一九三〇年代に発掘された後漢代の楽浪の墓である彩篋塚（南井里一一六号墳）で出土した硯と類似することが明らかにされた（『平壌名勝旧蹟保存会 一九三六』参照）。すなわち石片は石硯と磨石（研石）と判断された。彩篋塚の被葬者は漢人か、漢文化を享受した在地の人である。ほかにも北朝鮮平壌市南郊にある楽浪の王盱墓など多くの墳墓から二六点以上の硯が副葬品として検出されている〔曺喜勝二〇〇二〕。中国古代における硯などの筆記具の考古学の研究は、〔吉田恵二一九九二・一九九三、白井克也二〇〇〇〕を参照）。

楽浪系の遺物と関連して、出雲をはじめとする山陰各地では弥生前期からの朝鮮半島の無文土器が出土しており注目される。

近年、出雲市山持遺跡では韓国南部の勒島式土器が弥生中期後葉ないし後期前葉の土器とともに出土した。弥生後期の出雲市矢野遺跡、前期後葉から後期後葉の鳥取市青谷上寺地遺跡でも出土例がある。その後の三韓期の土器も、松江市南講武草田遺跡、タテチョウ遺跡、出雲市古志本郷遺跡などで弥生後期末葉ないし古墳前期の土器とともに発見されている〔松本岩雄二〇一五b〕。

そして周辺では楽浪系の土器が出土する。松江市鹿島町沖の海底から発見された楽浪土器（壺）があり、山持遺跡では弥生中期後葉から後期前葉の土器に伴って出土した。

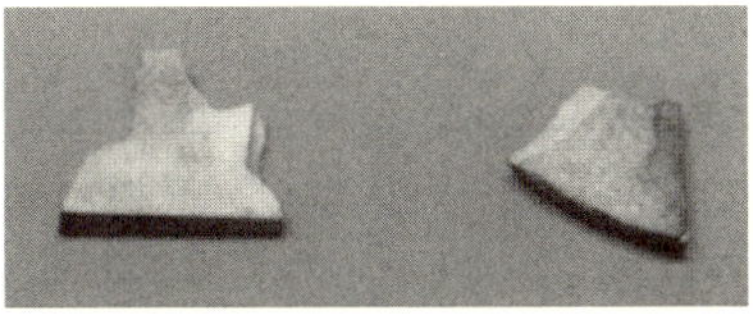
図2　硯の可能性がある板石（田和山遺跡）
（松江市教育委員会所蔵、「東アジアからみた旧田和山遺跡」パンフレットより）

図3　硯台復元品
（田和山サポートクラブ所蔵、「東アジアからみた旧田和山遺跡」パンフレットより）

田和山遺跡の硯については、これまで当時文字文化が普及してなく、果たして硯として使われていたか不明といわれる。あるいは誰かが立ち寄って偶然、残したとみるのが合理的ともされる。

しかし目を他に転じてみると、付近での外来の遺物にも、出雲市中野清水遺跡の中国・新の時代の銭貨の貨泉、鳥取市青谷上寺地各遺跡の貨泉、石製の権（秤の重り）、素環頭刀子など、また、古志本郷遺跡の漢代の矢に着ける青銅の三稜鏃などがある〔松本岩雄 二〇一五b、内田律雄ほか 二〇一三、武末純一 二〇一三〕。さらに東の丹後半島の京都府与謝野町大風呂南遺跡では、弥生後期、楽浪のコバルトブルーのガラス釧がある〔肥後弘幸 二〇一六〕。これらは人為的な物資の交換、すなわち交易によって搬入されたものに違いない。

これら中国に由来する遺物は、楽浪郡から朝鮮半島の諸韓国や日本列島のどこかの地を通ってきたか、石製の権のごときは途中の韓で作られたかして、人の移動や交流によりもたらされたものとしか考えられず、硯もまた同様に推定してよいであろう。

楽浪郡は紀元前一〇八年、前漢が朝鮮半島北西部に設けた四郡の一つで、今日の北朝鮮平壌市に郡府（郡治）が置かれた。平壌の大同江南岸一帯には官府跡、墳墓群があり、金銀器、青銅器、漆器、玉器などが出土している。三世紀初め、魏の進出によって楽浪郡の南半部が帯方郡となり、三一三年、高句麗の勃興により滅亡した。

田和山遺跡が活況を呈した時期を一世紀前後とみると、文献では『漢書』地理志に五七年、北部九州の奴国が後漢に朝貢して与えられたとする「漢奴委奴国王」の金印と同時代であり、中国漢代の色々な文物が北部九州に入ってきた。途中の壱岐市原の辻遺跡でも貨泉や楽浪土器（壺）や銅製の権、三翼鏃が出土しており、石敷で護岸した津（船着き場）も確認されている。金属製の権は漢、楽浪あたりで鋳造された棹秤用の重りである。福岡市西新町遺跡は朝鮮からの渡来人の漁民集落であるとされる。一般に漁民は交易にも従事した。なお鉄器生産を示す遺跡もある。

先学の研究によって、この様相を遡って一世紀頃以後の朝鮮半島の代表例にみるなら、韓国南部の弁韓地域に当たる昌原市義昌の茶戸里《ちゃどり》遺跡では、墳墓の副葬品に武器、農工具、鏡、馬形帯鈎、五銖銭、権など漢の遺物があり、なかでも文具の硯、複数の筆、素環頭刀子が出土しており、田和山遺跡の硯との関係で大いに目を惹く。また武器形青銅器、小形仿製鏡もあり、倭製とされる。また弁韓の狗邪韓国（後の金官、任那加耶）の西隣のあった金海市良洞里《りょうどうり》遺跡の墳墓群からも漢の鏡、銅鼎、鉄鍑、武器、斧状鉄板、漆器が出土しており、ここにも倭製の武器形青銅器、小形仿製鏡がある〔井上主税 二〇一四〕。

これらの中国漢代の文物は辰韓・弁韓の楽浪への朝貢に伴ってもたらされ、被葬者が生前所有していたものであり、交易ルートと交易システムの形成されていたことが想定されている。その長距離交易のルートは洛東江から漢江を経て楽浪に至る水系を利用した水上交通であったとする説が大方の支持を得ている〔李成市 一九九八、高久健二 二〇一二〕。

韓国南部の辰韓、弁韓の各地は、先進文物を日本（倭）にもたらし、逆に日本からの搬入品を置く集積地でもあった（直接韓の商人か、北部九州の商人などを仲介させたか、それには奴国の朝貢品にも山陰の特産物が含まれたか、あるいは山陰の商人が関与したことが想像される）。

実際、福岡県糸島市志摩町の御床松原遺跡では、楽浪土器や新の貨泉、半両銭、刀子を出土しており、引津湾に面した漁業と交易の津であったと考えられている。さらに山陰系の土器が出土しており、双方の交流を示す。

ごく最近（二〇一六年三月と九月）、漢の棺の飾り金具や蓋弓帽の出土で知られる糸島市三雲遺跡群でも硯の破片二点が相次いで確認され、マスコミによって広く報道された。三雲・井原遺跡の番上地区で弥生中期から古墳時代前期の土器溜りから弥生土器とともに二〇数点の楽浪土器が出土し、短頸壺、大鉢、椀、筒杯、杯、器台がみられる。武末純一氏は楽浪系の土器が集中して出土することから渡来した楽浪人の滞在、居住を想定している。そこで出土した硯について、類例との比較検討により楽浪の硯と同一と見なし、また『魏志』倭人伝の伊都国の記事と結びつけて楽浪との文書のやり取り、銅鏡などの下賜品に対する受領書、返礼書などの作成された可能性が高まり、楽浪郡使が滞在したと推測している。また田和山遺跡の硯も引き合いに出して硯が同じであると論じている（〔糸島市教育委員会文化課二〇一六、武末純一二〇一六b〕）。なお〔武末純一二〇〇七・二〇一六a〕参照）。武末氏の見解のごとく田和山の硯が楽浪の硯と同じなら、楽浪からの船載品か、石材が楽浪から搬入されて、どこかで作られたと考えられる。

上記の茶戸里出土の硯、筆、両岸および中間の島の集落で出土した素環頭刀子、銭貨、権などの遺物は、交易に関わる書記や計量のための文具、器具などの類で、それを楽浪などでは副葬する風習があり、倣ったものと思われる。硯自体は弥生期の陶製硯、または土器の転用硯が列島各地で発見されている。また弥生期ないし古墳時代初期になると、福岡県三雲・井原遺跡、三重県貝蔵遺跡などで刻書、墨書した文字、記号のある土器の例も知られている。

そこで田和山遺跡出土の硯と、同じ出雲各地と付近の漢、楽浪系の何かを容れた壺、銭貨、権などの遺物を併せ考えてみれば、これらの文物も朝鮮半島の長距離交易、あるいは後の『魏志』倭人伝が記す壱岐、対馬の南北の海上を行き来する人びと、北部九州の人びとによる日本海沿岸を経て物資交換を行った道具やその他の物品とそれに付随するものであり、つまり交易と密接な関連を有するのではないかとの結論が得られる。北部九州と出雲の往来の事実は、田和山遺跡でも九州系土器の出土することが明らかに証明する。田和山や山持、中野清水、古志本郷、また青谷上寺地などの各遺跡の集落には交易のための津、港があったか、そこと河川などを通って海と結ばれて、外来の先進文物、文化が出入りしていたことになる（九州を介さない交流も想像としてはありえよう）。田和山遺跡の場合、北に宍道湖を経て日本海に出入りすることが容易に考えられる。というよりも、弥生期には田和山の直ぐ近くまで海が入り込んだ潟湖があり、船着き場をもつ津が形成されていたに違いない。

三雲・井原遺跡に関して、三世紀の伊都国の文書や物資のやり取りのために硯を使う場面が想定されるように、田和山遺跡でも単なる物品の移譲、贈与に限ることなく、その規模の違い、使う人々が楽浪人かどうかなどは議論の余地があるにしても、それに似た交易の情景を少し遡らせて想像してもよいのではないか。

弥生前期の石製分銅が一〇セット出土した八尾市亀井遺跡をはじめ、その後の時期の各地遺跡での土製、石製、青銅製の権の例〔森本晋二〇一二、武末純一二〇〇七、辻川哲朗二〇一五〕の機能、役割を考えると、それらは物資の交換、つまり交易に際して用いられた度量衡器にほかならないのであり、それに伴う記録も十分想定されるであろう。硯や筆を使う前提、実際の必要性はすでにあったと思われる。

東アジアの対外交流や交易を機に、田和山遺跡をはじめとする出雲や北部九州各地の弥生社会の首長層の間にはネットワークが形成されていた可能性も想定されるのである。

その交易の対価の産物は何であったか、出雲では玉類とかもいわれる〔河村好光二〇一〇〕。『魏志』倭人伝には三世紀半ば、魏への朝貢品に「青大勾珠」がみえることが想起される。玉は各地で採れる。出雲特産の玉かもしれないが、また漆の可能性もあり、にわかに判断はできない。

さらに楽浪の状況をみるなら、一九九〇年、北朝鮮平壌市の大同江南岸の楽浪地区、貞柏洞《ていはくどう》墳墓群の三六四号墳で、発掘によって出土した初元四年〔紀元前四五〕の楽浪県別戸口簿木牘と、同じ頃に書かれた論語竹簡が紹介された。近年、北朝鮮だけでなく、日本、韓国でもこの研究が進んでいる〔尹龍九二〇〇九〕。墳墓の被葬者は平壌の在地の伝統を受け継ぐ人物で、楽浪郡の属吏〔官吏〕とみられるが、生前郡府で戸口簿作成など行政事務を担当した者と推測されている。板槨墓で細形銅剣を副葬すること、一方で武器、車馬具、農耕具、装身具、漆器など漢式の副葬品を持つことから被葬者の漢化と郡県体制への帰属のあり方が注目されてきた。また戸口簿によって、楽浪県の人口動態が漢人は少数で、在地の住民が大多数であることが具体的に確認された。これは楽浪の遺物群が考古学的に漢式と非漢式に区別されるとする研究にもよく合致する〔高久健二二〇〇二〕。

竹簡に墨書された論語は三九枚あり、先進篇と顔淵篇が混じっているという。日本、韓国の各地の出土例のように一枚（一本）で、ある篇に偏ってはなく、木板でもなく、当然かもしれないが漢式の編綴される形状である。これは朝鮮半島の漢字文化の受容の様子をよく物語っている〔李成市二〇一五〕。このような論語の使われ方は、日本ではかなり後のことである。はるかに遅れて七世紀以後、朝鮮半島（新羅）と倭（日本）で学校である国学、大学のテクストとして使われ出す論語は、官吏またはその候補生が文章を習得し、古典、故事の教養、知識とする点に受容する側の共通性が認められるが、それとともに彼らに対する論語本来の儒教的な教化というイデオロジカルな面があるであろう。

東アジアまたは中国王朝の周辺国では、論語の導入は漢字や漢文の浸透の実態を示すが、その機能は王権の支配秩序の成立、国家の支配機構、官僚制度の展開と緊密に連動している。

弥生中期の段階では、楽浪に由来する物質的な文化を、朝鮮半島の諸韓国を通じて、倭の社会の首長層がモノとして受容したのである。出雲における文字（漢字）文化の伝播の様相を窺わせる物証は、田和山遺跡の硯以外にないけれども、文字は社会に存在する識字層を思わせ、書記の目的を想像させる。文字、記号などの簡単な記録のためという可能性はもちろんある。田和山では硯以外にほかの遺跡のような筆、刀子、権などの出土が確認されていないが、遺存しにくい筆などとのセット性を考えるなら、硯はそのまま交易に伴う道具であると見なしてよいであろう。だが、筆記具が社会統治、支配のための必要性によって具わっているとまではストレートに考えがたい。文字に通じ、筆記具に馴染んだ楽浪や韓の人が関与したことも否定できない。ただ、当時の支配層による統治と交易ないし流通の管理は分けがたく、密接な関係にあったであろう。

それ以外に、楽浪の交易に絡んで重要なのは鉄の流通と加工、生産である。山陰では弥生前期末葉ないし中期前葉頃の青谷上寺地遺跡で少量出土しており、中期後葉までは中国製の鋳造鉄斧片の再利用程度であるという。出雲では松江市西川津遺跡、雲南市垣ノ内遺跡、出雲市中野清水遺跡で中期以前の鋳造鉄斧が、奥出雲町国武遺跡、それに田和山遺跡の鍛造袋状鉄斧が挙げられるという〔松本岩雄二〇一五b〕。弥生後期の中葉から後葉には出土する鉄器が増えるが、朝鮮半島産の鉄素材（鉄塊）の入手と鉄器の生産が進展する。またほかの複数の遺跡で鉄製のヤスが出土するので、上述したように漁民が交易に携わっていたとする見解があり、その証拠となり得る。

青谷上寺地遺跡で出土した木の板には、大小の船五隻からなる船団の進む様子が線刻されている。船と交易活動に従う人たちを活写するものであろうか。前述した通り『倭人伝』の対馬、壱岐の交易する人たちを想起し、山陰に九州の土器の搬入されたことを考え併せると、狗邪韓国―対馬・壱岐―北部九州―山陰の交易ネットワークの存在した事実を想像させる（なお、古墳時代中期以後の壱岐市郷ノ浦町の鬼屋窪古墳の内部壁面には銛を持って捕鯨する船に乗った漁民を描く線刻がある）。

三世紀の状況を述べる『魏志』韓伝には、弁辰の鉄を韓、濊と並んで倭が取るとあるが、同時に楽浪、帯方の二郡に「供給」することを記す。韓の王や臣智（上級の大臣）、住民と楽浪との鉄の交易システムが作られていた。これに対して、弥生時代の倭（日本）で独自の鉄生産はまだ認められず、考古学の成果からみて六世紀以後の古墳時代後期のことであり、それ以前は加耶の鉄によっている。三世紀、倭王たちは鉄の流通ルートを押え、製鉄技術を持つ渡来人を擁し、それを各地に首長に再分配したであろう。倭王はこの鉄の流通と調節の機能を持続させて、王権と首長の間の人格的関係、社会的関係を築いて行く。五世紀、古墳時代中期以後には、出雲国府下層遺跡、夫敷遺跡などの甑土器をはじめとする大量の朝鮮半島系遺物の出土例もある。こうした事実に基づいて、渡来人や渡来系の土木技術を学んだ人たちによって意宇平野の開発がなされた可能性が説かれている〔島根県立八雲立つ風土記の丘二〇一五b〕。

その先駆けは遡って弥生期の楽浪に端を発する朝鮮半島、北部九州といった先進地からの先進文化、文物の流入のルート、ネットワークにあり、さまざまに重なるところが多い。ともかく、楽浪は先進文化の発信基地であり、朝鮮半島やその東北の各地、南の倭の人々にとって文化の源泉であった。要するに東アジアへ向けた初めての文化発信の窓口にほかならなかった。

楽浪の漢の先進文化は、その後を承けた帯方、朝鮮半島の高句麗、諸韓国に影響を与え、ことに楽浪の人びと自らや、東南部の辰韓、弁韓の文化の人々の移住、交流に伴って日本列島に伝えられた。それが日本海や瀬戸内海を経て出雲の地にも及び、さらに東へ北へと広がって行く。田和山遺跡の硯は破片であるが、出雲と楽浪、韓、北部九州との交易、交流を物語り、中国文化の普及を示す明確な証しである。

おわりに

田和山遺跡の環濠集落、特殊建物、硯に関して、付近の状況も考慮しつつ、それらが示す東アジアとの交流の事実を明らかにしてきた。弥生文化が具備する外来的性格を想起すれば、どれもが中国、朝鮮半島との不可分の関係を帯びることは当然である。

それは同時に、最近改めて注目を集める硯が如実に示す通り、田和山遺跡の出土遺物は、ただ交流、交易と関係あるというだけでなく、こののち東アジアの各地、そして列島の文化形成に大きく作用する中国文化を反映する楽浪文化につながるものを含むという、歴史的な特色をよく表徴しており、古代の日本史全体にとっても重要である。

参考文献

安藤広道二〇一四「『水田中心史観批判』の功罪」『国立歴史民俗博物館研究報告』一八五
糸島市教育委員会文化課二〇一六『弥生時代の硯の出土について』二月二九日
井上主税二〇一四『朝鮮半島の倭系遺物からみた日朝関係』学生社
内田律雄ほか二〇一三「鼎談・古代の出雲を考える」『出雲古代史研究』二三
河村好光二〇一〇『倭の玉器』青木書店
金仁喜二〇一五「古代中国長江下游地区和朝鮮半島南部地区的海上交流」『海交史研究』二〇一五―二
笹生衛二〇一六『神と死者の考古学』吉川弘文館
設楽博己二〇一三「縄文時代から弥生時代へ」『岩波講座日本歴史』一、岩波書店
島根県立八雲立つ風土記の丘二〇一五a『ミニ企画展　東アジアからみた田和山遺跡』島根県立八雲立つ風土記の丘
――二〇一五b『意宇の開発史』(展示図録)、島根県立八雲立つ風土記の丘
白井克也二〇〇〇「東京国立博物館保管青磁獣脚硯」『MUSEUM』五六八
鈴木靖民二〇一二『倭国史の展開と東アジア』岩波書店
高久健二二〇〇二「楽浪と三韓」『韓半島考古学論叢』すずさわ書店
――二〇一二「楽浪郡と三韓の交易システムの形成」『専修大学東アジア世界史研究センター年報』六
武末純一二〇〇七「海を渡った弥生人」『海と弥生人』鳥取県教育委員会
――二〇一三「弥生時代の権――青谷上寺地遺跡例を中心に――」『福岡大学論集』二
――二〇一六a「三雲・井原遺跡の石硯」『纒向発見と邪馬台国の全貌』KADOKAWA
――二〇一六b「〈速報〉三雲・井原遺跡番上地区出土の石硯」『古文化談叢』七六
中原文化財研究院二〇〇七『安城盤諸里遺蹟』中原文化財研究院調査報告叢書四五冊　韓国・中原文化財研究院

曺喜勝 二〇〇二 「絹と硯を始めとした楽浪遺物を通じて観た楽浪文化の性格と出雲地方への伝播」『北東アジアシリーズ二〇〇二 楽浪文化と古代出雲』資料、環日本海松江国際交流会議
辻川哲朗 二〇一五 「丹後・古殿遺跡出土『鐸型奴製品』の再検討」『森浩一先生に学ぶ』同志社大学考古学シリーズⅪ
錦田剛志 二〇一三 「神社建築の源流を探る」千家和比古・松本岩雄編『出雲大社 日本の神祭りの源流』柊風舎
春成秀爾 一九九二 「鳥・鹿・人」『弥生の神々』（展示図録）大阪府立弥生文化博物館
肥後弘幸 二〇一六 『北近畿の弥生墓 大風呂南墳墓』新泉社
平壌名勝旧蹟保存会 一九三六 『彩篋塚 遺物聚英』平壌名勝旧蹟保存会
平石充・松尾充晶 二〇〇四 「出雲・青木遺跡の祭祀遺構と文字資料」『条里制・古代都市研究』二〇
福田陽子 二〇〇八 「古代日本の地域社会と祭祀」『國學院大學大学院紀要――文学研究科――』三九
松尾充晶 二〇一五 「古代の祭祀空間」『史林』九八―一
松本岩雄 二〇〇二 「田和山遺跡の空間構造」『建築雑誌』一四八八
―――― 二〇一五ａ 「環濠をめぐらすムラ」『松江市史』通史編Ⅰ、松江市
―――― 二〇一五ｂ 「東アジアと弥生社会」『松江市史』通史編Ⅰ、松江市
三品彰英 一九七三 『三品彰英論文集』五、平凡社
三宅和朗 二〇一六 「古代の人々の心性と巨樹」『古代の人々の心性と環境』吉川弘文館
森本晋 二〇一二 「弥生時代の分銅」『考古学研究』五九―三
山田康弘 二〇〇六 「山陰地方の弥生絵画」設楽博己編『原始絵画の研究』論考編、六一書房
尹龍九 二〇〇九 「平壌出土『楽浪郡初元四年県別戸口簿』研究」〈橋本繁訳〉『中国出土資料研究』一三
吉田恵二 一九九二 「中国古代に於ける円形硯の形成と展開」『國學院大學紀要』三〇
―――― 一九九三 「長方形板石硯考」『論苑考古学』天山舎
米川仁一 二〇一五 「古墳時代前期の方形区画施設について」『河上邦彦先生古稀記念献呈論文集』河上邦彦先生古稀記念会
李成市 一九九八 『古代東アジアの民族と国家』岩波書店
―――― 二〇一五 「平壌楽浪地区出土『論語』竹簡の歴史的性格」『国立歴史民俗博物館研究報告』一九三

2　毛野の古墳人と古代日本

はじめに

二〇一三年、群馬県渋川市金井東裏遺跡の調査・研究により甲を着た状態の人をはじめとする四人の人骨が見出された。その発見を受け、本章ではそれらの人たちが生きた、古墳時代中期後半～後期、五世紀後半～六世紀初めの頃の倭（日本）の政治、外交、社会の状況について文献史学の側から論じる。

古墳人が暮らした毛野、特に金井東裏遺跡のある西毛（群馬県西部）の様子に関しても照明を当てて論及したい。「東アジアから毛野へ、毛野から東アジアへ」というのが本章のいわばコピーであるが、「交流」が全体のキーワードになるであろう。その史料は、主として中国、朝鮮半島の史書の倭関係記事、および日本で出土した鉄剣、大刀に書かれた文字史料（銘）に依拠するが、また後世に成立した『日本書紀』などを二次的に用いる。考古学の調査・研究に負うところがあるのはいうまでもない。

一　倭国と国際関係

倭の王権を核とする倭国の展開は、日本列島各地の大小の首長（支配層）たちの地域編成、その地域首長と王権の最高首長である倭王や臣下の有力首長（豪族）たちとの人格的・政治的関係の形成、さらに社会統合の推移について、地域差、従属度、時期差などがあり、一様に論じることができない。

『宋書』の倭国伝によると、四二一年から四七八年にかけて、讃、珍（ミヅの意訳、反正か）、済、興、武（タケ、雄略）と中国風の一字姓を名乗る五人の倭王が、南朝の劉宋の都（建康、今の南京）に相ついで使者を送り特産物を携えて朝貢し、上表（国書の奉呈）する外交を行い、皇帝に自らと配下に対して官職の授与（除正）を求めた（冊封）。

この外交で倭王は倭のほかに、百済、新羅、任那、加羅、秦韓、慕韓などの六国ないし七国の宋皇帝の下で軍事を治め取り締まる「使持節都督」の官号と、東方を安んずる「安東大将軍」と「倭国王」の号を自称して授与（除正）を求めたが、「安東将軍」と「倭国王」だけが認められた。また四二五年には珍が倭隋以下の一三人に平西などの上位の将軍号を請求して、認められた。四五一年には済自身のほか、二三人に「軍郡」すなわち将軍と郡太守の両方を仮授して、認められた。四七八年には武が自ら「開府儀同三司」を仮称し、百済を除く六国の軍事の都督に任じられ、「安東大将軍」へと進められた。翌年、北朝の北魏の攻撃などで弱体化した劉宋は滅亡する。

倭が宋の官号、将軍号を要求したのは百済、高句麗など中国周辺諸国の例に倣ったのであるが、注目されることが三つある。

その一つ目は、倭王が倭国の支配を委ねられる倭国王だけでなく、朝鮮南部の国々の軍事的な支配を託される官職を仮称した点であり、二つ目は、倭王が配下に対して上位の将軍や下位の将軍および郡の長官としての郡太守の官職に任命し、地方の軍事と統治の権限を付与し、それを皇帝に推薦して公認される形を取った点である。加えて三つ目は、宋との外交の最後となった四七八年には倭王（倭国王）が幕府を開き、軍事、行政の高官として権限を発揮する官職（開府儀同三司）を自称したが、それは東アジアの国際社会では高句麗王に比肩する最高級の職位であったことも見過ごしがたい点である。これらの点を通して、朝鮮諸国の動向に対して倭王が軍事的権限を主張していることは実質的かどうかを措くとしても、それを東アジアの中心軸である南朝の宋の権威に頼って、いわば外交と内政のお墨付きを要請しているのであり、倭の宋との関係の継続が朝鮮諸国との関係と密接不可分であることを明確に物語っている。およそ四二一年の外交の開始自体が、前年の劉宋の建国を機に百済と高句麗の王が朝貢し冊封されたことの直接の影響であり、より具体的には百済の誘いに応じて使者が同道した可能性が高い。倭は宋が対立する北魏とは交渉をもちえなかった。なお倭から宋へ至る道のりは、北部九州↓朝鮮南部（加耶）～西部沿岸（百済など）↓中国山東（宋の勢力下）↓東シナ海沿岸↓杭州湾↓建康（宋）であり、後世まで人の移動はもちろん、政治、経済、文化の面の交流、摂取を考える上で重要なルートであり、エリアである。

要するに、五世紀の倭の王権をめぐる政治・社会の展開は、倭のドメスティックで自生的な動きのみにとどまらず、東アジアの国際環境、とりわけ百済との外交・交流に規定されて生み出され、進展している事実を示唆する。また宋の各種の将軍号や郡太守号を倭王が倭内部の首長に仮授し、宋に入朝し除正を推薦して授与され、実際、外交の使者も「司馬」などの官を称した。このことは漢代以来の府官制を、倭国の外交、あるいは国際的な地位の保証、朝鮮情勢への対処のための身分標識の意味だけでなく、それを倭内部に受容して実施した、つまり内政に転化して応用したことにほかならない。

倭王は倭王権を構成する有力首長に将軍号を与えて府主などに擬し、政治組織のなかに編成しランクづけたこと、さらに各地の首長に将軍兼郡太守の地位を授けて人格的、政治的関係を取り結び、秩序づけたことになる。つまり有力な首長層は生産物の貢納、労働力の供出（仕奉、奉事）を負担し、それに対して倭王の地域統治の保証（官号仮授、除正推薦）を得るという互酬性の関係である。こうした関係が政治的に地域内部の首長層同士の婚姻を介した血縁関係（例えば紀角と称するようにウヂ名の複姓に窺われる）、さらには首長と倭王の間に実質または擬制的な血縁集団（ウヂ）の関係（地方の首長の系譜にみられる天皇または皇子などを始祖に戴く関係）を作り上げ、おそらく五世紀後半〜六世紀以降、系譜の策定となって表出するのであろう。

朝鮮半島の情勢をみてみると、倭王の宋に要請した倭国と朝鮮南部諸国の軍事権委託の称号は認められなかった。四五〇〜四五一年、北魏の軍勢が宋の目前に迫って脅かし、国際情勢は緊迫を増す。北魏、それと緊密な高句麗に対する宋の戦略は変更され、影響は連鎖的に周辺国に及んだ。百済の国際的位置が高まった。五世紀後半には高句麗と新羅、百済の関係が激しく動くのである。朝鮮古代の史料『三国史記』などによれば、高句麗は四二七年の平壌遷都後、百済と停戦し友好関係に変わった。新羅は高句麗辺境での将軍殺害事件（四五〇年）以後、高句麗から離反して百済支援に転じ、四五五年、百済では蓋鹵《がいろ》王が即位した。百済は反高句麗、親倭策を取る。四六八〜四七二年、新羅・百済北境で高句麗との熾烈な戦いが続き、百済は遂に北魏に入朝して仇敵高句麗の征討を乞う。しかし四七五年、高句麗は百済の都、漢城（ソウル）を陥れ、蓋鹵王を殺害した。これを機に朝鮮諸国の情勢は変化し、国際秩序も弱まる。高句麗は南北両朝に朝貢して等距離外交を策した。

このように、四五〇年頃から、朝鮮諸国や倭に関係の深い南朝宋が北魏の長江に迫るほどの軍事攻勢に遭い、危機に陥っていたことは最も見逃がしがたい事態であった。

百済は滅亡の瀬戸際に瀕して、倭と新羅に救援を求め、連携を図った。王権は四七七年までに南の熊津（公州）

にいや応なく遷都を強いられ、王位も安定を欠いた。倭は滞在していた文周王の弟の子を筑紫の軍士五百人が護衛して送り、立てて東城王とした（四七九年）。その後、王に就いた武寧王は、東城王の子で筑紫各羅島で生れたという。

これ以外に加耶（加羅）諸国の外交があり、また多様な交流・交易が繰り広げられ、百済、新羅、倭との動きと深くかかわった。加耶のなかでは南部の金官加耶（任那、今の金海）が、後には北部の四七九年、南斉に入朝した大加耶（伴路。弁辰半路国の後身、今の高霊）が有力であり、周囲の国々、そして倭の各地にもそれぞれ影響を与えた。中国で起こり、朝鮮諸国に及んだ複雑な情勢ないし動乱が人やモノの移動、交流を促し、倭にも軍事、政治、文化などの面で大きな波紋を投じた。

二　交流の様相と武（雄略）の王権

こうした国際情勢のなかで、倭が朝鮮諸国と交流をもったのは、第一に、倭王権に参画した百済人の意思をも反映して、百済の兵士導入要請に応じ友好関係を維持したこと、第二に、三世紀以来の加耶の鉄などの鉱物資源の獲得とその国内での分配、先進文化の摂取のため、第三に、倭王の外交権と軍事権の行使による倭国内の各地首長層との人格的関係を築くため、などが理由に挙げられてきた。

五世紀の倭の対外交流、特に人々の移動、それに伴う技術者の渡来・移住については、主に『日本書紀』の応神・仁徳、允恭、雄略の各条に記される。それは七世紀後半～八世紀の編纂期における上毛野、平群、東漢（衣縫、身狭）、紀角、吉備の諸氏の奉事の由来、系譜の類、いわゆる家記に基づいて、天皇との関係で活躍したことを誇る祖先伝承である（竹葉瀬〈竹合〉の名のように漢字を訓読する時期、すなわち六世紀以後に記録化されたものであろう）。五世紀に相当する年紀などは信頼を置きがたく、ただ単に「朝貢」とのみ記す作為性の濃い無稽な記事もある。

王権下の諸氏のウヂ（氏）としての政治組織化はまだ成立せず、プレ氏ないし血縁を含む地域集団の状況であると見なすのが正確であるが、これらの記事は交流の性格や傾向を考える史料になるであろう。

年次を略して主な記事の要点を列挙すると、次の通りである。応神期には、秦氏の祖である弓月君が百済より来た。新羅がこれを拒み加羅に留めたので葛城襲津彦が出兵した。上毛野君の祖である荒田別、巫別を百済に遣わし、王仁を召した。平群木菟宿禰の軍を加羅の新羅との境に遣わす。阿知使主らが呉（加羅、のち百済の求礼か）より工女を連れてきた（蚊屋衣縫の祖）。仁徳期には、武蔵人の強頸らが河内茨田堤の築造に徴発された。高句麗の朝貢。新羅の朝貢。紀角宿禰を百済に遣わす。上毛野君の祖である竹葉瀬（竹合）と田道を百済に遣わす。新羅と戦い、四邑の民を捕虜として帰る。呉と高句麗の朝貢。允恭期には、新羅の良医が求めに応じて来た。新羅の朝貢。雄略期には、吉備田狭、海部直赤尾が百済の才伎を連れて来た。東漢直掬が新漢の技術者を率いて来た（陶部、鞍部、画部、錦部、訳語となる）。身狭村主青らを呉に遣わす。高句麗が新羅と結ぶので、倭は新羅を救援。新羅を伐つために紀大磐宿禰らを遣わす。また百済より人が来た。呉の人で琴弾の祖が来た。身狭村主青らを呉に遣わし、衣縫の技術者を招く。百済が高句麗に敗れたために倭が救援した。

これらの事績をまとめるなら、①その主体は天皇であり、その命で各地の首長級豪族が朝鮮に派兵させられたこと、また王権の大事業に徴発されたこと、②その主な派遣先は百済であり、新羅と交戦する例がほとんどであること、③加羅または呉への派遣、そこからの渡来人もあること、④渡来人は工人など技術者が多く、集団であること、を指摘できる。そのなかに吉備、紀などに並んで毛野にゆかりの上毛野の首長の活動がみられる。

これらを実態の部分的な反映として捉えるならば、五世紀、その後半の時期の倭王の王権は、朝鮮諸国との戦闘を含む交渉や交流が重大な政治、外交問題であり、主として渡来人がもたらした先進的な技術、技能、文化の受容・管理が主要な成果であって、王権の当初からの目的とみるべきかもしれない。しかもそれは倭王独自には不可能で、近畿や地方の有力首長たちとの協力や連携の上に実施され得たと理解される。首長がもっていた交流のルートを倭王が王権に集中させたといえよう。各地の有力首長は王権の所在する宮（府）に出仕して外交、軍事、政策決定に関与したのである。彼らの対外的表現、すなわち名称が『宋書』にみえる府官、将軍、郡太守であろう。倭王の要求した宋の軍事官号に朝鮮諸国が多く含まれている点も、こうしたことと呼応する関係にあったといってよい。

考古学の研究に目を向けると、五世紀半ば、巨大前方後円墳が示す河内の古市・百舌鳥両古墳群の集団の有力首長と近畿およびその周辺の首長が参加し、さらに各地首長も加わる連合的な王権が存在したとみられる。近畿では脇本、鳴滝、法円坂、曾我などの諸遺跡が王権の下での有力首長の分担する政務、職務の執行、管理機関の存在を意味し、大型古墳の分布する毛野、筑紫、吉備、武蔵などと併せて、最高首長の倭王と地域首長との政治的身分的関係、擬制的血縁関係の形成されたことを思わせる。

宋との外交で導入した府官の制度、秩序は、倭王武の時期に整い、各地首長が配下を率いて王の宮や諸宮に諸役（労働）の奉仕（奉事）、生産物の貢納という慣行のシステム化を促した。倭王は首長に対し、政治的称号（ワケなど）を授けることにより王権との関係を表した。この互酬性を通して、王権の求心力は強まった。各地の地域社会でも、例えば毛野の三ツ寺I遺跡、北谷遺跡のような首長の居館（ヤケ）で地域の住民が奉仕・貢納する形態がとられたであろう。居館は首長の邸宅にして、諸々の職務を行う地域の政治拠点であったと思われる。

五世紀の第４四半期頃の倭王武（雄略）期の王権は、府官の利用などによって支配秩序を整備するとともに、その下部の政治組織を人制として制度化し、画期を現出したとみられる。埼玉県行田市稲荷山古墳鉄剣銘には、辛亥の年（四七一年）、ヲワケ臣(巨)（ヲワケコか）がワカタケル大王（武）の天下統治を奉事して補佐したので、剣（刀）を作って上祖以来世々、杖刀人首として仕えてきた功績を記すとある。また熊本県和水町の江田船山古墳大刀銘には、ムリテがワカタケル大王の世に典曹人として奉事したと記す。

この二つの資料によれば、ワカタケル大王、すなわち武の王権が周縁の武蔵、火（肥）のような各地の首長との間で、奉事・貢納と地域統治保証の関係を成立させており、その基本に大王―王権の有力首長―各地の〇〇人首―〇〇人、または大王―王権の有力首長―各地の〇〇人という支配制度のあることが分かる（人制）。『日本書紀』雄略条には、膳部―宍人部、養鳥人（鳥官）―鳥養部、大伴―入部靫負（部）、馬飼（馬官）―馬飼部、船人（船官）など、特定の職能集団がそれぞれの統率者に連れられて雄略の宮に仕えたと伝える。上述した鍛冶部、衣縫部、鞍部などは加耶系の東漢直氏が率いていた。これらは整理された記事であるが、王権の担当する責任者（府官）の下に、一定の職能者が〇〇人首―〇〇人として集団で（軍事など）、あるいは首長個人が〇〇人という単独の形で直接に組織されて大王に宮に仕える制度が基本であり、その人制の部分が引き継がれ、六世紀になって百済の部司制の影響を受けて改編されて、伴造―トモ―〇〇部の制（部制）となるであろう。王権の下での個々人の身分、ランクに対するカバネ制や冠位制はまだ設定される政治段階にない。

武の王権の軍事的性格については、『日本書紀』は武断的な王（雄略）の姿を描くが、倭王は「躬ら甲冑を擐く」（『宋書』武の上表文）という通り、軍を従えて親征するような段階の続きであり、側近の大伴、物部両氏の武力に依存し、優勢な葛城氏の集団を滅ぼした。「大臣」「大連」を職位呼称として王権中枢の制度化、固定化を図り、権力機能の分掌、職能集団の編成・統制を進めた。また近畿、地方の首長、有力渡来人との君臣関係（「左治」）、連携関係を実質的で強固なものとした。雄略紀の新羅関係記事によると、王権を構成するメンバーの大伴、蘇我、紀、吉備、膳など最有力の首長たちの軍を高句麗と結ぶ新羅に派遣して激しく攻撃し、百済を支援した。この時、毛野（西毛）の首長も参加、出兵したに違いないと推測される。

考古学の成果によると、古墳中期前半以降、甲冑つまり武具の集中管理体制と地方首長層への配布が行われたと想定されており、王権の常備軍の成立を認めようとする説さえある。上に挙げた紀伊、難波における鳴滝遺跡、法円坂遺跡などの大規模倉庫群の設置の事例は、王権に委託された倭王周辺の首長が王権の流通管理の職務を担当したことを意味するとみるのが正当であろう。王権は首長たちの地域統治に依拠して経済基盤を確保し、軍事力を募って軍事指揮権を掌握し、「海北」への外征を誇るような力を振るったと考えられる。武が国際性の色濃い、高句麗王への対抗を意識した「開府儀同三司」を自称し、倭中心の「天下」の構築を図るよりどころであった。しかし劉宋が滅びたのと同時に、この段階に最も整備されたと思われる王権の府官制（人制）の政治組織は解体し、やがて王統の消滅、交替を余儀なくされる。

三　倭王継体の王権と交流、そして毛野の様相

六世紀初め、近江、および越に出自をもつヲフト、つまり継体が倭王の位に就き、新たな王統が始まる。『日本書紀』や上宮記逸文（系譜）などの文献と考古学の研究によると、継体は近江、越（越前）に跨がる複合的な勢力を地盤にして現れた地方首長であるが、加えて美濃、尾張の首長同士の間で形成される広域ネットワークを代

表する最上位の首長であった。彼は琵琶湖・淀川などの各地の水系、水上交通を利用した活動や交流を通して相手の子女を娶り、江沼（余奴）、三尾、息長、尾張各氏をはじめ多くの地方首長たちと婚姻関係を結び、流通、交易の主体となった。大和川、木津川を利用して大和も活動範囲のなかにあった。その一方で、近江などの鉄資源の採掘と鉄生産の管理にも当ったであろう。

継体の交易活動は海外にも及んで、朝鮮南部、特に大加耶（伴路）とつながりをもち、渡来人集団を受け入れて編成し、その技術を管理するようになった。それはまず湖西を中心とする近江地域のカマド付きの住居跡、韓式系土器、古墳（鴨稲荷山古墳など）出土の金・金銅製の装身具（冠、垂飾付耳飾など）などの特徴から判明する。さらに北陸、日本海から東海、太平洋、中部を通り、遠くは東国に及んだ（鈴鏡の分布など）。西は大阪湾近くの北河内、難波に達したのである（宮の伝承、陵墓の分布）。この各地首長たちとの結合、すなわち経済力、先進技術の掌握を背景にして、継体は即位前から大和東南部にも流通と政治の拠点を置き（ヲシサカノ宮）、倭王権に食い込み、武の王権の臣下、または奉仕者になって参加していたのではないかと推定される。

ちょうどこの六世紀初めないし前半の継体の時期こそが、毛野（西毛）地域では榛名山の噴火による火砕流で集落が大災害に遭い、群馬県渋川市の金井東裏遺跡の甲を着た人や女、子供など多くの住民も幽明相隔て、社会不安をもたらす大きな苦境に陥った時期に当る。

五世紀後半〜六世紀初めの同遺跡の大きな特色は、この金井東裏などを含む集落群が渡来人とかかわっており、いわゆる渡来文化の形跡が濃厚に窺われることである。さらに最近の骨考古学の田中良之による甲を着た人の人骨のストロンチウムなどの分析でも、渡来系の可能性が高いことが観察されており、遺物からみた考古学の知見と合致するのである。

遺跡、遺物について、発掘調査担当者や専門の考古学研究者の教示によれば、①馬歯、剣菱形杏葉（殉葬、馬具、大阪府四條畷市蔀屋北遺跡の例など、朝鮮系）、②蹄跡、馬の飼育（渡来人の技術、渋川市白井遺跡の例など）、③素環刀大刀（古墳の埋葬形態も含む、朝鮮系）、④鉄矛の柄の銀製飾り（直弧文、朝鮮系）、⑤提げ砥と鹿角製の柄の付いた刀子（新羅系、または大加耶系）、⑥鹿骨製小札（甲冑の部品、百済夢村土城の例）、⑦サルポ（畔切りの鉄製農具、古墳への埋納）などが朝鮮南部各地の出土遺物と類似し、系譜関係があるとされる。ほかに多数の鉄鏃も日本に例がないタイプで、朝鮮（百済）に例がみられるという。いずれも馬匹（騎馬）文化を含む渡来文化の色彩を示している。

翻って、毛野の古墳時代中期後半以降の主要な遺跡をみるなら、高崎市の三ツ寺I遺跡、北谷遺跡（豪族居館）、保渡田古墳群、剣崎長瀞西遺跡（古墳、集落、積石塚、カマド、韓式系土器、鏡板付轡〈馬具〉、金製垂飾付耳飾り、馬埋葬〈殉葬〉）、下芝谷ツ古墳（積石方墳、金銅製飾履）などが注目され、毛野の地域的中心の特色ある様相を物語っている。その多くは朝鮮諸国に系譜をたどり得る、渡来文化の強い影響を如実に表している。

三ツ寺I遺跡の首長の祭祀には、在来の文化の渡来文化との融合が読み取れるという。金井東裏遺跡でも渡来系がすべてでなく、祭祀遺構や土師器、須恵器、滑石製模造品などは倭の在来のものである。例えば、剣崎長瀞西遺跡の古墳ないし集落に知られるような、考古学が明らかにする様相は、上述の『日本書紀』に記される上毛野氏の祖が王権の下で兵を率いて百済に渡り、新羅人を捕虜にして連れてきたという伝承などに対応するものと考えられる。ただ、毛野氏やほかの吉備氏、紀氏などの有力首長が王権の軍事、外交に従ったとしても、朝鮮から人や文物を意のままに自らの故郷に持ち帰ったとは速断できない。

おわりに――渡来文化の系譜、性格

おわりに、金井の遺跡群は群馬地域史のみでなく、倭、すなわち日本史全体の見直しや歴史の広がりを考えさせる意義を有している。古墳時代の毛野の地域史を彩る渡来文化の系譜、性格、また渡来人の移動のルートに関して、先学の所説をふまえつつ述べよう。

西毛の渡来文物の一々の形状、技法についての精緻な観察や比較により、これまで新羅、百済、加耶、特に大加耶の遺物との関係が様々に論じられている（さらに遡ると、馬具類などが中国東北の燕、あるいは夫余などに起源をもち、それが朝鮮半島各地に伝播、経由して発展を遂げ、倭にも及んだことが解明されつつある）。

毛野のような東国に限らず、越、若狭などの例では、六世紀初めには大加耶の影響が大半を占めるとする見解もある。ただし剣崎長瀞西遺跡のように、一つの遺跡で遺物が多い場合、加耶系、大加耶系、百済系などと多系的、複合的な要素の認められることが留意される。金井東裏遺跡も上にみた通り、様々な要素があるので、源流となった朝鮮の国、地域が特定できないのであり、同様の例に属する。実は朝鮮南部において、王権による地域編成が進んでいなかったり、諸国の係争の地であったりすれば、多様な人と文物の混交を生じ、次には融合や斉一化へと進むことがある。五世紀後半～六世紀初めの全羅道の栄山江流域の古墳にみられる雑多な文化要素から百済化するに至る状況が想起される。洛東江中下流の加耶と新羅の模糊としてみえる関係も同じであろう。つまり朝鮮南部においてすでに諸地域の文化交流、文化移転が進み、いわゆる〝文化合流〟の現象が認められる。

五世紀に各地の首長が採用した定型的な前方後円墳の形態、規模、構造とその副葬方式は、『宋書』にいう府官制の「軍郡」（将軍・郡太守）授与が支配層である各地の首長たちの政治秩序の形成に規定的に作用したことを表わすであろう。とすると、毛野の首長も軍事面での奉仕を期待されて「軍郡」号を授与された可能性がある。毛野での渡来人の配置と渡来文化の普及も、基本は毛野の首長と王権の関係を介してもたらされた結果とみるべきではないかと考えられる。

しかしながら、六世紀に入って継体の王権が外交、交易の一元化を図ると、大加耶との交流が拡大し、越、東国にもその人と文物の影響が波及したと思われる。その主な伝播、移入のルートは、積石塚古墳や馬具類をはじめとする各種の渡来系の考古資料の分布に基づくと、近畿―近江―美濃―信濃〈伊那谷など〉（―遠江〈天竜川水系〉、―甲斐）―毛野―常陸・総（東国）という七世紀後半以降の東山道の敷設に先行する中部高地を東進する経路を基本的に推定できる。倭各地の古墳にみられるように首長を頂点とする階層化された地域社会では、王権と結ぶ有力な地域首長―複数の小（集落）首長―地域成員といった体制のなかに渡来人が繰り入れられて、外来の文物が将来されたり、あるいは技術移転による手工業生産が始まったりして、新たな実用品、威信財などの再分配や互酬がなされるのであろう。これによって住民間の経済的諸関係などの社会変化を生じるものと思われる。

この西毛の社会の以後の推移を、災害に遭った地域社会（生活、慣習、信仰など）に関して、シンポジウムの場などで青柳正規氏の唱えるイタリア・ポンペイ遺跡などに基づくモデル化、概念化に対応させて考えてみるなら、災害に遭った社会から「縮小社会」、「拡大関係」へ、というよりも、新たな「関連社会」へと進む事例として捉えられるのではないか。

すなわち、六世紀前半、大災害に見舞われた西毛の社会は、金井東裏遺跡の東側の川（吾妻川）の対岸で黒井峯遺跡の集落が営まれるので局所的な被害のようにもみられようが、のちの群馬郡域の範囲で完全に復興を遂げ、他地域と並んで国家成立期を迎えるのは七世紀中葉のことであろう。

この地域の新たな状況は、車評が置かれ、前橋市の山王廃寺下層遺跡の倉庫遺構や蛇穴山古墳など総社古墳群にみられる有力首長の動きに窺い知られる。

古代の西毛ないし毛野は中央からの終着点であるが、さらに東国の中心的要衝として、北（陸奥）や東（常陸）や南（武蔵）の方へとつながる結節点でもあった。

なお、金井東裏遺跡の南西約六〇〇メートルの地点には、同時期の金井下新田遺跡があり、網代垣を約五〇メートル四方にめぐらした区画の遺構とその中央部に大型の竪穴建物跡が検出され、網代垣の外側には土器などの祭祀遺物が出土する。またその隣接地には鞴の羽口、台石、置き砥石、鍛造剝片などが出土する鉄生産を行った鍛冶工房の遺構がある。今後、両遺跡を併せた古墳時代中期～後期における西毛の集落論、さらに地域社会論が研究されるべきであろう。（補注）

（補注）　金井下新田遺跡の性格について、二〇一六年五月、遺跡の概要が公表され、同時に調査を担当した群馬県埋蔵文化財調査財団による遺構の構造や規模、祭祀関連遺物の集中する点から、古墳時代の地域首長の政治・祭祀拠点と考える見解が提出された。また鹿角の半加工品の集積遺構と金井東裏遺跡の鹿角製小札、鹿角を用いた鉾や鏃などの出土とは、両遺跡の直接的な関連を示唆するとする（『甲を着た古墳人だより』特集号、二〇一六ほか。徳江秀夫、原雅信各氏の教示による）。

政治拠点とすることに関しては、高さ三メートルの網代垣の囲いで仕切った区画のなかに大型竪穴住居があり、祭祀行為、鹿骨加工、鍛冶を行う主体者の存在が推定され、区画の外に総柱の掘立柱建物二棟などもあるが、まず西毛なり毛野なりの地域の集落群のなかでの位置づけの解明を目標にすべきであろう。ほぼ同時代の中毛の高崎市三ツ寺Ⅰ遺跡や北谷遺跡の、特に水濠を持ち、葺石を貼るなどして、ほかの集落などと隔絶、区別される首長の居館との規模、構造、機能などが違い、その居館との関係を考えてみる必要がある。下新田遺跡を居館であると見なす場合、三ツ寺Ⅰ遺跡などとの違いを首長の階層性によるものと理解すべきかもしれないが、なお比較する資料が不足している。

また祭祀に関しては、三ツ寺Ⅰ遺跡の居館内の導水を使ったミソギの祭祀とは異なり、遺物から推して古墳時代の集落や古墳の埋納品（被葬者が生前の神祭りの司祭者であったことを示すとみられることが多い祭祀遺物〈白石太一郎「古墳出土の石製模造品」『古墳と古墳時代の文化』塙書房、二〇一一年〉、すなわち複数箇所で検出された剣形、有孔円板などの石製模造品、臼玉を使い、模造品を高坏形器台に盛り神に供献するなどした祭祀であることも注意される（出土地点を祭祀跡でなく、祭祀後の祭器の損壊、廃棄を示すとみる意見もある）。つまり約五〇メートル四方の平行四辺形を呈する網代垣で囲った内部全体を祭祀場と解すると、そのなかに大型住居のほか、総柱の掘立柱建物、小型竪穴、円形建物などがあり、近くに祭祀の跡もみられるが、建物にはすでに抜き取られた柱があり、屋根のない建物もあるので、それらは建替えのない一回性の施設であることが特徴である。

なお四世紀半ば前後に遡るが、奈良県御所市秋津遺跡・中西遺跡の七カ所以上の板塀の細長い場合が多い方形区画群とそれぞれの区画内の掘立柱建物群などの諸施設があり、全体の北と南に区画溝を持っており、祭祀遺跡と考えられている。これについて、祭場を囲って他者にみせない秘儀に属し、後世の大嘗祭との類似性を指摘する見解がある。同遺跡と金井下新田遺跡とでは時代が大きく隔たり、また大和と毛野という地域差や造営主体の問題などもあるが、双方の対比によって下新田遺跡の実態と性格を浮かび上がらせる試みができるかもしれない。

祭祀に関して、鹿角は上記のように金井東裏遺跡の製品と結びつけて理解されているが、鹿角はのち古代の宮廷祭祀の場で鹿皮とともに幣物や祓物として供えられることが『延喜式』の祈年祭、鎮花祭、三枝祭、風神祭、月次祭などに規定されることも考慮に入れておきたい（岡田精司「古代伝承の鹿」『古代祭祀の史的研究』塙書房、一九九二年）。

古墳時代一般の集落や首長にかかわって、人々が集会する祭祀、儀式の種類、性格として、農耕に伴う春の予祝、秋の収穫の祭祀、外交に伴う境界、迎接の祭祀、軍事に伴う出兵、凱旋の儀式、山などの自然神の祭祀、それに首長位の継承儀式などが想定されるが、今のところ、下新田遺跡がどれであるとは断定できない。

金井遺跡群の二つの遺跡と出土品は、区画内の施設その他の空間構成をはじめとして、類例の少ないものを含んでいる。だが、六世紀初め、古墳時代後期の毛野社会が東国の政治、文化の要衝、中心であった可能性を、通常の古墳の規模や分布、副葬品の分析による研究とは異なる視角から迫るための重要な歴史資料として重視したい。

参考文献

入江文敏ほか編二〇一三『季刊考古学・別冊　若狭と越の古墳時代』雄山閣
亀田修一二〇一二「渡来人の東国移住と多胡郡建郡」平川南ほか編『多胡碑が語る古代日本と渡来人』吉川弘文館
黒田晃二〇〇〇「剣崎長瀞西遺跡と渡来人」『高崎市史研究』一二
杉山秀宏ほか二〇一四「群馬県渋川市金井東裏遺跡の発掘調査概要」『日本考古学』三八
鈴木靖民二〇一二『倭国史の展開と東アジア』岩波書店
鈴木靖民編二〇〇二『日本の時代史2　倭国と東アジア』吉川弘文館
高田貫太二〇一四『古墳時代の日朝関係』吉川弘文館
田中俊明一九九二『大加耶連盟の興亡と『任那』』吉川弘文館
――二〇〇九『古代の日本と加耶』山川出版社
朴天秀二〇〇七『加耶と倭』講談社メチエ
土生田純之二〇〇六『古墳時代の政治と社会』吉川弘文館
――二〇一〇「古墳時代後期における西毛（群馬県西部）の渡来系文物」『国立歴史民俗博物館研究報告』一五八
右島和夫ほか編二〇一二『季刊考古学・別冊　古墳時代の毛野の実像』雄山閣
右島和夫ほか二〇一五『国際シンポジウム　よみがえれ古墳人　記録集・資料集』よみがえれ古墳人　東国文化発信委員会（群馬県）
若狭徹二〇〇八『古墳時代の地域社会復元　三ツ寺遺跡』新泉社
――二〇一五『東国から読み解く古墳時代』吉川弘文館

II

飛鳥時代の東アジア交流

1　百済・王興寺と飛鳥寺の創建

はじめに

二〇〇七年夏、韓国扶余での百済王興寺跡の発掘調査により、木塔跡の心礎の舎利孔から円筒形の青銅製舎利函が出土した。なかには銀製舎利外瓶、金製舎利小瓶が入れ子状に入っており、青銅函の外面には「丁酉年二月／十五日百済／王昌為亡王／子立刹本舎／利二枚葬時／神化為三」と陰刻されていた。「丁酉」は西暦五七七年に当り、その二月一五日、つまり釈迦入滅の日を選んで（田中史生二〇〇八）、百済王昌（威徳王）が亡き王子のために刹、すなわち塔の中心の柱を立てた。舎利（釈迦の遺骨）が二枚あったが喪葬の時に神変を生じて三枚になったとの霊異を記す。寺院が亡き王子のために百済王が建てた寺院であることが記されており、『三国史記』以来史書に知られる王興寺が文字通り王の興した寺、すなわち勅願寺であることが判明した。

一　王興寺の出土品と歴史的位置

王興寺と出土品

王興寺跡は、熊津（公州）時代（四七五～五三八）に次ぐ泗沘（扶余）時代（五三八～六六〇）の王宮が営まれた扶蘇山城（泗沘城）の西北、白馬江（錦江）を渡った対岸の山裾に位置する。

『三国史記』百済本紀、新羅本紀ならびに『三国遺事』興法・法王禁殺条には、法王二年（六〇〇）、法王（聖王の第二子）が僧三〇人を得度して同寺を創り、父聖王（聖明王。武寧王の子）の冥福を祈願したとある。その後、武王三五年（六三四）、武王（法王の子）が舟に乗って寺を訪れ、百済滅亡の年、義慈王二〇年（六六〇）六月には、同寺の衆僧が大水に乗じて舟が寺門に入るのを見物したと記す。また『三国遺事』には同寺が弥勒寺とも称され、山に付き水に臨み、花木秀麗で四時の美を具え、あるいは形勝壮麗を賞されたとある（『三国遺事』紀異・武王条では弥勒寺（益山）に「国史に王興寺と云う」と注を付けるのは同名異寺に対する混同があるか）。『三国史記』に、義慈王二〇年一一月五日、新羅の武烈王の軍が百済を撃った時、王興寺の岑城を七日攻めて勝ち、七〇〇人を斬首したと伝える。王興寺は単に勅願寺の一つであるだけでなく、王宮と指呼の間にあった王族と不可分の寺で、王宮などと舟運で結ばれていた。

舎利容器の発見により、寺は五七七年、昌王（威徳王。聖王の元子、五五四～五九八）がある王子の冥福を祈って建立が始められたことが明らかになったが、そのうえ一九九三年、金銅製大香炉が出土し、一九九五年、昌王一三年（丁亥、五六七）、聖王の供養のために聖王の子である妹兄公主（王女、昌王の妹）が発願して建てたとの一九字の銘を陰刻するアーチ形の石造舎利龕が塔心礎上で出土したことで知られる、泗沘城東羅城外の陵山里寺（陵寺）

〔国立扶余博物館二〇〇二〕と肩を並べる、国王および王族に直結する寺としても注目されるのである。

国立扶余博物館の王興寺特別展で私が目を見張ったのは、舎利容器とともに、その付近に埋納された立柱儀礼に伴う舎利荘厳具あるいは鎮壇具ともされるビーズ状の各種の玉、貴石や金・銀で作製した玉、延べ板、首飾、耳飾、腕輪、簪などの遺物群である。さらに私は国立公州博物館の展示で武寧王陵の副葬品に酷似する品々を認めて両者の密接な結び付きを確かめた。王興寺の発掘成果は、すでに韓国の専門家によって〝武寧王陵以来の百済最高の発掘〟と絶賛されている。

図1　木塔跡出土の舎利器一括〔金容民 2010〕

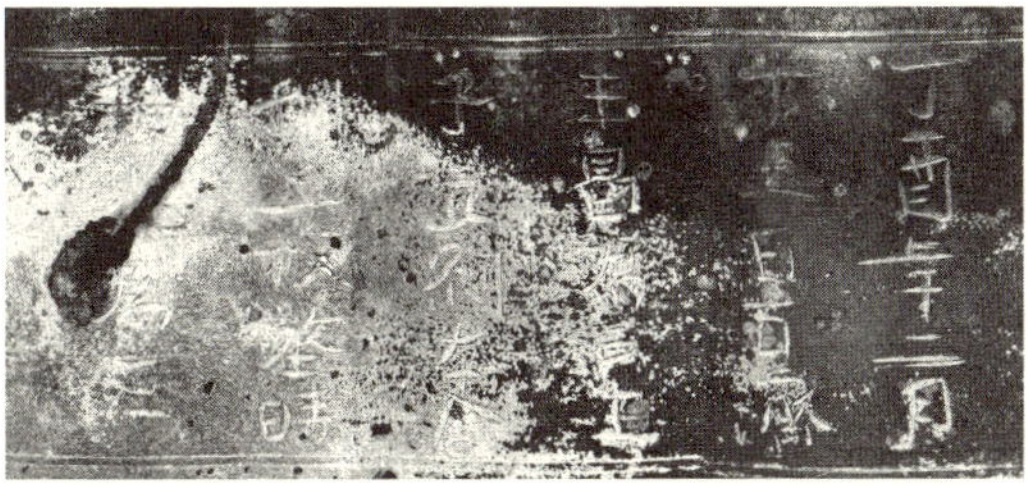
図2　青銅舎利盒〔金容民 2010〕

本章は、王興寺の遺物群の出現を契機に、百済、倭国における寺院と仏教のあり方、特に飛鳥寺の創建と王興寺との関係について、私の考えるところを述べ、新たな歴史像を探りたい。

舎利容器のほか、塔心礎の舎利孔から南壁付近にかけて埋納された主なものは、金製首飾装飾、金糸、金玉、炭木金玉、炭木獣形佩飾、金板、金製帽子形装飾、金製耳飾、金環、銀環、銀製心葉形銙板、銀玉、銀板、貨幣（常平五銖）、銅釧、銅箸、鉄製刀子、鉄製ピンセット、鉄製冠帽芯、雲母装飾、硬玉製勾玉、瑠璃玉、多面玉、琥珀製棗玉、饕餮文玉製品、玉簪、玉製獣

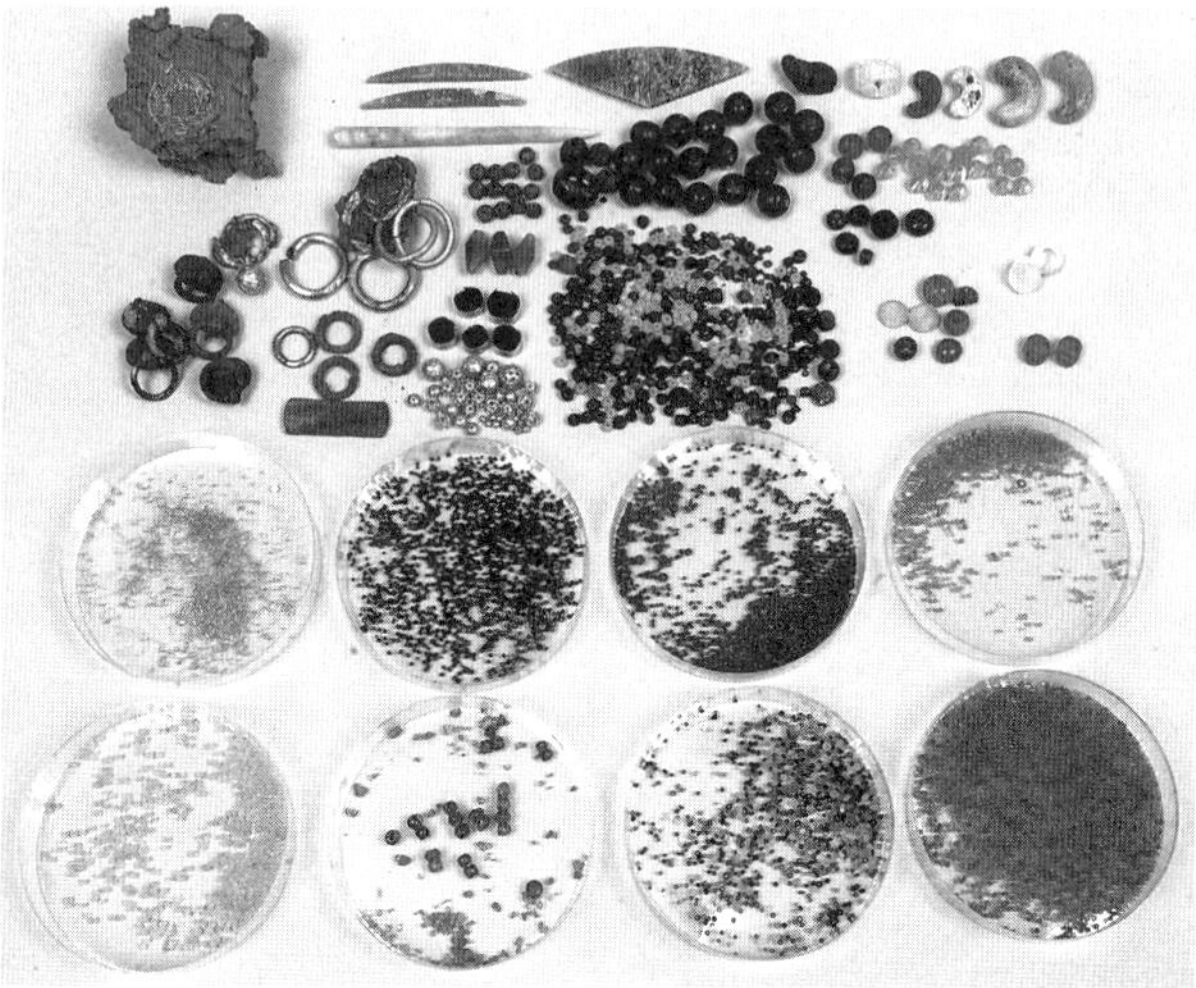

図3　木塔跡・心礎部出土の舎利供養具一括〔金容民 2010〕

面（虎形）佩飾、琥珀製獣形佩飾などで、八一五〇点以上ある〔国立扶余博物館二〇〇八、金恵貞二〇〇八、金延寿二〇〇八、李漢祥二〇〇八a・二〇〇八b〕。これらは昌王の某王子の遺品である装身具の一部が供養品として置かれたとみられている。

これらの各種貴金属や貴石、多様な玉類の多くは、同じ六世紀の百済の武寧王陵、陵山里寺跡、益山王宮里跡などの出土遺物に類似、共通するものであることがすでに言及されている。なかでも、一九七一年に発掘された五二五年（乙巳）の墓誌銘をもつ有名な公州の武寧王陵の副葬品〔大韓民国文化財管理局一九七四〕では、上記の炭木金玉、金製首飾装飾、金玉が完形の炭木金環首飾、金製首飾として復元されている。また金製帽子形装飾が硬玉（翡翠）の勾玉の上部に被せられた飾り具であることが分かる（新羅の王陵クラスの墳墓で出土する冠帽の飾り具をも連想させる）。炭木獣形佩飾も武寧王陵の例に酷似する。銀製銙板は武寧王陵、陵山里寺の例に類似する。琥珀製獣形佩飾は鎮墓獣の形であり、大きさ、材質、用途をかなり異にするが、武寧王陵を守護する大型の石製鎮墓獣とモチーフを同じくする。銀製と金製の舎利容器の蓋の摘まみの周囲にそれぞれ八弁、六弁の蓮華文が刻まれるが、武寧王陵出土の銅托銀盞の銀蓋の摘まみにも八弁を二重に刻む細密な蓮華文がある。

蓮華文は仏教思想を表すので、寺院や墳墓で使われるのは当然であるが、泗沘時代の百済王陵群の一つと見なされる陵山里一号墳（東下塚）の蓮華壁画もよく知られている。水晶玉や瑠璃玉の首飾、装身具は陵山里寺でも出土する。

このように王興寺の舎利容器と舎利荘厳具または鎮壇具については、百済各地、そして中国南北朝、新羅、高句麗や倭国の類例と比較されなければならないものである〔金延寿 二〇〇三〕。百済では六世紀後半の陵山里古墳群ないし陵山里寺の出土品と共通し、さらに溯って六世紀前半の武寧王陵の副葬品に類似する。したがって、これらの国王や王族クラスにかかわり深い各種の出土品に基づいて、百済における貴金属や貴石の工人集団とその工芸技術の全体的な発達過程を考えることができ、ひいては寺院の性格、仏教信仰と密接な文化史、思想史の系譜を探ることも可能である。

百済仏教と南北朝の文化

また、武寧王陵の塼室技法は南朝の梁の墳墓の構造や施設、副葬品に倣ったとされ、梁と百済の間の墓制だけでなく、各種工芸品を作製した工人についても、その移動、技術移転や伝習のあったことが考えられる。百済についてみると、これらは武寧王陵を出発点にして、陵山里寺を経て王興寺へと五二年にわたって陵墓、寺院造営、造塔の系譜をたどり、同一または類似する工人集団による技術が相承された事実を証明する。ただし、その一方で、北斉の高洋天保四年（五五〇）初鋳の常平五銖銭の埋納が示すように北朝との関係も注意される〔国立扶余博物館 二〇〇八〕。六世紀の百済では、上述の塼室技法、梁の瓦（塼）工人を師匠としたと書かれた塼（宋山里六号墳出土塼銘)、『梁書』百済伝の涅槃経、工匠、画師の招致の記事などによって梁の仏教文化の影響が強調されるが、他面、『北斉書』百済伝に、昌王代の天統三年(五六七)から武平三年(五七二)に及ぶ公の交流が確認できる(田中史生二〇〇八)。このことを考え併せるなら、百済は梁とだけでなく、南北両朝との文化交流、文化伝播のルートがあること、その双方から仏教およびそれに纏わる思想、文物を摂取し、僧尼をはじめとする人材が流入したことを想定し、相次ぐ寺院建立事業が推進された動機、背景を見極めなければならない。

工人の様態

出土品にみられる寺院建立や運営にかかわる技術、技能の具体相については、王興寺などの国王の発願による寺院の場合、その主体とともに工人たちの組織のあり方を考えなければならない。王の勅願と王権の関係が問題であるが、工人は王家、王族の内廷、すなわち家政機関に属するか、王の側近の豪族層が統率・管理するか、または五世紀後半、王権が北周との外交に伴って制定した官人の官位一六等(衣冠)制、二二部司制(『周書』百済伝)の整備・充実と連動すると推測すれば、建築や木工の関係は内官の木部のような部司の下に組織されるであろう。王興寺の出土品に顕著な供養品ないし装飾具などの工芸作業はどの部司が担当するか。あるいは寺院の建立ごとに工人集団が編成されるか、様々な様態がありえ、それぞれの工房に属し、相互に移動しあった可能性もある。しかも上述の武寧王陵と王興寺の遺物にみるように、酷似した金工品の製作が五〇年もの長きにわたって維持されている事実は同一・同系列の工人の世襲的、徒弟制的な技術相伝の体制があったことさえも想像させる。いずれにしても、外来の先端の技術、技能を伝授され、摂取し易い立場の王権構成者との強いかかわりが考えられる。そしてその背景には百済王権の支配層に連なる国王や王族、豪族たちの中国各国より伝来、受容した仏教文化とその依拠する信仰、徴集した生産物などを管理する内椋部、外椋部の存在が示唆する支配の実態と、経済的、財政的基盤とがあったことはいうまでもない。

百済の工人の存在形態に関して、『三国遺事』塔像・皇龍寺九層塔条には、七世紀中葉、新羅の善徳王の時、皇龍寺の九重塔の建造に際して群臣が百済の工匠を招請したと伝える。百済の寺院、つまり塔の建設や舎利容器、舎利荘厳具をはじめとする貴金属、貴石製品の製造技術は、抗争相手の新羅までもが希求し、受容するほどの性格のものであった。特に百済の木造塔の技術が直接伝えられたことが知られる（『皇龍寺九層木塔刹柱本記』。〔金姸秀二〇〇六、梁正錫二〇〇六〕）。なお加えて『三国遺事』紀異・武王条に百済の弥勒寺の造営に際して新羅真平王が百工を送って援助したとの伝承に着目した熊谷公男氏は、百済がその返礼として阿非以下の技術者を派遣したかもしれないとする〔熊谷公男二〇〇六〕。そうであるとすれば、百済・新羅間の双務的な技術援助、交流関係として重視される。政治的・軍事的対立とは別の国境を超えた、共有する思想・信仰などに根ざす仏教次元本来の秩序・交流によるものかと考えられる。

こうした技術移転や技術交流は、後述する六世紀以来の百済と倭国の関係より類推すると、工人たちは東アジア諸国の王権に属しながらも随時一ヵ所にとどまらず移動するような存在で、王権間の交流の要となる一環であったと想定される。

二　王興寺と飛鳥寺の埋納品

（1）百済と倭国の王権間交流と寺院

飛鳥寺の創建と百済工人

王興寺とその出土品は、百済の寺院の実態を考えさせると同時に、その仏教文化をめぐる古代朝鮮半島諸国の動向や交流を知る糸口になる。だがそれだけでなく、倭国との関係、具体的には王興寺の造営事業、塔の立柱の一六年後に起った倭国の飛鳥寺（法興寺、元興寺）の創建のための塔の心礎、なかでも立柱に伴う舎利容器の安置、埋納、舎利荘厳具あるいは供養品とも深く関連するであろう。

古代の日本では『日本書紀』『元興寺伽藍縁起并流記資財帳』（元興寺縁起）などが六世紀末以降の飛鳥寺の創建に当たって、百済王権が工人たちの指導者を倭国に送ったことを記し、工人は中国南朝の梁から渡来し、将徳白味淳が百済の官位を帯びるごとく百済王権に属したとみられている。したがって、主に梁の系統を引くとされた百済仏教の伝播に関して、創建年代がごく近い王興寺と倭国の飛鳥寺とはストレートにつながるであろう。

飛鳥寺（『日本書紀』斉明三年条を初見とする）の法名を法興寺（崇峻即位前紀）、元興寺（推古十四年条を初見とする。平城京内に移転後の称呼とされる）と称したのも、王興寺（『三国史記』法王二年条を初見とする）との類似性を暗示する。飛鳥寺の仏教思想は中国、朝鮮半島の影響の下に釈迦と弥勒の信仰の混合したものとされ〔松木裕美一九八三〕、王興寺の仏教も弥勒寺という別名に表される通り弥勒信仰が行われたといわれる〔田村圓澄一九八二、金三龍一九八三、金杜珍一九九三〕。

百済の王興寺で塔の立柱が成された九ヵ月後の敏達六年（五七七）一一月、百済王（威徳王）は倭国の還使大別王らに付けて経論、律師、禅師、比丘尼、呪禁師、造仏工、造寺工の六人を送った（『日本書紀』）。これにより倭国で百済仏教の教義や造仏、造寺の技術の伝習が始まるが、この造寺工が王興寺の立柱事業に従事し終った後に来た可能性もないとはいえない。同一三年（五八四）には大臣蘇我馬子の居宅（槻曲の家か）の東に仏殿を建て法会を設けた時、鞍作村主司馬達等が仏舎利を得て馬子に献上し、大野丘の北（止由良佐岐）の塔の柱頭に納めたという（敏達十三・十四年条、『元興寺縁起』）。倭国での初期の舎利信仰と造寺儀式の様子が察せられる。敏達六年の百済の僧尼、造仏工、造寺工の渡来は最先端の百済文化の伝播の第一波とみることができる。

昌王代の百済王権の仏教を伴う外交の目的は、欽明朝に始まる高句麗の対倭外交の活発化、新羅との抗争という東アジア情勢への対処に加えて、直接には、父聖王の仏教公伝の代わりに倭国からの軍事的、人的支援を要請するギブ・アンド・テイク策の路線継承にあったと思われる〔松木裕美 一九八三〕。倭国においても、いわゆる崇仏論争に武力で決着をつけたかのように喧伝される用明・崇峻朝の代は、まさに百済の仏教文化を本式に受入れる現実的態勢が整う時であった。仏教文化の本格的受容こそは倭国王権の東アジア情勢を見据えた政策の一環であった（崇仏論争に関しては、『日本書紀』によれば、異神たる仏の本格的活動によって在来の神々が王権や国家レベルで台頭し、上昇して支配イデオロギーとなるのは七世紀後半の天武朝以降であり、それまでは神仏並存の状態であった。ゆえに蘇我・物部両氏の崇仏論争の記載はそれより以降、『書紀』編者の神仏観の投影であろう）。

飛鳥寺の創建について、『日本書紀』崇峻・推古両紀、『元興寺縁起』および同書所引の露盤（覆盤）銘、丈六銘などによると、崇峻元年（五八八）、百済の昌王（威徳王）が倭国に外交使節とともに恵総、あるいは聆照以下の僧侶たちを遣わして仏舎利を贈り、同時に要請によって寺工（寺師）太良未太（丈羅未大）、文賈古子、鑪盤博士（鏤盤師）白昧淳（自昧淳）、瓦博士（瓦師）麻奈文奴（麻那文奴）、陽貴文、㥄貴文（布陵貴）、昔麻帝弥、画工（書人）白加（百加）、陽古の四種九人の技術者が送られたという（括弧内は元興寺縁起の表記）。これが飛鳥寺の創始の記事であり、敏達六年から一一年後のこの年の僧侶や寺工以下の渡来を百済文化伝播の第二波として、連続的、段階的に捉えることができよう。

彼ら工人について、イラン学の井本英一氏と伊藤義教氏は人名から推してすべて中期イラン語で解釈できる古代イラン（ペルシャ）人であるとする（井本英一 一九八〇・二〇〇七、伊藤義教 一九八〇）。そうであれば、寺院造営にかかわる工人は西域から中国へ、さらに百済へと移動した人たちか、その子孫であったことになる。

百済の昌王は王興寺の青銅舎利函に明記される通り、威徳王を指すことは疑いない。寺工は寺院建築の技術者、露盤博士は露盤を含む塔の相輪部の鋳造技術者、瓦博士は造瓦技術者、画工または書人は仏画または銘文を描く技能者とされる（書人が元の表記なら建築設計図を描くような文字技術者、すなわち広義の書記かもしれない）。王興寺の造営にもこの種の外来工人たちが参加したのであろう。これらの先進的技術者が王権間の交流によって百済から倭国に移動し、その指導のもとに飛鳥衣縫造の祖樹葉の家を寺地に変えて、百済を模範とする本格的な寺院造営が可能になったのである。その造営の順序については議論があるが、『書紀』によれば崇峻五年（五九二）仏堂（金堂か）、歩廊（回廊）を起工し、推古元年（五九三）塔心礎に仏舎利を納めて心柱を建設した。この仏舎利は崇峻元年に贈られたものであろう。

この時、大臣蘇我馬子と百余人は百済服を着て儀式に参列し、観るものは皆悦んだとされる（『扶桑略記』推古元年正月条など）。同四年（五九六）一一月には主要伽藍が完成して、蘇我馬子の男善徳が「寺司」に任じられ、前年渡来した高句麗僧慧慈、百済僧慧聡が同寺に住んだ。

『元興寺縁起』の引く露盤銘には、上述の寺師を記した後に、「奉作者」として山東漢大費直の麻高垢鬼、意等加斯費直を挙げる。彼らはのち倭漢と表記されるが、寺師（寺工）のもとで百済から贈られた金堂の模型に基づき造寺に従事したとされ、また「作□《金カ》人」として意奴弥首の辰星、阿沙都麻首の未沙乃、鞍部首の加羅爾、山西首の都鬼を挙げ、この四部の首を将として諸手に作らしめたとある。彼らはのちに忍海、朝妻、鞍作部、河内文と表記されるすべて前代からの大和（倭）、河内在住の技術、技能に長じた渡来系氏族であるが、それぞれが統率者となって集団（部）で百済の博士以下の指導を受けて技術を伝習し、造寺、造仏や荘厳具、仏具類の製作が可能になったと推定される（飛鳥寺の造営事業の進捗や竣工に伴い百済の寺工たちが帰国したか否か、その去就は詳らかでない）。

飛鳥寺の性格

元興寺、すなわち飛鳥寺は本格的な伽藍配置を有する倭国、すなわち古代日本で最初の仏教寺院である。同寺の性格に関して、従来、法興寺（飛鳥寺）は物部守屋を討った時の蘇我馬子が創建を発願し（崇峻即位前紀）、寺院の完成に伴って「寺司」という運営責任者に馬子の男が任命されたこと、寺院造営に関与した大和、河内の渡来系氏族集団の多くが蘇我氏によって編成され、その配下にあったとみられること、何よりも推古と並んで大臣馬子が仏法礼讃を唱えたと伝えること（露盤銘）によって、飛鳥寺は蘇我氏の建てた氏寺であり、願主である蘇我氏の権勢の大きさを示すものと考えられてきた。しかし、同寺は当初より単に豪族の氏寺にとどまるものではないであろう。当時の王権は推古天皇を中核にして、厩戸王子（聖徳太子）、大臣の蘇我馬子の三者によって多極的に構成されていたと見なされる〔荒木敏夫二〇〇六〕。この点を無視すべきでない。

史料上、飛鳥寺の建立を蘇我氏が主導した点は否定しがたく、倭王（天皇）の発願といえないであろう。だが、『書紀』に物部氏との戦争に際して、勝利を祈って馬子が諸天王と大神王たちのために寺塔を建立し仏法を流通させようと誓願するのと同時に、厩戸王子も護世四王のために寺塔建立を誓願したというのであれば（崇峻即位前紀）、それぞれが飛鳥寺、四天王寺（荒墓寺）の造営となるのであり、特定の故人への崇拝だけにとどまる問題ではない（四天王寺の創立を聖徳太子の追善のためとする説もある。〔薮田嘉一郎 一九五一、田村圓澄 一九八五〕）。飛鳥寺は蘇我氏の父祖などの祖先追福という目的のみで造られたのでなく、例えば「天皇、大臣および諸臣等の過去七世父母」以下のために蘇我馬子を領として「国家太平を誓願し」て「敬いて塔廟の造立し」たとし（露盤銘）、「君親の恩のため」の造寺を標榜するごとく（推古二年二月丙寅条）、併せて天皇への報恩（仕奉）の意をも込めたのである。後の孝徳の詔にも百済からの仏教受容の歴史を述べて、敏達の詔によって馬子が仏法を奉じたといい、推古朝には馬子が「天皇のおおんために」造仏を行ったと明記する（大化元年八月癸卯条）。この思想が七世紀初めにあったと推断する直接の証拠はないが、少なくとも『書紀』の編纂された八世紀初めには、天皇を造寺、造仏の当事者と見なす認識が確実にあったのである。もともと飛鳥寺をはじめとする造寺事業は王族、豪族たちが護法神に祈願することを動機とするのであり、ひいてはこの信仰が彼らの王権護持のためのプロジェクトであったと換言してもよいと思われる。

もしも後述の『元興寺縁起』のいわゆる「飛鳥寺系縁起」の記載に従うと、推古の即位に伴い、同元年三月の露盤を刹柱上に掲げる時、飛鳥寺は天皇、厩戸、馬子の共同誓願寺院となり、同四年建立完成の段階で天皇の官司が治める官寺、すなわち国家的寺院の色彩を帯びたと、時期的な性格変化を想定できるであろう。厳密には、同一三年（六〇五）の丈六銅繡釈迦仏などの造立誓願、同一七年の中金堂完成を「皇室寺院」化した時と理解し〔松木裕美 一九八三〕、舒明、皇極の代に再び蘇我氏の氏寺と意識される事態もあったが、結局、飛鳥寺が天皇の保護、統制下に入るのは蘇我本宗家滅亡後であるとされる〔松木裕美 一九八五〕。しかしこうした寺院の管理・運営主体の変遷があるにせよ、王権の核にある天皇、蘇我氏の関与の枠を出るものでなく、ゆえにそれら双方を引っくるめた王権の寺院として把握すべきではないか。ちなみに日本最初の明確な天皇の勅願寺は、舒明一一年（六三九）造営された百済大寺、すなわち吉備池廃寺であろう（『日本書紀』）。（木下正史二〇〇五）。国家的寺院としてのメルクマールには、天皇の発願・管理・統制、王権ないし国家による財政的援助、王権・国家を擁護する仏教思想（護国思想）が確認されるべきであろう。

本格的寺院創建の具体的契機、ことに技術移転をはじめとする百済との関係は、蘇我氏独自の外交の力量によるというよりも、もともと崇峻・推古朝における倭国の王権のあり方と密接である。天皇（倭王）を頂点とする王権構成の確立のため、仏教思想の受容、浸透が政策やイデオロギーの基調に置かれ、その実現を期して諸国王権との間の交流が進められるなかでの重大な成果として、飛鳥寺造営が始まったと考えるのが妥当であろう。

飛鳥寺と出土品

一九五六（昭和三一）～五七年、三次にわたる奈良県飛鳥寺の発掘調査によって、同寺の一塔三金堂形式という独自の伽藍配置などが明らかになり、研究者の関心を惹いた。高句麗、百済の寺院との関係が議論され、屋根瓦、特に創建期の軒先瓦の文様の類縁性が留意されてきたが、王興寺跡の新たな出現によって特に注視したいのは、かつて半世紀以上前に出土した塔心礎と出土遺物である（奈良国立文化財研究所一九五八）。というよりも、私は扶余博物館で王興寺の心礎の写真と遺物群を目にした瞬間、飛鳥寺との類似を直覚したのである。

塔の地下には心柱を受ける四角く整形された礎石が置かれ、その上面の中央に四角い（鉤形）舎利孔を掘り、孔の東側壁に龕状の子孔があった。これらの孔の上には元々石蓋が覆っていた。建久七年（一一九六）、飛鳥寺の

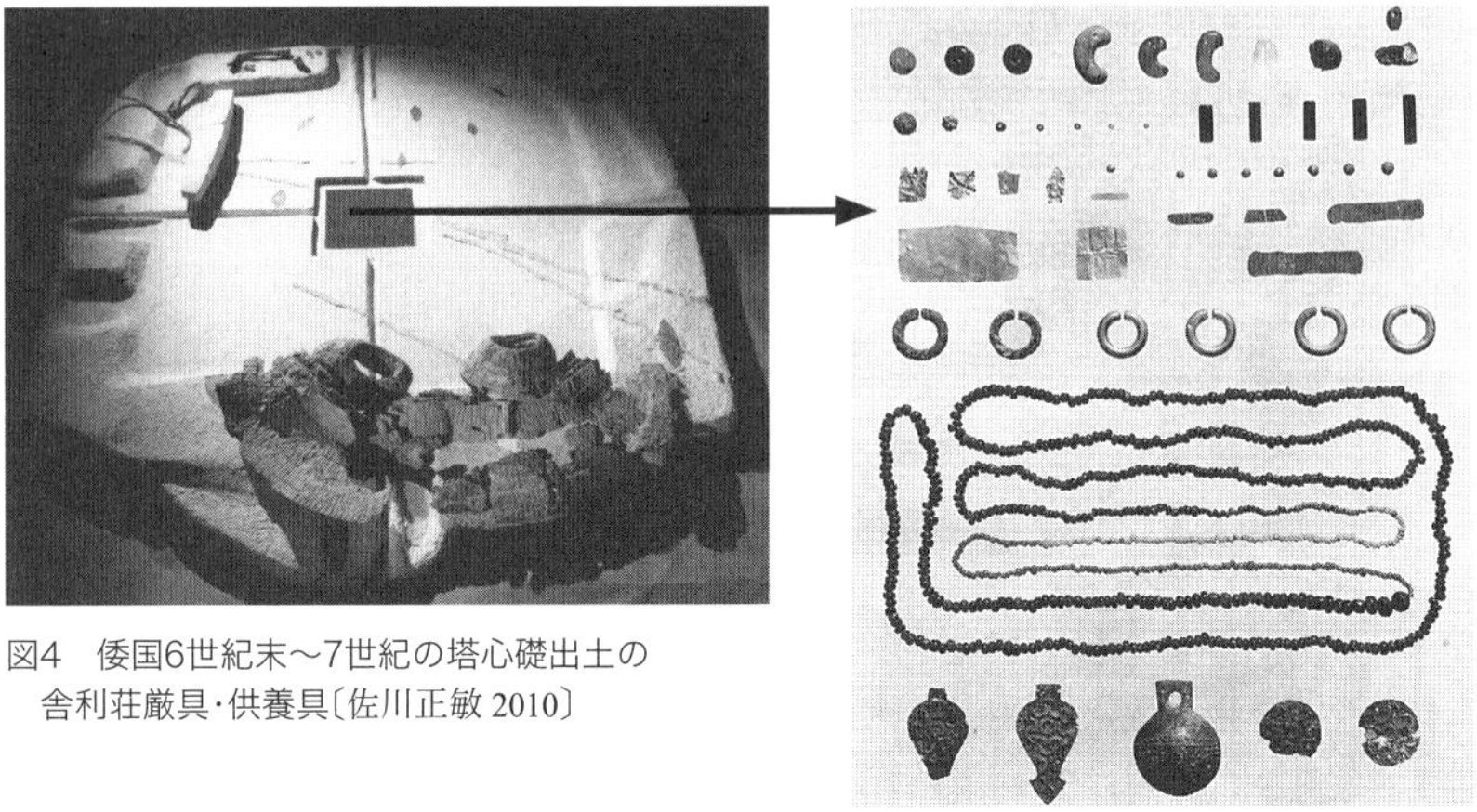

図4　倭国6世紀末〜7世紀の塔心礎出土の舎利荘厳具・供養具〔佐川正敏 2010〕

塔は雷の火災に遭って基壇上部が失われ、舎利孔から掘り出された仏舎利と金銀容器などの埋納物が、翌年再び埋め戻されたことがその年の文書（弁暁『本元興寺塔心柱下所奉掘出之御舎利其数数百余粒幷金銀器物等本縁事』）と発掘調査によって判明している。発掘調査では舎利と舎利容器が検出されなかったが、『書紀』崇峻元年条の記事のほか、金銅製の長方形断片、歩揺の破片などが韓国慶州の仏国寺出土の函形に似た容器の一部であり、共伴した金・銀の小粒が仏舎利そのものかもしれないとの推測がある〔猪熊兼勝 一九八八〕。

埋納物は舎利と舎利容器を安置して心柱を立てる際の鎮壇具か、荘厳具かをめぐって議論が帰一しないが、後者の場合、金銀製品や各種の玉類、銭貨、水晶、琥珀、鏡、香木などを供養のために舎利とともに納めるもので、経典に身に付けたものを奉納すれば功徳が大きいと説かれることが影響していたとされる〔岡本敏行 二〇〇一a〕。少なくとも荘厳具は供養の品でもあり、王興寺の遺物についても同様に考えられている。

飛鳥寺は木塔基壇のなかに心礎が据えられ、舎利容器を入れる孔を鉤形に設ける点は王興寺と同じ構造である。金銅製の舎利容器は建久八年再埋納時のものであるが、心礎周辺には、（a）金・

銀の延べ板、金・銀小粒、金環、金銅製金具（平絹に糸で縫付けた円形打出金具と杏葉形打出金具、鍔付半玉形金銅金具）、（b）赤瑪瑙、琥珀片、金銅製鈴、銅製馬鈴、金銅製瓔珞、硬玉、碧玉、勾玉（硬玉製丁字頭勾玉、硬玉製勾玉、瑪瑙製勾玉、ガラス製勾玉）、碧玉製管玉、水晶製切子玉、銀製空玉、銀製山梔玉、赤瑪瑙製丸玉、トンボ玉、ガラス小玉、雲母片、（c）鉄製挂甲、蛇行状鉄器（旗指具）、鉄製刀子、大理石製砥石などがあり、二五〇〇点を優に超える。『飛鳥寺発掘調査報告』によると、（b）の多くは舎利孔の納められていたと思われるが（佐川正敏二〇〇八）、（a）の金・銀の延べ板から金銅製金具までは心礎西南隅に、（c）の挂甲などは心礎東辺に、砥石は南辺西寄りに置かれていた。その南に蛇行状鉄器、その北側に西壁に接して金環、銅製馬鈴、金銅製打出金具、ガラス小玉があった。これらの遺物名には王興寺の品々と若干の相違があり、現物に即した細かな検討を要するが、一見して金・銀の延べ板、金・銀の環、馬鈴、各種の鉱石製の玉類などは種類、形状、文様が王興寺の例にすこぶる類似、共通することは明らかである（金の延べ板、トンボ玉を新羅製とみる説もある）。飛鳥寺出土の平絹または薄絹については王興寺の刀子にも類似の繊維が付着している。花弁状の雲母は王興寺の例では額に着ける冠帽の前面の飾り具に用いられている（なお『飛鳥寺発掘調査報告』では、ガラス製勾玉が新羅芬皇寺舎利荘厳具の勾玉と類似すると指摘されているが、上記の造寺の際の百済と新羅の間の技術移転や交流の事実が考慮されてよい）。

これらの事実を重視すると、飛鳥寺の出土品はおそらく仏舎利とその容器と並んで舎利荘厳具も、百済の最新の造寺のマニュアルに基づいて、百済からの贈与品、将来品を用いて準備したか、あるいは倭国の地で百済に倣い、渡来した博士などの技術指導によって各種の貴金属、貴石の工芸品を忍海部や鞍作部などの工人が金工、木工の手工業技術を習得して製作したことを強く示唆する。王権の主導の下にいくつかの工人集団の組織化と協業が進められたと考えられる。

その後、滋賀県大津市崇福寺の例に代表される通り諸寺でも舎利埋納が行われ、舎利容器、舎利荘厳具が用いられたが、飛鳥寺における荘厳具や宝飾品などの工芸品は、七世紀中葉ないし八世紀初め頃、同寺東南にある飛鳥池遺跡にあった付属の工房で金、銀、玉類、ガラス、水晶、琥珀、瑪瑙の加工されたことが知られるので、造寺司との関係を持つなどの性格変化をみせつつ、引き続き生産されていたと思われる〔吉川真司 二〇〇一、高橋照彦 二〇〇一、杉山洋 二〇〇三、堀部猛 二〇〇五〕。

舎利埋納、荘厳具、供養品の系譜

このような舎利埋納、荘厳の仕方、ことに埋納品の種類は金・銀・銅製の耳飾、首飾、腕輪などの装身具、装飾品、および貴石など玉製の玉簾状の被り物を含む装身具こそが百済と酷似するのであり、すべてを百済に倣ったのではない。むしろ多くはいわれる通り古墳の横穴式石室から出土する副葬品に類似する。金環は王興寺にもみられる装身具であるが、飛鳥寺の挂甲〔肩鎧、胴鎧、草摺〕と蛇行状鉄器と砥石は古墳で出土する代表的な遺物である。勾玉、管玉、切子玉は伝統的、一般的な玉であるが〔辻秀人 二〇〇六〕、朝鮮半島諸国でも早くよりみられるものである。

これら飛鳥寺の品々は舎利埋納儀礼に伴う荘厳具の一部とみる説と、他方、心柱に根本に寄り掛かるように置かれていたので、立柱儀礼に際して埋められたという解釈とがあって、厳密には地鎮具としての舎利埋納と立柱の儀礼の相互不可分の関係が考えられている〔岡本敏行 二〇〇一a〕。飛鳥寺でも王興寺でも、舎利容器周辺の出土品をいかなる思考に基づき、いかなる儀礼目的で安置したものかを判断するのは容易でない。

ともかく、それには蘇我氏のような当時の人々が舎利を埋納する時に、古墳に副葬するのと同じように身に付けていたものを併せて奉献したと考えられ、古墳祭祀と共通する要素が指摘されている〔坪井清足 一九八七、岡本敏行 二〇〇一b〕。飛鳥寺の出土品に仏教受容期における信仰のあり方、すなわち新たな文化を吸収しつつも倭国古来の風習、伝統を持ち合わせる様相を端的に表現しているというのである。六世紀後半から末葉、仏教寺院は大和、河内、山背に分布するが、各地ではまだ古墳が造営される時代であった。

この様相をより浮き彫りにする資料が、これと対比される王興寺立塔時の原状を完形に近い姿で示唆する出土品に他ならない。この王興寺や陵山里寺の場合も王陵の副葬品と同一の埋納品があることを思うと、倭国が百済の方式に倣ったと考えられる。

溯って中国の例を見ると、南朝の梁では大同四年（五三八）武帝の修造した建康の長干寺で双塔の刹柱を立て舎利供養する際に、金、玉の瓶に舎利などを盛り、石函を入れ、王侯・妃主・百姓・富室が金銀、環釧などの珍宝を喜捨し、舎利荘厳具として地下に納めたという〔『広弘明集』出方育王塔下仏舎利詔。〔藤善眞澄 二〇〇一〕〕。北魏の大和五年（四八一）の河北省定県華塔の例では、基壇下部の版築土中に瑠璃鉢、銅鉢、瑠璃小瓶を納めた石函とともに、多数のガラス玉、宝石類、金銀製の耳飾、指輪、釧、簪などの装身具、珊瑚の装飾具、五銖銭などの中国貨幣、ペルシャ銀貨、銀鈴、銅鈴、銅鏃、弓筈、印章、蓋弓帽が埋納されており〔河北省文化局文物工作隊 一九六六、李漢祥 二〇〇八b〕、飛鳥寺の舎利荘厳具ももとは南北朝以来の中国の伝統を継いだものであろうとされる〔岩本圭輔 一九八八〕。河北省臨漳県の東魏、北斉の都、鄴城の南方、外郭城推定域にある六世紀後半の趙彭城仏寺跡では盗掘に遭って塔下の舎利塼函内の遺物が失われ、残念ながら僅かにガラス製舎利瓶破片だけが検出された〔朱岩石 二〇〇六〕。

仏舎利は真興王一〇年（五四九）、新羅へ梁の使者がもたらしたとされるが〔『三国史記』、『三国遺事』興法・原宗興法条）、百済については明証を欠く。しかし百済でも、上記した通り王興寺の出土品とその五〇年前の武寧王陵の副葬品とに共通する装身具のあることが思い起こされる。陵山里寺の舎利龕の例もあるが、百済の舎利容器は南朝の入れ子方式の影響であるともいわれている〔金姸秀二〇〇六〕。

したがって、古墳の副葬品と類似する埋納品の意味を、倭国の古墳時代以来の風習に求め得るかもしれないが、百済の例に知られる通り、墳墓であるか仏寺であるかを問わず、被葬者を悼み、死者の冥福を祈願して装身具やゆかりの品を献納することでいずれも共通しているのである。一方で、中国南北両朝から舎利信仰が朝鮮半島に入り、諸国の寺院で荘厳具の埋納がなされており〔国立中央博物館一九九一、金禧庚二〇〇〇〕、倭国には百済から舎利信仰とそれに伴う立柱、立塔の儀式、供養法などが仏具と併せて伝播したものであり、飛鳥寺の場合も、本来的には東アジアレベルの寺院造営の儀礼での舎利安置に伴う埋納行為の流れのなかに位置づけることが適切であろう。この点を重視するなら、造寺、造仏のモデルとなる方式、建築工法や技術、それに伴う法式をはじめとする各種の儀式、作法、それを規定する仏教の教義、根本理念も、同じ経路を経て直接に百済から工人や僧侶とともに移入された確率が高い。敏達、崇峻、推古朝期の倭国に、東アジアに目を向け、これらの寺院や仏教にまつわる多彩な文物、新たな文化を必要とする人たちがいたのである。

（2）立柱儀式と埋納品

立柱儀式と百済服

ところで、前述のように一一世紀末、一二世紀初以降に編纂された『扶桑略記』の推古元年正月条に、飛鳥寺の仏舎利を刹柱礎中に安置し刹柱を立てる儀式に際して、蘇我馬子らが百済服を着用したとある。この記事が参照したと思われるのは、二系統あるという『元興寺縁起』のうち、「豊浦寺系縁起（元興寺古縁起）」に対して「飛鳥寺系縁起（元興寺新縁起）」と呼ばれる縁起であり〔福山敏男 一九六八〕、『上宮太子伝拾遺記』三、『太子伝玉林抄』八に逸文が引用される〔松木裕美 一九七五b〕。

推古元年正月丙辰（一五日）舎利を大臣馬子の宅より送って法興寺刹柱礎のなかに置き、丁巳（一六日）刹柱を建てたが、ここでの儀式は、種々の楽を設け、種々の餝を作した。大略、つまり天子の葬儀用の乗物四両があり、第一の車に三段の高座を設けて白象の像を駕せ、第二の車に大幡一首、大鼓一面、銅鐘一枚を載せ、第三の車に大鳳像一翼、鼓二面を載せ、第四の車に引導役の方相を載せた。仏幡長さ一丈余りが四〇〇首、長さ三丈余りが五〇〇首、馬幡五〇〇竿が立った。奇華の麗しさは具に述べることが出来ず、荘厳を言い尽くすことも出来ない。衆庶が会衆すること、挙げて数えることが出来ないほどであった。ともに仏道に帰依し、同じく大臣を讃え、あるいは出家を願うものあり、あるいは善心を発するものあり、衆庶は意に随わないものはなかった。大臣馬子と二人の子、および従者百余人は皆髪を瓣け、百済服を着し、観るものは皆悦んだ、とある。

この史料に関しては、『元興寺縁起』の史料性をめぐる諸説があり、早くより天平一九年二月一一日の日付を承認する考えもあるが〔松木裕美 一九七五b、大橋一章 一九九七〕、全体の成立を後世、九世紀後半における「建興寺縁起」としての成立、さらに『扶桑略記』以後、『七大寺巡礼私記』以前、すなわち平安末、一一世紀末以降一二世紀中頃以前と二段階を経て改変され、元興寺の縁起として成立したとする近年の吉田一彦氏の論証が詳細であり、説得力を有する〔吉田一彦 二〇一二〕。この説に従えば『元興寺縁起』は直ちに初期仏教史の史料として使えないことになる。ただし、この具体的記述の部分については論及が少なく、僅かに福山敏男が平安初中期とし〔福山敏男 一九六八〕、松木裕美氏が『日本書紀』の編纂後余り時を経ない頃飛鳥寺にあった記録によって著した箇所であるとする程度である〔松木裕美 一九八三〕。

この記事は蘇我氏を仏教興隆と結び付けて称揚する点に同氏の功績を顕彰する作為が感じられるので、時代を降ってしばしば引かれる『日本三代実録』元慶六年（八八二）八月二十三日条によって、九世紀末の凋落する蘇我氏後裔の宗岳氏（石川氏）が建興寺（豊浦寺）ないし元興寺との所縁を主張するために縁起、すなわち「本縁記」「前志」「金盤」などをもとに造作した創建伝承などであると想定できるかもしれない。ここでは多数の車や葬具から推して仏教色だけでない中国式の葬送儀式が述べられており、インドの王族の出の釈迦に対して王族の待遇で中国式に執り行った様子であるとされる〔松木裕美 一九七五b〕。これが果たしてこの時代に書かれたかは確証がなく判断できない。だが、馬子以下が催した儀式の記述は蘇我氏と寺院との関係を証拠づけるために、『書紀』の飛鳥寺の立柱記事に基づいて着想されたと考えられるにせよ、儀式の際に百済服を着装した事実をはじめ、葬儀の様子をわざわざ詳細に作文することの理由はどこにも存しない。この独自の記事には最澄『顕戒論』（弘仁一〇年、八一九）が触れる「元興縁起」のごとき、『元興寺縁起』の「豊浦寺系縁起」とは別系統の八世紀に溯る依拠すべき元興寺の文献、いわゆる「元興寺系縁起」が存在し、記述があったことを認めてよいのではないか（「元興縁起」は伝存する元興寺伽藍縁起流記資財帳に溯る可能性もあるであろう）。松木氏はこの記述を百済の僧侶や技術者に対する配慮や蘇我氏が百済人の出の可能性との関係も考えられると述べる〔松木裕美 一九七五b〕。しかしこの記事にはそれ以上の大きな意味が込められている。

この儀式には参加者が髪を辮け百済服を着用したと記されており、舎利具、荘厳具の埋納を倣うのみでなく、併せて仏会の方式も仏教の理念も百済に准じ、それに拠った最新の儀礼を採用して基本に据えようという寺院造立に関与した人たちの当初の強い意識を読み取ることができる。「髪を辮け」たというのは『周書』および『隋書』の百済伝に、婦人が「室にあるものは髪を編みて首（頭上）に盤みて、後ろに一道に垂して飾りとなし、嫁に出るものは分けて両道となす」とあることから類推すると、百済風の髪形であったことを示すであろう。また百済服とは法服のこととする解釈があるが、後世、東大寺盧舎那仏開眼会の例では官人たちは元日儀と同様に礼服を着ている（『続日本紀』天平勝宝四年四月乙酉条）。

当時、東アジアの外交、内政の場において、唐や新羅、倭国での類例に見られるごとく（『三国史記』真徳王二年・三年条、『日本書紀』白雉二年条、斉明六年七月条所引日本世記）、国ごとの服制に定められた公的儀式の衣服を着用するのは、その皇帝や国王を頂点とする支配秩序に従うことを儀式や祭祀の場で可視的に表すことになるのであり、寺院創始の儀礼であっても、百済の儀礼や秩序に倭国が組み込まれること、いわばその属国化、同化を意味した。それは馬子たち推古朝の支配層の意思表示であると同時に、百済支配層によりインパクトを受けた結果であったかもしれない。『扶桑略記』、そのもとになったと思われる「飛鳥寺系縁起」の記事を信頼する限り、飛鳥寺の建立に具現される仏教実践を通して、倭国は百済王権の仏教的な方策、イデオロギーに従うことを内外に表明したと見なされる。この立柱儀式は蘇我氏の一個人が主催するような性格のものでない。この儀式自体、例えば方相氏の関与が百済からの影響であるとする指摘のあるように（矢野建一 一九九九）、百済に倣い、仏教をはじめとする文化や制度のモデルを百済に依拠する、時の王権全体の強い意思が働いた一大イベントであった。

衣冠と荘厳具、供養品養品

推古元年（五九三）のおそらく初めての仏教儀式の席において参加者が百済服を着たとすると、倭国王権の冠位（衣冠）制成立との関連でも重視すべき事実である。百済では泗沘遷都後、六世紀半ば過ぎに官位一六階制が整い（〔武田幸男 一九八〇〕、『周書』百済伝など）、それぞれの位階に対応する冠飾銀花と白や彩色された帯の着装が行われていた（山本孝文 二〇〇六）。倭国では開皇二〇年（六〇〇、推古八）の初の遣隋使、推古一一年（六〇三）の冠位十二階の制定、同一五（六〇七）年の遣隋使小野妹子らの派遣、翌一六年の隋使裴世清らの来朝など、中国王朝を意識した衣冠着用を必須とする内外の儀式が実施されたとみられるが、それに先行して飛鳥寺の創始に際して百済風の儀式が行われ、百済の衣冠の使用もなされた公算は高い。この推古元年の時点で、倭国王権ではまだ衣冠が一定していなかったのである。この儀式を契機として、百済の官人序列を表徴する衣服、冠帯が倭国の官人、支配層に採用され、政治エリートのビジュアルな序列化に大きな影響を与えたのではないかと思われる。

冠位の制定に関して、冠に金・銀などで作った飾りを添え、上位の大徳、小徳には金・銀・銅をもって花を鏤め飾りとした（推古十九年条、大化三年条、『隋書』倭国伝）。あるいは金玉を飾りとなし、左右に銀花を佩く（『新唐書』日本伝）とあるように、七世紀前半段階の官人制、冠位制に則った儀式や薬猟に際しての衣冠には、以前にも増して金銀製品が多用されるようになった。

先に触れたように、王興寺の場合、威徳王の王子の遺品の一部を舎利荘厳具として奉献し、王子に功徳をもたらし供養する儀式を行ったと推測される（佐川正敏 二〇〇八）。飛鳥寺の場合も、基本的には建立の発願者（檀越）ないし誓願者となる王族、豪族たちの官人としての身分や属する階層に従って、朝廷の儀式・行事や祭祀の際に帯びるべき冠帽、衣服、装身具が定まれば、それらの類を供養のために埋納したと見なすのが自然であろう。舎利荘厳具ないし鎮壇具の埋納物に金・銀製の装身具の多く含まれることはその具体的な反映に他ならない。

飛鳥寺は百済寺院の完全な模倣ではなく、微妙に異なる。しかし舎利荘厳具に現れた様相は、南北両朝の系譜や要素を承けた百済の寺院、その基底をなす仏教思想に根ざすものに違わず、前代の古墳の観念、副葬品の風習から脱却し切っていないものの、金銀の装身具は、官人層の形成を背景にして、その儀式で着用する冠や帯の飾りの影響の下に埋納して供養、功徳に資すという、いわば仏教浸透の過渡的状況を如実に示している。つまり、この倭国の初期の寺院造営にかかわる立柱、立塔儀礼なり、舎利具および舎利荘厳具埋納儀礼なりの行為も、塔の構造も、大局的には百済王興寺の例と大きく懸隔するものでなく、なお百済の影響が窺われると解すべきである。なお、新羅の善徳王一四年（六四五）建立された皇龍寺木塔心礎出土の鎮壇具にも、多数の勾玉、水晶玉、管玉、それに箭筒装飾金具（帯）などの伝統的な装身具などがみられ、時代を広げると百済、倭国とともに空間的にも東アジアに広がる共通性がある〔金姸秀二〇〇六〕。

三　東アジアのなかの飛鳥寺

（1）王権の寺院としての飛鳥寺

推古一〇年（六〇二）、百済僧の観勒が渡来して飛鳥寺に止住した。同三二年（六二四）、彼は最初の僧正に就任し、その奏上により仏教統制の機関が置かれた。しかし寺院の造営や造仏事業が続くなかで、高句麗の大興王（大元王か。嬰陽王）が丈六仏製作のために黄金を多量に贈って来たり、また百済僧以外に渡来した高句麗、新羅の僧たちとの交流も行われたりし、新羅が舎利、仏具などを贈与することもあったので（推古三、十、十八、二十三、三十一、三十三年各条）、飛鳥寺などにも高句麗の寺院、僧侶の影響や新羅仏教の要素が入らないわけでは決してなかった。

ただ、推古が鞍作鳥に出した勅に、仏刹を建てようとして初めて舎利を求めたところ、曾祖父の司馬達等が直ちに舎利を献上したといい（敏達十三年条、推古十四年条、『元興寺縁起』）、仏舎利を欲求するような仏教信仰の深まりと鞍作氏との間に並々ならない関係が潜んだことを示している。この功績譚には鞍作氏の家記が用いられたとみられるが〔松木裕美一九七五ａ〕、梁系とも高句麗系とされる鞍作氏が寺院創建の時に逸早く百済から来た工人の指導を受けて配下の鞍部集団を率い、馬具製作から寺院や仏像、仏具の制作へと技術転換と転身を遂げたのであり、それには上位にある蘇我氏の意向も作用したものと思われる。なお、仏像、仏具製作に携わる鞍作集団に関して、鞍作氏の「止利仏師」の名前を私寺造営と関係した上宮王家の家政機関内部の名称と見なして、蘇我氏から厩戸王子の上宮王家へと技術者（鞍作部）の融通がなされたと考える仁藤敦史氏の説がある〔仁藤敦史二〇〇四〕。しかし飛鳥寺は蘇我氏単独の私寺とはいいがたいが、蘇我氏の管掌下、つまり家政機関のなかに鞍作氏が統率する造仏などの技術集団が含まれていたと考えても差し支えなく、「仏師」の称呼から上宮王家と結び付けて理解する必要はないであろう（王権の下での宮、宅間での工人の移動、技術移転は考えられる）。

飛鳥寺がたとえ蘇我氏主導の仏教興隆の中枢となる国家的役割を担っていたにせよ、僧尼に対する仏教教学だけでなく、特に王族子弟の学問習得のための各種文化センターとして機能した面も注意しなければならない〔新川登亀男一九九四〕。この七世紀の時代を通して、倭国の寺院建立は父祖の個々人の冥福祈願や現世利益などを主な発願の動機としたが、王権とその周辺にいる王族、豪族は私利的目的を持つとともに、上述の通り先祖の冥福だけでなく天皇に対しても併せ奉ったと考えられる。彼らの倭王（天皇）の人格、権威に依拠して王権に加わり与かろうとする政治的あり方と一体の思想、行為である（飛鳥寺の教育機能には王権の陣容の再生産の意味もある）。それは百済の王都周辺の王興寺や陵山里寺などについても明らかであり、他の百済の豪族層の造像銘によっても国王、大臣と並んで、あるいは単に「七世父母」のためなどと発願目的が記されることと相通じる。

飛鳥寺は倭国の王権が百済との交流の過程で、僧侶に限らず造寺工、造仏工、画師などの寺院造営、仏教文化の荷担者を直に招致したのに知られる通り、王権のストレートな影響を受け、そのバックアップを得て経営され、最先端の思想、学芸、技術、技能の摂取によって、新たな文化形成を推進したことは疑いない。このような仏教のあり方は祈願者個人のレベルを超えて、広く王権のイデオロギー装置の範疇に包摂される性格を認めるのが適切であろう。それゆえ飛鳥寺は本来王権の寺院であり、敢えていえば私寺的、氏寺的と公的、国家的寺院の両方の面を具有したといえよう。この点を敷衍すれば、百済において王興寺および陵山里寺は舎利容器（函）銘によって国王、王族が近親者の冥福祈願を造寺の基本目的としたことが歴然としているが、王興寺の出土品などがそれ以上の事実を語ってくれはしない。しかし百済工人を招いて七世紀中葉に建立された新羅王都の皇龍寺の場合、王宮近くにあり国王の私寺であったが、九層塔を三宝の威力で隣国降伏するために造るという王権ないし国家擁護の現実的動機を持つ主旨が伝えられる（『三国遺事』塔像・皇龍寺九層塔条）。倭国においても、推古朝には天皇（倭王）によって七世紀初めに三宝興隆の詔が下され、官人の訓戒を目的とする憲法十七条に仏教思想が盛り込まれるように、仏教思想が王族、豪族たちが官司に就く官人となって組織されるにつれ、彼らの序列化、秩序化の必要性から儒教的礼制と相俟って導入され、理論的根拠として推奨された〔鈴木靖民二〇一二〕。その具体的達成がやがて飛鳥や大和、河内などの地での豪族層の造寺、造仏事業の盛行となって展開した。それは仏教による豪族ないし官人層以下に対する教化政策でもあった。また東アジアの国際社会のなかでは、倭国と朝鮮半島諸国、倭国と隋の間の国家的交流に際して、僧侶、学問僧などの人物の往来の他に、仏教の経典や仏像、仏具が用いられ、外交の媒介物の役割を果したという外交と仏教の緊密な関連が指摘されていることも看過できない〔河上麻由子二〇一一〕。

こうしてみると、仏教が純粋に宗教的、信仰的な契機で百済より倭国にもたらされたと理解するのみでは不十分である。百済の仏教は倭国に伝播した後、倭の王権のあり方に規定され、支配イデオロギーの一環を構成することになった。王権の内部体制確立のために仏教教義に基づく、寺院での礼拝など仏教儀礼を通しての浸透が図られたのである（古市晃二〇〇九）。あるいは東アジアの視点よりみると、元来、仏教が中国の南北朝や百済の王権において、皇帝や国王が尊信するのに察せられるように、そうした要素を胚胎させていたのでなかろうか。この仏教の性格が倭国で王権の支配イデオロギーや王権擁護から進んで、さらに護国的目的の色彩を濃くするのは、天皇（倭王）の関与が明確になり、国家擁護を祈る仁王会が始まる（斉明六年五月条）七世紀中葉以後であろう（田村圓澄一九八五）。

(2)　飛鳥仏教と百済、高句麗、新羅

寺地の選定に関しては、王興寺の場合、寺地は山に囲まれ、前面に川があって舟運により対岸の王宮の所在地に直結しており、文献に伝えるごとく地勢上も、また発掘で現れた堅固な石塁構造の様子からも軍事的施設、機能を兼ね備えたことが指摘できる。つまり王宮域の一角に王興寺は存在する。翻って、飛鳥寺は推古の王居であった北の小墾田宮などに近い位置にあり、蘇我氏が居宅を構えた豊浦、その後の南にあった島（橘）とは離れるが、その両者をつないで統合するような飛鳥盆地の中央を占拠する絶好の立地であったこと（古市晃二〇〇二、山路直充二〇〇七）が対比できる。飛鳥寺も、のち壬申の乱時に大海人方の大伴吹負らが軍営を設けた（天武元年六月条）。どちらも拠点とした寺院が王居の所在地の近くにあって、国王や王族たちの参詣、礼拝を受けるとともに、いわば王権を守護する役目を想定できる。飛鳥寺は斉明朝の後飛鳥岡本宮を中心として空間整備された段階

で王宮に取り込まれたとされるが（林部均二〇〇八）、その淵源は飛鳥寺が小墾田より南の飛鳥の小盆地の真ん中の微高地を占めて造られたことに始まる。

伽藍配置については、王興寺跡の全容がまだ明らかでない点もあるが、木塔の北に金堂の位置が確かめられ、川に突き出た細長の船着場は国王、礼拝者のプロムナード（御道）であり、それに続く南門、五重塔と目される木塔、後ろに堂宇（金堂）、東西に堂宇（東西金堂か、僧坊か不詳）が建って回廊につながり、さらに堂宇の後ろ（北）の大型建物（講堂か）に接すると推定されている。こうした配置は南朝梁の影響を受けた扶余・定林寺、軍守里廃寺、陵山里寺などの泗沘時代の百済寺院一般のプランに相似、共通する〔猪熊兼勝二〇〇三、楊泓二〇〇八〕。

これは飛鳥寺の一塔三金堂の配置と同じではない。飛鳥寺の発掘以来、高句麗の清岩里廃寺や定陵寺、上五里廃寺との類似が議論されている伽藍配置は確かに百済の寺院と異なるので、高句麗の影響を受けたと考えられる。(補注)しかしながら飛鳥寺は、心礎の舎利孔の位置にみられるように舎利容器の安置方式、木塔基壇の構築に細かな異同があるが（飛鳥寺の東西金堂の二重基壇は扶余の寺院の例と全く同じ構造であるという）、上述した舎利具、舎利荘厳具類自体、そして論及できなかった二系統あるとされる素弁蓮華文軒先瓦（佐川正敏氏の教示による）なども百済の寺院により近似している。結局、総じて一一年前の王興寺の立柱に始まる造営の影響が強いというべきであろう。これらの技術、技能、さらに思想も百済からの僧侶、工人などの渡来人によって直接伝えられ、習得された可能性が極めて大きい。

飛鳥寺の創建と儀式、教義は直前に建てられた王興寺などの百済寺院を基本モデルとするが、推古朝期の高句麗からの恵慈以下の渡来僧の存在と黄金援助、新羅からの仏像、舎利、仏具の贈与など朝鮮半島諸国との仏教交流の関係から推し量ると、飛鳥寺の全体は各国の各種の系統を引き、それを継受、複合させた結果、独特のものとして完成をみたのである。この飛鳥寺の文化複合にこそ、先進諸文化を積極的に受容するこの時期の王権が主導した飛鳥文化形成の特質を窺うことができる。

おわりに

王興寺の豊富な遺物群と遺跡は、百済史の資料であるのみでなく、飛鳥文化の一大中心地の飛鳥寺の源流を髣髴とさせ、飛鳥寺の日本古代文化、古代思想、古代社会形成史上の画期性をより具体的に探ることのできる、重要な手がかりを与えてくれる。王興寺と飛鳥寺はつながることが疑いない。百済仏教文化の伝播・交流とその後の推移の追究は、固有信仰との関係はもとより、さらに政治や経済とのつながりにも波及し、倭国や南北朝・隋唐を含む東アジア諸国の社会、王権、都城との関係、国際情勢等々へと研究の地平を切り拓くであろう。

（補注）百済仏教寺院の伽藍配置と飛鳥寺の配置の関係を含む百済の寺院の実態、特徴と古代日本の寺院の関連性については、李炳鎬氏の多方面にわたる詳細な研究がある〔李炳鎬 二〇一四・二〇一六〕。

参考文献

荒木敏夫 二〇〇六 「倭王・王妻・太子」『日本古代王権の研究』吉川弘文館
李漢祥 二〇〇八ａ 「王興寺木塔一括遺物の性格と意義」『扶余王興寺址出土舎利器の意味』韓国・国立扶余博物館
―― 二〇〇八ｂ 「百済王興寺木塔址一括遺物の性格と意義」『東アジアの古代文化』一三六

李炳鎬 二〇一四『百済仏教寺院の成立と展開』社会評論（韓国）
―― 二〇一六『百済寺院の展開と古代日本』塙書房
伊藤義教 一九八〇『ペルシャ文化渡来考』岩波書店
猪熊兼勝 一九八八「飛鳥の塔心礎」『仏舎利埋納』奈良国立文化財研究所飛鳥資料館
―― 二〇〇三「百済陵寺出土香炉のデザインと性格」『百済金銅大香炉と古代東亜細亜』韓国・国立扶余博物館
井本英一 一九八〇『古代日本とイラン』学生社
―― 二〇〇七「飛鳥のペルシャ人」『神話と民俗のかたち』東洋書林
岩本圭輔 二〇〇一「舎利埋納」『荘厳』大阪府立近つ飛鳥博物館
大橋一章 一九九七『飛鳥の文明開化』吉川弘文館
岡本敏行 二〇〇一a「舎利の安置と舎利荘厳具」『荘厳』（図録）大阪府立近つ飛鳥博物館
―― 二〇〇一b「飛鳥・白鳳の仏教文化」『荘厳』（図録）大阪府立近つ飛鳥博物館
河上麻由子 二〇一一『古代アジア世界の対外交渉と仏教』山川出版社
木下正史 二〇〇五『飛鳥幻の寺　大官大寺』角川書店
金妍秀 二〇〇六「六～七世紀韓国の仏塔と舎利荘厳」『東北学院大学論集　歴史と文化』四〇
金三龍 一九八三「百済弥勒信仰の歴史的位置」『韓国弥勒信仰の研究』韓国・同和出版社
金杜珍 一九九三「百済の弥勒信仰と戒律」『百済史の比較研究』韓国・忠南大学校百済研究所
金禧庚 二〇〇〇「韓国の舎利荘厳」『仏舎利信仰とその荘厳』通度寺聖宝博物館
金恵貞 二〇〇八「王興寺址発掘調査成果」『扶余王興寺址出土舎利器の意味』韓国・国立扶余博物館
金延寿 二〇〇三「百済の舎利荘厳について」『百済金銅大香炉』韓国・国立扶余博物館
―― 二〇〇八「扶余王興寺木塔址出土舎利荘厳具について」『扶余王興寺址出土舎利器の意味』韓国・国立扶余文化財研究所
金容民 二〇一〇「百済王興寺跡と舎利器・荘厳具の発掘調査成果」『古代東アジアの仏教と王権』勉誠出版
国立中央博物館 一九九一『仏舎利荘厳』韓国・国立中央博物館
国立扶余博物館 二〇〇二『陵寺』韓国・国立扶余博物館

――――二〇〇八『百済王興寺』（特別展図録）韓国・国立扶余博物館
熊谷公男二〇〇六「日本百済大寺の造営と東アジア」『東北学院大学論集　歴史と文化』四〇
佐川正敏二〇〇八「古代日本と百済の木塔基壇の構築技術および舎利容器・荘厳具安置形式の比較検討」『扶余王興寺址出土舎利器の意味』韓国・国立扶余文化財研究所
――――二〇一〇「王興寺と飛鳥寺の伽藍配置・木塔心礎設置・舎利奉安形式の系譜」『古代東アジアの仏教と王権』勉誠出版
新川登亀男一九九四「東アジアの中の政治文化」『日本古代文化史の構想』名著刊行会
杉山洋二〇〇三「飛鳥池遺跡の性格をめぐって」『文化財と歴史学』吉川弘文館
鈴木靖民二〇一一『日本の古代国家形成と東アジア』吉川弘文館
朱岩石二〇〇六「鄴城遺跡趙彭城東魏北斉仏寺跡の調査と発掘」『東北学院大学論集　歴史と文化』四〇
大韓民国文化財管理局一九七四『武寧王陵』学生社
高橋照彦二〇〇一「三彩・緑釉陶器の化学分析結果に関する一考察」『国立歴史民俗博物館研究報告』八六
武田幸男一九八〇「六世紀における朝鮮三国の国家体制」『東アジア世界における日本古代史講座』学生社
田中史生二〇〇八「百済王興寺と飛鳥寺と渡来人」『東アジアの古代文化』一三六
田村圓澄一九八三「百済の弥勒信仰」『馬韓・百済研究』四・五合輯号
――――一九八五「百済・新羅仏教と飛鳥仏教」『聖徳太子と飛鳥仏教』吉川弘文館
辻秀人二〇〇六「日本古墳時代の副葬品と飛鳥寺木塔の舎利荘厳」『東北学院大学論集　歴史と文化』四〇
坪井清足一九八七『飛鳥寺』（美術文化シリーズ）中央公論美術出版
奈良国立文化財研究所一九五八『飛鳥寺発掘調査報告』真陽社
仁藤敦史二〇〇四「『長屋王家』の家産と家政機関について」『国立歴史民俗博物館研究報告』一一三
福山敏男一九六八『日本建築史研究』墨水書房
藤善眞澄二〇〇一「中国仏舎利縁起」『荘厳』（図録）大阪府立近つ飛鳥博物館
古市晃二〇〇二「都市の成立」『都市　前近代都市論の射程』青木書店
――――二〇〇九『日本古代王権の支配論理』塙書房

河北省文化局文物工作隊一九六六「河北定県出土北魏石函」『考古』一九六六―五
堀部猛二〇〇五「工房の運営」『文字と古代日本』三、吉川弘文館
松木裕美一九七五a「日本書紀編纂と寺院縁起」『國學院大學大学院紀要』文学研究科　六
――一九七五b「二種類の元興寺縁起」『日本歴史』三二五
――一九八三「飛鳥寺の創建過程」『日本史学論集』上、吉川弘文館
――一九八五「飛鳥寺の史的性質をめぐって」『日本古代の政治と制度』続群書類従完成会
矢野建一一九九九「飛鳥寺の仏舎利埋納前段儀礼と方相氏」『専修大学人文科学年報』二九
藪田嘉一郎一九五一「四天王寺創立に関する研究」『大谷史学』一
山路直充二〇〇七「京と寺」『都城　古代日本のシンボリズム』青木書店
山本孝文二〇〇六『三国時代律令の考古学的研究』韓国・書景文化社
梁正錫二〇〇六「新羅・皇龍寺九重木塔の造成に関する比較史的検討」『東北学院大学論集　歴史と文化』四〇
楊泓二〇〇八「中国南朝の百済仏教に対する影響」『扶余王興寺址出土舎利器の意味』韓国・扶余国立博物館
吉川真司二〇〇一「飛鳥池木簡の再検討」『木簡研究』二三
吉田一彦二〇一二『仏教伝来の研究』吉川弘文館

2　難波宮木簡と「秦人凡国評」「王母」の解釈

はじめに

一九九九年一一月、大阪市中央区法円坂を中心に営まれた前期難波宮跡の一角から出土した木簡の概要が公表された。これまでも前期難波宮跡の中枢部および周辺で木簡は出土しているが、戊申年＝六四八年という年紀の明らかな、日本で最古の木簡（一一号）を含み、二六点のまとまりをもつ木簡群という点で特に注目される。(1)

従来、年紀の明らかな古い木簡は壬子年＝六五二年（芦屋市三条九ノ坪遺跡）、辛酉年＝六六一年（藤原宮木簡）とある例が知られていたが、大半は六七〇〜八〇年代以降のものであった（飛鳥浄御原宮木簡・藤原宮木簡・飛鳥池遺跡木簡・浜松市伊場遺跡木簡など）。難波宮跡の木簡は、それらを一挙に数年ないし二〇年も溯る、多数の木簡として重要である。いわば中央の難波宮跡の出土であるが、先年、隣接地で七世紀半ばの木簡が出土しており（佐藤隆一九九〇）、地方の木簡でも遺構の層位から推して七世紀の第Ⅱ四半期のものを含むとされる徳島市観音寺遺跡出土の木簡（徳島県埋蔵文化財調査センター一九九九）などと年代的に対比できるものであって、突出するわけではない。

木簡は推定される難波宮の宮域の北西隅の台地に谷が入る地点の遺跡の、飛鳥時代包含層のなかから出土した。東南方向から捨てられた一括埋没と見なされているが、雑多なものの混ったゴミ捨て場であろう。『日本書紀』によると、難波長柄豊碕宮は六四五年（大化元）一二月に同地が都とされ、六五一年（白雉二）一二月、孝徳天皇が飛鳥から遷り、六五二年九月、完成し、六五四年一〇月、孝徳が死没するまで存続している（『書紀』によれば、宮としては天武朝の六八六年（朱鳥元）の大蔵省の焼失時まで運営されている）。

出土遺物は、ことに木簡・木製品の出土地点および投棄方向、木簡の用途、廃棄の事情などを考えると、至近の位置関係にある難波宮と無関係でなく、それも孝徳が長柄豊碕宮にあった期間に使われたものとみられる。木簡とともに出土する土器が六四〇～六〇年代とされているのとも齟齬しない。出土遺物のうちには、祭祀用の斎串・人形代・男茎状木製品・絵馬などの木製模造品や土馬がある（人形代は隣接地でも出土している）。これらは難波宮の内部での祭祀・儀式などに用いられたものであろう。しかしまた、遺跡の位置が宮の西北隅、つまり戌亥（乾）の方角に当ることに注意すると、後世、奈良・平安時代の例では宮や京で、外部から入ってくる疫病・邪悪を防ぐという四隅疫神祭をはじめとして、障神祭・道饗祭など、すなわち境界の祭祀が行われていた事実が連想される。そうだとすると、『日本書紀』によると、孝徳の時には、高句麗・百済・新羅など朝鮮諸国の使が頻りに来着し（大化元年七月条以下）、難波津にはそれぞれの客館が設置されていた。したがって、祭祀具は、実際にそれらの海外から来た使が宮に入る際に執り行われた疫神祭などの境界祭祀の痕跡を示す可能性もないといえないであろう。

一　大化改新論と木簡

ところで、この時期は大化の改新と呼ばれる政治改革の最中に当っており、学界では、これまで日本古代国家（律令国家）の成立とかかわってその実態をめぐる有名な論争がある。『日本書紀』孝徳紀に載る六四六年（大化二）正月の改新の詔の存否をはじめ、大化の年号、中央官制、東国国司の派遣、評制の施行、それに上述の難波宮遷都までもが、議論の対象になっている。ことに『日本書紀』の造作や粉飾を指摘し、六四五年のクーデター（乙巳の変）後における諸改革を虚構であると否定し、あるいは六六〇年代以降、天智・天武朝頃にずらして想定する説が知られる。こうした説は、『日本書紀』の記事を批判し史実を再構成するものであるが、しかし『日本書紀』に依拠し、内的批判ないし内的操作をする点では改革を肯定的に捉える説と同工の嫌いがなくもない。

これに対して、難波宮木簡は内容によっては、当時の政治制度や政治構造のありのままの姿、いわばナマの歴史を伝える文字情報にほかならず、それらの実態を究明する上で、手がかりとなる有力な第一級の史料としなければならない。

これらの木簡は、前期難波宮跡を難波長柄豊碕宮に比定する通説をより確かなものとし（直木孝次郎 一九九四、中尾芳治 一九九四）、一部にいわれてきた天武の時の宮とする説を後退させるであろうから、まず難波長柄豊碕宮と時間・空間ともに密接な関係にあることを前提にして考えてよいであろう。

二六点の木簡は、およそ木簡研究でいう文書木簡（一一・二一号など）と付札木簡（二・四・五・九・一二・一八号など）に分けられるとされる。性急な議論は避けなければならないが、結論から先にいえば、前者は行政組織か官人の間で交わされる文書による意志伝達、つまりおそらく倭王のいる宮、当時の大和（倭）王権中枢において公文書による行政事務が行われていたことを示す行政文書であろう。すでに隣接地から「謹啓□」（表）「□《初か》然而□」（裏）とある文書木簡が出土している。後者も物品付札であるが、広義には文書である。形状・記載からみて、食品＝生産物（宍肉・乾肉・貽貝など）を中央の王権・王室に貢進物として納入する際にその内容や関係する人名などを明示するために生産地、すなわち地方で付けた荷札であろう（また、なかには物品の到着後、難波宮でその収納、もしくは整理のために作られた付札があることも想定しなければならない）。それは肉や貝類の名があり、律令制以前、地方の国造などが礼物として天皇（倭王）に供する食物や、王権内部の日常的な食料として消費される御贄の制度があったとされるので、それに該当するか、さらに八世紀以降では新たに畿内の食料供給集団としての品部である贄戸（雑供戸）、畿内以外の諸国の集団が納める調雑物の、どちらかに系譜を引くことになる贄などに相当する貢進制度が行われていたことを考えさせる。より広く捉えると、のちの律令国家の財政の根幹を担う租・調・庸などの税制の早い段階のあり方を示唆するとみることもできる。

形状・記載上からみると、戊午年の木簡（一一号）は、現状は本来もっと幅広で、二行以上にわたって書かれたであろう文書木簡が二次的に加工されたか、廃棄処分されたものかと思われるが、「『□稲稲』戊申年□□□／□□□　□□□」（表）「［□□□□］／□　支□乃□／佐□□十六」（裏）と記され、戊申の年の何かの出納・収支や数量についてのやり取りを内容とする文書であるらしい。「稲」字は異筆と判断されているが、年紀を記すことと関係があるとすると、収穫に応じた一年単位の収取制度なり会計制度なりがすでにあったことを思わせる。そうすると、この木簡は本来帳簿であった可能性もなくはない。当然、戊申の年（六四八年）か、その直後に書かれたことになる。

これらを考え合せると、物品の付札にかかわる人物（貢進先）として、まず孝徳個人ないしその近親者など、王室のレベルで消費する御贄に相当する生産物の移動、つまり贄の制度があったと解することができる。いわば内廷とだけ関連づけられる。だが、ほかの木簡群を念頭に置くなら、さらに踏み込んで、それだけでなく、より幅の広い公的性格を読み取ることも不自然でない。つまりこの宮には王室ないしその家政関係をも包摂するような王権の行政組織＝官庁が存在し、そこに集中する生産物の収取も一定程度のシステマティックな態勢が形成されていることを考えさせるのではないか。

出土した木簡の大半に認められる端部の左右両側に切り込みをもつ形状や、移動する物資の品目名などを記載することの規格性は、先行する中国・朝鮮に倣ってすでに日本でも採用され、実務面においても機能していたことを物語る。付札木簡は中国では漢代以来の木簡などに普通に認められるのはもちろんのこと、朝鮮（新羅）でもすでに六世紀中葉には使われていたことが、韓国の咸安城山山城の出土木簡により解明されている〔橋本繁二〇一四、三上喜孝二〇一五〕。こうした生産物貢納の際の移動管理の事務マニュアルと文書方式が大和王権で採用され、やがて七世紀後半以降、政治制度の整備につれて一般化するのである。

すなわち難波宮には中央の行政・支配の政治組織があり、それを掌る人々（官人）がおり、膝下の河内・摂津など（のちの畿内）をはじめとする各地から生産物を収取する税制が実施されていたことが想像される。それゆえ、難波宮の施設には、貢進物を収納する倉庫、いわゆる大蔵（大椋）・内蔵があり、それを管理・出納する官庁と官人も当然存在したと考えなければならない。事実、木簡出土地点のすぐ東南の、前期難波宮跡からは倉庫群が検出されている。

こうして、断片的ながらも、木簡の形状や記載をもとにして難波宮段階での大和王権の地方行政、国家形成の様相を具体的に垣間みることができるのである。

二　木簡の形状・記載の特徴

以下、倉卒の間の憶測であるが、七世紀半ばのこれらの木簡のいくつかを取り挙げ、その特徴を探ってみたい。まず難波宮木簡には、七世紀末の藤原京や八世紀以降の律令国家（律令制）における木簡の形状や記載と共通・連続する面がみられる（祭祀用具も律令国家の祭祀段階と同じものである）。上述の戊午年の木簡には隷書風の筆跡も認められ、文字の間隔も一定しているので、書記の専門家の存在したことを思わせる。しかし一方で、付札木簡の記載が、物品名のみを書いたり（二・五・一二・一八号など）、貢進者名のみを書いたり（四号）、あるいは貢進者（集団）名と所属する評名を書いたり（一号）する例（八号は物品名または人名と数量を記すか）がほとんどであることも看過できない。しかも木簡の長さやスペースの割に記載事項（字句）が少なく、割付が考えられていなかったり、なかには稚拙な筆致もあったりして、アンバランスも感じられる。また物品名を記す付札には文字を記す片面だけの整形であったり、整形のしかたが粗かったりするのも特徴である（二・四・一二・一四・一八号）。

この記載内容がまちまちなのは、単に事務的な理由のみにとどまる問題ではない。多分、付札木簡が作成された地方、地域における律令制以前の行政・支配のあり方とかかわっているのであろう。律令制下での国郡里などの所属（本貫、地方行政区分）名と貢進者名、物品名とその数量とを合せて一枚に記すような書式はまだ一定していないことになる。降って、藤原宮木簡のなかにもまだ物品名だけ記す例がある。あるいは平城宮木簡の貢進物付札でも「年月日（日付）＋国評里」のみで、貢進者（人名）のないものがある（ただし、これらには別に必要な記載のある木簡が伴ってセットを構成していたと推測される）。

難波宮木簡は、その種の付札木簡の初期の様相を表すのではないか。すなわち、地方支配の進展とそれに伴う木簡を含む文書行政との関係を重視したいのである。やや論理に飛躍があるかもしれないが、それはおそらく王権の住民に対する支配が、在来の特定の集落や職能者による人間集団（部・屯倉など）を基本単位とする段階から脱却しきっていないためであり、当時まだ設定し始めて間もない国や評などの地方行政組織（区分）による領域ごとの住民の個々人の掌握が弱いこと、さらに住民の貢進物を王権が独占的に集中させて税として体系化することに未熟な状態を意味するのではないか（知られるように、『日本書紀』欽明三十年正月条には、吉備の白猪屯倉の場合、王権から田領が派遣されて、耕作に従事する田部の丁を編戸し、籍、おそらく木札に記載することが先進的に実施されていた例が伝えられる）。

いわば王権の目指すところは、諸豪族に依存した縦割りの支配を一元化し、中央の組織に調・庸などとして物品を集約し、その収取物を天皇（倭王）の名の下に王権の構成者たる官人たちに禄すなわち給与として再分配する国家的システムが形成されるべきことであった。それを支えるのが地方の住民からの貢進物であり、各地の特産物を中央の需要に応じて、現物で集積する制度であるが、それが当時まだ事務的レベルにおいても整備されず中途にあったことの反映と見なされる。

三　「秦人凡国評」の解釈——王権と地方支配

この点に関連すると思われるのは、一号木簡とされる「×秦人凡国評」とある記載についてである。上端が折損しているので断定できないが、これが付札であるなら、「秦人（某秦人か）＋凡国評」という記載順と解され、秦人は個人名の一部であろうから、「所属（国郡里）名＋人名」のように書く後の例と著しく相違する。この木簡の記載が難解とされる所以である。

しかし、七世紀後半の筑後における行政拠点の一部と考えられている福岡県小郡市の井上薬師堂遺跡で出土した木簡には、「丙家搗米宅津十丙了里人大津夜津評人」（表）「丙里人家□　　□」（裏）とあり（倉住靖彦一九八五、平川南一九八九）注目される。すなわち「家名＋人名＋里人名＋評人名」という順に記す例とすることができる。ここでは、まず人名（搗米宅津と大津）を記し、次に行政区分を里人・評人と記すのである。これは付札でなく出挙（貸借）に関する記録簡とみられているが、律令制下の段階の書き方とは逆の類例とすることができる。井上薬師堂木簡の場合は人物二人の属する家（ヤケ）名が冠されている点が注意を引くが、評里制が行われていても、まず当人たちの身近な本貫である里名を掲げ、その後に評名を記し、次の人についても再び家名から書き始めている。ここでは丙という家単位に米（稲）の出挙事務が行われており、丙は里名でもあるので、里の中核が家であったことが推定される。

同じく七世紀後半の地方の木簡である伊場木簡の例には、周知の「柴江五十戸人」（辛巳年＝六八一年）とか、某里人（辛卯年＝六九一年）とあるほか、飛鳥池木簡にも、「賀賜（＝陽）評塞課部里人蝮王部斯非俵」などとある。平城宮木簡でも、例えば若狭国からの貢進物の付札に郡郷に続いて「三家人」某と記す例がみえる。これらは当人の属する行政区分・集団の上位から下位の順に記されるが、里や家と人を直結する表記には、里や家（屯倉）の区分とそれに属する個人との密接な関係の成立時以来の古さをとどめているように思われる（この種の、人物を中心にして掲載し、次いで所属を書くのには八世紀の勘籍が想起されるが、その場合はまず当人の身元を戸籍により確認・掌握するためである）。

「秦人」云々の木簡（一号）の場合、あいにく記載の全容を明らかにできないが、生産物の徴集対象者（集団）から書き始めているのであろう。こうした律令制下と異なって、当人の所属する至近の区分・集団から先に表す記載方式もまた、王権の地方支配の程度、つまり住民個々人の掌握、地方組織への帰属・編成の度合いの弱さを反映し、それは生産物や労役・兵役の賦課と深く関連する編戸制、戸籍・計帳制度成立以前の状態を表わすものと思われる（前記した通り、各地の屯倉では田部などに対する先駆的な編戸が行われたらしいが、それはなお部という人間集団で掌握する方式であった。その後、改新の詔の第一詔に部民の廃止を謳い、新規の調・庸の制度が施行されたとあることも留意される）。

この木簡にある「凡国評」についての詳細は分からないが、凡国をオツクニと訓むならば、(2)藤原宮木簡により存在が確かめられる山背国乙訓（弟国）郡（評）に等しい。また『倭名類聚抄』郡郷部などにみるように凡はオフシ・オホシと訓まれるので、もし凡国がオフシクニ、オホシクニというならオホクニの音に通じ、意味上も大国評に同じとなる。大国であれば奈良・平安時代には河内国石川郡、山背国宇治郡、近江国愛智郡、播磨国印南郡など（筑前・石見にもある）に大国里（郷）がある。これらには秦氏の渡来人集団の居住する地域が多いのも示唆的である。(3)ただし、いうまでもなく評と里とは違い、里は七世紀後半の木簡にも「五十戸」と記される。「五十戸」の年紀の明確な例は藤原宮木簡に癸未年＝六八三年とあるのが最古とされる。(4)すでに定説とされる通り、「五十戸」は里の制度が定着する前の表記であり制度であって、五〇戸編成を建前とする評の下位の組織・区分である（もっとも、評がのち郡制へ再編されるに伴い、郡に吸収されて里となるケースも考えられなくない）。(5)

そこで、さらにその時点から溯って、この木簡の時期の凡国評の構成が後の「五十戸」や里といかなる関係にあるかが問題である。もし秦人が秦人部、秦人集団のことなら、それが後の「五十戸」や里に相当する集団・組織か、その前身であったかもしれないのである。ただ、同時に出土した木簡（四号）は「委尓ア粟□」とあり、「部姓＋個人名」を示すと解されるので（部集団と物品名一字の可能性もあるかもしれない）、やはり某（ウジ）の秦人という個人名を表わすという考えもあり得るが、他方、そうでなく人間集団を記すとみると、欠損部にはそれに属する個人名が書かれていたかもしれず、その上、家名もあったかもしれない。ともあれ、秦人というのが人間集団を意味するなら、それが後にいう「五十戸」（里）の前身形態を構成していたことになる。

部集団がもとになって里が形成されることの史料は、『播磨国風土記』にみられる。同書には讃岐国の漢人らが移住してできた漢部から漢部里となった（餝磨郡）。宍禾郡の伊和君らの族が移住して伊和部となり、さらに伊和里となった（同郡）。安閑の時以来、皇子代村または三宅（屯倉）であったのが庚寅すなわち六九〇年、播磨国司によって三〇戸をもって構成され越部里となった（揖保郡）。漢人が住み、漢部里であったのが秦の少宅氏に因んで庚寅、六九〇年に少宅里となった（同郡）。的部らが住んだので的部里となった（託賀郡）。巨勢部らがいた村から起勢里となった（賀毛郡）等々という説話が知られる。

要するに、部集団、あるいはそれが属する子代または屯倉が編成替えになって里に変わるというケースを抽出できる。里となる時、「部」字が省かれ、名称も「べ」を略した例が多い。しかも渡来人の部集団からなった里が少なくない。また庚寅の戸籍編成を契機に里が建てられている場合がある。これらは里の起源説話であるが、部や屯倉という人間集団またはその拠点から里に変遷するケースは事実として認められよう。現実には、地域ごとの地理的制約、人口移動や首長層の動向に連動する分割・併合などの社会統合、そのほか個別の事情があったことも当然想定しなければならない。

前掲の飛鳥池木簡には「塞課部里」がみられ、井上薬師堂木簡も一枚のなかに丙里家と丙部里というふた通りの表記があるから、里と部里の互換性、あるいは部集団から里組織へと移行する事例とすることが許されるであろう。しかも里の中核・拠点を家とも呼んだらしいので、家と里の親縁性も上の屯倉（三家）と里の関係を思わせる。「秦人」云々の木簡に記される秦人も、評の下の里に先行する在地の集団として掌握された蓋然性は十分にあると推測される。

木簡の表記が評で終わっていることの意味については、①地方行政組織（区分）として国制が未成立であるか、整備途上の場合、②付札木簡の物品名が贄や調に当たる特産物を想像させるので、この凡国評が王権・王室の直轄領、すなわち屯倉のような地域拠点である場合、③貢進先が国かそれに準じたレベルである場合、の三通りが考えられる。③はさらに、a本来、物品は国レベルまで貢進され、そのままの状態で難波宮に移送された、bこの難波宮自体の一部分か至近の場所に、国かそれに準じた施設があった、という理解ができるであろう。

あくまで仮定にとどまるが、国に準じた所とは、例えばこの難波宮と河内国府（またはプレ国府）の緊密性を想像すべきか、または当時、『書紀』によれば、孝徳は長柄豊碕宮に遷ってからも、いずれも近傍にあったと思われる子代離宮（難波屯倉）（大化二年正月・二月条）や蝦蟇宮（大化二年九月是月条）に行幸したり、小郡宮に滞在したり（大化三年是歳条）、味経宮（白雉三年正月条）や大郡宮（白雉三年正月条）で朝賀の儀式を行うなどしているので、これらの宮または屯倉との深い関係を考えるべきであろう。この想定は②とも重なって、屯倉に起源を有する宮、屯倉の中心施設としての宮の機能も考慮されなくはない。この一点の木簡だけでは説得力を欠くが、物品が作られたか集められ、付札も作られた地方が遠隔地ではなく、難波宮の近くの諸宮や屯倉、プレ国府あたりであった可能性を考えに入れておきたい。しかし何よりも、この時点では、まだ律令制のような明確な領域と住民をもつ国は存在していないとすべきかもしれない。

国の下の地方行政組織である評の設置に関しては、『日本書紀』の六四六年（大化二）の改新の詔に郡の規定があり、この郡の字は評に改めるべきことが指摘されており、『常陸国風土記』『皇太神宮儀式帳』などによると、己酉＝六四九年以降、評制が段階的もしくは一挙に全国的規模で施行されたとされてきた。七〇一年（大宝元）の郡制以前は評制が行われていたことが木簡により知られていたが、この七世紀の半ば近くの評と記される木簡は、孝徳朝の時期の政治制度、過程を伝える文献をまさに実態として裏づける、最古かつリアルタイムの史料となる。しかし上述の通り、評の下に五十戸制、あるいは里制が果たしてどのような編成で画一的に成立していたか、または旧式の部制、人制の尾を引く集団を内実としていたか、それ以外のあり方であったかが、国制のあり方とも絡んで、究明すべき問題となるのである。

四　「王母」の解釈――道教・祭祀など

このほかに興味を惹くのは、付札状を呈する木簡（九号）の「王母前立□上」云々である（裏面にも文字がある）。これも色々な解釈ができる。王母前の三字が物品名である疑いもなくないが、王母の前に何かを上《たてま》つるという意味の物品の付札であると理解できないであろうか。(6)

王母とは中国で西王母の略で使われる語である。道教の神仙思想の仙女であるが、もしそうであれば、七世紀半ば過ぎにそうした中国伝統の思想や道教的呪術が日本の王室周辺に受容されていたことになる。

道教的呪術には呪い、符、予言、祓い、祈禱などの儀式・儀礼が含まれるとされるので（和田萃 一九九四・一九九五）、その種の行為を立証する史料となるかもしれない。日本古代の史料で西王母やその対の東王父がみえるのは『延喜式』神祇式の祝詞の「東文忌寸部献「横刀」時呪」（東文忌寸部、横刀を献ずる時呪す）であるが、また『日本書紀』では、神仙思想や道教的信仰を表す記事が推古二十年条の小墾田宮南庭の須弥山と呉橋の造営伝承をはじめとし、皇極・斉明天皇の時以降に盛んにみえる。また飛鳥京跡には、発掘された石造物のある酒船石遺構や苑池遺構に代表されるように、道教信仰に根ざした建造物や施設が多数設けられていたことも知られている。

他方、王母はまた父の母を表す語である。とすると、孝徳の父方の祖母、智奴王の母（押坂彦人王の妻）の大俣王となる。ゆえに、死没している確率の高い王母に対して何かをたてまつるという宗教的信仰、とくに仏教ならば追善供養を意味するであろうが、わざわざ祖母にそうする理由は分からない。しかし日本では『日本書紀』応神二十五年条の百済で木満致が王母と「相淫」けたとの説話にみられる。この用例のように、七世紀後半から八世紀にかけての日本では王母を王（天皇）の母の意味でも使ったらしい。すなわちこれは孝徳天皇の母の吉備姫王のことを指す可能性はないであろうか。『日本書紀』によると皇極二年（六四三）九月に没しているが、大化二年（六四六）三月、吉備嶋皇祖母の宮が行っている貸稲（出挙の前身）をやめるとあり、死後もその家政機関（宮）が存続していた。

王母を吉備姫王とみて、生前のことなら木簡の年次は六四三年以前の事実を記すこととなり、没後の追善供養などのためならそれ以後としても差し支えない。物品名は不明であるが、もし生前のこととみれば、贄的な性格のものであろう。難波宮木簡には食物名だけを記した例の多いことと何らかのつながりがあるであろうか。または王母とは吉備姫王のあとは孝徳の実姉で、『日本書紀』に同じく皇祖母尊と書かれる退位した皇極（宝皇女）のことをも指しはしないか。

こうして「王母」云々の木簡の意味は様々な可能性が考えられる。いずれの場合にせよもともと道教的信仰、仏教などとの関連が感じられる。「王母」といえば、当時、自明の実在した人物であったのであろう。さらにいえば、そもそもこの一連の木簡のなかにみられる宍肉や乾肉・貝類などの贄的な品目も(7)、この難波宮での用途としてそうした宗教的、信仰的な祭祀や行為のために供献された、犠牲的な飲食物を意味するかもしれず、木簡群自体が特定の祭祀か、またはいくつかの祭祀ののち棄てられたものであったことが想像される。なおも憶測を重ねると、「王母」の前に上るとあるものの、こうした食品類は、本来、神に饗として捧げる祭祀用の初物としての飲食物、後にいう神饌に通じる可能性も考慮しておきたい。その場合、神祇的信仰とかかわりをもつであろう冒頭に述べた木簡と共伴する木製祭祀具や土馬などについても、宮の西北隅の境界祭祀でなく、難波宮内部の祭祀、儀礼で使われたものとする想定が妥当であるかもしれないが、それとのみ重なるかどうかはまだ判断できない。しかし種々の祭祀・儀礼の痕跡を示す可能性がかなり濃いであろう（奈良時代には、皇太子の病気平癒のために大祓と同時に疫神祭を行っている例がある）。

なお、何々の前というのは上位の人物や組織に対する表現で（御前とあるのが多い）、藤原宮木簡や地方の木簡、韓国の二聖山城木簡などに例をみる古い表記の例に属する。

おわりにかえて――古代国家史の課題

以上は、難波宮跡出土の木簡をめぐる二、三の視角と解釈を示した仮説的見解に過ぎない。木簡がどこで作成されたかの理解も、想像の域を出ずまだ確実なものではない。

要するに、難波宮木簡は、その形状や記載の観察を手がかりにすると、六四五〜五四年、孝徳天皇の宮が長柄豊碕に営まれた時期の大和王権がのちの律令国家の税制に類する生産物の貢進制をしき、それに対処する行政組織、支配機構が存在したことを色濃く示唆する。また僅かながら、地方ないし地域社会での行政組織や住民編成の様子を窺わせてくれる。あるいはこの時期の倭王の宮で執行される何らかの宗教的な儀式や祭祀の状況をも暗示するようである。

こうした事実を七世紀の難波宮のあり方だけにとどめず、倭国全体の政治過程、政治改革の推移のなかで、さらには国家段階とのかかわりでどう評価し、位置づけるかが問題である。調査担当者の見解では〝律令国家へと移行する黎明期〟と表現する。関連する史料の増加が期待されるが、王権の内政のベクトルが中央集権に向かっていると見なして誤りない。

木簡群は大化・白雉期に展開したとされ、議論の多いいわゆる大化の改新の真実のヴェールを剝がす契機の一つとなるかもしれない。従来、様々に論じられてきた『日本書紀』の伝える大化改新の詔以下にみられる租・調・庸や贄の税制、中央・地方の行政制度を具体的に解明するための、すこぶる重要な材料を提供することは疑いを容れない。さらにこの時期は、大和王権の支配構造が天皇と有力氏族からなる合議制から律令国家につながる太政官制に移行しようとする少し前の段階にあるとみられる。またこの時期は日本を取り巻く東アジアの国際情勢、隣接する中国・朝鮮の諸地域での国家形成の動向や影響にも十分考慮を払わなければならない〔鈴木靖民二〇一二〕。

難波宮の木簡群の出現は、当時の王権の政治の特徴を物語り、政治過程、制度・組織、儀式や祭祀の実相、その上に推定され得る王権・国家像、ひいては古代国家史について改めて見直しを迫っていると思われる。

注

（1）以下、難波宮跡西北部の遺跡と出土木簡に関する知見は、江浦洋「難波宮跡西北部出土の木簡」（一九九九年一二月四日、第二一回木簡学会研究集会資料）、同「難波宮北西部の発掘調査と木簡の出土」〔江浦洋二〇〇〇〕、および同氏の教示、筆者の実見による。なおその後、江浦洋「大阪・難波宮跡（2）」〔江浦洋二〇〇四〕がある。

（2）『角川大字源』凡の項、角川書店、一九九二年、参照。

（3）なかでも近江国愛智郡大国郷は秦氏集団のつながりを基礎にして、社会統合が進められたことを重視する新井重行氏の説があり、留意される〔新井重行二〇〇二〕。

（4）七世紀半ば頃と推定される「五十戸」木簡は、難波宮木簡、徳島県観音寺木簡に例がある。

（5）評が郡制の施行にともなって消滅した例として、大和国飽波評が平群郡の東半となったことが挙げられる〔狩野久一九九〇〕。

（6）この木簡の形状と記載内容の関係については、中国新疆民豊の尼雅出土の三世紀後半頃、晋代の精絶国の地方長官や王族の建物跡に隣接したゴミ捨て場から出土した木簡群に、楬すなわち付札の形状でありながら、相手に琅玕を差し上げてご機嫌を伺うという文章を記す形式の類例が知られる（籾山明氏の教示による）。なお、同木簡のなかには、「王母」が「王」に対して琅玕を贈ってご機嫌を伺うという内容の一点がある。また、紀元前二世紀の長沙馬王堆一号墓出土の食品などの入った竹笥（籠）の例から類推すると、この種の木簡は物品の一々に直接付した札でなく、物品を一括して納めた容器を縛る紐に括り付けられた付札であるかもしれない。

（7）近年も難波宮跡では「斯々一古」などと記される木簡が出土しており、宮への贄を思わせる肉の貢進物の存在を示している。

（補注）本章に関連する主な研究として、栄原永遠男「難波宮跡北西部出土木簡の諸問題」〔栄原永遠男二〇〇八〕、同「難波宮跡北西部出土木簡の諸問題再考」〔栄原永遠男二〇一四〕、古市晃「難波宮出土木簡の諸問題」〔古市晃二〇〇八〕、鷺森浩幸「難波と大和王権」〔鷺森浩幸二〇一四〕がある。

参考文献

新井重行二〇〇二「郡雑任の再検討」『史学雑誌』一一一―二
江浦洋二〇〇〇「難波宮北西部の発掘調査と木簡の出土」『東アジアの古代文化』一〇三
――二〇〇四「大阪・難波宮跡（2）」『木簡研究』二六
狩野久一九九〇「額田部連と飽波評」『日本古代の国家と都城』東京大学出版会
倉住靖彦一九八五「福岡・井上薬師堂遺跡」『木簡研究』七
栄原永遠男二〇〇八「難波宮跡北西部出土木簡の諸問題」『大阪歴史博物館共同研究成果報告書』二
――二〇一四「難波宮跡北西部出土木簡の諸問題再考」『難波宮と都城制』吉川弘文館
鷺森浩幸二〇一四「難波と大和王権」『続日本紀研究』四一二
佐藤隆一九九〇「大阪・難波宮跡」『木簡研究』一二
鈴木靖民一九九四「東アジアにおける国家形成」『岩波講座日本通史』三
――二〇一二「東アジアにおける国際変動と国家形成」『倭国史の展開と東アジア』岩波書店
徳島県埋蔵文化財調査センター一九九九『観音寺木簡』同センター
中尾芳治一九九四「難波宮」『岩波講座日本通史』三、岩波書店
直木孝次郎一九九四『難波宮と難波津の研究』吉川弘文館
橋本繁二〇一四『韓国古代木簡の研究』吉川弘文館
平川南一九八九「井上薬師堂遺跡（第七号）釈文の訂正と追加」『木簡研究』一一
古市晃二〇〇八「難波宮出土木簡の諸問題」『大阪歴史博物館共同研究報告』二
三上喜孝二〇一五「城山山城出土新羅木簡の性格」『国立歴史民俗博物館研究報告』一九四
和田萃一九九四「渡来人と日本文化」『岩波講座日本通史』三、岩波書店
――一九九五『日本古代の儀礼と祭祀・信仰』中、塙書房

3　百済救援の役後の百済使・高句麗使

はじめに

百済救援の役後、天智・天武・持統朝期における朝鮮半島との公的交渉は、その大部分が新羅との外交であったことは周知のところである。ところがこの朝鮮半島を統一している新羅のほかに、当時日本（倭）には百済・高句麗（高麗）、それに耽羅からの使が派遣され、日本もまた使を送っている。そこでこの交渉の実態を明確にし、それの帯びている性格を追究することが必要であろう。

本章は特に百済および高句麗の使について考察を試みるが、結局、これらの国々の外交は主として朝鮮半島の覇者新羅とのかかわりのうちに展開し、日本がそれに対応したものであることを推測するものである。

一　百済使の来日

まず百済についてみると、この国は義慈王二〇年（六六〇）に唐・新羅の侵攻によって滅亡するのであり、『日本書紀』斉明紀にもその模様が記されている。『旧唐書』本紀高宗上の顕慶五年（斉明七・六六一）八月庚辰（一七日）の条によると、

蘇定方等討二平百済一、面二縛其王扶余義慈一。国分為二五部一。郡三十七、城二百、戸七十六万。以二其地一分二置熊津等五都督府一。

（蘇定方等討ちて百済を平らげ、其の王扶余義慈を面縛す。国を分けて五部と為す。郡三十七、城二百、戸七十六万。其の地を以て熊津等五都督府を分置す。）

とあり、百済王権を平定した唐が都督府を設置し、旧の百済はその支配を受ける。しかし百済の遺民はなお余命を保とうとして抗し、日本に救援を求め、遂に天智二年（六六三）の白村江の戦を惹起するに至る。その敗戦の結果、百済の遺民のなかには日本に亡命するものもいたが、彼らの勢力が完全に朝鮮半島から消え去ったわけではなかった。そして彼らが日本へ最後まで救援を請い、「貢調（朝貢）」を行ったことが知られる。『日本書紀』によって明らかな使は、天智七年四月庚申（六日）の条に、

百済遣二末都師父等一進レ調、

（百済末都師父等を遣わして調を進む。）

とあるのが、敗戦後五年にして初めてみられるものである。彼らはすぐ同月庚午（一六日）帰途についている。

ついで天智十年二月庚寅（二三日）の条に、

百済遣㆓臺久用善等㆒進㆑調、

（百済臺久用善等を遣わして調を進む。）

とあり、また同年の六月庚辰（一五日）の条に、

百済遣㆓羿真子等㆒進㆑調、

（百済羿真子等を遣わして調を進む。）

とあるのが、百済としては最後の朝貢になる。ところでこの「百済」の使を唐の熊津都督府からの派遣と見なす見解がある。[1]だが仮に唐との関連を求めるなら、むしろ『日本書紀』において、当時、唐の占領軍から派遣された使は普通「百済鎮将」より遣わされた何某という称を冠されて、記されるはずである。[2]またこの朝貢記事の書き方に注意すると、『日本書紀』の天智・天武・持統紀における百済・高句麗・新羅の日本への遣使のうち朝貢を明記した箇条は、国別にそれぞれ五例・一〇例・一五例を挙げることができるが、[3]そのすべて三〇例は「国名＋遣＋（官位名）＋使人名＋進調（または朝貢）」という表記を基本的な記載方式としていることが判明する。もっと詳細にいうと、とりわけこの基準のままに記されているのは百済使の五例であり、高句麗使の記載は一〇例のうち三例が基準通りで、五例はこの形式に新羅送使のことを付け添えた文で、他の二例も分注が施されるなどしたものである。新羅使の記載は一五例のうち五例が基本の形であり、五例が送使や請政などのことを付け加えており、残り五例もさらに若干の語が補足されて構成された文である。

　こうした基本的な記載方式に則った箇条とそれに他の文が付された箇条とがあるのは、『日本書紀』の原史料の記録などの有無ないしは多少に因由していると考えられる。換言すれば外客来朝の記事が豊富な内容を示しているものは、それだけ『日本書紀』編纂時に多くの原史料となる王権の外交記録の類が存したことを意味してい

る。そして上述の表現方式は斉明・孝徳紀など他の諸巻にもほぼ該当しているようである。

こうしてこの天智七年四月庚午（六日）の条以下の記事は、このあたりの『日本書紀』における百済など外国からの朝貢を伝える記事に共通した表現形式であるから、当然百済からの使と見なすのが穏当であろう。さらにこの事実を素直に考えると、百済の役以前、例えば天智元年六月丙戌（二八日）、同二年二月丙戌（二日）の各条に朝貢の様子を伝えられた往時の百済の系統を継承して、百済遺民のなかから派遣された使人であると推察できるであろう。

二　百済遺民と日本

このように百済からの使はわずか三件しか知ることができない。それが天智一〇年を限って、以後まったくみられないのは、朝鮮において百済遺民は初めは唐によって、終末には新羅によって圧迫され、この時点に及んで完全に衰滅するためであるにほかならないであろう。[4] 事実、『三国史記』新羅本紀の文武王十二年（天武元）正月是月の条に、

王遣ㇾ将攻二百済古省城一克之。

（王将を遣わして百済古省城を攻めて克つ。）

とあり、二月是月の条に、

攻二百済加林城一不ㇾ克。

（百済加林城を攻めて克たず。）

とあり、八月の条には、

攻二韓始城、馬邑城一克之。（下略）

（韓始城、馬邑城を攻めて克つ。）

とあって、百済と新羅との激戦が想定される。この文武王一二年はちょうど日本の天武元年（六七二）であり、その前年の来日は、唐の都督府治下にもかかわらず、決定的な危機存亡の瀬戸際に直面した百済人自体から、日本に対して再度の救済を強く要請するために来たものではなかろうかと思われる。すなわち一年に二度も相ついで来ていることも異例であるが、さらにこの天智一〇年の後者の朝貢の直前、六月己巳（四日）の条に、

宣二百済三部使人所レ請軍事一。

（百済の三部の使人請う所の軍事を宣ぶ。）

とあって、おそらく百済から軍事援助の要求が行なわれていたのに対し、日本は救援不可能の旨を伝えたのであろう。この使は先の臺久用善らであると考える余地もあるが、それよりも『日本書紀』の表現からみて、朝貢使と同時に来たとしても、それとは別個の人物によって構成された使であろう。

天智十年七月丙申朔の条には、

唐人李守真等、百済使人等、並罷帰。

（唐人李守真等、百済使人等、並びに罷り帰る。）

とあり、この李守真らは正月辛亥（一三日）の条によって、唐の百済鎮将劉仁願のもとより遣わされたものであることが分かるが、これと百済使人とが共に帰って行ったという。この百済使人を二月の臺久用善らと断定する説があるが、(6)それならば六月の羿真子らをあてる方がより近いし、また先の百済三部の使人を指しているとも考

えられる。いずれにせよ天智七年四月のごとく百済遺民中心の来日だけでは済まされず、この時期に至って唐の百済鎮将あるいは都督府と百済使とが、新羅に対抗してある種の連携によって遣わされて来たことが推測される。それは従来も説かれたように、この年の李守真らは百済使と共に前年より旧百済領攻略を始めた新羅に対する牽制のために来日したと認めるのが最も適切であろう。

こうみてくると、百済使人とは軍事的使命を帯びた百済三部の使人を指しているという蓋然性が強いのではないか。ただ「百済三部」とある実体がいかなる性質のものかは明瞭にできないが、上部・前部などいわゆる百済五部のいずれかの部をもって、当時辛うじて命脈を保っている百済全体を代表するようなものか、それともある軍事編成上の集団を表わすものかということが示唆されよう。そしてこの時の百済故地をめぐる情勢を想起するなら、どちらかというと前者の考えをとるのがより妥当ではないかと思われる。

その要請も漫然としたものではなく、かなりの程度の百済人勢力の意思が反映され、しかも緊急の事態に対処し、それを好転させるべき使であったに違いない。

ともかくこうした対日交渉も空しく、唐はこの地から退き、百済遺民もようやく新羅王権の支配下に入ることを余儀なくされる。『三国史記』職官志下外官の条に、

百済人位、文武王十三年以二百済来人一授二内外官一。其位次視下在二本国一官銜上。（下略）

（百済人の位、文武十三年百済来人を以て内外官を授く。其の位次は本国に在りし官銜に視らぶ。）

とあり、同じく職官志下の九誓幢の記事に、

三曰二白衿誓幢一、文武王十二年以二百済民一為レ幢、衿色白青。

（三に白衿誓幢と曰う、文武王十二年百済民を以て幢を為す、衿色白青。）

とあるのは、その一つの画期を示すものと考えられる。つまり末松保和が述べたように、この文武王一二年は百済の都城が陥落してから一二年、平壌城が平らいでから四年で、『三国史記』新羅本紀文武王十二年九月の条によると、唐軍への抗戦の望みないことを見極めて罪を乞う使を遣わし、莫大な銀・銅・布を進貢した年でもあるから、この史実は特に新羅の一つの併合策として一般的また組織的に百済の軍事力を吸収したと見なされる。(7) したがってこれ以後、『日本書紀』に百済の使の記事がみられないことはよく理解できるのである。

これに対して日本からは百済の要請に応えて積極的に使を派遣したり、諸種の援助を行なった形跡はない。おそらく当時の軍事・財政などの国力の点からも、新羅との関係上、天智七年九月に国交を回復してはいるものの、他方築城などの国防施策に力を傾注している状況であったから、実際には不可能なことであったと思われる。

三　高句麗使の来日

つぎに高句麗との交渉はどうであったか。高句麗も宝蔵王二七年（天智七・六六八）に滅亡する国である。『旧唐書』本紀高宗下の乾封三年九月癸巳（一二日）の条に、

司空英国公勣破二高麗一抜二平壌城一、擒二其王高蔵及其大臣男建等一、以帰二境内一尽降。其城一百七十、戸六十九万七千、以二其地一為二安東都護府一、分二置四十二州一。

（司空英国公勣高句麗を破り平壌城を抜き、其の王高蔵及び其の大臣男建等を擒う、以て境内を帰し尽く降らしむ。其の城一百七十、戸六十九万七千、其の地を以て安東都護府と為し、四十二州を分置す。）

とあり、『日本書紀』天智七年十月の条にも、

大唐大将軍英公打二滅高麗一、

（大唐大将軍英公高麗を打ち滅ぼす。）

とみえている。このように高句麗もまた唐によって滅ぼされ、平壌には安東都護府が設置され、その統治を受けることになった。しかしながら高句麗遺民の勢力は百済の場合よりもかなり根強く残存し、彼らが日本との間に交渉を結ぶのである。(8)

百済の役後、高句麗使が最初に来日するのは天智五年であり、百済使よりも二年早いが、『日本書紀』には天智五年正月戊寅（一一日）の条に、

高麗遣二前部能婁等一進レ調、

（高麗前部能婁等を遣わして調を進む。）

とあり、入京して調を進めた。そして使は六月戊戌（四日）に帰国した。当時、高句麗は唐および新羅の侵攻に遭って、壊滅寸前にまで圧迫されていることを考え合わせると、まず何よりもこの朝貢はおそらく日本の支援を求める意図があったものであろう。さらに同年十月己未（二六日）の条に、

高麗遣二臣乙相奄鄒等一進レ調。大使臣乙相奄鄒、副使達相遁、二位玄武若光等。

（高麗臣乙相奄鄒等を遣わして調を進む。〈大使臣乙相奄鄒、副使達相遁、二位玄武若光等。〉）

とみえ、前の使の帰国後五ヵ月足らずのうちに再び使を遣わして朝貢したことが知られる。(9)

この使について、これまでに『新・旧唐書』などにこの年（乾封元年）六月、唐は高句麗征討を開始した事実が知られることより推定して、日本に急を報告するために派遣された使かとの説が示されている。(10)

高句麗が日本との通交を再開するやわずか一年間に二度も朝貢を行なっている事情は注目に値することであり、

その背景に朝鮮半島の変動少なからぬ事態の存したことを想察させる。

これを『旧唐書』本紀高宗下・乾封元年六月の条をはじめ、同列伝・李勣、契苾何力、東夷高麗、『新唐書』本紀・乾封元年六月、九月、一二月、同列伝・泉男生、東夷高麗、『冊府元亀』外臣部・征討五、『泉男生墓誌銘』などの記載によって述べると、当時高句麗は莫離支の泉《（淵）》蓋蘇文の死後、長子男生が位を継ぎ国政を摂っていたが、その弟男建、男産のため故地を逐われ、子献誠を唐朝に遣わして請降した。そこでこの年六月初め、高宗の命によって契苾何力が遼東安撫大使に任ぜられ、兵を率いて反抗する高句麗の勢力を鎮定することとなり、また薛仁貴・龐同善・高侃・李謹行らの軍が応援したのであった。

つまりこの六月が唐の高句麗征討の行動を開始した時であろう。その後九月には龐同善が高句麗軍を大破し、男生らの軍と合流した。

一二月、唐は新たに李勣を遼東道行軍大総管に任命し、六総管の兵勢を率いて高句麗を大々的に征討したのである。

先の前部能婁らの朝貢使は、同年六月以後に高句麗に帰還したはずであるから、唐勢力の蚕食がまさに進められ始めた時期に出遭ったと考えて大過ないであろう。それゆえ折返し高句麗は大使乙相奄鄒以下[11]より構成される使節団を急遽日本へ派遣して、この異常事態を告げようとしていたのであろう。この際は『日本書紀』の筆法通り、調を届け、ただ急を報ずるといった目的だけではなく、前と同様に、ないしはさらに強く、日本の物質的、精神的両面よりなる救援を要請すべき性格の使であったと考えられる。

この使が危機に陥った高句麗にいつ帰国したか明らかにできないが、『日本書紀』の翌天智六年二月戊午（二七日）の是日の条に、この時斉明天皇および間人皇女などを合葬した際に、「高麗・百済・新羅皆奉レ哀二於御路一」

（高麗・百済・新羅皆御路に哀たてまつる）と記されている。このなかにみえる「高麗」が前年一〇月の使人らを指すかとの見解もある。[12] 他に高麗使の帰国の記事がみえないので、一応そう考えるのももっともである。しかしこの記事には他に「百済・新羅」がみえているが、彼らが来日していた形跡は何ら知られない。

あるいはすでに帰化した百済・新羅人を指しているとも思われるが、そうなれば「高麗」も帰化人を指していなければならない。ことさら彼らを列記すべき理由を明らかにできない。むしろこの記載には『日本書紀』編纂者の高麗以下を日本の下位に置こうとする潤飾があるように感じられる。したがってこれを先の使人を表わしているという解釈にはすぐに承服できないのである。

ついで天智七年七月の条に、

高麗従㆓越之路㆒遣㆑使進㆑調。風浪高故不㆑得㆑帰。

（高麗越之路より使を遣わして調を進む。風浪高き故に帰るを得ず。）

とある。この時使節は公式の入港地の筑紫に来着せず、[13] おそらくは予定した航路より東へ流されて自然と越（北陸）沿岸に来着したものと解される。

そして使は前年三月以来宮都となった近江大津京に朝貢した。高句麗はもはや滅亡に瀕する状態であったから、前回よりも一層切実に日本の支援を懇請したのに違いない。その後使は風波のため容易に帰路に就くことができなかったらしいが、朝鮮半島においては上述のようにかれこれして、遂に一〇月には彼らの故国が崩壊してしまう。

ところが高句麗の使の来日はこの後も続けられ、日本からも使を派遣して、交渉が天武天皇の末年に至るまでみられる。

天智十年正月丁未（九日）の条に、

高麗遣二上部大相可婁等一進レ調。

（高麗上部大相可婁等を遣わして調を進む。）

とある。この使についてはこれまで明確にしたものはなく、都護府側からか、高句麗遺民側からか未詳であるとされている。(14) しかし『旧唐書』本紀、『三国史記』新羅本紀などの記事によると、占領された翌年すなわち天智八年、高句麗遺民は新羅の援助を得て、以後五年にわたる乱を起している。この事実は見逃しがたい。この天智一〇年前後は唐軍と高句麗人の抗争のすこぶる激烈な時期であり、高句麗滅亡後の遺民による最初に来日した使と見なすべきであろう。使は同年八月丁卯（三日）に帰国した。この七ヵ月間の滞在中に、使と日本の政治的折衝が行なわれたことと思われる。

つぎに天武朝期になると、『日本書紀』天武元年五月戊午（二八日）の条に、

高麗遣二前部富加抃等一進レ調。

（高麗前部富加抃等調を進む。）

とあり、前年に引続いて高句麗遺民から使が出された。この使も表面は朝貢使となっている。だが当時の朝鮮半島の動きや唐使も日本に同時滞在するなどの情勢から推測して、高句麗がその再興運動のために、日本に何らかの形で救済を期待したものであろう。ついで天武二年八月癸卯（二〇日）の条に、

高麗遣二上部位頭大兄邯子・前部大兄碩干等一朝貢。仍新羅遣二韓奈末金利益一、送二高麗使人于筑紫一。

（高麗上部位頭大兄邯子・前部大兄碩干等を遣わして朝貢す。仍て新羅韓奈末金利益を遣わして高麗使人を筑紫に送る。）

とある。これによると高句麗の朝貢使邯子・碩干などに、新羅が送使を付けて筑紫まで送り届けているのであり、

この送高麗使に注目しなければならない。邯子らは一一月壬申（二一日）にすでに来着していた第六次の新羅使の金薩儒らとともに筑紫大郡において饗を受け、禄を賜わった。

天武四年三月是月の条に、

高麗遣二大兄富干・大兄多武等一朝貢。

（高麗大兄富干・大兄多武等を遣わして朝貢す。）

とある。新羅の送使の有無は明示されていないが、この記載に続いて、

新羅遣二級飡朴勤脩・大奈末金美賀一進レ調。

（新羅級飡朴勤脩・大奈末金美賀を遣わして調を進む。）

とあり、八月己亥（二八日）の条にも、

新羅・高麗二国調使饗二於筑紫一。賜レ禄有レ差。

（新羅・高麗二国の調使筑紫に饗す。禄を賜うこと差有り。）

とあるから、これらの新羅の使は終始高麗使と行動をともにしており、実質上送使の役割をも果したのであろうと考えられる。

翌天武五年の十一月丁亥（二三日）の条には、

高麗遣二大使後部主簿阿于・副使前部大兄徳富一朝貢。仍新羅遣二大奈末金楊原一送二高麗使人於筑紫一。

（高麗大使後部主簿阿于・副使前部大兄徳富を遣わして朝貢す。仍て新羅大奈末金楊原を遣わして高麗使人を筑紫に送る。）

とあって、この時の高句麗の朝貢使にも新羅人の送使が付いていたことが分かる。その後天武八年二月壬子朔の条に、

高麗遣㆓上部大相桓欠・下部大相師需婁等㆒朝貢。因以新羅遣㆓奈末甘勿那㆒、送㆓桓欠等於筑紫㆒、

（高麗上部大相桓欠・下部大相師需婁等を遣わして朝貢す。因以て新羅奈末甘勿那を遣わして桓欠等を筑紫に送る。）

とあり、この時にも新羅は甘勿那らをして送使の任に当らせた。さらに翌天武九年五月丁亥（一三日）の条に、

高麗遣㆓南部大使卯問・西部大兄俊徳等㆒朝貢。仍新羅遣㆓大奈末考那㆒、送㆓高麗使人卯問等於筑紫㆒、

（高麗南部大使卯問・西部大兄俊徳等を遣わして朝貢す。仍て新羅大奈末考那を遣わして高麗使人卯問等を筑紫に送る。）

とあって、この年の高麗の使にも新羅が送使を付けていた。この卯問らは翌一〇年四月乙卯（一七日）に筑紫において饗され、禄を賜わり、五月甲午（二六日）に帰国した。一年余日本に滞在したのである。

四　日本の遣高句麗使

ところでこの天武一〇年に、日本（倭）からも遣高麗使が任命され、遣わされる。すなわち同年七月辛未（四日）の条に、

是日、小錦下佐伯連広足為㆓大使㆒、小墾田臣麻呂為㆓小使㆒、遣㆓高麗国㆒、

（是の日、小錦下佐伯連広足を大使と為し、小墾田臣麻呂を小使と為し、高麗国に遣わす。）

とある。この日には第五次の遣新羅使も任命されているが、九月己亥（三日）の条をみると、

遣㆓高麗・新羅㆒使人等、共至之拝㆑朝、

（高麗・新羅に遣わす使人等、共に至りて朝を拝す。）

とあり、朝廷を辞して朝鮮半島へ向かったのも同時であったことが分かる。

いうまでもなく天武朝は、国内的には律令の制定、冠位の制定、部曲の廃止、食封の整理など政治改革の遂行に努力が重ねられる時期であるが、対外的には新羅との国交があるほかは、唐との交渉も途絶したままであった。

このように比較的消極的な外交情勢下において、王権が高句麗に使を遣わしたのは、再三再四にわたるその来朝に、応えようとしたものであろう。天智五年以来この時までの一六年間に、高句麗は実に九回を数える使を一方的、片務的に日本に送っていたのである。だが、遣高句麗使は遣新羅使と任命が同時であり、渡航も同一であった事例に示されるごとく、日本の対朝鮮半島政策においてほとんど実質的な政治外交上の意義を喪失しており、ただ新羅との関係に伴う副次的、形式的な使でしかなかったと察せられる。天武朝期の日本にとって、この高句麗は新羅との関係ほどの政治的影響を受けたり、利害を有したりする相手では到底なかったのである。

この使は翌年の天武十一年五月戊申（一六日）の条に、

遣二高麗一大使佐伯連広足・小使小墾田臣麻呂等、奉二使旨於御所一、

（高麗に遣わす大使佐伯連広足・小使小墾田臣麻呂等、使旨を御所に奉す。）

とあり、八ヵ月ぶりに帰朝し復命した。この時使は朝鮮半島で見聞した高句麗遺民をめぐる情勢を、初めて公に伝えたであろう。

同じ天武十一年六月壬戌朔の条に、

高麗王遣二下部助有卦婁毛切・大兄昴加一貢二方物一。則新羅遣二大那末金釈起一送二高麗使人於筑紫一、

（高麗王下部助有卦婁毛切・大兄昴加を遣わして方物を貢ず。則ち新羅大那末金釈起を遣わして高麗使人を筑紫に送る。）

とあり、高句麗の使が派遣されてきたが、なおも新羅が送使を付けている。この「高麗王」とは後述するように、新羅を後だてにして高句麗遺民によって擁立された安勝を指していると考えてよいであろう。[15]『日本書紀』

に、これ以前の記載とは異なって初めて王と表わしているのは、前年に渡海し、この年に帰朝した使の報告によって、ともかくも高麗王の存在することが実際に確認できたことによるのかもしれない。この時の高句麗の朝貢使は、直接的には日本の使節派遣に謝して答礼することが契機となったものであろう。

天武十一年八月甲子（三日）の条に、

饗二高麗客於筑紫一、

（高麗の客を筑紫に饗す。）

とあり、多分帰国の途につく時であろうが、先例通り歓待された。

一方、天武十三年五月戊寅（二八日）の条に、

三輪引田君難波麻呂為二大使一、桑原連人足為二小使一、遣二高麗一、

（三輪引田君難波麻呂を大使と為し、桑原連人足を小使と為し、高麗に遣わす。）

とあって、再び遣高麗使が派遣された。この使が高句麗の亡命者を伴うためのものであったかもしれないとの見解が出されている[16]。だがそれは実証的にまったく根拠を有しない臆測に過ぎない。実際使が当初よりそうした目的で渡航したのなら、後述のように一年以上も滞在しなかったであろう。亡命者を受入れる時期としても、かつて天智朝期に高句麗王権が滅亡した際のような時期を画する事態が特にこの時勃発した様子もない。

その種の事柄は、単に高句麗遺民だけの問題にかかわるのではなく、新羅との交渉が少なからず必要とされるべき性格の、双方ともに重大な国際問題となるに相違ない。だが『日本書紀』にも『三国史記』にも何ら明証が得られない。したがっておそらくこの時も高句麗遺民からの来朝を重視したためであることは事実であるが、前回と同様に積極的な使命をもったわけではないであろう。しかも新羅の高句麗遺民策と摩擦を生じたり、介入し

たりするような使にはなり得なかったはずである。この使は翌十四年九月癸亥（二〇日）の条に、

遣二高麗国一人等還之、

（高麗国に遣わす人等還る。）

とあるから、一年有余の長期間高句麗人の地にあって、この時帰国したのであろう。等とあるから使以外の人が含まれていた可能性もある。これ以後、日本と高句麗との交渉はまったく消滅してしまう。

五　小高句麗国

高句麗からの使は、どれもが朝貢を名目として来日している。それは前代からの伝統的な付庸国としての外交形式の行為をとった姿であろう。あるいはそう捉える『日本書紀』編纂者、またはもとの記録の中華志向の表われかもしれない。しかしながら当時の朝鮮半島における諸情勢から考えて、この事象の裏に潜められている政治的、外交的要素を明らかにするべきであろう。それにはまずすでに言及してきた通り高句麗が唐あるいは新羅との特殊な関係にありながら、日本との交渉を欲した必然的要因を追究しなければならない。ことに天武二年以来四度にわたってみられる新羅の送使については考察すべきものがある。つぎにこれらを述べていこう。

高句麗滅亡を中心とする朝鮮半島の情勢一般は、池内宏以来の先学の論及があるので(17)詳細は省くが、要するに高句麗国そのものは唐・新羅などのために滅びたけれども、やがて高句麗遺民が唐に対して兵を挙げ、その乱につぎは新羅が支援して、唐の勢力を朝鮮半島より駆逐することになるのである。

その新羅の朝鮮半島統一過程では、高句麗の残存勢力を一挙に抹殺するような強圧的な手段は取られていない。

むしろその遺民の勢力を考慮した和平的、懐柔的な方策によって宥和関係を結び、漸次彼らを支配下に包摂していくと思われる。ただし武力的侵略が有効な手段であったことは多言を要さない。いまその経緯を概観すると、『三国史記』新羅本紀の文武王十年（天智九）八月の条に、

遣㆓沙飡須弥山㆒封㆓安勝㆒為㆓高句麗王㆒。（下略）

（沙飡須弥山を遣わして安勝を封じて高句麗王と為す。）

とあり、新羅文武王が高句麗の先王の嗣子あるいは庶子とも外孫とも貴族淵浄土の子ともいう安勝を冊封して高句麗王となし、これに遺民を撫集させたことが知られる。[18] そして同年六月の条によって、新羅の国西の金馬渚にその本拠が定められていたことも確認できる（現在の韓国全羅北道益山市金馬面）。いわば傀儡国である。したがって天智一〇年に来日した高句麗使は、それ以前の使とは異質のものであると見なさなければならない。使は金馬渚の小高句麗国からの派遣であろう。こうした歴史的事実を当時使節まで派遣している王権が知らずにいたはずはない。その意味では『日本書紀』に終始一貫して相変わらず「高麗」と表現しているのは、対外関係を故意に誇示しようとした筆法であることが推測できるようでもある。そうでなくとも『日本書紀』編纂者に事実に対する疎漏があったことになるのである。

さらに『三国史記』の文武王十四年（六七四）九月の条に、

封㆓安勝㆒為㆓報徳王㆒、

（安勝を封じて報徳王と為す。）

とみえ、同二十年三月の条に、

以㆓金銀器及雑綵百段㆒賜㆓報徳王安勝㆒、遂以㆓王妹㆒妻之、

（金銀器及び雑綵百段を以て報徳王安勝に賜い、遂に王妹を以て妻とす。）

とあるのが目に触れる。こうして新羅領域のなかに高句麗国は再興されたのであるが、実は名目に過ぎず、まったく新羅の得策によって高句麗王安勝が順次新羅王権の傘下に入っていくことを示すものにほかならない。まして安勝を推戴する多くの高句麗遺民の状況も推測にかたくはない。

『旧唐書』本紀高宗下の儀鳳二年（文武王一七・天武五）二月丁巳（二五日）の条には、

工部尚書高蔵授㆓遼東都督㆒、封㆓朝鮮郡王㆒、遣㆓帰安東府㆒、安㆓輯高麗余衆㆒。（中略）仍移㆓安東都護府於新城㆒以統之、

（工部尚書高蔵に遼東都督を授け、朝鮮郡王に封じ、安東府に遣帰せしめ、高麗余衆を安輯す。（中略）仍て安東都護府を新城に移し以て統ぶ。）

とあり、唐は故の高句麗王高蔵を遼東都督朝鮮郡王に封じ、遼東地方に遣わし帰して高句麗の余衆を安集させようと企図している。つまり唐も地域を異にはするが、新羅同様にして、高句麗の別の旧勢力を武断的にではなくて主に文治的に懐柔、統治しようとするものであった。だが、この高蔵らは遼東に移るとすぐに叛を起して潜かに靺鞨と通じていたことが『冊府元亀』帝王部などに記されている。

この唐に対抗して、上述のように新羅は王妹を高句麗に嫁すという政略をも用い、高句麗遺民との関係を深め、自国の立場をより優位に導くべく努めたのであろう。

六　高句麗遺民と新羅の朝鮮半島統一

そこで再び高句麗遺民と日本との交流に目を転じると、ちょうどこの安勝が報徳王に封じられた文武王一四年の前年に相当する天武二年に来朝した高句麗の使に、新羅が初めて送使を付けていることに気付く。これは従来も注目されてきたごとく決して意味のないことではない。『日本書紀』が高句麗使と新羅送使との関係を、ことごとく「仍」とか「因」とか「則」の字をもってその必然性を表示している理由もそこにある。

この事実について、早く福田芳之助は、まず高句麗遺民の資力からみても、頻年日本に朝貢し、新羅がこの使を帮助するのは、日本が高句麗との積年の関係から新羅をして高句麗を立てさせたのであるとし、往昔新羅に「任那」再建を迫ったことを思い合わせている。そしてまた新羅は唐に対する不安とともに、一面日本の感情を宥和させるために行なった政略的な挙であると論断した。[19]

その後村上四男は、この福田の見解に賛意を表し、さらに新羅が小高句麗を建て、その国をして日本に使節を派遣させ、かつての日麗親善関係を再現させたのであって、それはこの関係を利用して日羅関係の維持に努めるために送使を付したのであると所論を広げたのである。[20]

高句麗が再興されたとはいっても、上にみたようにその実朝鮮半島を統一しつつある新羅を背後にした制約下での建国であり、端的に新羅が高句麗国を建てたとして少しも誤りではない。しかしそれには日本からの圧迫があったとみなすべき証拠もない。また大勢から推して百済の役前後の日本の置かれた国際環境のなかでは到底思いもよらない、すこぶる武断に過ぎる見解である。ただしつぎに、新羅が日麗関係を利用して、日羅間の安定を図るために送使を遣わしたとするのは、重要な指摘であろう。とはいえ、高句麗遺民のことごとくが新羅の政略のために弄されたわけではない。たとえ新羅が高句麗国を制御していたことを認めるとしても、それはかなり緩やかなものではなかったかと思われる。

つまりこの時期、新羅は安勝の事例などによって明らかなように、各地に残存する高句麗遺民の抵抗を巧妙に和らげ、次第にその勢力下に属させ始めるのであるから、これも結局はその一つの表われに違いないのである。

こうして確かに送使に伴われた高句麗使は新羅の影響のもとにあり、これ以前に比べてもかなり主体性の弱められた使であることは否定できない。ただし高句麗使が上引のように上部大相・上部位頭・前部大兄・後部主簿・下部大相・南部大使・西部大兄・下部助有などという多種多様の高句麗国本来の部名や官位を相変らず帯びているのは無視できない。

それは単に高句麗国時代の旧例をそのまま襲用したというだけでもなく、また日本に対する対外的意図より出ただけでもない。おそらくは高句麗遺民の独自性を示すものであり、新羅王権によっても許容されていたと考えるべきであろう。そうだとすると、逆にこれをもって、すでに説かれているごとく高句麗使が新羅に利用されたとみるところに従っても、『日本書紀』によれば新羅は天智七年九月以来直接使を日本に派遣して国交を維持しているのであるから、それにもかかわらずなお新羅の外交が当時高句麗の名を用いざるをえない、いわば独力で日本に対処できないという事情が推察される。すなわち新羅はまだ高句麗遺民の残存する勢力を容易に解消するまでには至っていないのであり、他方、この時期の高句麗遺民自らの意志表示の一つが対日朝貢であったと考えてもよいのではないであろうか。

百済救援の役後の当初よりの使が、往時の高句麗国の系譜を引く民からの派遣であることは疑いないから、送使が新羅によって付された使であってもまったくこれと別系統より出た使とは考えにくい。ただ高句麗人に一層接近し、統合がなりつつある新羅が、高句麗の対外活動を認めながらも自家の管轄下に置こうとするのが、この送使の意義であろう。それゆえ高句麗使が最初から新羅の策動によって日本へ派遣されたとみるのは必ずしも正しくない。

むしろ上述したような新羅の朝鮮半島統合の進展過程においてこそ、送使という形が表われたというべきであろう。換言すれば使そのものはむろん対外的な役割を有しているが、その契機となったのが高句麗遺民の独立的な意向に基づくものであるとすれば、これはまさに新羅の国内的事情にかかわるのであり、具体的には高句麗遺民に対する一種の抑制策として送使を設けて同行するようになったと見なされる。

こうみることにより日本の立場としても、新羅と高句麗人の双方に対して遣新羅使以外に、高句麗使に応えて使を遣わしたことの意味が明瞭になるのである。

けれども高句麗遺民の威勢には限界があった。やがて時は移り、使の来朝の目的とするところも、もはや日本に軍事的救援を要請するといった積極的性格は微塵もなくなり、文字通り旧習に従って「朝貢」を維持している使であるに過ぎなくなるのである。それは政略的にみて彼らの立場を承認され、友好を獲得すべき使命を帯びる程度であったともいい得る。いわば実質上においては、日本との間に精神的紐帯を結ぶようなことが来朝の大きな狙いとなっていたと憶測される。

日本では上述のように天武一〇年と同一三年の二度、使を遣わして高句麗と相互的交渉をもったが、そこにはよしんば新羅の思惑通り日本が使の来朝にかつての高句麗朝貢の面影を認め、その古くからのゆかりに出た遺高麗使であったとしても、すでにそれ以外にほとんど政治的意義を有さなかったといって過言ではない。時の外交の基本はあくまで新羅との関係にあった。だからひとまず高句麗使の朝貢を認めながらも、現実にはそれが新羅によって送使を付されており、その上朝鮮半島情勢全体においても、新羅の統治下に入りつつある高句麗人の地位を顧みた末の第二義的、消極的な方策であったであろうと想察したい。『日本書紀』はこの時期の使にはほとんど「朝貢」の語を用い、それまで（天智紀）の使には「進調」と記しているが、あるいは区別して表現されているためかもしれない。とにかく新羅の送使とは、実際には日本へ来朝する高句麗使を後見として途中援助し保護しながらも、その行動を牽制し、また監視するべき役割をもつものであったのは明らかである。

こうした送使は既述のように天武五年・八年・九年・一一年とみられるが、一一年以後当然のことながら高句麗使の途絶によって派遣されなくなる。これは一体いかなる事態の表われであろうか。

使節断絶のころの朝鮮における政情は、池内などの論究で明らかなように、新羅の統一事業が進捗し、高句麗遺民に対する懐柔施策も手ぬかりなく行なわれたらしい。

『三国史記』新羅本紀の神文王二年（六八二）十月の条には、

徴二報徳王安勝一為二蘇判一、賜二姓金氏一留二京都一、賜二甲第良田一。

（報徳王安勝を徴して蘇判と為す。姓金氏を賜い京都に留めて甲第良田を賜う。）

とあり、この時遂に安勝は新羅の蘇判位を授けられ、王姓を冒し王都に居して、新羅の王族に列することとなった。これにともなって彼を取り巻く高句麗の遺臣たちも、一層新羅と密接になり、包括されていくのであろう。

これは安勝とか遺臣たちの要望によると考えるよりも、大方は新羅の意図的な一連の併呑支配策であったに違いない。ところが神文王四年十一月の条に、

安勝族子将軍大文、在二金馬渚一謀叛。（下略）

（安勝の族子将軍大文、金馬渚に在りて謀反す。）

とみえている。この乱は新羅が旧高句麗の王族に対して当初の期待にそわない冷遇をしたためではないかと推測されている。[22] そういう事実はあったかもしれないが、また他面において別の表現をすれば、安勝が新羅王権下に入ってほぼ一年になり、それがなお安勝のみへの厚遇であることへの不満・反撥もあってか、遂に報徳城に拠る同族の大文ら遺民は反乱を起すに及んだのであろう。神文王はこれを討ち、その人を国南の州郡に移したと伝えられる。

　こうして新羅の高句麗遺民の統治は最終的段階を迎えてはいるものの、まだ二、三年を要するのである。

『三国史記』職官志下外官の記載に、

　高句麗人位、神文王六年以二高句麗人一授二京官一、量二本国官品一授之。(下略)

(高句麗人の位、神文王六年高句麗人を以て京官を授く、本国の官品を量りて授く。)

とあり、新羅は百済人にしたと同じく、高句麗人に対しても、もとの官品に準じて位階を与え京官に任じた。各地の高句麗遺民の抵抗が治って、彼らの新羅官僚化する途が開かれたのである。また同じ職官志の武官の九誓幢の条には、

　五日二黄衿誓幢一、神文王三年以二高句麗民一為レ幢、衿色黄赤、(中略)七日二碧衿誓幢一、神文王六年以二報徳城民一為レ幢、衿色碧黄、八日二赤衿誓幢一、神文王六年又以二報徳城民一為レ幢、衿色赤黒。

(五に黄衿誓幢と曰う、神文王三年高句麗民を以て幢と為す、衿色黄赤、(中略)七に碧衿誓幢と曰う、神文王六年報徳城民を以て幢と為す、八に赤衿誓幢と曰う、神文王六年又報徳城民を以て幢と為す、衿色赤黒。)

とある。この九誓幢は末松の研究によると、王に直属する軍隊を想わせるが、新羅国軍の中心・中核をなし、最も総合的な部隊であったという。[23] そして神文王三年の高句麗の民について、宝蔵王二七年(文武王八)平壌城陥

落の頃新羅に逃入したか、捕虜になったものであろうとみて、具体的には新羅本紀の文武王六年十二月紀に、一二城七六三戸、三五四三口をもって新羅に投降したという「高句麗貴臣淵浄土」(24)らのことと、文武王八年十一月五日の条に、平壌城攻撃に参加した文武王が凱旋の時にもたらし還ったという「所虜高句麗人七千」が想い合わされると述べた。(25)速断できないが、そういった人々を含めて文武王代のみでなく神文王代に至る時期に高句麗遺民のなかから徴用され兵士となったものであろう。また神文王六年の報徳城民とは、実は上記の反乱を起した高句麗の遺民であることは、年代から推しても異論がないであろう。

こうして多少の曲折はありながらも、高句麗の残存勢力が新羅の官人や兵士として登用される状況になっていることに、注意を払わなければならない。つまりこれらのことから考えて、残された史料は少ないが、神文王六年（六八六）前後を一つの時期として、高句麗人の反抗がようやく終息し、その官民がほぼ完全に新羅王権の統治組織下に繰り込まれることになったと判断できるのではなかろうか。ただこれをいかなる程度の画期と認めるかが問題である。

このような新羅による高句麗民に対する軍隊化、京位授与、金馬郡配置などの政治的処遇は、高句麗遺民が新羅に組織的に掌握された一つのメルクマールにはなるが、漠然とした出来事という感が強く、決定的な時点として打ち出しえないとの見解もあり得るであろう。(26)

しかしながら特にこの内部情勢の変化が、先に考察してきた通り日本への高句麗使および新羅自体の送使の廃止という対外的事象にほぼ対応して表われていることは重要であり、看過できない。少なくとも新羅の統合への軍事制度ないし官職制度上最初の画期と推定して誤りないであろう。

この時はちょうど日本の天武朝末の朱鳥元年に当り、神文王六年頃に統一期の新羅における一つの積極的意義を認めてこそ、高句麗使の来朝がすでにその四年前の天武一一年（神文王三）を最後に途絶え、遣高麗使が天武一三年（神文王五）を最後にしていることも無理なく首肯できる。

これ以後朝鮮半島から日本への使節は、実質的に新羅ひとりが来朝を続ける。百済と高句麗を包摂した朝鮮半島の覇者としての新羅王権は内外ともに広く知られるに至ったといえよう。（補注）

おわりに

要するに、日本（倭）の天智・天武朝の時期にみられる百済および高句麗の使は、新羅の勢力下に入りながらもなお抵抗する百済・高句麗の残存勢力を背景として日本へ朝貢し、修交を望んでいた。これに対して日本は百済救援の役の敗戦以後、これら百済・高句麗への積極的な援助をほとんど行なっていなかった。新羅への配慮がはたらいていたのであろう。ただ新羅の統制を受けながら、百済遺民に比べて独立的な力を窺わせる高句麗遺民からの使に対しては、日本も関心を寄せ、二度の使を派遣して応えたのである。

注

（1）　岩波日本古典文学大系『日本書紀』下、三六九頁の注参照。

（2）　たとえば『日本書紀』天智三年五月甲子（一七日）、六年十一月乙丑（九日）、十年正月辛亥（一三日）の各条参照。

（3）　これら三〇例は『日本書紀』のつぎの条である。百済については天智元年六月丙戌（二八日）、二年二月丙戌

（二日）、七年四月庚申（六日）、十年二月庚寅（二三日）、十年六月庚辰（一五日）の各条。高句麗については天智五年正月戊寅（一一日）、五年十月己未（二六日）、七年七月、十年正月丁未（九日）、天武二年八月癸卯（二〇日）、四年三月是月、五年十一月丁亥（二三日）、八年二月壬子朔、九年五月丁亥（一三日）、十一年六月壬戌朔の各条。新羅については天智七年九月癸巳（一二日）、八年九月丁亥（一一日）、十年六月是月、十年十月庚午（七日）、天武四年二月是月、四年三月是月、五年十一月丁卯（三日）、八年十月甲子（一七日）、九年十一月乙未（二四日）、十年十月乙酉（二〇日）、十二年十一月丙申（一三日）、十四年十一月己巳（二七日）、持統元年九月甲申（二三日）、六年十一月戊戌（八日）、九年三月己酉（二日）の各条。

（4）新羅の百済領占有の初期の経緯については、池内宏「百済滅亡後の動乱及び唐羅日三国の関係」『満鮮史研究』上世篇二、祖国社、一九五一年、に詳しい。

（5）末松保和「新羅幢停考」『新羅史の諸問題』東洋文庫、一九五四年、参照。

（6）岩波日本古典文学大系『日本書紀』下、三七七頁の注参照。

（7）末松保和前掲注5論文参照。九誓幢に関しては井上秀雄「新羅軍制考」『新羅史基礎研究』東出版、一九七四年、に詳しい。

（8）これについては『大日本史』巻二三六高句麗列伝に「按二東国通鑑一、高麗已亡、新羅私封二高安勝一為二高麗王一、其称二高麗一者蓋是也」（東国通鑑を按ずるに、高麗已に亡ぶ、新羅私に高安勝を封じて高麗王と為す、其の高麗と称するは蓋し是れ也。）と説明するのが、高麗入朝に注目した最初の言及と思われる。村上四男「半島（金馬渚）の小高句麗国」『朝鮮史論文集』開明書院、一九八一年、は、小高句麗国の専論であるが、つとに著わされた福田芳之助『新羅史』の叙述をほぼ敷衍したものである。

（9）この記事の史料性に関して坂本太郎「日本書紀の分註について」『日本古代史の基礎的研究』上、東京大学出版会、一九六四年、は、『日本書紀』の本文と分注とが相伴なって一つの史実を示す例で、本文を簡略にしたために、編纂者が同時に分注をもって副使以下を補ったものであると述べる。そして「臣乙相」などとあるのは上表などに官名が記されているのより採ったものかとする。この種の『日本書紀』の注を後次的な作為とみなす説もあるが、この条に限っていえば、坂本の挙例した通り、この辺りの『日本書紀』の外交関係記事には分注の方が本文よりも詳細を伝えている場合がある。にもかかわらずそれを分注のままとして措いたのは、本文でみたように、一連の貢調使の記載方式を「国名＋遣＋（官名）＋使人名＋進調（または朝貢）」という形を基本にして用いたために、それとの調和・統一性を図った結果であろう。つまり外交関係の記事に分註で補足するのと、単に進調のみを記すのとが生じたのは、おそらく原史料の内容の多少に関連するのであろう。その場合に前記の記載方式が標準となり、それ以上に豊富な史料のあるものを分注の形で取ったのではないか。

（10）岩波日本古典文学大系『日本書紀』下、三六五頁の注参照。

（11）この高句麗使の官位については、岩波日本古典文学大系『日本書紀』下、三四二頁および三六五頁の注参照。ただ人名のうち若光について『続日本紀』大宝三年四月乙未（四日）の条にみえる「高麗若光」と同一人かと示唆するが、そうだとするとこの使は帰国せずにそのまま日本に帰化したという前提が必要となる。それとも一度帰国して使命を果した後、再び来日したとの解釈も可能である。どちらにせよこの時の使の性格から推して、共通の名を称しても、同一人であるとは断定できない。

（12）岩波日本古典文学大系『日本書紀』下、三六五頁の注参照。

（13）律令制下においては大宰府のみが蕃客入朝のことを掌る原則であり、奈良時代には例えば『続日本紀』宝亀四年六月戊辰（二四日）の条に「宜下依二旧例一従二筑紫道一来朝上」（宜しく旧例に依りて筑紫道より来朝すべし）というごとくの太政官処分が何度か下されている。この方針は大宰府行政の整備されつつある天智朝にもすでに決まっていたのでないか。当時の外客の来着や饗宴を伝える記事に「筑紫」の地名が多くみえるのはもとより、この天智七年七月の条に「越之路」より来朝したことを特記するのもそのためであろう。

（14）岩波日本古典文学大系『日本書紀』下、三七五頁の参照。

（15）岩波日本古典文学大系『日本書紀』下、三八四頁および四五二頁の注参照。

（16）村上四男前掲注8論文参照。

（17）池内宏「高句麗滅亡後の遺民の叛乱及び唐と新羅との関係」『満鮮史研究』上世篇二、祖国社、一九五一年、が諸般の問題を論じる。ほかに津田左右吉「安東都護府考」『津田左右吉全集』一一、岩波書店、一九六四年、福田芳之助前掲注8書がある。また遼東を領域とした小高句麗国については、日野開三郎に「唐の高句麗討滅と安東都護府」「高句麗国遺民反唐分子の処置」「小高句麗国の建国」『日野開三郎東洋史学論集八　小高句麗国の研究』三一書房、一九八四年、という一連の研究がある。

(18) 高句麗遺民の国家再建の様相については、村上四男前掲注8論文参照。
(19) 福田芳之助前掲注8書参照。
(20) 村上四男前掲注8論文参照。
(21) 村上四男前掲注8論文参照。
(22) 井上秀雄「新羅政治小史」『新羅史基礎研究』東出版、一九七四年、参照。
(23) 末松保和前掲注5論文参照。
(24) この「貴臣」の語について、末松は遺臣かと推定する。だが『三国史記』文武王十年七月の条には同一人のことを「高句麗大臣淵浄土」といい、「大臣」は先の「貴臣」と通じるから、多分「貴臣」は訂正を要しないであろう。つまり『三国史記』は高句麗の時代に立って表現したのであり、滅亡後の意味を含んで称したものではない。
(25) 末松保和前掲注5論文参照。
(26) 末松保和の教示による。

(補注) 近年の小高句麗に関する主な研究には以下の論考がある。古畑徹「いわゆる「小高句麗国」の存否問題」『東洋史研究』五一―二、一九九二年、新蔵正道「天智朝の対外関係と小高句麗」『日本書紀研究』二〇、一九九六年、林起煥「報徳国考」『講座韓国古代史』一〇（韓国）、二〇〇三年、李在碩「七世紀後半、報徳国の存在意義と倭国」『日本歴史研究』三一（韓国）、二〇一〇年、井上直樹「百済遺民・高句麗遺民と倭・日本」『古代環東海交流史』高句麗と倭、明石書店、二〇一五年。

4　天智四年の遣唐使守君大石と守君氏

はじめに

二〇一三年八月、滋賀県高島市安曇川町三尾里の上御殿遺跡における、弥生時代末期ないし古墳時代の東北アジアのオルドス式短剣の影響を受けたという双環柄頭短剣の石製鋳型の発見が報じられた。私はその記者発表資料を手がかりに、発掘調査に当たった公益財団法人滋賀県文化財保護協会のホームページ（「上御殿遺跡発掘調査現地説明会資料」ならびに「あの遺跡は今　Part17」）を見て、同遺跡ですでに二〇一二年度には古墳時代後期から平安時代にかけての遺物のうち、斎串や人形、馬形、陽物の形代、呪符木簡など多数の木製祭祀具とともに、「守君船人」という人名が七ヵ所（一カ所は守船人）にわたって縦に墨書された非近江産のずんぐりとした土師器甕（口径一三・八センチメートル、器高一二・七センチメートル）が河道の五カ所の出土地点のなかの一カ所で検出されていることを知った（滋賀県文化財保護協会ほか二〇一三a・二〇一六、中村智孝二〇一三）。

その後、二〇一四年三月、私は同協会の濱修氏、中村智孝氏などの厚意で墨書土師器をはじめとする同遺跡の

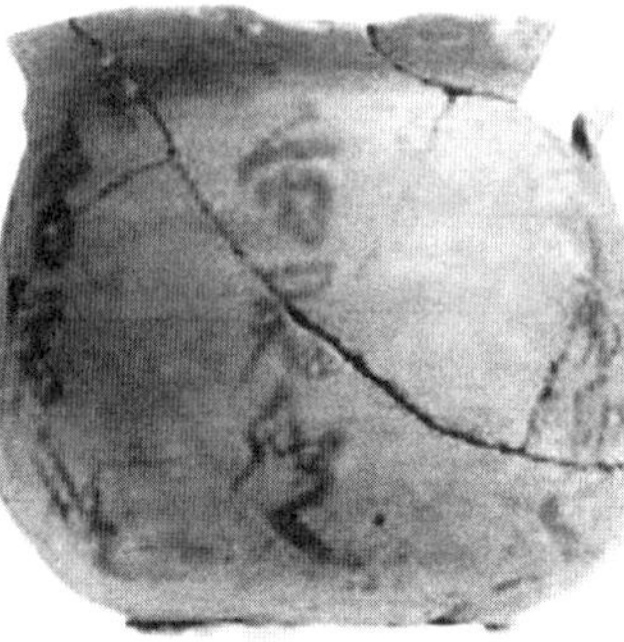
図1　人名墨書土器
〔滋賀県文化財保護協会ほか 2013a〕

主な出土遺物を直に観察し、調査関係者の教示を得ることができた。

これらの遺物および出土状況からみて、調査地点は奈良〜平安時代初めのある時、鴨川の支流の青井川で守君船人が主宰するなどして、おそらく彼の属する集団（集落、氏族）、あるいは自らの汚穢の祓え（解除）を行った際の水辺の祭祀遺構を示すものと思われる。また同時期にその南の微高地に立つ倉庫群とみられる掘立柱建物があり、「□尾郷」云々と墨書された桧扇も出土しており、官衙関連遺跡とする見解が出されていて（中村健二氏の教示）、留意される。当時、この地は近江国高島郡三尾里（郷）である。


大橋信弥氏は、この遺構について、守君船人という郡司かそれと同等の地位にあった有力な人物の執行した、いわゆる律令祭祀であるという所見を述べている〔大橋信弥 二〇一四・二〇一五〕。ただし、祭祀遺構と掘立柱建物などの遺跡との関連性の有無には触れていない。

本章は墨書土器に記された「守君舩人」の属する守君氏に焦点を集中させるが、さらに天智四年に遣唐使として遣わされた守君大石に言及し、遣唐使の性格、目的などと密接な、使に選任される人やその氏族をめぐって考察したい。

一　守君大石とその出自

守君といえば、『日本書紀』に記される天智四年（六六五）の遣唐使大使として、旧百済駐留の唐の鎮将（占領軍）のもとに交渉を目的に遣わされたとみられる守君大石がすぐに想起される。あるいは彼は唐の泰山での封禅祭祀に参列した可能性も考えられている。

大石はこれ以前、斉明四年（六五八）に有名な有間皇子の「謀反」のかどに連座して上毛野に配流にされ、復帰後の斉明七年、新羅・唐に滅ぼされた百済の復興運動に応えて、後将軍として阿倍引田比邏夫臣たちと一緒に百済救援のために派遣されたことが知られる。この時、彼は大山上の冠位を帯びている。彼と同族とみられる追大弐守君苅田は、持統元年（六八七）、天武天皇の喪を新羅に告げるために遣新羅使に任命されている。

本来、地方豪族と性格づけられると思われる守君氏は、どこを本拠地とし、どういう性格の集団（氏族）であり、なぜ外交実務をつかさどる遣唐使や遣新羅使に任じられたのか。

外交使節の選任は、一行の構成だけでなく、使節の目的、性格に関連し、外交政策や対外政略の実現いかんをも決定する重要な要件である。

正史ではないが、『古事記』景行記には大碓命の記事の分注に守君、大田君、嶋田君の祖と記される。大碓は景行天皇の皇子で三野国造の祖、大根王の娘の兄比売、弟比売姉妹と婚姻した美濃と関係の深い皇子として描かれている。『日本書紀』景行四十年条には、日本武尊の兄、大碓皇子が美濃に封じられたとあり、皇子が守君と身毛津君と共通の始祖であると記される。身毛津は居地名にちなんでおり、牟宜、牟義、武儀などの二字でも書かれるが、記紀ともに始祖の母は三野（美濃）国造の娘とする。美濃の豪族が大碓皇子を媒介にして皇統譜に結び付けられている。守君はほかに天平宝字二年（七五八）八月、散位寮散位の守君蓑麻呂がいる（正倉院文書・造東大寺司解）。『新撰姓氏録』の左京皇別、河内皇別に守公は大碓命の後とあるので、奈良～平安時代初めには子孫が各地に移住していたことが分かる。これ以外に、近年、古代の坂田郡に当る彦根市（鳥居本）の六反田遺跡の河道で出土した奈良時代中頃の土器群のなかに、土師器皿の底部外面に「守君」と墨書された一点、また、須恵器杯の底部外面に「守君」と墨書された一点が認められる（滋賀県文化財保護協会ほか二〇一三b）。この遺跡は河川跡の護岸の施された船着場のある川津で、琵琶湖の湖上交通と東山道陸路の結節点にあり、人とモノのターミナルであったと性格づけられている（堀真人二〇一二）。

二　守君の氏族的性格

守君氏のような地方の豪族がなぜ七世紀後半代に遣唐使や遣新羅使に任命されたのであろうか。より問題を広げると、古代の外交使節や留学生・留学僧にはどんな人たちがいかなる事情で選任されるのか。そのことを直接伝える史料はほとんどない。それにはその時々の様々な理由が絡むことが推測されている。以下、守君の場合について、氏族の性格を考えることにより推測してみよう。

遣唐使などには小野妹子から小野篁に至るまでの小野氏が典型であるように、外交に通暁する一定の氏族的特性、易しくいえば家柄の特色があって、その同族から選ばれる場合のあることが知られている。七世紀初めの遣隋使の吉士雄成、初期遣唐使で白雉四年（六五三）に渡唐した吉士長丹と駒、それより前の六世紀代、高句麗をはじめとして朝鮮諸国に使となった吉士氏が知られるように、難波（河内）あたりに住む渡来系の人たちも、海外の言語、文化、環境などに通じる集団として重視され、使節に任用されていた。

氏《ウジ》集団の名の守《もり》とは、早く本居宣長が『古事記伝』で触れる通り、美濃あたりの氏集団が居住した地名によっている可能性があるかもしれない。守君については、これまで守部との関連で究明されている。その先駆けは栄原永遠男氏による、三重県多度郡の柚井遺跡出土木簡にみえる「守部」の検討を契機とした研究であり、守部は守君の部曲《カキ》の民であるとする見解である〔栄原永遠男 一九八一〕。すなわち守君の所有する部民として守部集団の存在を想定する考えであり、大田亮、井上辰雄、野村忠夫の諸先学の指摘を踏まえて詳細に論じたものである。

栄原氏は、古代の奈良〜平安時代の史料だけでなく江戸時代の『旧高旧領取調帳』をも探って、守部（守君）氏が美濃国安八郡安八町森部（守部）・大森付近を本拠地とすると結論づける。

近年、新潟県胎内市（旧中条町）船戸川崎遺跡で出土した木簡に、「守部五百国」の名が記される一点がある。同遺跡は越後平野の旧塩津潟に注ぐ船戸川河口に当り、内水面の交通の要衝に位置するところであり、相澤央氏は、木簡は津の倉庫の収納、支出に関する記録であると見なしている〔相澤央 二〇一六〕。同遺跡は土師器、須恵器、木簡の他、人形、盤、曲げ物など木製品が出土しており、上御殿、六反田各遺跡と類似する性格を窺わせる。守部について、相澤氏は長野県千曲市（旧更埴市）の屋代遺跡群の木簡に「守部安万呂」の名がみられ、七世紀末〜八世紀前半に古代国家の蝦夷政策の一環として美濃、尾張などから信濃に移住させられていた痕跡と解釈する早川万年氏の説〔早川万年 一九九九・二〇〇二〕を承けて、越後国沼垂郡の守部も美濃から信濃へと移配され、さらに沼垂郡に移配されたものと考えている。その上、山形県遊佐町の上高田遺跡出土の木簡に「守部」の名があり、出羽国遊佐郡にも認められることに基づいて、八世紀前半の和銅〜養老年間の信濃、越後などから出羽柵への柵戸移配の記事に対応するとも述べる。

これ以外に『続日本紀』神亀五年二月癸未条に鍛冶造大隈が守部連に改められているが、この守部連の系統はカバネのない守部との異同がどうであるか不詳である。『続日本紀』天平十二年十一月乙巳条の聖武天皇の関東行幸に関わる叙位記事に守部連牛養がみえ、同十三年十二月丙戌条によれば彼は下総守に任じられている。

守部は元来守君に率られた部民集団であったであろう。八世紀以降も守部が守君と制度的に上下関係にあったとは考えられないが、二つの氏はどの史料（資料）からも、おそらく水上交通に関与する氏としての性格を感じ取ることができる。守部の分布も王権、国家による移配の結果であるとして、それは水上さらに海上の交通の管理や運送に関係あるのではないかと憶測させるのである。

守君の系譜の概要は上記した通りであるが、さらに職務に関して、栄原氏は『延喜式』主水司式の御生気御井神一座祭の項に見える儀式に注目する。これは、牟義都首が祭祀に宮中もしくは平安京内で先立って定められた一つの井戸を浚渫しておき、立春の日の朝早くに牟義都首が井戸から水を汲み、宮内省主水司に付して供奉し、天皇や中宮に献上するものである。栄原氏は、この井戸の管理と聖水の供献に奉仕する牟義都首と美濃国武芸（牟宜都）郡の郡領氏族の身毛津君とは関係があると見なし、その上、身毛津君が聖水とかかわり深いので、守君氏らの本拠地の西濃南部が養老の醴水で著名なごとくに、水と縁の深い地域だったとし、守君は守部とともに七世紀中葉頃には中央に進出し、守部も上番により中央の守部連の下に地方の守部首、さらに守部を組織することになったと推測した。栄原氏は、平安京もしくは宮中での聖水の儀式に水を汲んで供える牟義都首が美濃国北部の郡司氏族だったとみられる身毛津君と氏名を共通にすることから両者を関連づけ、さらに身毛津君（身毛君、牟義公）と同祖であると伝承される守君（『新撰姓氏録』左京皇別下）とも関係あると推定することによって、類似の氏族的性格を有したとするのである（なお、身毛津君氏については野村忠夫らの研究がある〔野村忠夫 一九六七、入江滑 一九八五）。確かに、守君が水を汲んで神に供える聖水の儀式に携わったと捉えることも可能であろうかと思われる。

しかしそれは守君の職能のすべてではなく、むしろ後次的なものであろう。私が連想するのは、古代の某守と称する他から侵されないように持ちこたえる、何かの守衛、任務を意味する称呼を帯びる氏の類である。特に古代の津守連（宿祢）、道守臣などの津守、道守を名乗る氏に着目してはどうであろうか。これらの語義に共通するのは津や道、すなわち河川、港津、陸路などの交通施設を造り、そのエリア、ポイントを管理し、守護、維持するという職能である（なお山守もある）。

道守氏には『日本書紀』に天智七年（六六八）、新羅の使節の帰国に同行して、遣新羅使として吉士小鮪とともに遣わされた道守臣麻呂がみえる。津守氏には外交使節になったものが何人もいる。時代順に挙げると、『日本書紀』に欽明五年、百済に使いしたという津守連己麻奴跪、皇極元年、高句麗に使いした津守連大海、斉明五年の遣唐使の津守連吉祥がみえ、『津守氏古系図』に平城宮天皇（元明か元正）の時の遣唐神主の池吉、奈良朝廷女帝（元正か）の時の遣渤海神主の男足、『住吉大社神代記』の末尾にある天平三年七月五日の日下の署名のなかに遣唐使神主津守宿祢客人がみえ、『続日本紀』に宝亀九年の遣唐主神の津守宿祢国麻呂が知られる。この津守に関しては、外交官人に任じられる例が目立つが、国内では守君―守部の関係と同様に、津守連（宿祢）―津守部の関係が各地で形成されており、例えば山形県横手市手取清水遺跡出土の平安期の木簡に「祠人拾捌人」とあるなかには「津守部□□」との人名が判読できる（三上喜孝二〇一二）。この木簡では平安期のある時の集落の祭祀に関係した人たちのなかに津守部がみえるが、平時の職務と関連するか、祭祀の時に従事する一時的なことかなどは判断できない。津守氏が神事に携わる氏であることはいうまでもない。

これらに基づいて類推するなら、守というのは津守か、道守であったものが省略されたと解釈してよいかもしれない。上記の胎内市船戸川崎遺跡出土木簡の「守部五百国」の場合も、八世紀頃、津の倉庫施設の出納の実務を担っているとみられるが、それは同氏がかつて守君に率いられて、津で水上交通の管理に当っていたことの代々の専業的な伝統による職務であるかもしれない。それに加えて、もともと津守などの二字の称呼であったのが守の一字の氏名になったことは、近江では蒲生郡の豪族、佐々貴山君（狭狭城山君）が山君（公）に略称される例が知られることからも可能性があり、推測できるであろう〔大橋信弥 二〇〇四〕。

なお、津守氏に関しては、一一世紀の『新猿楽記』に、七御許とその夫として書かれる馬借、車借の「字が越方部津五郎、名が津守持行」との記載があり、妻子を養うために東は大津、三津から西は「淀の渡、山崎」にわたって牛馬や我が身を酷使して運送に従事する人物として登場させている。そこで、彼は津守であり、琵琶湖の大津などに荷揚げされた物資を車や馬で運んでいたと指摘されている〔鳥養直樹 二〇〇四〕。この人物は創作であるが、津守氏が後世まで広範囲に水陸の交通や運送にかかわっていた事実を反映しているに相違ない。

琵琶湖の西岸に面した上御殿遺跡の地点は、古代、奈良〜平安時代に鴨川の支流、青井川の川辺にある祭祀の場であった。付近には官衙関連と思われる建物などもあった。高島郡家に属する郡津か何かの施設であろう。この付近には琵琶湖の西岸の勝野津がある。天平宝字八年（七六四）の藤原仲麻呂（恵美押勝）の乱で彼が官軍に追われ最期の場となった勝野鬼江もこの近辺である。この一帯、つまり高島郡に守君氏が住み、勢力を有していたことは疑いないであろう。したがって、守君とはまずこうした津を拠点として、人々と物資の交通の要衝を押さえ、管理するとともに、自らも運送を行い、さらに時には軍事動向にも影響を与えるような地域の有力豪族であったと推定すべきでないか。その主な居住地は一ヵ所に限られるか否か明確でないけれども、守君は少なくとも七世紀以来、琵琶湖およびその周辺の諸津を広く支配する集団であったと考えたい。

時代を遡ると、湖西の三尾は高島宮の伝承があるごとく、六世紀初めの継体天皇の出自と密接なかかわりのある地域であり〔山尾幸久二〇一六〕、琵琶湖の水運に携わる海人ないし安曇の集団が分布していたと想像される。今日に遺る安曇川の地名も興味深い。ただし海人、安曇と守君氏との関係がどうであったかは不詳である。その後、七世紀後半、守君氏は壬申の乱では近江朝の将軍の羽田公が内紛を生じて大海人方の軍に加わり、越前、若狭から近江の高島の三尾城を攻略し勲功を上げた。藤原仲麻呂（恵美押勝）が北陸に敗走する途中、三尾から逃げて勝野で捕えられたことは上記の通りである。

古代を通じて、三尾里の地域は大和、河内などにある王権の中心部からいわゆる北陸道を経て越に通じる水陸両方の交通、軍事の関門であり、また六反田遺跡の「守君」の墨書土器を考えるなら、早い時代より守君が対岸の坂田郡にも居住して、湖上や河川の船舶や交通施設を押さえ、場合によっては陸上交通を統制し、湖東をも勢力圏としていたと解釈できる。同氏は近江から美濃などの東国に抜ける地域の交通、軍事にも極めて深い関係にあったことが推察される。

守君の琵琶湖周辺での居住という点から考えてみれば、六世紀初め、王権の中枢で倭王に即位した継体は琵琶湖周辺、つまり近江あるいは越を勢力圏とする氏集団の出自であり、記紀などによると、三尾は父の別業（別荘）があり、当地または越の坂中井（坂井）三国から妻を娶って彼を生んだ。また継体の后妃には三尾君の娘二人が妻となっている。『釈日本紀』上宮記逸文に記される継体の祖先系譜には、祖父が上記の牟義都国造の娘を娶ったと、美濃との関係が明示される。また守君の「君（公）」はカバネであり、王権より授与される身分標識であるが、継体（オホト王）や彼にゆかりのある近江の郡司級の豪族（首長）に多くみられる王と同じくキミを表記するものである〔大橋信弥二〇〇四〕。

六、七世紀の外交使節や外征する将軍の職務に注目すると、山背から近江の滋賀郡の地へ妹子の頃進出して本拠としたとみられる小野臣氏（加藤謙吉二〇一三）をはじめとして、近江臣毛野、犬上君三田耜などはのちの滋賀郡、犬上郡の豪族（首長）の出自であり、継体の即位以来、王権の要となる外交、海外出兵を含む軍事に参加していたことも知られる事実である。守君も元来これらの豪族と同格か、それに次ぐ豪族であったと類推できるのではないであろうか。大橋氏は美濃の豪族守君が継体擁立勢力の一翼を担い、継体の即位により中央政界への進出を果たしたとしている。

こうみてくると、守の名が美濃国の森という小地名に起源があるとの説は無視できないかとも思われる。森と守は異字ながら同音である。氏の名は日常的には文字でなく、音で呼び習わされる。また小野、犬上、近江の諸氏はどれも居住地などゆかりの地名をもとに氏の名としたものであろう。したがって守の氏や部名も、もとは確かに地名に始まるかもしれない。

それではいつどのような事情で森から守に表記が変わったのか。それは牟義都首と守君が地縁的に、または血縁上の関係を有すると仮定し、その上で、守君も牟義都首などとともに水の供献を特殊な務めとして負わされる時代から水陸の交通の要衝を整備し、守衛する職務に重点が置かれるような時代への変化に伴うと考えることができるのではないか。その時期はほかでもない美濃や近江の交通、軍事上の重要度が増した時である。守君が守部の人たちを所属させて王権に奉仕する時期は、王権が職能集団を部民として編成する六世紀以降であろう。ともかく、六世紀初めの継体の登場およびその後、七世紀にかけての王権の統治のための運営には、大和や河内だけでなく、近江の有力豪族たちの力に負うところも大きかったことは疑問を挟まない。

上に守君の名から道守、津守との共通性を指摘し、守の名は森にちなむ地名に始まることも論じた。だがそれだけでなく、守の表記は守君氏が美濃から主に近江に勢力を広げて、聖水の公的祭祀、儀礼に奉仕するほかに、道と津の両方の造営や、補修などの管理に従事し、地域社会に一定の役割を占めるに及んだことが主な契機になり、道と津を包括するには守の名が十分相応しかったためと見なしたい。また聖水の管理は用水、治水の管理と無縁であるともいえない。さらに津守氏の例を敷衍させれば、守君は奈良〜平安時代の上御殿遺跡が何度か行われた祭祀の跡であり、船人がいわばある時の祈願者、祭主または司祭（祝、神主）であったこととも無関係と思われないし、また上述のように平安時代にもなお聖水の首長や天皇への供献に関連する集団の性格も続いている可能性がある。ゆえに、それを拡大解釈して、水の祭祀を得意とする神事を掌ることに基づいて、津守氏の場合に著しいように、津の管理、航海安全の祭祀に携わることに端を発して、遣唐使の派遣に当たりその神主（主神）に抜擢されて乗船し、航海中も同様の職能を期待されたと想像できなくもないと考えるのである。おそらく津や交通路の管理が本来の職務であり、聖水の供献はそこから派生したのであろう。

もともと近江の豪族には対外交渉に関係するものが少なくない。外交に限らないが、畿内とその周辺の地域のいわば地方豪族が元来地域で携わる伝統的な生業や職能をもって、王権の各種の事業に参加する場合があったのである。

白雉四年（六五三）の遣唐使の副使に掃守連小麻呂がおり、大宝元年（七〇一）任命の遣唐使の小位になった掃守宿禰阿賀流はもと山代国相楽郡令（郡領）であった。このように遣唐使の幹部に任じられた掃守氏は山代国

〔山背〕相楽郡の地方豪族であったが〔鈴木靖民 一九八五〕、遣唐使に任用された理由としては、神主という役目もあったと考えられている〔黛弘道 一九九五〕。奈良、平安時代の遣唐使をはじめとする外交使節の人物のなかには使節内の職務を複数兼ねる場合が認められる。上述の通り、もともと難波の津の管理、祭事を掌った津守連〔宿祢〕氏で外交使節になった人物のほとんどは神主〔主神〕を任務とした。

外交の職務に就いた人たちのなかで、掃守氏のように郡令、すなわち郡司であることの明白な例は余り知られていない。だが、外交に携わるもので神主の職務にあるというだけでなく、畿内に居住する地方豪族に注目するなら、ほかにもいる。天智八年〔六六九〕の遣唐使の河内鯨は河内の豪族であろう。天武五年〔六七六〕、遣新羅使小使となった山背直百足も畿内の山背国造の出と伝えられる豪族である。

さらに大宝元年〔七〇一〕に任命された遣唐使の少録の山於〔山上〕憶良は有名である。彼は大和、山代、近江のいずれかの人物で、多分大和国添上郡山辺郷に本貫があるとみられる〔佐伯有清 一九七九〕。直木孝次郎氏は、もとは評司を務める、いわゆる郡司級の豪族の人物であったと想定している〔直木孝次郎 二〇一四〕。直木氏はさらに大和やその近辺は文化程度が高く、文筆をこととする郡司の任に就き、学識を深めていったと想像し、掃守阿賀流の下僚もしくは近郡〔評〕の評司であったかもしれないと憶測を進めるのである。この後、八世紀以降には、西安出土の墓誌により遣唐使の一員か留学生かの議論があって名高い井真成が、河内国志紀郡あたりの出であったと思われる〔鈴木靖民 二〇一二〕。

確かな時期を計りがたいが、六、七世紀、王権の所在地である宮都に住む皇族〔王族〕、有力豪族をはじめ、付近の様々な階層の人たちが、王権の行政だけでなく、諸機能を作動させるためにそれぞれに相応しい職務に参加するという実態があったのではないかと想像される。これに対して、八世紀には、遣唐使や遣新羅使の幹部に地方の出自の人物が選任されることは少ないが、留学生や請益生には地方から選ばれることがあるのは上の井真成の例にみた通りである。

こうして、七〜八世紀初めの時期には、外交を実践する使節も、地方の、それも王権にかかわり深い大和、河内、近江あたりの豪族から抜擢、選任される人の場合があったのである。これは六世紀以来の王権の形成事情、人的構成、性格と一体的な関係にあり、八世紀の律令制施行後のそれらとは少し様相を異にすると考えられる。

おわりに

以上、僅かな手がかりをもとに憶測を重ね、かつ想像を広げてみた。要するに、七世紀後半代、守君大石が遣唐使大使になったのは、近くは百済遠征軍の将軍になり、おそらく唐との接触の経験もあったので、天皇の権限を委ねられ、外交、政治面の任務を担うのは当然であるにしても、集団を率いての指揮命令を旨とする外交集団の官長として相応しいという面があったことによるものであろう。それと併せて、彼は本来的に水の祭祀、儀礼の管掌という特殊な朝廷の職務をもち、近江の交通（物流）、軍事の運営や管理にも当ってきた守君という氏族集団の有力な人物であることが背景に存在していた。そのことが、彼が地方豪族の出でありながら、遣唐使に起用された何よりの要因であったと思われる。その後も同氏のなかから遣新羅使に選任されたのは伝統が続いていたためであろう。(補注)

ただし地方豪族といっても、どれも畿内とその周辺に本貫をもつ人たちであることが特徴的であり、上述の通り、この時期の王権のあり方や特性とかかわっており、注目する必要がある。

（補注）本章の遣唐使の選任に関連する論考として、西村健太郎氏の〔西村健太郎二〇一五〕がある。

参考文献

相澤央 二〇一六 「律令国家の蝦夷政策と古代越後国」『越後と佐渡の古代社会』高志書院
入江湑 一九八五 「ムゲツ君氏と水神祭祀」『古事記年報』二八
大橋信弥 二〇〇四 「佐々貴山君の系譜と伝承」『古代の豪族と渡来人』吉川弘文館
―― 二〇一四 「『守君舩人』墨書土器について」『文字がつなぐ 古代の日本列島と朝鮮半島』（展示図録）国立歴史民俗博物館
―― 二〇一五 「近江における文字文化の受容と渡来人」『国立歴史民俗博物館研究報告』一九四
加藤謙吉 二〇一三 『ワニ氏の研究』雄山閣
佐伯有清 一九七九 「山上氏の出自と性格」『古代東アジア史論集』吉川弘文館
栄原永遠男 一九八一 「守部小論」『人文研究』三三―一二分冊（大阪市立大学）
滋賀県文化財保護協会ほか 二〇一三a 『天神畑・上御殿遺跡』同協会
―― 二〇一三b 『六反田遺跡Ⅰ』同協会
―― 二〇一六 『上御殿遺跡』同協会
鈴木靖民 一九八五 『古代対外関係史の研究』吉川弘文館
―― 二〇一一 『日本の古代国家形成と東アジア』吉川弘文館
鳥養直樹 二〇〇四 『足柄の里と坂の古代的世界』夢工房
直木孝次郎 二〇一四 『日本古代史と応神天皇』塙書房
中村智孝 二〇一三 「高島市上御殿遺跡の発掘調査成果」『第一九回近畿ブロック埋蔵文化財研修会 まつりと弔い 発表資料集』全国埋蔵文化財法人連絡協議会近畿ブロック会議
西村健太郎 二〇一五 「白雉四年の第二次遣唐使選定をめぐって」『遣唐使と入唐僧の研究』高志書院
野村忠夫 一九六七 『律令官人制の研究』吉川弘文館
早川万年 一九九九 「壬申の乱後の信濃と東海地域」『信濃』五一―三

――――　二〇〇一　「屋代木簡の人名から見た北信濃の部民制」『信濃』五三―一一
堀真人　二〇一二　「琵琶湖を取り巻く物流拠点」『人間文化』三二（滋賀県立大学）
黛弘道　一九九五　『物部・蘇我氏と古代王権』吉川弘文館
三上喜孝　二〇一二　「横手市手取清水遺跡出土木簡の再検討」『秋田考古学』五六

5　唐の百済移民、陳法子と日本の古代

はじめに

陳法子という人物とその墓誌については、近年中国西安（唐代の長安）の南郊で続々と発見された百済移民の禰氏一族の墓誌などとともに中国、韓国で注目され、シンポジウムが開かれるなどして研究が進んでいる。日本では禰軍墓誌の銘文に「日本」とあることから関心が持たれ、日本は国号のことか否かの論争が続き、また禰軍は『日本書紀』にみえる人物でもあり、その閲歴に関しても研究がある。だが、中国西安市の大唐西市博物館が所蔵する周の天授二年（六九一）の陳法子墓誌に対してはまだ論究がみられないようである（胡戟・榮新江主編二〇一二）。

先頃、私は中国唐代史、ことに中朝（韓）関係史の分野で目覚ましい成果を挙げている中国の拜根興氏の「入唐百済移民陳法子墓誌涉及地名及関聯問題考釈」（拜根興二〇一三）を読み、次いで「入唐百済移民陳法子墓誌関聯問題考釈」（拜根興二〇一四）を同氏から恵与され、百済などの古代朝鮮地名に関する知見を得ることができた。（補注）

さらに韓国の鄭東俊氏に『陳法子墓誌』の検討と百済官制」（鄭東俊 二〇一四a）、「陳法子墓誌銘訳注」（鄭東俊二〇一四b）の二編を贈られ、百済の官制史料としての視角から墓誌が検討されていることを知った。その他、韓国の朴芝賢氏の「〈陳法子墓誌銘〉の紹介と検討」（朴芝賢 二〇一四）も様々な論点に言及している。これらは主に韓国（朝鮮）史の関心からの研究の動向である。

そこで本章では、主として拜氏の論考に導かれて、この墓誌に記される陳法子とその父祖の官職、任地などに注目し、それらが日本の古代ともかかわりを持つことに重点を置いて論じてみたい。

一　百済の太学

陳法子の先祖は、墓誌に「衰漢」すなわち東漢（後漢）の末年に渡海して「熊浦」に家を構えたといい、いわば中国系百済人と伝えられている。彼は「熊津西部人」であると記される。これは拜氏の指摘の通り、近年注目されている禰氏の墓誌にみえる禰寔進の「百済熊川人」、禰軍の「熊津嵎夷人」と同じ地域の出自である。熊津は現在の韓国公州にあった百済の扶余遷都以前の都城であるが、西部について、拜氏は熊津の西の部分か、西方のどちらかを意味すると解釈している。『隋書』百済伝には、同地で新羅、高麗（高句麗）、倭など、また中国人も雑居するとあることが知られている。陳法子がいつ唐に入ったかは不明であるが、百済の滅亡する六六〇年の時期か、その直後の唐の熊津都督府が置かれた時期であろうと想定される。拜氏は墓誌の記述のなかでも、陳法子以前の先祖が百済で就いた官職、特に地方官に注意する。

まず曾祖父の春が「本邦太学正」に任じられている。拜氏は、これを逆算すると六世紀中葉頃、中国の影響を受けたであろう太学が百済に存在したことを示唆すると見なしている。この「太学」の実態については韓国でも鄭氏などによって議論されている。『三国史記』百済本紀の聖王十九年条の梁に毛詩博士などを請うたとの記事が関連する史料である。

これを日本古代史の側からみると、墓誌の文は陳氏の家記などの伝承に拠って撰文されていることを考慮に入れるにしても、百済の太学（大学）の存在は『日本書紀』応神十五年、十六年各条、『古事記』応神記に博士の王仁が『論語』『千字文』を携えて百済の近肖古王（照古王）の下から日本（倭国）に来たという、有名な河内書（西文）首氏の祖先伝承に結び付け得るものとみられる。

このことを『日本書紀』や『古事記』などに伝えられるような五世紀の時期でなく、六世紀の事実であると推測するなら、継体七年（五一三）、十年、欽明十五年各条にみえる通り易博士、暦博士、医博士、採薬師や五経博士などの諸博士が交替で百済王権から倭王権に遣わされたことについて、それはこれまで百済の「任那」への進出を企てる国際戦略としての倭国の軍事協力を得るための外交策の一環と理解されてきたが、諸博士の倭国渡来やその学問、技術、技能の授受には、百済王権下の大学（太学）制度に基づいた、南朝梁のテキストやカリキュラムなどを摂取して体系だったものが早くから背景にあった可能性がより高まる。すなわち日本の古代では、後々まで『論語』が官人の漢字、漢文習得のテキストとして重視されたことはもとより、漢字の読みが漢音、呉音よりも古韓音を用いることが少なくなかったことが七世紀以前の出土木簡や金石文により確かめられているが、さらに墓誌の文は六世紀の百済から渡来する博士たちが身に付けた文字技術、文字文化、ひいては儒学をはじめとする学芸の拠って来るところの制度や実態があったことを暗示すると思われる。

二　麻連、馬徒、既母

次に、墓誌に陳法子の祖父の徳止が就いたという麻連大郡将の麻連についてであるが、拝氏は未見とする。だが、これは鄭東俊氏および朴芝賢氏が指摘する通り、中国北京の国家博物館所蔵の『梁職貢図』の百済条の題記に「旁らの小国に叛波、卓、多羅、前羅、斯羅、止迷、麻連、上巳（己）文、下枕羅等有り、百済に附す」とあり、百済に付属するとされる加耶（加羅）諸国のなかの麻連に当たる。従来、この百済条の「止迷麻連」の部分をひと続きに読んで一国とみるか、止迷と麻連の二国と解釈するか、断定できなかったが、墓誌の出現によって表記も含めて麻連の存在が裏付けられ、百済条の理解も止迷、麻連の二国として確定することになった。

麻連《マレ》がどこに比定されるかについては、すでに李鎔賢氏が解明する通り『日本書紀』継体六年（五一二）条の百済の南方進出のなかに「任那」の「四県」の一つとして登場する牟婁《ムロ》が音通であり、地理だけでなく、時期、状況から推して最も妥当であろう（李鎔賢 一九九九）。牟婁は現在の全羅南道の西部沿海地域、霊光・高敞、務安の地域に当てられている（末松保和 一九五六）。

『梁職貢図』に麻連と並べて挙げられる止迷《シミ》は『新撰姓氏録』左京下神別（河内国皇別にも）に止美連が欽明朝に渡来したと記す止美と同じであろう。田島公が百済国に遣わされて止美邑女を娶ったと伝える。止迷の地は鳳凰（実於山）に近い全羅南道の羅州潘南が候補地とされる。麻連、止迷ともに栄山江流域にあり、そこはかつての馬韓の地域と考えられており、止美連の伝承は『梁職貢図』の記事にも符合して、同地が百済の配下にあったことを示唆する（なおシミはシニに通じ、『日本書紀』欽明二年四月、五年十一月条の「任那」復興会議記事に見える斯二岐のことであるなら、現在の慶尚南道宜寧、または康州江陽郡の宜桑の古名辛尓に当たるかという異説もある）。

『梁職貢図』の麻連の次に挙げられる上己文は、基汶河すなわち現在の蟾津江の上流域の地名であろうから、全羅北道の同一地域に当ると推定される。つまり加羅（加耶）の一地域である。

陳法子の父の微之が就いたとある馬徒郡参司軍の馬徒は、拝氏の考証によって『三国史記』地理志にいう任実郡の前身の百済の馬突県であるとすれば、加耶に含まれる地域であろう。これについては『日本書紀』継体七～十年条の「任那」の「四県」譲与記事に関連して、馬突県の地を全羅北道の全州の東南、珍安郡馬霊面に当てる説がある〔末松保和 一九五六〕。

そして墓誌の主の陳法子自身が任じられた官職についてみると、既母郡佐官の既母とはどこなのか、拝氏に言及がない。だが、これは『日本書紀』継体紀の任那記事の百済と加羅（伴跛）の間の係争地としてよく知られる己汶、帯沙（多沙）の己汶であり、上に引いた『梁職貢図』の百済条に「旁小国」とされる上己文である。八世紀の『正倉院文書』のなかの造東大寺司写経所文書には、写経生の名の氏として既母辛、または既母という同じ表記が二七件みられる。彼らは既母（己汶）から渡来した人々の子孫であろう〔鈴木靖民 一九九七〕。辛字は加羅に通じる倭訓なので、日本で用いられた加羅の一字表記であろう（辛を氏の名と解する意見もある）。また史料に既母末とある場合の末字は、辛字の誤写か、誤読によると思われる。

同地は蟾津江の支流蓼川流域で、現在の全羅北道の南原に当たるとするのが通説であり、上述の任実の東南に位置する。既母は己汶のほかに朝鮮史料では奇物、今勿なども書かれる。己汶（己文）には上己文、下己文があり、前者は全羅北道の長水郡蟠岩面、後者は南原に比定されている。つまり加耶諸国の一つに該当する〔田中俊明 一九九二〕。

なお佐官については、鄭東俊氏によって韓国扶余出土の戊寅年（六一八）の佐官貸食記木簡の「佐官」という同じ七世紀の類例のあることが指摘されている。

ついで墓誌に、陳法子が歴たとある稟達郡将は、拝氏の考証に従えば、『新唐書』黒歯常之伝の百済の風達郡将の風達を早口で読んだ時の転音伝写の誤りであり、現在の忠清南道の唐津に相当するという趙智濱氏の説（趙智濱二〇一二）が考慮される見解であるという。ただし、唐津（公州）は熊津などにあった都城よりも北に位置する。

おわりに

以上、主に拝氏の驥尾に付して、先行研究をふまえつつ多少の論証を行った。こうしてみると、唐の百済移民、陳法子の墓誌は、中朝関係史の資料であるだけでなく、『日本書紀』の記事に関連する資料でもある。なかでも百済の先進文化の日本（倭国）への伝播ないし受容と密接な内容を含んでおり、それは仏教文化と並ぶ百済の大学や学問のありかたを推測させる。また六世紀代を中心にして、百済の王権が領域を「任那」や「馬韓」と呼ばれた南西に広げて地方社会を統合し、行政を進める過程の実情を示唆する事実をも含んでいる。つまり墓誌には、『日本書紀』の「任那」関係の記事などにも関係する加耶の地名がいくつもみられる。それのみでなく、陳氏は祖父と父も地方の郡の行政や軍事の幹部として赴任、居住したが、その郡は百済南西部に位置し、かつての加耶諸国の故地にほかならなかったことが知られる。それゆえ、少なくとも二代にわたって、都城でなく、もとの加耶地域を任地とした理由の有無は明らかにできないものの、彼らは古代日本の外交や国際関係に深くつながりを有した加耶（加羅）にゆかりの人たちであったということができる。陳法子は入唐後、将軍などの武官を多く歴任しているが、それが百済での活動の事績と関係するかどうかは分からない。

要するに、中国と朝鮮（韓国）の関係史の資料として注目される陳法子墓誌は、それだけにとどまらず、日本の古代史とも関係がある。中国、朝鮮諸国、日本の古代に跨る渡来人、移住民の資料は、東アジア史の広い視野から留意し、新たな問題を探究し得る価値があると思われる。

（補注）拜根興氏の論考は、最近、「百済移民陳法子墓誌」と改題して同氏の『石刻墓誌与唐代東亜交流研究』科学出版社（中国）、二〇一五年に収録、公刊された。

参考文献

李鎔賢一九九九「『梁職貢図』の百済国使条の「旁小国」」『朝鮮史研究会論文集』三七
末松保和一九五六『任那興亡史』吉川弘文館
鈴木靖民一九九七「平城京の新羅人と新羅文化」『朝鮮社会の史的展開と東アジア』山川出版社　本書III―3
田中俊明一九九二『大加耶連盟の興亡と「任那」』吉川弘文館
趙智濱二〇一二「唐朝在百済故地初設行政建置考路」『中国歴史地理論叢』二〇一二―一
鄭東俊二〇一四a「『陳法子墓誌』の検討と百済官制」『韓国古代史研究』七四（韓国）
――二〇一四b「陳法子墓誌銘訳注」『木簡と文字』一三（韓国）
拜根興二〇一三「入唐百済移民陳法子墓誌渉及地名及関聯問題考釈」『大明宮研究』八（中国）
――二〇一四「入唐百済移民陳法子墓誌関聯問題考釈」『史学集刊』二〇一四―三
――二〇一五「百済移民陳法子墓誌」『石刻墓誌与唐代東亜交流研究』科学出版社（中国）
胡戟・榮新江主編二〇一二『大唐西市博物館蔵墓誌』上・中・下、北京大学出版社
朴芝賢二〇一四「〈陳法子墓誌銘〉の紹介と検討」『木簡と文字研究』一一（韓国）

資料　陳法子墓誌釈文

（『大唐西市博物館蔵墓誌』釈文、拝根興『石刻墓誌与唐代東亜交流研究』釈文をもとにして日本の当用漢字に改めた。）

大周故明威将軍守右衛龍亭府折衝都尉陳府君墓誌銘并序
君諱法子字士平熊津西部人也昔者承天握鏡簫韶聞儀鳳之
功列地分珪卜兆盛鳴凰之繇其後連横縦辯念旧本於思秦韞
智標奇謀新工於事楚瓌姿偉望代有其人遠祖以哀漢末年越
鯨津而避地胤緒以依韓導日託熊浦而為家虹玉移居仍存於
重価驪珎従握不昧於殊輝曽祖春本邦太学正恩率祖徳止麻
連大郡将達率父微之馬徒郡参司軍徳率並英霊傑出雄略該
通麾管一方績宣於字育撫綏五部業劭於甿謡　君清識邁於
觽年雅道彰於丱日析薪流誉良冶伝芳解褐除既母郡佐官歴
稟達郡将俄転司軍恩率居検察之務潔擬壺氷当藻鑑之司明
逾鏡水官兵以顕慶五祀吊人遼浿　府君因機一変請吏
明時　恩奨稠畳仍加賞慰従其所好隷此神州今為洛陽人也
六年二月十六日　制授遊撃将軍右驍衛政教府右果毅都尉
乾封二年除右衛大平府右果毅都尉総章二年改授寧遠将軍
右衛龍亭府折衝都尉咸亨元年加階定遠将軍文明元年又加
明威将軍職事依旧然以大耋貽観恒思鼓缶通人告老固請懸

車雲路垂津日門廻鑑特聴致仕以弘止足豈謂輔仁無験梁木雲摧唐載初元年二月十三日終於洛陽縣毓財里之私第春秋七十有六嗚呼哀哉大周天授二年歳次辛卯三月壬申朔廿六日丁酉卜宅於邙山之原礼也嗣子神山府果毅龍英通風枝之不駐顧煙隧而長懐爰託微衷式旌幽壌其銘曰

嫣川命氏遼海為郷三韓挺懿五部馳芳其一

猗歟哲士寔惟英彦達変因機革心廻面其二

隆班屢徙促漏方催長辭日轡永去泉台其三

久客無帰異邦有寓瞻言孤隴恒悽苦霧其四

Ⅲ　東アジアのなかの古代日本の文化形成

1　東アジアのなかの飛鳥・藤原京の時代
——文化形成を中心として

はじめに——蘇我氏渡来人説と都塚古墳

一九八一年、私は六世紀における蘇我氏渡来人説に啓発されて、河内の石川に居住した原蘇我氏は、稲目かそれ以前の代、また始祖として伝承される満智の時に「大和入り」をし、蘇我氏が大和に入ることで、王権の中心は飛鳥に移って倭王の宮が営まれた。やがてそれを核にして河内・大和の諸氏（首長層）が集まり、寺院などの諸施設も造られ、徐々に京的な空間構造が出来ていくと考えた。

大和に入った満智は、飛鳥の隣に勢力をもつ葛城氏と結び付き、そこで葛城氏の女性と婚姻したのではないかと想像したが、この考えは王権の河内から大和への移動を想定するという仮説によっており、満智が『三国史記』百済本紀にみえる六世紀半ば、百済で倭との外交にも活躍した木満致と同一人とすると、彼が高齢であることに難点があった。史料の信憑性にも問題があった。

倭王（大王）の出自については、その当時、河内か大和かを突き詰めて判断したのではなく、両処の有力諸氏が王権に参画したと理解する程度であった。しかしこの説を発表すると〔鈴木靖民一九八一〕、この問題に取り組んでいた門脇禎二から私信で厳しい批判を頂いた。

それ以来、私は蘇我氏についてだけでなく、飛鳥についても直接研究することなく長い年月を過ごしてきたが、この間、六〜七世紀の飛鳥・藤原に関する発掘調査や研究は長足の進歩を遂げ、専門家による優れた研究成果が相次いで公にされた。蘇我氏渡来人説も否定されている〔佐藤長門二〇一六〕。

そして二〇一四年の夏、奈良県明日香村阪田で、石室や石棺、土器からみて六世紀後半頃の四一、二メートル四方の方墳とされる都塚古墳を関西大学と明日香村が発掘調査して、墳形や築造の実態が姿を現した。その結果、内部の埋葬施設は横穴式石室で、玄室に家形石棺を置くが、墳丘は石積みで六段以上の階段状に築かれ、穹窿状の天井を持った独特の墓であり、六世紀後半の造営であることが明らかになった〔西光慎治ほか二〇一六〕（白石太一郎二〇一五〕は墳丘と石室が七世紀初めの造営で、家形石棺は六世紀後半に造られたものを他から移したものとみる）。

八月初め、私にも複数のメディアから意見を求めてきた。それは近くの石舞台古墳が蘇我馬子の墓であることも考慮に入れ、都塚が父稲目の墓ではないかとする予測があり、私のかつての蘇我氏渡来人説を知った記者が意見を求めたいということであった。私も現地に行って調査担当者に教示を受けた。確かに階段状の築造といえば高句麗起源の積石塚と共通性があり、それは百済の墳墓にも影響を及ぼしている。しかし高句麗の積石塚は主に五世紀初めであり、直接結び付けるには時間的にも無理があった。

その後、同年の一〇月末、韓国で全羅南道羅州伏岩里の山腹の丁村古墳の発掘で出土した、爪先に鳳凰をかたどった透かし板の付く金銅製飾履が羅州文化財研究所により発表され、注目を集めた。その墳墓は六世紀前半の築造とされる三七・三×四〇・〇メートルの方墳で、基底部に積石、斜面に葺石が認められ、階段状に造ろうとした可能性があることを調査に参加した高田貫太氏などに伺い、その後二〇一三、一四年に公表された資料を入手できた。丁村古墳に注目するほうが百済からの渡来人のもたらした墓制との関係も考えられ、都塚古墳の特徴の由来と関連づけ易いであろう。羅州は百済の地方の要地であり、すぐ近くの伏岩里遺跡では六世紀ないし七世紀初め頃の文書行政や工房に関係する木簡も出土している。木簡に日本の国字とされる「畠」の字が書かれるように、文字文化の伝播を考える上でも貴重な遺跡であり、古代に栄山江を利用して河口に出ると耽羅や倭（日本）に通じ、後世の歴史にまで要衝としてよく知られる地であった。羅州の南西の高興には倭系墳墓が分布する。

このような古墳の形態を百済の渡来人が倭にもたらしたとは速断できない。しかし都塚古墳が内部構造、出土品ともに倭の在来の様相を示すと同時に、百済古墳の石を積む系譜を承けているという面は認めるべきであろうと思われる。

二〇一五年一月、橿原考古学研究所の案内で明日香村の小山田遺跡を見学した際に、高取町市尾の市尾瓦窯跡にも訪れた。藤原宮で用いられた瓦と同じ型式の軒丸瓦が燃焼部で出土しており、窯の構造も特殊であることから六六〇年の百済滅亡を機に渡来した工人が関与しているという見解があるのを知った。飛鳥に遺る七世紀前後の朝鮮半島の古代文化が放つ光彩は、今日も私たちに問いかけてくる。

本章では、飛鳥・藤原に政治的中心がおかれた時代の倭在来の歴史の流れのなかに、朝鮮・中国の文化を摂取、受容して新たな文化を作り上げていく具体相をいくつか取り上げて、飛鳥・藤原の地を舞台とする七世紀の時代のいわゆる飛鳥文化の形成と東アジアのかかわりを概観する。

一　百済・南北朝に遡る飛鳥寺の系譜

五七七年、敏達の王権に倭の軍事援助を期待する百済が仏教を伝え、次いで五経などの諸博士を交代で遣わしてきた。さらに百済の威徳王権が経典、僧尼、造仏工、造寺工を送り、倭における百済仏教の教義の伝習、寺院と仏像の造営技術の導入が始まった。数年後、蘇我馬子が邸宅の仏殿に弥勒仏を祀り、渡来系の鞍作村主司馬達等らが仏舎利を得て大野丘の北の仏塔に納めた。さらに威徳王は舎利、僧侶や寺工、露盤博士、瓦博士、画工らを倭に送ってきた。これを契機に飛鳥の地に仏堂が建て始められ、五九六年（推古四）には主要伽藍が完成し、渡来した高句麗僧慧慈、百済僧慧聡が住むようになり、飛鳥寺の創建がなった。これにより百済仏教の弥勒信仰、舎利信仰が継受され、教義を説く僧侶、対象となる仏像が揃い、その信仰を実践する施設としての堂宇などが段階的に完成したといえよう。

飛鳥寺は飛鳥のなかで最も良好なスポットを占めた。同寺は一九五六年の発掘によって一塔三金堂の配置であることが明らかになり、六世紀前半の平壌の清岩里廃寺と共通することから、飛鳥寺の源流が高句麗にあり高句麗仏教の系統を引くとみるのが定説であった。

ところが二〇〇七年、韓国の百済の都、泗沘があった扶余の王興寺跡が発掘され、塔の心礎の孔に容れられた舎利函とその周りの舎利荘厳具が出土した。翌年二月、私は扶余博物館を訪れ、塔跡発掘の映像をみたあと、出土した塔心礎、青銅製の舎利函とその銘文、入れ子の金銀の瓶、周りに置かれた金銀銅の延べ板、装飾品、宝石、ガラス製の各種装身具などの精巧な多数の工芸品を目にした。私は飛鳥寺の塔心礎や類品を思い起こし、二つの寺の関連の深さを直感した（武寧王陵や陵山里古墳群の副葬品とも類似することにも注意を払った）。

舎利函の表に刻まれた銘文によると、王興寺は五七七年（丁酉年）、釈迦の入滅した二月一五日に百済王昌（威徳王）が亡き王子のために刹を立て舎利を納めたとあり、まさに王の興した勅願寺である。

この前後、百済では扶余の外れの陵山里廃寺、益山の弥勒寺など、王や王の側近の王族らが発願して舎利（釈迦）信仰を通して死者の供養、自らの幸福を祈って寺を造っている。もともと中国の梁や北魏、東魏、北斉でも塔を立て舎利函、舎利荘厳、供養の埋納品を容れた例が知られる。この舎利信仰とその安置の方式が南北両朝から百済に入り、そこから倭に伝わり、飛鳥寺は舎利崇拝に加えて、祖先や縁者の冥福を祈り、仏教の興隆を図って建てられたのである〔鈴木靖民二〇一二〕。

百済寺院の伽藍では南門、塔、金堂が南北に並び、塔、金堂を囲む回廊と北に講堂が建つのが一般的な配置であり〔李炳鎬二〇一六〕、飛鳥寺への影響の有無が議論されている。すなわち王興寺と飛鳥寺の屋根の軒丸瓦の文様が酷似する。そのうえ、六世紀末～七世紀初めには上述の通り高句麗僧慧慈、百済僧慧聡その他が多数飛鳥寺に止住した。暦、天文、地理、遁甲、方術に通じた百済僧観勒も止住し、間もなく僧正に就いて仏教統制に当たった。高句麗王は仏像制作のため黄金を送ってきた。五経に詳しく絵具、紙墨、水臼を作った高句麗僧曇徴も住んだ。新羅からは仏像、舎利、仏具がもたらされたなどである。

寺院の造営はその建築、造仏、仏具製作などの技術・技能をはじめとする先進文化の継受を意味したから、東アジアの諸国の外交攻勢、競合の側面があるにしても、飛鳥寺は国や地域の違いを超えた僧侶、文物の交流の場であり、研究・教育のセンターであったことを示している。飛鳥寺は諸国の文化系統を承け、それを融合させた結果として完成したものであり、こうした文化合流が倭の〝文明〟化を決定づけたのである。

飛鳥寺の造営は、蘇我氏（馬子）が発意したが、天皇（推古）、「皇太子」（厩戸）の三者の共同の意思によっており、その周囲の人たちも受容に参画したので、仏教はいわば王権のイデオロギーとなった。のち、六三九年（舒明一一）、舒明の勅願で百済大寺が作られ始める。おそらく吉備池廃寺がそれであるが、東アジア規模で競うかのように寺院の建立事業が進み、寺院の性格も国家鎮護のためにシフトする動きをみせた。仏教文化は飛鳥寺から周辺のいわゆる畿内各地に広まり、次の時代に倭の地方の首長たちに受容されるのである（いわゆる白鳳寺院）。

これを逆に遡ると、飛鳥寺に影響を及ぼした王興寺の百済仏教は、南朝の梁だけでなく北朝後期の北斉ともつながっている。

王興寺跡では六世紀後半の北斉の常平五銖銭が複数枚出土する。中国正史によれば、同時期、百済の昌王は北斉に何度も朝貢し、軍事官や郡公、刺史の官職を与えられた。百済は南朝の陳とも交渉をもち、新羅、高句麗を意識して多方位外交を行ったので、これを機に南北両朝の文化伝播のルートを確保し、双方の仏教や思想、制度、書籍、文物、技術を僧侶、技術者の招致と併せて導入したものであろう。

五八八年、百済から来た仏教関係の技術者や博士の九人は、音を表す人名から推してペルシャ系で、梁から百済に来た人たちとされてきた。だが、彼らは西南アジアから来て北朝のエリアに住み、そこから百済、さらに倭へと送られて来た可能性がある。

百済の仏教文化には、北朝の北斉、北周、さらに西域に遡る要素があり、そして南朝の影響を探ることもでき、双方の伝播を受けた複合性を見出だすことが可能であろう。

中国仏教は後漢末、安息、月氏の二人の西域僧の渡来と訳経に始まると伝えられる。六世紀になり、仏教は外交の使者と商人を通して伝わった。インド僧のシャレンテイレイヤシャは北斉の都鄴で訳経に従い、僧官となった。西魏にはペルシャからの朝貢があり、北周には安息、白蘭、高昌、焉耆、亀茲、滑《エフタル》などが商人を使者にして、あるいはソグド人が特産物や中継品を朝貢した。彼らのなかには、太原北斉徐顕秀墓や西安北周史君墓の図像にみられる通り仏教信仰、仏教を含む多元文化が投影されている。

百済の渤海湾や黄海を挟んだ対岸の山東や青斉には、北魏から唐宋代の大量の仏像群が出土した青州の東方第一の寺、龍興寺跡がある。特に北斉の石彫のルシャナ法界人中図には、深目鉤鼻、縮れた黒髪、顎ヒゲ、革帽子、黒革の長靴姿の三人の胡人が描かれており、西域と青州を行き来するペルシャ人集団の仏教礼拝が示唆される。五七三年（武平四）の青州郊外の北斉妻睿墓の石板の図には、商談する胡人、織物や大壺を積んだラクダを牽く胡人が刻まれる。西域の奇貨と東北アジアの毛皮、人参などとの交易が鮮卑人などとの間で行なわれたことを表すであろう。

朝鮮半島の百済には晋から胡人の僧が、新羅には高句麗経由で墨胡子がそれぞれ来たことが仏教伝道の最初であると伝えられるが、六世紀には百済の北朝との直接の仏教交流のルートも想定でき、百済で南朝系の仏教と混交したのではないかと思われる。百済人が通訳として東アジアで活躍したという国際的融通性の指摘もある。

このように西域、ないし中央アジアに源流をたどるとともに、南朝の影響をも併せもつ百済仏教の思想を、飛鳥に中心を置く倭の王権の人たちは摂取し、飛鳥文化の核心としたのである。

二　山城の造営と飛鳥の「宮城防衛システム構想」

近年、七世紀後半の飛鳥およびその周辺に「宮城防衛システム構想」があったとする見解が、考古学者によって提起されている（相原嘉之二〇〇四、甲斐弓子二〇一〇）。

この問題に関しては、七世紀後半以後の倭の目にみえる防衛体制として知られる古代山城とのかかわりで考えられるべきであろう〔鈴木靖民二〇一二〕。

六六五年（天智四）に筑紫の大野城、基肄城、長門城を築くと『日本書紀』にあるのが史書における山城の初見である。これ以後、史書にみえる山城は、九州の対馬の金田城から瀬戸内海の両岸、大和の高安城までの西日本各地に点在する。山城築城の第一段階である。山を利用して土塁をめぐらし、谷あいを石垣で埋め、水門を設けて城壁を整え、城内の平場に倉庫などの建物を配置する。これは朝鮮半島の高句麗、百済、新羅、加耶の山城に共通する特徴をもち、朝鮮式山城と称され、朝鮮の百済などから渡来した人が築造に関与したと明記されている。この最初の王権の山城造営の意思とそれを実現可能にする選地や築造技術が百済人たちに依存していたことは疑いない。

この種の山城に対して、史書に載せられないが、ほぼ同じ地域に山裾に並ぶ列石を神籠石と呼ぶのにちなんで神籠石系山城と名づけるものがある。

岡山県総社市の鬼ノ城の場合、史書に記載のない瀬戸内の山城であるが、長年にわたる発掘調査で、炭素14測定と土器から推して、七世紀第Ⅳ四半期から八世紀初め頃に造営されたとみられる。城内は倉庫、兵舎、鍛冶工房の三地区から構成されており、西門、南門、北門のコの字型の門礎石は周防の石城山城、讃岐城山城、播磨城山城と共通し、同時期と推測されるという。これらは百済救援の役、白村江の戦後の六六五年から六六七年（天智六）の第一段階の築城よりも新しい第二段階の築城ということになる。

鬼ノ城の目的、性格や造営者に関しては、近年、大宰・総領制と対応し、諸国を広域で管轄する吉備大宰の下での行政拠点の平城（総領所）とセットの関係で山城が造られたとするのが共通の理解である。筑紫、周芳（防）、伊予の各総領と山城の関係も、同様に考えられる。六六九年（天智八）、大和と河内にまたがる高安城を修築して畿内の田地の税、すなわち稲を収蔵したという記事は、国制、国司制以前の広域行政が山城を拠点にして行われたことを示している。大宰・総領制は六七八年から六八五、六八九年と天武・持統朝期に認められるので、瀬戸内両岸の山城の造営をそれらの地方行政官の設置に即応する事業とみれば、六六五年以後の筑紫の山城の初築よりも十数年から二十数年遅くなり、史書の記事と考古学の推定年代とは矛盾しない。

山城の第一段階を、西辺に置かれた防人や大宰府前面の水城の造営などと併せて、敵対した唐や新羅に備える対外的な防衛体制の一環とすると、瀬戸内や大和と河内の国境に置かれた山城群の第二段階は、壬申の乱後の倭内部の国制施行期の地方支配のためであり、その機能を十分に発揮させ、支配体制を強化することを意図した拠点の構築であるといえよう。同時に、瀬戸内両岸の山城は主城と支城などといった、いくつかの組み合わせや、互いに次々に通信、連絡するネットワークが存在したと思われる。山城は瀬戸内海を航行する船舶を挟む形で両岸各地に営まれた。例えば、鬼ノ城と讃岐城山もしくは屋嶋城との地理的関係のごとく、あたかも侵入する敵方を監視し挟撃するかのような占地と大和に通じるネットワークが想定できる。つまり筑紫からつながる対外的な防衛の面を兼ね備えていたと考えざるをえない。

筑紫から瀬戸内両岸各地に、高句麗にみられる遮断城的な諸城の造営と、烽・官道などを利用した通信・連絡・交通のネットワークが企図されていたに違いない。

七世紀後半の山城の機能・運用については、山城に駐屯する兵士は、中央の王権より遣わされた国司（国宰）が各地の評造（支配者）がもともと有する地域の人格的関係や社会秩序に依拠して住民のなかから動員し、兵士として訓練したであろうが、それらの上位に総領が位置して軍事、防衛を統括し、指揮を掌握したと推定される。

六八五年（天武一四）、天武の王権のある飛鳥に収蔵されていた鉄一万斤を周防の総領所に送るとあり、また筑紫大宰の要請で、同じく収蔵の絁、絲、布、庸布、鉄、箭竹を大量に送ると『書紀』に記載がある。総領の支配下での軍需物資は現地での貢納や兵士の自弁によって調達するのみとは限らず、王権から地方へじかに原資の供給、財政支援が行なわれたことが分かる。これらは各総領・大宰の管轄する山城での兵士の装備する武器・武具などの製作に供された。兵士の動員は戸籍制度、戸の編成を促し、労役と兵役は不可分の形で次第に整備され、八世紀の国司の管轄する軍団制に転換するものと考えられる。

このように、山城と総領制による地方支配の進捗は密接であり、各地の防衛体制、または軍事的行政的機能は、広域国の分割、国境の画定、国制の確立に作用するところが大きかった。しかし総領制の廃止、対外意識の変化、それに財政上の理由などが合わさって平城（平地城）というべき国宰所やそれを受け継いだ国衙（国府）が機能するにつれて、山城の意義は減退し、矮小化して宗教施設などに転用されていく。

初めに述べた通り、日本古代の山城は百済、新羅、高句麗など朝鮮の山城と関係があるとみられ、その比較が倭の山城の特徴を考える上で有効である。その場合、百済、新羅は王都（都城）中心にその周辺を取り巻く多重の城を築いて防衛体制を整えたが、これに対して、筑紫から瀬戸内両岸にかけての仮想敵と対峙する最前線や侵入路を防衛することの顕著な倭とではかなり違いがあるとみられがちである。百済救援の役の際の、司令部を王権の置かれる飛鳥から西行して筑紫朝倉に移したという戦略の理解にも相通じる考えが窺われる。

しかし七世紀の倭の飛鳥に置かれた倭京も、百済、新羅と同様の王都中心の防衛体制として認められるべき可能性がある。

七世紀後半から末葉の倭の王宮が所在する飛鳥の周辺には、山城、羅城、烽、運河、寺院などがめぐらされ、宮城防衛システムの構想があったとされる。例えば、飛鳥の王宮の東の丘陵には、酒船石遺跡で知られるように石垣がめぐらされている。これらを総合して、飛鳥の歴史に通暁する河上邦彦、相原嘉之、甲斐弓子などの諸氏が主張する説である。

これらの防衛システムの存在を推測させる根拠は、ほとんどが考古学的、地理学的な遺跡などの資料である。古代寺院の軍事的性格は、考古学的な観点からの指摘があるが、『書紀』にも蘇我氏本宗の蝦夷、入鹿が倒された乙巳の変や壬申の乱の大和での戦闘における記事の飛鳥寺の役割に読み取ることができる。天智朝期の大津宮、大津京に関しても防衛的性格が論じられ、近江国全体が山々に守られた防衛的な構造であるという意見すらある。

七世紀後半の同時性を考えると、上述した山城と、王宮を守る飛鳥およびその周辺の諸施設の軍事、防衛機能とは別個に捉えるべきではない。倭の王権の支配層の国家戦略として、各地の山城も倭京のいわゆる防衛諸施設も、内外の政治、外交、防衛思想、政策の実現と不可分の関係にあったとみられよう。京、宮の西方の敵の侵入を阻止する防衛体制だけでなく、自らの居地自体にも防衛策を講じたと考える方が自然である。

そうであるとすると、これは百済の泗沘（扶余）、新羅の金城（慶州）のごとく王都とその周辺にいくえにもネット状に山城を張りめぐらして、様々に防御する施設、体制を、おそらく一世紀以上遅れて倭でも採用したことになる。百済から亡命した渡来人が、王宮などの防衛事業にも筑紫の山城と同様に関与したことが推測されるが、委細は不明である。

不破関、鈴鹿関は近年の発掘調査により、七世紀後半以後の飛鳥・藤原の王宮（宮城）、都城を大きく包囲しており、東の外敵にではなく、王権内部の反乱者の脱出を阻止する目的で、山を利用し、谷を埋め立てて土塁、築地をめぐらせ、交通、行軍を阻む遮断城を造ったとみられるようになった。

このような飛鳥を中心とする諸施設を防衛のためというよりも、むしろ荘厳化の装置と理解する考えもある。飛鳥の防衛システムが存在したとしても、それは西日本各地の山城、関と一体的な倭の全体規模のなかで位置づけられるべきであり、その上で、倭の王権が脅威を感じた朝鮮半島の情勢、唐の国際政策など東アジアの動向の推移との関連において、飛鳥の地の重要性が正しく把握されなければならない。

三　新羅の文字文化の伝播・受容

二〇〇二年、奈良文化財研究所による明日香村石神遺跡の調査で南北溝の別々の地点から出土した多量の木簡群のなかに、判読のむつかしい字形のある二点（A、B）があった。その釈文は次の通りである。

A　・十一月十三日□
・一人十二刀　□□□（今日□カ）
一人十二刀　四人
一人十二刀

B　・　□下古二刀
合評□
□川人十二刀

この二点の木簡の断片にみえる「刀」のような字について、調査を担当した市大樹氏は部の字の略体（ア）であろうかと考えたが、しかしほかの部の字とは感じが違うとした。私が二〇〇三年末の木簡学会でこの木簡を初めて目にした時、「刀」の字ではないかと呟いたのを傍で耳にした市氏は、学会の討論の場で私見を紹介して下さった。刀の字は升を意味する新羅の用字によったのでないか、というのが私の見解であった。

刀の字は正倉院南倉にある佐波理加盤第一五号四重鋺の第四号鋺に入った文書の裏表に何度もみえる文字である。私は三〇年以上前にこの文書の研究に取り組んだが、銅の合金の佐波理製品はもともと東大寺の倉庫である正倉院や法隆寺に各種あり、八世紀頃の新羅の特産品である。

七世紀末以降の藤原宮、藤原京では、佐波理鋺の断片が最近出土した東方官衙北地区など、これまで五カ所で検出されている（諫早直人 二〇一五）。中国製がもたらされた可能性も皆無でないが、時期を考えると交流の密接な新羅の産品であろう。

この佐波理鋺（盤）に付属した文書は新羅の官庁の穀物や馬肉などの納入か、支出に関する草案で、廃棄後に佐波理製の重鋺に挟むクッションとして再利用されたまま、八世紀半ば頃に日本に輸入され、東大寺により買い納められたと推測される（鈴木靖民 一九八五）。文書には、「上米四斗五刀」「大豆二斗四刀」などと書かれている。一二世紀初めの高麗中期に高麗に使いした宋の人である孫穆の編纂した辞書『雞林類事』によれば、序に「小一升六合有りて一刀と為す」とあり、その注に「升を以って刀と為す」といい、また、方言つまり高麗語で「升を刀と曰う」、注に「音は堆」とある。高麗語で刀は升と同じ意味に使われた計数単位であり、toe と発音したことが分かる。升を刀の字で表すことは朝鮮時代の『五洲衍文長箋散稿』の東国土俗字弁証説にも朝鮮の用字であると記し、漢字をハングルで表した『訓蒙字会』などにも注解されている。刀は高麗から朝鮮時代に使われていたのである。

佐波理加盤付属文書によって、新羅時代にも刀が石斗の下の升に相当する単位として用いられたことが分かったが、近年、実際に新羅の都があった慶州の月池、すなわち雁鴨池跡の発掘により出土した梅瓶形土器の底部に「四斗五刀」とヘラ書きされた例が確認された。したがって、明日香村の石神遺跡の木簡の刀の例も、新羅の表記によっており、容積を表す計数単位を升でなく刀と書いた確率が高いと考えられる〔鈴木靖民二〇一二〕。

二点の木簡の年代は石神遺跡の編年でC期後半という天武朝期以降の時期の溝跡での出土であり、両方とも途中で折損しているので、全体の内容が分からないが、共通する性格が窺われる。すなわち一人について十二刀などとあるから、一定の人たちに対して何かの物品を支給したが、逆に負担して納めさせたかの数量を列記したものので、Aは四人についてひとまとめに記したものの一部であり、Aは特定の日に個人別に記し、Bは評が地方行政区分を表すか、某人は個人名かであろう。明言できないが、評のような集団ごとにその下の個人別で割り当てを示したと解釈してよいであろう。同じ石神遺跡の木簡群には何斗何升と書かれる例が一般的にみられるから、十二刀、十一刀などと記すのは刀を標準の単位として、敢えて一斗＝十刀＝十升という換算で上位の単位を使わなかったに過ぎないのか、または十二を上限とする、いわゆる十二進法であったのか、それより多い数値での換算か、色々考えられるが、はっきり判断できない。

佐波理加盤付属文書にも一石十斗という表記があるが、朝鮮時代には『経国大典』工典の度量衡条などによれば、穀類は一石＝十五斗と一石＝二十斗というふた通りの換算数値があった。七世紀の新羅でもこの種の複数の計数法があり、二点の木簡に表れているとみるべきであろう。木簡はどこで誰によって書かれたか、また誰を対象とするものか、考える手がかりがほとんどない。地方から貢納された物品に付けられたというよりも、飛鳥の地で新羅の単位表記を知っている物品の管理・出納に当たるもの（官人）が書いたものであろう。それは新羅の表記に慣れ、見て分かる新羅人への支給を目的とした書き付けという仮想が妥当であろうか。新羅人とは来住した渡来人か、あるいは来朝して飛鳥に一時滞在中の新羅の使節や新羅人ということになる。あるいは新羅留学に経験のある倭の人が書いた可能性もあるであろう。

これらの木簡は共伴する木簡群から推測すると、遺跡付近にあった浄御原宮などの倉庫の物品に関係したか、殿舎で物品が消費されたかして用済みののち、廃棄されたものと考えられる。

この木簡から知られることは特殊な例かもしれない。だが、天武・持統朝期のことであれば、当時新羅の文字表記が影響を及ぼす状況や背景が想定される。上述のように新羅人が書き手か、物品などの受け取り先か想像はできても断定するだけの確証を欠く。しかし七世紀後半、六七二年（天武元）から七〇一年（大宝元）まで、遣唐使が中断した間に日本の遣新羅使は一〇回、新羅の使節は二五回もの頻繁な公的外交や交流があり、人々の往来につれて、後々まで影響を与えた仏教信仰や諸制度をはじめとする新羅文化が伝播して摂取された。それらは主に経典を含む書籍、漢文を解する文字文化を通して行われたのであった。

それに加えて、藤原京跡出土の「志良木人」への官庁からの召喚木簡や、後の平城京の長屋王家木簡にみえる同家の新羅人たちの居住、『万葉集』にみえる大伴安麻呂家に寄留する新羅人尼の理願の存在などによって、すでに七世紀後半の飛鳥・藤原に王権のあった時から京に住んで宮の官庁に出仕したり、皇族、貴族の家に属したりして、おそらく文筆を仕事にし、また仏事に携わる新羅人がいたことが裏づけられる。特に京とその周辺の多数の新羅人僧侶たちが、八世紀初め頃、還俗して律令制に基づく国家の諸分野で活躍した事実も、早くから明らかにされている〔関晃二〇〇九〕。

これに関連して、近年、小林芳規氏は七世紀以降の角筆文献を各地で次々に発見した（小林芳規二〇一四）。角筆を使って凹ませた文字や符号で漢文を解読する方法が新羅より伝えられた。それがやがて日本のヲコト点、返読点、句切り符、合符のヒントになり、広くは言語文化、文字文化に影響を及ぼしたという。実際、船載された新羅経などが発見されている。特に新羅の元暁、義相（義湘）の経疏をはじめとする経典類の漢文を読む方法は、僧侶の講義で用いられたであろうが、新羅人僧侶が俗人となり、官人となることなどにより、行政上の文書、記録の作成、そのもとになる典籍の解読、応用のために漢文読誦の技法が広く普及したことが想像できる。七世紀後半以後の大学での官人の養成や漢字、漢文学習に必修であった論語も新羅から伝えられたと考えられる。

七世紀後半から末葉における文書行政、学問、外交、仏教の受容、展開に関しては、大本に中国文化があり、先行する百済人の影響が重要であるが、それに決して劣ることなく、白村江の戦以後、対外交流のほとんど唯一の相手であった新羅の文化の伝播、摂取、咀嚼をより重視すべきであろう。飛鳥・藤原の時代、いわゆる白鳳文化の形成の内実やその要素について見直すことが求められている。

四　中心としての飛鳥・藤原と西極の出雲・日向

飛鳥とその周辺に初めて王権が所在したのは、六世紀前半、安閑の勾の金橋宮、宣化の檜隈の盧入宮（五百野宮）、控え目にみても欽明の磯城嶋の金刺宮の時である。その後、小墾田あたりに移ることになる。

倭の王権の支配層は飛鳥の地が支配する倭の領域の中心であるとし、そこを中心軸に据えて東西軸を構想して、その極地ないし周縁、辺縁を出雲や日向の地に意識することになった。それは七世紀後半、おそらく壬申の乱の時以後であろう。倭の王権を中心にして東西の方位を意識する萌芽は、五世紀後半の四七八年、倭王武が宋皇帝に送った上表文に「東のかた毛人五十五国……、西のかた衆夷六十六国……、渡りて海の北九十五国……」と征服の様子を述べたところに知られる。倭の王権のイデオロギーの一環として、同時期にあった「天下」思想ともかかわるであろうが、この国土観は受け継がれ、徐々に形成されていくと思われる。

六七二年の壬申の乱の時の様子は、従軍した安斗智徳の日記があるなどで『日本書紀』の記述に詳しいが、大海人（天武）がたが早朝、伊勢の朝明郡（評）の迹太川の辺で天照太神を遥拝して戦勝を祈った。『万葉集』の高市皇子の殯宮で柿本人麻呂の詠んだ挽歌にも、「渡会の　斎の宮ゆ　神風に　い吹き惑わし」とみえ、伝承によって潤色した疑いも少しあるが、大海人が地域神から王と王権の祭る最高神に格上げされつつあった伊勢の神をクローズアップし、その加護を願い兵士たちの士気を鼓舞したことが傍証される。

同じく乱の時、大和の高市郡（評）大領、高市許梅の神懸りがあった。「吾は高市社に居る、名は事代主神なり、また身狭社に居る、名は生雷《（霊カ）》神なり」云々とあり、そこで二社の神を拝し礼祭した。さらに神武陵（四条塚山古墳に当てられていた）に馬、兵器の奉納を告げたともいう。その上、村屋の神が祝に神懸りした。時の人が「神教えたまえる辞、これなり」といった。乱の収束後、「将軍ら、三神の教えたまえる言を奏し、勅あって三神の品をあげ進め祠る」といったとある。その後、一切経講読の斎会、写経事業などが行なわれた。これによって、壬申の乱を契機とし、天武朝期にかけて支配層に神と仏の二項併称的、習合的観念と崇拝とが起こったことが分かる。

遡ると、六六〇年の百済の滅亡、六六三年の白村江での唐、新羅との戦での惨敗、百済遺民の倭への移住など、倭の王権は厳しさを増す東アジア情勢の渦中にあった。新羅の攻勢を恐れ、北部九州から瀬戸内、畿内へと各地に山城を築き、防衛ラインをしいたのは上述の通りである。それと併せて、神と仏に頼ってその王権・国家のイデオロギー化を図り、仏教の護国思想としての実践を始めた。各地の地域神を国家レベルに昇格させ、利用がなされた。地域の自然と穀物の神を祀る祭祀も新嘗祭、大嘗祭となる。社殿の造営が進められ、神社を国家が管理する官社化も始まる。各地で評造（郡司）が主催する解除（祓）が盛行する。のち郡家の付近に祭祀場が設けられ、神事が行われる淵源がここにある。

壬申の乱のなかで現れる前述の二社と藤原宮・藤原京と方位観、国土観の関係については、今尾文昭氏の論考がある（今尾文昭 二〇一二）。同氏によれば、まず高市社は橿原市雲梯町の川俣神社（もと高市御県坐鴨事代主神社。もと神武陵、現綏靖陵に治定される四条塚山古墳の近くに所在）、身狭社は同市見瀬町の牟佐坐神社（五条野丸山古墳の近くに所在）に比定され、畝傍山を挟んだ南北に位置する。つまり藤原京の西の北端と南端に配置され、それぞれの境界を表し、対外的には京城を防衛する神であったと解釈できるのである。

この指摘は天皇（倭王）の高御座のある藤原宮を中核にして造られる藤原京を中心地域とし、そこから四方に広がる国土意識が存在すると見なされるのであり、興味を惹く。

問題は藤原宮、藤原京の時期との前後関係である。同氏の驥尾に付して述べると、今尾氏は天武・持統朝期以降の新益京の計画、施工段階のありさまを反映したものではないかとした。藤原京は六九〇年（持統四）には造営が計画・実施され、六九四年（同八）末に倭京ないし浄御原宮から遷都したことが『書紀』によって明らかである。藤原以前に、天武は六八三年（天武一二）から一三年かけて都の宮の適地をあちこち探していた。壬申の乱の時の神懸りの記事は後付けの伝承かと思われるが、もし無稽でなく信憑性を置くとすると、持統朝期よりも前、壬申の乱後の天武朝期の早い時期に、京域の西面が定められていたこと、宮城を真ん中に置く藤原京の京としての都市的なレイアウトがすでに企画、設計されていたことを意味するかもしれない。

それとともに飛鳥・藤原をある空間や世界の中心とする観念は、一定のエリアや方位を意識することと極めて密接なはずである。都を取り巻く畿内の観念と制度は、中国、朝鮮諸国の畿内（王畿）の影響であるが、七世紀半ばの倭に成立していたと考えられている。四方、四道という観念もあったであろう。

その中心の文字通り対極にある周縁・辺縁観の成立と実態の視角からこの問題に迫ってみる。具体例として出雲と日向を取り上げる。

天武・持統の王権では、日の神の祭祀の核として伊勢の神があり、その対称となる一方の極として、出雲が日没の地で、大和を守護すると同時に、朝鮮や中国に向かう先端部であるという東西軸の世界観があったことは、近年では平野邦雄（平野邦雄 二〇〇一・二〇〇二）、民俗学の新谷尚紀氏によって唱えられている（新谷尚紀 二〇〇九）。新谷氏は、それに加えて、日向も王権の交流、関係の及ぶより西端の周縁地域にあり、東の日に向かうスポットと観念されていたと説く。大和の宮と都（京）から四方に広がる東西軸の線上で天皇の支配の力の及ぶ国土の周縁の極と見なし、その周縁ないし境界の中心を決めたが、それをもとに伊勢と出雲（杵築）に定点を設けて神社を造営した。伊勢を東の境界領域とし、すなわち東国の中心とみる思想である。

出雲は『三代実録』に、八六七年（貞観九）にかけて「かの地、西極にあり、さかい新羅に近し、まさに他国に異なるべし」とあり、西極とする国土観が確認される。貞観年間は陸奥の大地震、大津波、富士山噴火をはじめ、社会不安が続いたが、そのなかで新羅、蝦夷、それに瀬戸内海の各地で起こる賊に対する軍備、神仏への依存、神への叙位が盛んであった。日本海側の出雲、石見、伯耆、隠岐、長門に四王寺が建立され、四王信仰により賊の侵略の災いを掃うという呪法が行われた。同じ頃、唐の方位観にも極地という観念があった。

出雲大社のもとになる「厳神之宮《いかしきかみ》」は、六五九年（斉明五）の初見であるが（『日本書紀』）、荒ぶる神（スサノヲノ命、オオクニヌシノ命）を封じ込めてなごめ鎮める役、祟り神を祭る役として出雲臣氏が祭った。

上述した九世紀半ば過ぎの出雲の西極としての役割は、七世紀後半にも遡って存在したのではないか。出雲を象徴する出雲大社建立の国際的契機という観点で考えてみたい。

倭の側ではなく海を隔てた対岸の新羅では、七世紀半ばの善徳女王が都金城に皇龍寺の九層塔を建て、特定の呪術、呪詛を目的とした。これに対抗するために出雲大社が建てられた可能性を否定できない。皇龍寺九層塔は『三国遺事』の説話に「善徳王……蔵（慈蔵）曰う、我国、北、靺鞨に連なり、南、倭人に接す、麗済（高句麗と百済）二国、迭わるに封陲を犯し、隣寇縦横なり、……九層塔を寺中に成し、隣国を降伏せん、……、安弘撰「東都成立記」に云う、女王……皇龍寺九層塔を建つれば則ち隣国の災い鎮むべし、第一層日本、第二層中華」云々とあり、塔の層ごとに災いを鎮定すべき九つの相手国が挙げられている。これらの国が九世紀以後の国を指すとか、「東都成立記」を高麗人が増補したか、仮託したとみる説がある。九層塔を創建した時は倭だけを呪詛の対象にしたが、次第に国名を直したり、加えたりしたのが事実に近いであろう。『三国遺事』に七世紀後半の文武王が創建した感恩寺についても、「寺中記に云う、文武王、倭兵を鎮めんと欲し、故に始めて此の寺を創る。未だ畢らずして崩ず」とあり、子の神文王が寺の金堂に東海と結ぶ穴を設け、海龍が通るようにしたこと、遺詔により遺骨を大王岩に蔵めたことを記す。

こうした情報は使節や留学生などの様々な外交や交流によって倭に伝わり、王権に届いたであろう。倭の王権は百済滅亡の危機、西征の敢行を機に、新羅調伏を目的にして西端の、新羅を望む位置にある出雲（杵築）の地を選んで意宇の地域神を移し、高層神社を築造させたのであろう。

おそらく対抗する新羅の皇龍寺九層塔を意識し、東アジアの各地に聳え立つ仏塔をヒントにしたのではないか（百済大寺も東アジアを意識した建造物であろう）。同じ頃、スサノヲノ命の高天原より新羅に降臨し、そこから出雲に移動する神話、新羅を国引きにより出雲に引き寄せる説話をも成立させ、王権の人たちは倭の優位性を誇ったと思われる。

倭の国土観は王権のある大和を中心に据える思考であり、それは中国の思想に学んだことがきっかけかと想像する。それは時期的にみて七世紀後半の遣唐使、留学生、留学僧、亡命百済人、新羅人によるところであり、菅谷文則、小沢毅、中村太一の各氏が指摘する藤原京の真ん中に藤原宮を配置するプランは『周礼』の王城思想にもとがあるという事実とも軌を一にするであろう〔中村太一 一九九六、小沢毅 二〇〇三〕。

大和の都、宮に国土の求心性をもたせる考えは、対極に出雲などを置くことと不可分の思想であり、全体的な国土観がすでに成立しているのである。

七世紀の飛鳥に営まれた宮を基点に、それを拡大した造都、造宮を進める方針は、国土統治の支配政策と相俟って、少なくとも壬申の乱の時、またはその直後あたりから一貫して追求されていた。その初めから藤原の地が様々な思想などの条件により、都市プランに叶った候補に上っていたかもしれないと考えられる。

西端ということでは、日向に触れる必要がある。日向は南九州の薩摩と大隅を部分的に包摂する地域で、王権にとって未服属の隼人の居地であるが、首長たちは王権を含む畿内と親縁性のあったことが、古墳研究により知られる〔鈴木靖民 二〇一四〕。建国神話の筑紫の日向の襲の高千穂の峯（クシフルタケ）への天孫降臨や、吾田の長屋の笠狭碕（笠沙の御前）を舞台とし、神武が日向の吾田邑の吾平津媛を妃とする。『古事記』にホノニニギノ命が「此地は韓国に向かい、笠沙の御前にまぎ通りて、朝日の直刺す国、夕日の日照る国なり」と述べたとある。

これらの神話は、七世紀以降の神話と歴史構想において、実在する日向の地を「西の偏」すなわち国土の西の周縁、境界と観念して、物事の発端、出発するスポットの役割を付されることになった特性をよく物語る。建国神話の構想の成立は『書紀』の編纂期を最終段階とするが、それがいつまで遡及するか不明である。

このように藤原をめぐる中心と極地、周縁などという観念や意識は、支配のテリトリーの内部ではなく、その外部、現実には朝鮮半島との対峙のなかで、対称的な位置づけがなされ、王権、国家の東アジアの対外関係、対外思想、対外政策とシンクロしながら、支配層自らの認識として形成されるのであろう。

五　キトラ古墳壁画と文化の選択、統合

四十数年前の一九七二年、明日香村で高松塚古墳の壁画が発見されると、高句麗の古墳の壁画との類似性が衆目を集め、七世紀末から八世紀初めにかけての飛鳥時代の文化が古代の朝鮮半島の文化と深いつながりをもつことが明らかになった。

その後、一九八三年、高松塚古墳よりも少し古いとされるキトラ古墳の壁画も発見された。ここでは特にキトラ古墳の壁画の四神、天文、十二支という図柄の構成の内容と系譜にしぼって略述する。

中国、朝鮮の研究に詳しい東潮氏は、四世紀以後の晋、北朝、三燕の墳墓が高句麗古墳の壁画に影響を与え、百済にも伝わったと、初唐の作風も含め、北朝の系統を重視した〔東潮 一九九九〕。しかし四神図は白村江の戦後、遣唐使の断絶する前のものに源流があり、天文図は高句麗よりもカラス、ウサギ、カエルの組み合わせなど唐墓壁画に似るともいう見方がある。僻邪信仰の十二支像は北魏、隋唐の墓誌蓋に画像、文字が描かれたものや、新

羅の陵墓の右向きに描いた外側の護石と俑以外にないというが、唐の内部壁画に擬人化された例がある。それらを手がけた画師としては黄文連本実のような海外に行ったことのある渡来系の人物の可能性が説かれている。そしてキトラ古墳の石室構造は百済後期の王陵級の石室に系譜をたどることができる。最近、天井の星宿図について、老人星（カノープス）が描かれるのは緯度を考えると、平壌でなく長安か洛陽でなければみえないとして、高句麗でなく中国の影響を説く見解が新聞やテレビで報じられた。しかし、この図がまさにそうであるように、中国での星宿図を手本にして高句麗がそのまま模写し、それをもとにした図という可能性もあり得るので、中国の影響のみを強調することはできない。

すでに相原嘉之氏が論じるように、この古墳と壁画は、単純に一国からの影響だけで説明するのは無理であり、複数の国、地域からの影響を受けて造られたものであろう〔相原嘉之 二〇〇五〕。また東野治之氏の述べる通り、日本の壁画古墳は中国での多様な他界観を表現することに比べて、四神、天文、日月、群像というように、諸要素をピックアップして描く点も特徴である〔東野治之 二〇〇七〕。これは墓制にとどまらない、古代の倭の文化受容の仕方を示している。

七世紀末〜八世紀初め頃の古墳の壁画は、日本と百済、新羅、高句麗、そして隋唐という東アジア各地で展開した様々な形の国際関係が表現されているものと見なせよう。

外来文化を摂取した飛鳥、白鳳文化の形成は、複雑な過程と、重層した構造をもっている。倭（日本）が中国の周辺国であったり、朝鮮諸国を介した辺縁国であったりしたことと大きくかかわるであろう。

この外来文化の受容の際の取捨選択、その後の融合という歴史的現象は、この時期に著しく現われたと思われる。例えば、七世紀以後、飛鳥をはじめ各地にみられる八角形古墳、八角形建物は仏教思想に関係あるという考えが知られ、有力であるが、それよりも高句麗・新羅などの類似する建造物の存在が注意され、その影響を受けたとみるほうが妥当かもしれない〔田中俊明 二〇一四〕。

逆にこれらと異なって、外来の文化や制度を受け入れない、あるいは容易に受け入れがたい局面ももちろんあった。都城制についても〔奈良文化財研究所編 二〇一三〕、新羅の慶州盆地の各処に宮や官庁などの諸施設が営まれる王都のあり方の影響を受けることがなかったが、もし広大な藤原京の造営が企てられることなく、飛鳥の地にそのまま宮を置き続けたなら、交流の緊密な新羅の王都を訪れる倭の使節や留学僧、または新羅からの使節などを通じて、新羅型に似たプランになったかもしれないと想像される。

おわりに

倭が対外的に「日本」と国号を改め、最高首長を「天皇」と名乗る時期は七世紀であり、古代文化が大きく開花し、さらに広がろうとする時期と同じである。文化は王権と不可分の関係で形成されている。

倭〔大和〕王権はどのようにして飛鳥の地に地域的勢力が公権力を握って王を核とする政治と仏教の中心を築き始め、かつ伸長させたのか。河内など周辺との関係はどのようであったかが問題である。いずれにせよ、この時期のキー・パーソン、キー・クランは蘇我氏であろう。蘇我氏は天皇や「皇太子」のあり方にも絡んでいる。そののち王権は蘇我氏の絆を離れ、やがて政治の中心を藤原に移して新たな政治体制を打ち立てるのであった。時系列でみれば、飛鳥を中心とする時期は、国家、文化を形作るいわば助走の段階であり、その後も、支配層は内外の変、乱、戦争の困難を経、外来の人たちと文化とを受け入れながら独自の道を歩んだことが、日本古代の方向性を決定づけたと見なすことができると思われる。
古代の文化は日本列島で自生してなったのではもちろんなく、一国の影響だけでもない。東アジア、東ユーラシア諸国、諸地域、諸民族の特色ある文化の部分部分を適宜選択しながら受容し、重層的、複合的に形成され、推し進められたのである。

参考文献

相原嘉之二〇〇四「倭京の〝守り〟」『明日香村文化財調査研究紀要』四
――二〇〇五「キトラ古墳」『飛鳥の奥津城』（図録）奈良文化財研究所飛鳥資料館
東潮一九九九「北朝・隋唐と高句麗壁画」『国立歴史民俗博物館研究報告』八〇
李炳鎬二〇一六『百済寺院の展開と古代日本』塙書房
諫早直人二〇一五「藤原宮・京出土の佐波理鋺」『奈良文化財研究所紀要』二〇一五
今尾文昭二〇一二「『都市陵墓』としての神武陵」『明日香風』一二二
小沢毅二〇〇三『日本古代宮都構造の研究』青木書店
甲斐弓子二〇一〇『わが国古代寺院にみられる軍事的要素の研究』雄山閣
小林芳規二〇一四『角筆のひらく文化史』岩波書店
西光慎治ほか二〇一六『都塚古墳発掘調査報告書』明日香村教育委員会・関西大学考古学研究室
佐藤長門二〇一六『蘇我大臣家』山川出版社
白石太一郎二〇一五「明日香村都塚古墳の造営年代」『大阪府立近つ飛鳥博物館館報』一八
新谷尚紀二〇〇九『伊勢神宮と出雲大社』講談社選書
鈴木靖民一九八一「蘇我氏と出自と朝鮮」『日本のなかの朝鮮文化』五〇
――一九八五『古代対外関係史の研究』吉川弘文館

――二〇一一『日本の古代国家形成と東アジア』吉川弘文館
――二〇一二『倭国史の展開と東アジア』岩波書店
――二〇一四『日本古代の周縁史』岩波書店
関晃二〇〇九『帰化人』講談社学術文庫
田中俊明二〇一四「朝鮮三国における八角形建物とその影響」『鞠智城Ⅱ　論考編2』熊本県教育委員会
東野治之二〇〇七「壁画古墳の文化史的考察」『仏教芸術』二九〇
中村太一一九九六「藤原京と『周礼』王都プラン」『日本歴史』五八二
奈良文化財研究所編二〇一三『日中韓　古代都城文化の潮流』クバプロ
平野邦雄二〇〇一「出雲大社と古代日本」『神道宗教』一八二
――二〇〇二『邪馬台国の原像』学生社

2

出雲大社の創建と新羅

はじめに——出雲大社創建の背景

本章では出雲（杵築）大社の創建と東アジアの関係について、特に国際的契機の視点から、日本古代の王権・国家の支配層の周縁に対する意識、神仏をめぐるに問題とかかわらせて具体的に追究しようと考える。

近年、出雲神話や出雲大社の創建については、七世紀後半、律令国家形成期の出雲が国の果てであるとする特殊な領土認識、つまり国土観が反映されているという大川原竜一氏の論考が提示されている（大川原竜一 二〇一四）。私見も論証過程を異にするが、結論的には同説と共通するところが多い。また出雲大社の成立と東アジア情勢を関連づける視角は、笹生衛氏によっても触れられている（笹生衛 二〇一六）。

『日本書紀』斉明五年（六五九）条に、「厳神《いかしきかみ》之宮」（「神の宮を修厳《つくりよそお》わしむ」などの読みもあるが、同時期の『出雲国風土記』の意宇郡以下の新造院造営記事に「厳堂を建立つ」とあることと類似するので、厳神之宮、厳堂という神仏の安置処をいうこの地域の表現に基づく用語かもしれない。一方、皇極〈斉明〉天皇の諡号の「重日」は「いかしひ」と読むので、厳かな霊の意で彼女の宗教的な能力にちなむとする横田健一の説もあり、ともども厳《いか》しい神の宮と解するのが妥当であろう）とあるのが出雲大社の初見記事である。「厳神之宮」が成立するまでの経緯などに関しては、これまで文献史学、神道史学、考古学、建築史学などの分野での様々な説がある。

その宮の創始は於友（意宇）郡（評）の住民を役丁、すなわち労役に徴発し修造したとあり、この時、出雲大社の神殿の工事がどの程度に進捗して完成をみたかは判断できないにしても、神殿が存在したこと、それには倭国の王権の意向が働いた国宰クラスの地域住民に対する労働力徴発によったことは確かな事実である。これを機に荒ぶる神（スサノヲノ命、オオクニヌシノ命）を封じ込めてなごめ、鎮める役、あるいは祟り神を祭る役として、地域の国造の出雲臣氏が奉斎し、国造の神賀詞の奏上、神宝献上が始まると説かれている。またオオクニヌシノ命が葦原中国をアマテラス大神に献上した次第を述べる国譲り神話と出雲の深い結び付きはよく知られている。では神事や神話の舞台に出雲がことさら指定された理由はどういう事情であろうか。

出雲の歴史像は、先学の研究によって、七世紀後半以降の『古事記』『日本書紀』につながる歴史書編纂期の支配層の意識に大きくかかわり、なかでも日神（太陽神）信仰と絡んで、国内的に伊勢との対称性があると見なされ、現在、通説化しつつある観がする。こうした見解の可能性は否定できないが、それ以外に出雲神話の形成とも密接につながる倭国の王権が巻き込まれた東アジアの国際情勢が背後に存在するのではないか。そして出雲大社の造営にも、国際的契機が想定できるのではないかと思われる。

一　国土観と神仏による呪法

六六〇年（斉明六）の百済の滅亡、六六三年の白村江での百済遺民を救援した倭国の唐・新羅との戦い、敗戦後の百済人の倭への移住と王権参入など、倭は東アジアの厳しい情勢に巻き込まれていた。唐よりもより隣接する新羅の侵攻に対する脅威に曝されていた。倭王権は対馬（金田城）をはじめとして、北部九州〜瀬戸内〜畿内（高安城）の各地にいくつもの山城を築造して新羅の侵入を阻止し、支配層の拠点を護るための防衛ラインを築いた。これに対して、出雲のある日本海側には山城を設けた証拠はない（『出雲国風土記』巻末に記される烽、戍などの連絡、防衛施設がいつ何を契機に置かれたかは不明である）。その存否は不明であるが、それよりも、いわば西北の境界領域において呪術宗教的行為による防衛を企てたのではないか。前述の通り、六五九年の出雲大社のもととなる神殿（宮）の創建は百済の滅ぼされる直前である。

当時、七世紀後半の王権は新羅・唐が襲うかもしれないという対外的な危機とともに、各地の地震災害に遭って、社会の秩序回復や安寧を神と仏の両方に祈り、その霊威に頼る状況にあった。特に仏教の経典教義、神祇の呪力（神呪）に依拠して、その王権・国家を守護するためのイデオロギー化を図った。仏教の護国思想を受容するとともに、各地の人びとの地域神のなかから特定の社を選抜して幣帛を捧げる対象にし、国家レベルの神社へと昇格することを進めた。地域の農耕に根差す種々の祭祀なども王権の重要な祭祀として格上げされ、新嘗祭、大嘗祭などが創祀されることになる。国家が社殿の造営はもとより、自然物の崇拝の場に神の坐す社を設けるなどして整備、管理する官社化が始まるのである。

これらの『日本書紀』の記載で知られることのほか、考古学の成果を合わせると、同じ頃には各地で首長層、なかでも評の統治に当たる評造（評督）によって催行される、水辺などで神々に祈願して災いや邪悪を掃う解除（祓）が盛行し、この種の呪法、呪術が祭祀・信仰の慣例になる。

六六〇年（斉明六）の仁王般若会は、百済滅亡の危機、倭国への脅威に直面して、仁王経を講説し王権の守護を祈願する仏事であり、倭に滞在する高句麗僧道顕の関与の下に催されたと推測されている。同年、朝鮮半島では百済の王権が新羅・唐に滅ぼされるが、この後、六七二年（天武五年）、六九三年（持統七）にも倭王権は諸国の寺院に仁王経を金光明経とともに講説させている。なお六六八年、高句麗も唐に滅ぼされ、六七六年には、新羅が唐を駆逐する戦いがあり、東アジアの激動は続いた。

六七一年（天智一〇）、大友皇子と蘇我赤兄らの誓盟に際して、「違うことあらば四天王打ち、天神地祇また誅罰せん」とあり、四天王への信仰と、神々に対しても誓約する思考、観念が並存してみられる。六七二年、壬申の乱の時の様子が『日本書紀』に詳しく記されている。大海人方が伊勢の朝明郡（評）の迹太川の辺でアマテラス大神を遥拝して戦勝を祈っている。『万葉集』二―一九九の高市皇子の殯宮での柿本人麻呂の挽歌にも、「渡会の斎の宮ゆ神風にい吹き惑わし」とみえ、伝承によっている疑念も皆無でないが、乱時には従軍した記者もおり、伊勢の神の加護を願った事実が明証されるであろう。

同じく乱の時、大海人方に大和の高市郡（評）大領、高市許梅の神懸りがあった。「吾は高市社に居る、名は事代主神なり。また身狭社に居る、名は生霊《（雷カ）》神なり」云々とあり、二社の神を拝み礼祭することにした。さらに神武天皇陵（四条塚山古墳とされる）に馬、兵器の奉納を告げたともいう。その上、村屋の神が祝に神懸りした。時の人が「神教えたまえる辞これなり」といった。乱の収束した後、「将軍等、三神の教えたまえる言を奏し、勅あって三神の品をあげ進め祠る」という。その後、一切経講読の斎会、写経事業などが行われた。これによって、壬申の乱前後の神仏に関する記載は『日本書紀』編者の作文というよりも、壬申の乱の時から天武朝期にかけての支配層に神と仏の二項併称的、習合的観念と崇拝が存在したことを示すことが明白であろう。

ここに現れる二社と藤原宮・京と国土観の関係についてみてみよう。まず高市社は橿原市雲梯町の川俣神社（もと高市御県坐鴨事代主神社。四条塚山の近くに所在する）、身狭社は同市見瀬町の牟佐坐神社（五条野丸山古墳近くに所在）に比定され、畝傍山を挟んだ南北に位置する。つまり藤原京の西の北端と南端に配置されている。そこで今尾文昭氏は、二社がそれぞれの境界を表徴し、対外的には京域を防衛する神であったと解している（今尾文昭二〇一二）。ただし、藤原京の造営は六九〇年（持統四）の以降のことであるので、壬申の乱の神懸りの記事は後の伝聞、伝承に拠っている疑いがあるが、遡って天武朝期の早い段階に、支配層の間には京域の西面を定め、その東側に宮城を中央に置いた京全域の空間構想や観念がすでにあったと考えれば不都合をきたすことはない。

こうして最終的には、王権の支配層には天皇の高御座のある藤原宮を核心にして造営される藤原京を中心地域とし、その周囲に畿内の範囲を決め、そこから四方、四道に広がる国土意識が生まれていたと考えられる。この宮と京から四方に広がる東西軸線上で、天皇の支配の及ぶ国土の周縁の極を境界の中心と見なして、それを出雲（杵築）と伊勢に設定して神社を造営した（平野邦雄二〇〇一、新谷尚紀二〇〇九）。出雲に対して伊勢を東国の中心とみる思考、観想である。これは水平思考の世界観とも呼ばれている。

だいぶあとの平安期、八六七年（貞観九）には出雲を西極とする国土観が明確に認められる。国土のなかでの極地、すなわち境界を意識することは、他者、他国との関係の認識にもつながる。同じ頃、唐の国土観、方位観にも極地、境界の観念があって日本も影響を受けたことは、入唐僧円仁の『入唐求法巡礼行記』の会昌五年（八四五）八月十六日条に引く武宗の勅に「登州は大唐東北後の極なり」とある記事に確認される。円仁たち入唐者がこうした国際経験を通して、唐をはじめ日本の地理、国土を強く意識することはいうまでもない。

　この地理や方位に対する認識は、遡ると、七世紀後半の天武朝期以後の国界の画定による国制、国の複数を括った道制の実施に伴うなどして、支配層の間に存在したと思われる。

　『三代実録』の貞観九年（八六七）の記事には、「かの国（出雲）の地、西極にあり、さかい新羅に近し、まさに他国に異なるべし」とある。九世紀半ばの貞観年間は、各地で同一一年の震災をはじめとして北は出羽から南は肥後まで次々に生じた災害と、併せて新羅や蝦夷の「外冦」などに起因する社会不安に襲われた。『三代実録』によると、北部九州や日本海の新羅の賊による物資の略取、坂東、東北の蝦夷の支配への反抗に加えて、瀬戸内付近の海賊の出没が頻発し、これに対して国家の講じた施策は、軍備も当然あるが、それにも増して神仏への奉納、祈願などの依存、有力神社に対する神階叙位が頻繁に行なわれた。出雲、石見、伯耆、隠岐、長門の各地に四王寺が建立されている。これも日本海側に顕著な証左にほかならず、要するに国境地帯で外敵を排斥して守護するという四天王法に依拠し、現実の外賊の侵攻の災いを掃うという呪法ないし信仰によるものであった（三上喜孝二〇一五）。

　出雲では、『出雲国風土記』意宇郡の南の新造院の記事に関して、松江市山代の地名に師王寺があることから発掘調査の結果、方形基壇を確認し、軒丸瓦、軒平瓦や燈明皿、青磁碗などが出土し、すぐ近くで瓦を供給する瓦窯跡も確認されて四王寺《しわじ》跡の存在を裏づけるものとされる。

　『類聚三代格』宝亀四年（七七三）の太政官符によれば、新羅が「兇醜にして恩義を顧みず」「呪詛」を行っているので、それへの対抗を目的に、四天王法に基づいて大宰府の新羅にじかに接する高顕の浄地に四天王像躯を造ってその災いを攘却すべしとあり、そこで宝亀五年、大宰府に命じて大野城に四天王を祀る寺院が創建され、浄行僧四人が最勝王経四天王護国品によって、昼に最勝王経を読み、夜に神呪を誦すことにした。費用は大宰府の庫物と正税を充てると伝える。同一一年（七八〇）には、『続日本紀』によると、縁海諸国に対して新羅人が出没することに警護を命じている。どちらも新羅人の動向に対する警戒心に発するが、それは新羅人がもたらす疫病を指すものと考えられている（三上喜孝 二〇一五）。その諸国には因幡、伯耆、出雲、石見、周防、長門などが挙げられている（なお、その後、天長七年（八三〇）にも出羽国府の置かれた秋田城に四天王寺が建てられた）。

『続日本紀』宝亀十一年（七八〇）七月条には、筑紫大宰は西海に僻居して、諸蕃が朝貢するとある。この八世紀後半に確かめ得る日本国の境界、ことに西方に対する国家の対外意識は極地意識と密接に関連することが知られるが、時期的にはもう少し遡って存在するのではないかと思われる。漠然とした対外意識というよりも、対外危機が現実に迫った七世紀後半には、すでに支配層の間に倭国周縁に対する極地観念が国土観と併せて強まり、具体的な地域名、国名を掲げて特定され、その意識は地方にも及んでいたであろう。

さらにこうした周縁に関しては、天平四年（七三二）度の会計報告である『隠岐国正税帳』の記載によると、穎稲が「神社造用」のために支出されており、行政文書のやり取りを記す同六年の『出雲国計会帳』に「検看諸社返抄」がみえ、この後、同じ年の四月、地震で被害を受けた神社の「検看」を命じる『続日本紀』の記事があるので、天平四年頃から地方の神社造営が進んだとする見解がある（平石充 二〇一五）。

ただ、のち貞観期の災害、海賊、軍事、神仏依存がない交ぜになった社会的、政治的様相の例に鑑みるなら（石井正敏 二〇一四）、自然災害による社殿復興や整備の面だけでなく、当時、新羅が来襲することを恐れて緊張状態に陥り、軍船の配備など節度使を置き、防衛体制をしいた山陰道の諸国には、特に神社の呪的機能を維持するために「改造」すなわち新造でなく改修を促すということも、併せて条件として考慮されたとみてよいと思われる。

さらに考えを進めると、平安時代の平安京清掃励行策が都市（首都）の威厳と礼的秩序を維持し、それによって国家の秩序を維持し、神社の清掃も災厄の除去という公共的秩序を守ることと相互補完的に作用したという説がある〔櫛木謙周 二〇一四〕。この思想は貞観期に当てはまるであろう。その源流を奈良時代、藤原京時代に及ぼすことは危ういかもしれないが、七世紀後半に認められる京、畿内を中心とする制度、意識のなかにも同じ清浄観が形成され、その国土観の対極に配すべき周縁の一つに対外危機を抱え、災厄を期待されるスポットとして出雲が指定されたことを想像できる可能性を提示しておきたい。

二　出雲大社と新羅・皇龍寺

出雲大社の当初の祭神、信仰の目的、性格などについては史料がなく分からない。そこで、上述した時代背景の下に呪法なり観念なりを具体的でビジュアルに表現する装置として、七世紀の後半に、特定の地点における建造物の設置が目指されたのではないかとする仮説を提起したい。この段階で大社は意宇ではなく、出雲（杵築）の地に移し置かれることになったのはいうまでもない。結論的にいえば、新羅を強烈に意識したのを動機とみる想像説であり、この点はすでに平野邦雄に論証を省略した言及がある〔平野邦雄 二〇〇一〕。

これに関して、周知の天禄元年（九七〇）成立の源為憲撰『口遊《くちずさみ》』に「雲太、和二、京三」とあるごとく、当時の高層建築の大きさの順序と理解されるなかに、出雲大社は日本の大屋、すなわち建造物のなかで最大のものと唱えられている。それを裏づけるような千家尊祐氏蔵の平安時代末頃の『金輪御造営差図』に描かれた神殿（本殿）の平面設計図では、九本柱を三本の木材を金輪で束ねた径一丈（約三メートル）の柱、階段の長さ一町（約

図1　出雲大社・皇龍寺・永寧寺側面図　日本と東アジアの高層建築の比較
（「2016年古代出雲文化シンポジウム」資料集より）

一〇九メートル）と書かれている。さらに二〇〇〇年、現在の本殿前の発掘によって、差図を証明するかのような、鎌倉時代初期、宝治二年（一二四八）の造営の時の本殿とみられる三カ所の三本を一塊にした柱穴および柱痕が検出された。これらを前提にして、七世紀後半の創建時に遡って高層の神社が存在したと想定することが可能である。

それに加えて、倭国の西、または西北の先端に屹立する建造物を建てる動機ないし背景には、中国（隋唐）、新羅など、さらに倭王権の人たちの外交使節や留学生（僧）の見聞や知識を介して伝えられた東アジアの近隣諸国での巨大な仏塔の造営の情報などが王権の支配層に影響を与えたのではないであろうか。

七世紀半ばの東アジアで、中国の永寧寺（北魏）の建物群はすでに五三四年に焼失しているが、朝鮮半島の皇龍寺（新羅）、弥勒寺（百済）、倭の大官大寺（百済大寺、吉備池廃寺）など、今日、いずれも発掘調査によって明らかになった大規模寺院の伽藍が並び立つ様子が想起される。永寧寺は木造の九層浮図（塔）高さ九十丈（『魏書』釈老志に四十余丈とする）が建ち、はるか遠くから見え（『洛陽伽藍記』一）、洛陽で随一の寺格を誇ったとされる。塔は五一六年、北魏孝明帝の母（太后）の命で建てられたという。後漢以後の中国寺院の仏塔の高層建築は、神仙思想の高所にいるべき神仙に準えて、インド風の土饅頭状（円墳）や石造でない、木造の仏塔に造り変えられることになったとされる〔村田次郎 一九四〇〕。それが知られる通り朝鮮半島へ、七世紀以後には倭へといずれも王権との関係の下に伝えられた。そして七世紀半ばを過ぎると、倭ではこれらの寺院に比肩する大規模な建築を、神社としても造営するきっかけがあったのではないかと憶測を進めてみるのである。

特に倭に敵対して呪術、呪詛目的が顕著に現れた、新羅の善徳女王が都金城（慶州）に建立した皇龍寺九層塔（『三国遺事』）への対抗心が、倭の王権内で持ち上った可能性が大いにある。やや先立って建てられた舒明朝期における勅願の大官大寺の九重の塔のある大々的な造営も（『日本書紀』舒明十一年条）、寺院に要請された国内的な王権のイデオロギー面の役割とともに、上述のような国際的な契機や背景を共通点に持つと考えられる。

皇龍寺の造営に関しては、百済の工人が新羅に移動して造寺の技術協力をしたと伝えられるが、梁正錫氏が建築、考古、文献の各分野の調査成果を踏まえ、新羅王権とかかわらせて総合的に研究している〔梁正錫 二〇〇四〕。皇龍寺の創建について、注目したいのは朝鮮古代の史書『三国遺事』の塔像に載せられる次の説話である。

善徳王……蔵（慈蔵）曰う、我国北、靺鞨に連なり、南、倭人に接す、麗済二国、迭る封陲を犯し、隣寇縦横なり……九層塔を寺中に成し、隣国を降伏せん……安弘撰「東都成立記」に云う、女王……皇龍寺、九層塔を建つれば則ち隣国の災い鎮むべし、第一層日本、第二層中華、第三層呉越、第四層托羅、第五層鷹遊、第六層靺鞨、第七層丹国、第八層女狄、第九層獩（穢カ）狛（なお「海東安弘記」は『遺事』紀異、馬韓にもみえる）。

同寺の九層の塔の一々に災いを鎮圧すべき相手の国名が決められている。先行学説では、中華は後唐、靺鞨は後渤海、丹は契丹、東丹の二説あり、女狄は女真（音通）である。鷹遊は中国江蘇省連雲港市（海州）の鶯遊山（嚶遊山）すなわち連島（新羅人勢力の居住地）とする説がある〔三品彰英 一九七五、愛新覚羅烏拉熙春 二〇一二〕。この鷹遊は「帝王韻紀」百済紀の鷹準（隼）と同じで、百済の別称とする見解もある〔趙法鍾 一九八九〕。行基式「日本図」に描かれる想像の国、雁道を連想させるという河内春人氏の意見もあるが、関係するか明らかでない。

九つの国名については、安弘の「東都成立記」（海東安弘記）は高麗人が増補したとする説があり、また仮託説もあるので、史料性の理解が問題になる。書名にある「東都」の呼称は、一〇世紀初めに高麗の都が開城に定められて以後のことでなければならない。九層に対応する国名には日本を含めて高麗期に相当するのが多いので、七世紀半ば過ぎの元来の九層塔創建時に対応する諸国の名が何であったかは分からない。もともと倭だけを呪詛の対象としたものか、それとも倭と唐であったのが、時代の状況変化につれて国々を追加して増やすことになったと考えるべきであろうか。

さらに、新羅で外敵を掃うために建てられたとする寺院としては、王都の金城（慶州）内外の感恩寺と四天王寺が挙げられる。文武王（六六一～八一年在位）が東海の辺に創建した感恩寺は、『三国遺事』紀異の万波息笛条に「寺中記に云う、文武王倭兵を鎮めんと欲し、故に始めて此の寺を創る。未だ畢らずして崩ず。……」とあり、文武王の王子の神文王が寺の金堂に東海と結ぶ穴を設け、海龍が通るようにしたこと、遺詔により遺骨を大王岩に蔵《おさ》めたことを記す。大王岩のことは同じく紀異の文虎王（文武王）法敏条にもみえ、現在も日本海海中にある岩石がそれだとされている。

同じく文虎（文武）王法敏条には、四天王寺の起源が語られる。文武王の時の六七九年頃、唐の新羅侵攻を恐れ、群臣の進言により、防御策として狼山の南の神遊林に四天王寺を創建しようとして、仮に彩帛で寺を営み（蔽い）、草で五方神像を構え、瑜伽明僧一二名で秘密法をなしたところ、海上に迫ってきた唐の軍船が風涛のため沈没したという説話を記す。新羅の四天王寺は反唐的性格を持ったとされる所以である。

新羅が唐を恐れた現実があるとすれば、百済を滅ぼした後、唐と対立し遂には遼東に駆逐する時期であろう。同寺が唐を調伏するためだけに建てられたか、倭のような外敵も含まれていたとみるのが妥当かどうか、あるいは後に倭を加えたか分からない。新羅の王都に住む支配層にとって、倭のほうがむしろ距離感が近かったかとも思われるが、判断すべき史料がない。だが、七世紀後半の六六〇〜七〇年代頃、唐の東方への膨張策に端を発する国際情勢の激動のなかで、東アジアの諸国、とりわけ唐の侵攻の脅威に直面する新羅や倭の国々は、ともに外敵排斥、国土防衛を目的にして神仏の霊威、法力に依存し、その拠点として王都、または境界領域で天に屹立する寺院、そして神社を築く大工事を行うことになったと考えてみたい。

さらに、上述した多層の寺院だけでなく、最近六世紀後半ないし末の奈良県明日香村の大型方墳、都塚古墳の発掘調査を契機にして、舒明陵から文武陵までの歴代の王陵の墳丘が八角形を呈し、多段築化することも加えて、東アジア諸国の寺院や王陵など、当時は多重、多層、多段築の構造物が積極的に造営された時代であり、支配者は権威の象徴として取り入れた可能性があるとする意見が提出されている（西光慎治二〇一五、西光慎治ほか二〇一六）。

新羅の皇龍寺、感恩寺、四天王寺が揃って、外敵の来襲を恐れ、その外敵を呪力、呪法によって掃うことを目的にして次々と造られたことを確認できる。これに対して、倭（日本）では新羅を意識し、模倣した寺院などの造営となったのである。

こうした新羅の皇龍寺をはじめとする、倭や唐に対峙すべき高層寺院の建造という情報は、新羅との頻繁な使節などの交流により、倭にも届いていたに違いない。この動向に対して、斉明～天智朝期の倭の王権の支配層は新羅を敵対視していたものと想像する。倭の王権は斉明朝期の百済滅亡の危機、西征の敢行を機に、神仏崇拝による護国、新羅調伏を意図して、実施に取りかかり、対岸に新羅を望む島根半島の西端の出雲の地点に着目したのであろう。九層の仏塔に匹敵し、それを超えるような建築物として寺院でなく神社を考えた理由は不詳である。だが倭国、そして出雲の在来の伝統的、土着的な神の坐す神殿の系譜を選んだこと、王権内で生成されつつあったと思われる神話のなかで、スサノヲノ命の降臨、移動、活躍の舞台の設定地域に近いことなど、神々への信仰の動きが相俟って、互いに関連を有したのではないかと推測する。

出雲東部の国造が祭る意宇の地域神を西部の出雲に移し、壬申の乱後の天武朝頃には国家の祭祀に与る国家神にまで昇華させたことは人口に膾炙する。その移転、神格の上昇の動機に数えられるか否かは確言できないが、新羅に敵対する拠点として、出雲（杵築）の地を選び、新羅の仏が坐す高みに匹敵する神の鎮まるにふさわしい高層の神社を建築させたと推測するのである（出雲大社本殿の神座が西向きであることを古代にまで溯ると考えて、新羅に対峙することを表すとの見解もある）。大社本殿の地が神の鎮座すべき具体的なスポットとして選定されたのは、すでに論じられるように、立地の良好なことのほかに、真名井遺跡、出雲大社境内遺跡にみられるごとく、古くから聖地、聖域であると、在地はもとより王権の人々にも目されていたことが挙げられるであろう。立地に関しては、巨大神殿と周囲の森林との関係という視点から迫る考えもある〔藤森照信二〇〇二〕。

少なくとも、東アジアの各地に聳え立つ仏塔をヒントにし、おそらくは新羅の天空にまで高く立つ皇龍寺などを強く意識したものと思われる。倭と新羅の人的交流は少なくなく、造寺事業を聞いただけでなく、実際、遣新羅使のように倭人で九層の仏塔を目の当たりにした人たちも存在したのである。その場合も出雲の地で寺院でなく、倭独自の神社の造営を目指した動機はなお定かでない。八世紀後半になって明らかに認められる、仏力をもって神威を増すとする考えもすでにあったかもしれない。ともかく、巨大な建造物とそれを取り巻く光景は、人びとを驚倒させて、心を動かすものになるに違いない（大澤昭彦二〇一五）。

三　高層建造物の系譜

出雲や伯耆における高層建造物の系譜は、弥生中期の鳥取県米子市の稲吉角田遺跡出土の土器に線刻された高い四本柱の上に上屋があり、梯子（階段）が右斜めに建つ例が知られる。出雲大社により近い時代では、島根県安来市の穴神横穴墓群の一号横穴墓の玄室に置かれた横口式家形石棺には彩色壁画がある。石棺の左右の板石を使った前壁に顔料を塗った画が描かれ、高床の建築物を表現したとも想像されていることに注目したい（島根県教育委員会ほか一九九五）。横穴墓の年代は六世紀末から七世紀前半とされる。

報告書の実測図、彩色を分析した朽津信明氏の図文観察によると、右前壁の画は高く延びる四本柱の上に三角が二つ重なってみえる上屋があり、柱の右から左へ斜めに掛けた梯子が立っていると解される。約三〇センチを測る。建物の左右にワラビ手文状の縦の画があり、建物に立てられた翳、蓋などの表現かとされる。これについて、内田律雄氏は雲気を縦に表すかという。横穴墓は六世紀末から七世紀初めとされる。なお朽津氏は、同横穴の天井石などほかは紅色のベンガラを使うのに比べて、壁画の朱色は赤色粘土を顔料とする違いに留意している（この地域は『出雲国風土記』の意宇郡屋代郷に当たるが、同郷の起源説話に出雲臣氏の祖先神、アメノフ（ホ）ヒノ命に従って天降った社印支等の遠つ神、アマツコノ命がみえる。内田氏の示唆によると横穴墓の被葬者が社印支氏に比定できるかもしれない）。

この例だけで出雲の特殊な高層建築の系譜を想定するのは早計な観がしないでもない。

しかしながら、出雲大社の創始と時期が近いので、重視すべき資料であろう。外来の信仰と融合させ、その施設を造る場合、中国においてはちょうど寺院建築が道観の影響で高層化するのとは逆に、倭では寺院の堂宇の影響を受けて、自然物をそのまま崇拝する形態から変って社、すなわち神の坐す神殿が構造物として造られ始め、それが地域で受け継がれている高殿の思想の伝統の上に、高層化を遂げて具現する最も早期のケースと解釈できるであろうか。この例は墓であるから、板石の画は被葬者に対する来世観にかかわって描かれたとみられる。

図2　稲吉角田遺跡線刻画土器展開図
〔島根県立八雲立つ風土記の丘 2016〕

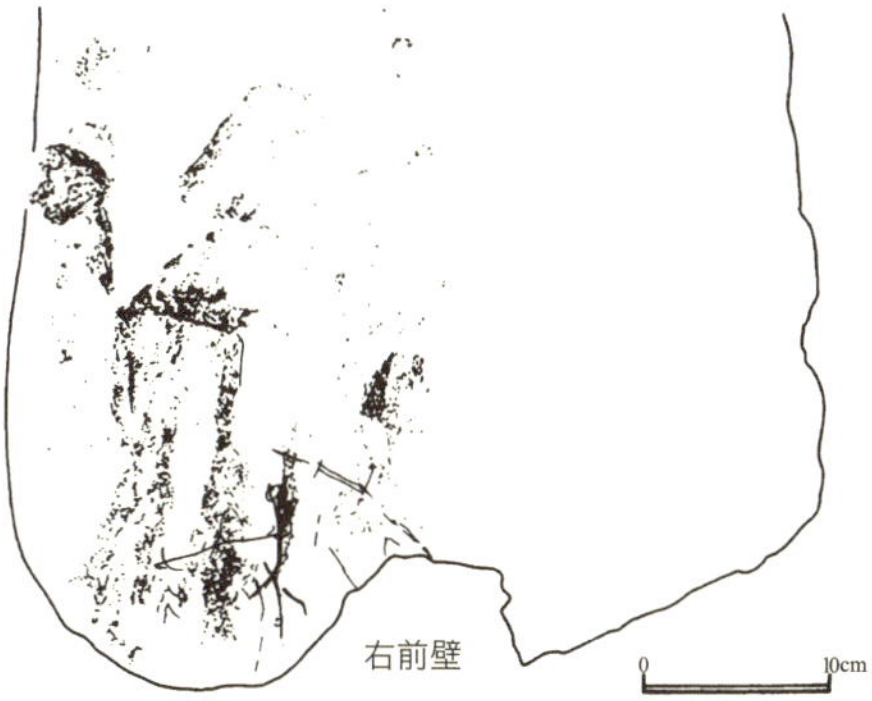

図3　穴神横穴墓石棺壁画実測図
〔島根県立八雲立つ風土記の丘 2016〕

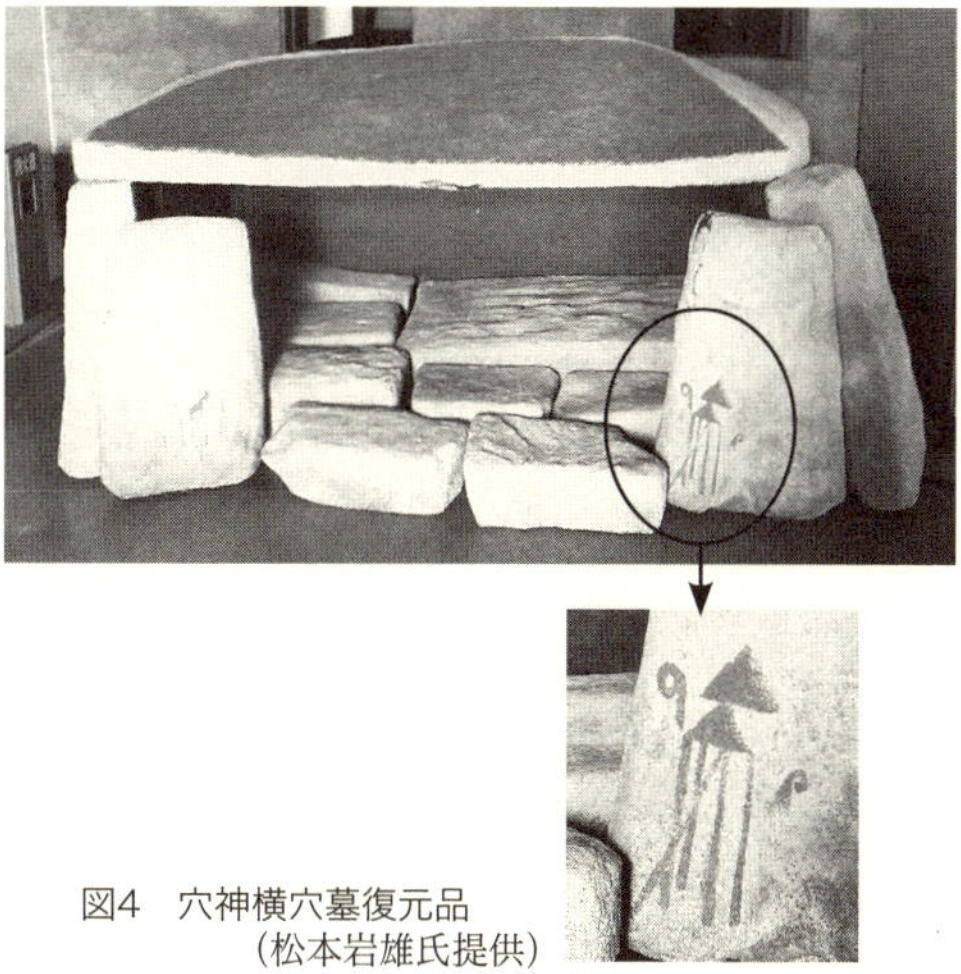

図4　穴神横穴墓復元品
（松本岩雄氏提供）

（部分拡大）

それと前後して、出雲や王権にとってライバルの新羅は現実の脅威であり、緊張関係にあることを神話、物語、歴史叙述のなかに反映させ、やがて上にふれた『日本書紀』神代紀（第八段・一書第四、第五など）に定着するような、スサノヲノ命が高天原から新羅のソシモリに降臨し、その後、出雲の簸の川上の鳥上の峰に移動するという構想を創出したであろう。また『出雲国風土記』意宇郡条に載る新羅などを八束水臣津野命が国引きによって出雲に引き寄せ、縫い足して島根半島を造り上げるという壮大な説話をも成立させたであろう。

これは単に朝鮮半島との牧歌的な文化交流を背景にもってこの神話が生み出されたなどという以上に、もっと厳しい緊迫感のある現実なり、認識なりを倭国の支配層が抱いた結果であると見なすべきであろう。これらの神話は新羅に対する倭（日本）の優位性を内外に誇張する意図を込めたものであったに違いないと思われる。

以上の考えは状況論にとどまる仮構に過ぎないと退けられるかもしれない。『日本書紀』神代紀（一書第四、第五など）の王権の構想した神話の世界には、新羅など、朝鮮半島を含まないものであったともいわれる。しかし『古事記』にスサノヲノ命が出雲に降ることに留意するのみでなく、『日本書紀』や『出雲国風土記』意宇郡条に新羅が出雲の神話、または歴史の「記憶」のなかに登場することは無視しがたく、まずそうした言説や伝承が現実の関係のあり方の投影として存在したことを想定してみたい。出雲大社の創建と神話のなかの出雲の役割とは内的連関を有すると考えられるのである。

おわりに――古代出雲のイメージ

『日本書紀』斉明四年（六五九）是歳条に、中央に届いた出雲国からの報告に、北海の浜に死んだ魚が多く打ち上げられたという記事がある。この雀魚の事件に関して、或本の庚申（斉明六年）、唐と新羅が百済を攻めて王たちを捕虜にして連れ去った連行したという百済の「奏上」を挙げ、それは日本で兵士を「西北」に配置し、城柵を修繕し、山川で防御する予兆であるとする注がみられる。

ここでは出雲が特別なイメージで捉えられているかもしれないが、外敵への防衛の関連で語られる点が注意される。「厳神之宮」の造られる前年のこととされる。北部九州と北陸を結ぶ位置にある出雲にも城柵が造営されていた可能性が仄めかされる（堀江潔 二〇一六）。いかなる実態に基づく言説なのか、あるいは風聞に過ぎないかもしれないが、こうしたところに、僅かな断片記事であっても、新羅の動向と出雲とが連動する史実や観念の影響、反映をこそ見逃すべきでないであろう。

参考文献

愛新覚羅烏拉熙春 二〇一一『韓半島から眺めた契丹・女真』京都大学学術出版会
石井正敏 二〇一四「貞観十一年の震災と外寇」『震災・核災害の時代と歴史学』青木書店
今尾文昭 二〇一二「『都市陵墓』としての神武陵」『明日香風』一二二
大川原竜一 二〇一四「出雲国造と古代王権」『国史学』二一二
大澤昭彦 二〇一五『高層建築物の世界史』講談社現代新書
櫛木謙周 二〇一四『日本古代の首都と公共性』塙書房
西光慎治 二〇一五「都塚古墳の実像」『ここまでわかった！古代王権と古墳の謎』KADOKAWA
西光慎治ほか 二〇一六「都塚古墳をめぐる諸問題」『都塚発掘報調査告書』明日香村教育委員会・関西大学考古学研究室
笹生衛 二〇一六「祭祀遺跡からみた古代の出雲――杵築大社成立の背景――」『島根県古代文化センター研究論集』一六

島根県教育委員会ほか 一九九五 『平ラⅡ遺跡　吉佐山根1号墳　穴神横穴墓』同教育委員会
島根県立八雲立つ風土記の丘 二〇一六 『館報八雲立つ風土記の丘』二二〇
趙法鍾 一九八九 「百済別称鷹準考」『韓国古代史研究』六六
新谷尚紀 二〇〇九 『伊勢神宮と出雲大社』講談社選書
平野邦雄 二〇〇一 「出雲大社と古代日本」『神道宗教』一八二
藤森照信 二〇〇一 『天下無双の建築学入門』ちくま新書
堀江潔 二〇一六 「百済滅亡後における倭国の防衛体制」『日本歴史』八一八
三上喜孝 二〇一五 「古代の境界意識・敵対意識と仏教信仰」『出雲古代史研究』二五
三品彰英 一九七五 『三国遺事考証』上、塙書房
平石充 二〇一五 「青木遺跡の再検討」『木簡研究』三七
村田次郎 一九四〇 『支那の仏塔』冨山房
梁正錫 二〇〇四 『皇龍寺の造営と王権』書景文化社（韓国）

3　平城京・藤原京の新羅文化と新羅人

はじめに――平城京時代の国際性と新羅

八世紀、平城京（奈良）の時代の東アジアにおける国際性（インターナショナリズム）は、この都城の定型的な空間構成自体が中国歴代王朝の都市制度を源流とすることに象徴的に表われている。

奈良の正倉院の宝物はこの時代の文物を多数伝え、日本を代表する最古で最大の文化遺産群を形成している。この正倉院の宝物の特色は、支配層たる皇族・貴族を担い手とする文化であると同時に、仏教芸術にみられるごとく国際性・世界性を色濃く帯びることにあり、なかには遠く西域の文化に通じる文物も少なくないのは周知の通りである。正倉院が〝シルクロードの終着駅〟とたとえられるのも理由のないことではない。

その舶来した文物またはそれを模倣して製作された国産品は、大部分が中国の唐の文化・文物と結びつくものである。当時、遣唐使を媒介とする日本と唐の公の交流はおよそ一〇年に一度の割合で続けられており、そもそも、当時の支配層が志向した国家制度や法や文化も、唐をモデルとして強く意識したものであった。

また唐人自身や唐在住の異国人が渡来して、平城京の朝廷に出仕したり寺院に居住したりする例も少なからずあった〔木宮泰彦 一九五五〕。

しかしこの平城京を前後する時代の日本文化の外来的要素は、唐文化の受容や影響のみに限られることではない。なかんずく、地理的かつ歴史的により近い朝鮮半島、ことに同時代に存在した新羅との関係のほうがはるかに密接であり、いわゆる天平文化のなかに新羅文化の香気を感じ取ることもできる。

本章では、従来、等閑に付されてきた平城京およびそれ以前の藤原京に繰り広げられた新羅文化の影響、それと密接な新羅人の生活や活動の足跡を具体的にたどる。それにより八世紀の古代国家（律令国家）の段階における日本列島の文化、社会、民族（民族集団・エスニック集団）のコミュニティ構成など、特にその多元的性格をめぐる問題にも論及してみたい。

一　平城京の新羅文化——正倉院の宝物を中心にして

平城京の時代の文化のありさまを今日に彷彿とさせる正倉院の宝物のなかには、新羅から伝来したことの明らかなものがいくつもあり、その経緯から天平文化はもとより、様々な面にわたる新羅との密接な関係を直接的に知ることができる。

以下、主な事例の一々について概観する。(1)

新羅の墨と筆

東大寺の倉庫であった正倉院の中倉にある墨のなかには「新羅楊家上墨」「新羅武家上墨」と陽刻された船型の二点が残る。実物と銘文により、製造元（家）まで明記された上等の新羅の墨が日本に輸入され、東大寺の運営にあたる造東大寺司で購入され、おそらく、写経用に使われていたことが分かる。さらに正倉院文書の天平一九年（七四七）の「常疏写経並櫃乗次第帳」によると、今日は実物は伝わらないが、「新羅の筆」が当時の国家的な写経事業のために唐や国産の筆と並んで備えられたことが証される（『大日本古文書』九―三四三～三四六）。

新羅経典

正倉院文書の天平勝宝四年（七五二）六月の「自所々請求経帳」には、この時、東大寺盧舎那仏の開眼会をひとつの契機にして、莫大な交易品を携えてきた新羅の金泰廉を首席とする大規模な使節団に対し、造東大寺司の写経所が「法花経・梵網経・頭陀経」を請求した、つまり購入したことが記される。この使節は後述のように仏教関係の物品を多量にもたらしたが、そのなかでも当時進行する写経事業のために、写経所は良質の新羅製の経典を欲したものであろう。

この時代全体の写経事業で用いられたことの知られる経典の注疏者九九人のうち、一一人が新羅僧侶であり、そのなかでも天平二〇年（七四八）頃は、最多の元暁の著作をはじめとして、円光・義相（義湘）・勝荘など高名な新羅人僧たちの撰述が求められ、唐のものを上まわることがつとに指摘されている（石田茂作 一九三〇）。

新羅から経典類を舶載したことの明確な証拠は正倉院の中倉で発見された「華厳経論帙」である。この経典の帙の麻布の芯の表裏にあてられた紙二片五帖は七五六年頃の新羅の村落の明細を記した公文書（いわゆる新羅村落文書）であり、のち新羅のどこかで経典を書写・作成する時に、その廃棄された反古紙を再利用したものであることが分かる。この華厳経類の存在は、当時、新羅で隆盛をきわめた華厳教学が日本の奈良仏教へ与えた強い影響を示すものにほかならない。さらに正倉院の敷地の一角にある聖語蔵に所蔵する経典のなかにも、舶載された新羅経の実物が含まれることが明らかにされつつある〔堀池春峰 一九八五、関根真隆 一九九一、山本信吉 二〇一三〕。

新羅琴

天平勝宝八年（七五六）六月、光明皇后が聖武天皇の遺愛品を東大寺に献納した際の目録である「国家珍宝帳」には「新羅琴」が二張あったことがみえるが、その後実際に使われたらしく、弘仁一四年（八二三）の「双倉雑物出入帳」にはこれらに代って納められた二張の新羅琴のことが載せられている。正倉院北倉には特色ある羊耳頭の形体をした一二絃の新羅琴が同じく二張現存する。これは面に描かれた文様などから推して弘仁のものに該当する。

さらにこの種の琴は溯って、韓国高霊にあった加耶諸国の一国、大加耶（伴路。弁辰半路国の後身）でその王が楽師于勒に作らせた加耶琴に起源がある。六世紀前半前後、この加耶琴の曲を聴き、結束を図った大加耶連合の存在を想定する説があり〔田中俊明 一九九二〕議論されているが、それがさらに新羅楽の一部を構成する重要な楽器に変身を遂げることは、古代国家における音楽（舞楽）の政治的機能、わけても新羅の加耶人政策との関係からも留意される。すなわち加耶が新羅の支配に服し、旧の加耶人が新羅人となったこととかかわりがあるであろう。

この琴を採り入れてなった新羅楽が六世紀以降日本に伝来して寺院などで行われ、天武朝をへて、律令制の成立により、奈良時代には雅楽寮の音楽のなかに編成された。これを伝授する楽師も教習する楽生も主として新羅から渡来した人びとであったとされる。新羅琴が皇族・貴族のみでなく、地方でも関心を集めた様子は『日本紀略』天長元年（八二八）四月丙戌条の能登国での漂着物をめぐる記事に知られる。

この特異な新羅琴は、韓国の国立慶州博物館に所蔵する未鄒王陵地区の古墳出土の装飾長頸壺にもかたどられて有名であるが、国立中央博物館所蔵の人物像（土偶）に付属する琴もある。ほかにはるか中央アジアのウズベキスタン（ウズベク）共和国サマルカンドのアフラシャブ遺跡の新羅人を描いたかとされる壁画にもみられるほど、新羅を象徴する楽器でもあった。

日本の雅楽への採用の一面を物語るのは、後述する沙良真熊の琴調の説話である。彼は新羅人本人（一世）か、その子孫であろうが、武蔵国新羅郡から平城京へ出て新羅楽の師匠となったのであり、その才能は彼の出自が新羅人であることと決して無縁ではないであろう。

買新羅物解

正倉院および尊経閣文庫に所蔵され、後者が重要文化財にも指定される天平勝宝四年（七五二）六月の「買新羅物解」は、鳥毛立女屏風の下貼に反古として利用されたものであるが、元来は、上記の東大寺盧舎那仏開眼会を機に来日した新羅使節のもたらした多量の交易品に対して、貴族たちが所管の大蔵省または内蔵寮に提出した購入申請文書である。また新羅から舶来された物品を「新羅物」と称したことが明記される。

文書には薬・顔料・金属製品・調度品・仏具・書籍・顔料・香料そのほか多数の新羅の特産品、あるいはよその地域からの転売品がその数量・価値などとともに詳細に記される〔東野治之 一九七八〕。当時の新羅使節の重要な側面を伝えるとともに、平城京の支配層が新羅のいかなる物品を希求していたかが具体的に分かるが、そのうちには正倉院の「国家珍宝帳」や「種々薬帳」、諸寺の資財帳などに載せられ、実物も今日に伝わるものが少なくない。

毛氈

正倉院に存する羊毛を圧縮して加工した敷物の毛氈（フェルト）のうち、二点は新羅物であることが明白である。ひとつは中倉の花氈の残欠で、麻布のラベルが貼られている。それには「行巻韓舎 価花氈一 念物得追于」、さらに「今綿十五斤　長七尺　広三尺四寸」と墨書されて、最初の四文字は生産に従った人の名と新羅の官位である。もうひとつは北倉の紫氈で、ラベルには「紫草娘宅　紫称毛一　念物糸乃綿乃得追于」とある。最初の四文字は生産した宅の名であろう。これらはともにこの毛氈の製造元である新羅の王族・貴族クラスの宅か、販売や交易をつかさどる役所（倭典か）が、交易のために製造元（人・宅）・対価・法量などを現物につけて書き記して対価を得るようにと指示したものと推測される（李成市 一九九四・一九九七）。毛氈は唐にも聞こえた新羅の特産品であり（東野治之 一九九二b）、日本でも輸入されたことは「買新羅物解」にも認められ、「おりかも」と朝鮮（新羅）語により訓じられて、当時、寺院の法会用や官庁で敷物などとして需要があったことも推測される。正倉院にはまだこの種の新羅物の繊維製品があるかもしれない。

佐波理製品

東大寺の正倉院や法隆寺などの諸寺には銅と錫・鉛の合金でできた各種の佐波理製品が多数存在する。佐波理も鉢類の容器を意味する朝鮮語の「さばる」に起源をもつ語である。これらのなかには七世紀代に溯る百済製品もあろうが〔河田貞 一九九六〕、ほとんどは新羅からの船載品が含まれると考えられる。正倉院南倉の八個の盤つまり鋺を重ねた佐波理加盤は疑いなく新羅製であろう。

この加盤に挟まれて付属する文書の断簡があり、もとは新羅の村落からの米・豆などの租税の納入状況、馬などの畜産品に関する官庁（租典・肉典などか）の保管記録の文書であったらしい〔平川南 二〇一〇、李鎔賢 二〇一二〕。加盤は天平勝宝四年（七五二）の新羅使節の手で日本に伝来し、東大寺に入った可能性が強い〔鈴木靖民 一九八五b〕。こうした佐波理製品は、都城（宮都）のほか各地の国衙クラスの官庁や有力寺院などに伝わり、仏前に置かれる飲食供養具その他に用いられたと思われる。

正倉院の円形と楕円形をセットとする佐波理匙は、上記の「買新羅物解」にみえ、実際、韓国慶州の新羅王都の東宮跡と推定される雁鴨池（月池）など各地遺跡の出土品との形態の類似からも、新羅製の含まれることが想像される。正倉院の佐波理匙にはセット一〇組みを紐で束ねたままで輸入したときの状態を思わせるものがあり、それにも墨痕のある反古文書が包み紙として利用されている。いまだ包装は解かれていないが、新羅製の確率は高い。日本各地の寺院・官庁での普及、使用を窺わせる福岡市三宅廃寺・神奈川県平塚市四之宮山王A遺跡、その後の鳥取県倉吉市大御堂廃寺〔眞田廣幸ほか 二〇〇一〕などでの出土例が知られる。このほか正倉院には佐波理皿も多数あり、ともども新羅との深い関係の品であることが考えられる。

正倉院南倉の白銅（金銅）鋏は、刃先も発見され、灯心切断用であることが確定した。これと雁鴨池出土品は同型で、こちらには文様がある。正倉院の鋏は国産の疑いもなくはないが、多分、新羅からの交易による伝来品であろう。

工芸品

正倉院の宝物と雁鴨池の出土品の比較から両者の緊密な関係が明らかになる例がある。例えば、雁鴨池出土の屛風の一部かとされる骨製装飾板の花喰鳥の線刻文様は、正倉院北倉の象牙製の碁石の花喰鳥の文様に酷似する。また雁鴨池の殿舎で使われた何かの容器と思われる漆器の断片に施された銀平脱の技法は、正倉院の鏡箱の銀平脱の製法に似ており、文様のモチーフも共通する。(2) これらは日本の文物のなかには、新羅製か、渡来した新羅人の製品が含まれるか、新羅物の技巧や意匠を模して作られたかしたものもあることを暗示する。

新羅物の受容の背景

このように平城京時代の日本の文物・文化に新羅伝来と推定できるものが少なからず認められ、ことにそれは東大寺などの寺院や官庁で使用されたことが明らかである。

その背景には、第一に、当時の新羅使と遣新羅使による公的交流の頻繁な点にあるであろう。日本が百済救援を標榜した六六三年の白村江の戦後、両国の国交回復をみた六六八年から七七九年に公的交流が終焉するまでに来日した新羅の使節は四七回あり、日本の遣新羅使節は二七回を数える。これは平均すると、一・五年に一回の頻度で外交関係のあったことになる。

この間、上述の珍奇な新羅物は交易品として舶載されたものが多くを占めるであろうが、平城宮跡や寺院跡、福岡市鴻臚館跡をはじめとする日本各地出土の長頸瓶や円面硯を含む多数の新羅土器などの分布に示されるごとく、主として新羅使節の往来に伴ってもたらされたと見なされる〔江浦洋 一九八八・一九九二・一九九四、東京国立博物館編 一九九二、千田剛道 一九九五・二〇〇六、巽淳一郎 一九九六〕。

第二に、奈良仏教に与えた新羅仏教、とくに華厳宗の影響を指摘できる。正倉院の新羅物や文書で知られるのは元来、造東大寺司あるいはその管轄下にある東大寺なりその前身の写経所なりの所有物である。そのほとんどが経典・仏具・文具など、あるいは法会などの日常的な仏事に使用される道具・調度品である。このことは新羅仏教に学んだ奈良仏教の性格と大いに関係があると思われる。

天平一二年（七四〇）、盧舎那仏の造立が発願されると、審祥（審詳）を講師として華厳経の講説が始まり、以後、同一五年に終わるまで三年間、新羅の代表的な華厳僧である義相・元暁などの経論疏を参考書にして執り行われたと推測される。しかもこの講師を勤めた審祥は「青丘留学」と称され、かつて新羅で華厳宗の教理を習得した僧侶であった（堀池春峰 一九八五）。つまり同一五年、奈良仏教の中心である東大寺の大仏造立の詔を発令させ、強大な天皇権力を誇示するかたわら、民衆を知識として協力を求めるような仏教思想の主要な拠りどころが新羅仏教にあったことは見逃がすことができない。

また審祥が住した大安寺も華厳経の写経をするなど一大華厳経センターであった。天平二〇年（七四八）の「大安寺伽藍縁起幷流記資財帳」に香炉二四具のうち「高麗通物四具」がみえるのは、渤海仏教との関係で興味を引くが、誦数二九貫のうち「新羅二貫」とあるのも、同寺の新羅華厳宗とのつながりを明示する。ほかの寺々や官庁、貴族の邸宅で新羅物が使われる契機も、おそらく新羅仏教の受容のありように関連をもつのではないか。その仏教の教義内容の摂取にとどまらず、実修のためには各種の仏具類をはじめとする、いわば道具だてまで模倣・継承する趣向のあったことが推察される。特に大仏造立を画期として多様な新羅物の導入・普及がなされたものと感じられる。こうして平城京の貴族・僧侶、あるいは官人たち支配層により形成される社会のなかに、相互の使節の往来を機として唐などの舶来文物と並んで新羅の文物・文化が受容され、浸透していたことは疑いないのである。

二　平城京・藤原京の新羅人

長屋王邸宅に住んだ新羅人

正倉院の宝物は仏教を主とする新羅文化の伝播・影響を即物的に示すが、平城京には外交使節のような短期間の滞在者でなく、現実に長期にわたって住み、一定の職務に従事していたと思われる新羅人もいたことは、いくつかの史料がある。

平城京左京三条二坊八坪の長屋王邸宅跡から出土した木簡のなかに、年次は不明ながら、新羅人たちへ米飯を支給することに関する伝票木簡が二点ある。一点はつぎの通りである（『長屋王木簡概報』二三）。

・新羅人一口一升　受持万呂◯（表）
・七月卅日　甥万呂◯（裏）

さらに別の一点にはつぎのようにある（同上二七）。

・新羅人二口二升　受田□（表）
・八月十三日　石角　書吏（裏）

新羅人はひとりにつき米一升を支給されたことが分かるが、その順序は日下に記される人物、すなわち後者に明瞭な通り長屋王家の家政を管轄する家令・書吏で、ほかにも頻繁にみえるものが（後者の場合は椋石角という）、その任務により邸宅内の人びとへの米の支給を伝達する伝票を発信し、それを担当者の持麻呂・田某（田君・田人・田麻呂などのいずれか）が受け取って、管轄下にある新羅人に給付することになっていたと推定できる。

これらにより長屋王の邸宅内には、個人名は伝わらないが在来の人たち一般とは区別される新羅人が同時期に少なくとも二人、あるいは三人以上住んだ事実が分かる。彼または彼女らの地位・身分は不詳である。養老七年（七二三）と神亀三年（七二六）に長屋王の佐保の邸宅（作宝楼）では来日した新羅使節を招いて饗宴を催し、詩文を交歓し合ったことは『懐風藻』により名高いが〔鈴木靖民 一九八五c、林陸朗 一九九三〕、果して彼らがもとよりそうした使節の一員とかかわりがあったかどうかは分明でない。

長屋王木簡によると、同王の邸宅ないし家政機関の下には多数の様々な実務に従う担当者がいた。また邸宅内では金工・木工などの工芸品の製作施設（所）や写経組織などが存在した〔奈良国立文化財研究所編 一九九二〕。新羅人たちはそうした特殊技術・技能をもって作業に従事したのであろう。もし仮に仏教関係であるとすると、木簡から知られる長屋王邸宅には写経所以外に造仏所（仏造司）があり、僧侶や沙弥がいたこととも関連するであろう。邸宅の主の長屋王は仏法を尊崇した人物であったとされるが、その背景には平城京時代の日本仏教に与えた新羅の華厳宗を主とする仏教文化の影響が想定される。

同邸宅に彼らが居住した時期は遅くみても天平元年（七二九）以前であるが、これらの木簡はいわゆる長屋王溝と称される同じ溝に一括投棄された木簡群の一部で、霊亀二年（七一六）を下限年代とするとされるので、それ以前からとも考えられる。憶測ながら、彼らは元来新羅でも類似の貴族の邸宅や寺院、官庁に属してある作業に従事していたために選ばれたか、自ら志願して、奈良初頭前後か、それ以降に招かれて渡来し、長屋王もしくは彼の先代の高市皇子などの邸宅に入ったと考えられなくはない。

彼らについて、職員令の内蔵寮・大蔵省や雅楽寮の項に記載される百済・狛などの外国名を冠する品部・雑戸や伴部的存在の人びとに類すると見なす考えが示されている（東野治之一九九四、森公章一九九八a・二〇〇〇）。確かに制度上はそうした身分に該当する可能性が高いであろう。異国人の技術者が官庁に属するか、皇族・貴族の家政機関に属するかで身分上の異同があったか否かは検討を要するが、彼らのような皇族・貴族の家政機関の下にある渡来人の技能・技術者の類型は、溯ると大和（倭）王権下において伴造―トモに隷属して貢納・奉仕を行った才伎集団にまで歴史的系譜をたどることができないであろうか。あるいは彼らは新来の新羅人であったかもしれないが、その場合には旧来の渡来人とその周辺の人たちが伝承、保持していた技能・技術や知識をリニューアルする意味があったものと考えられる。

彼らの奉仕する職務は仏教関係、技能・技術工人などの可能性があり特定できないが、皇族や貴族の邸宅に居住し、労働に従事する多くの人びととともに何人もの新羅人が生活していた事実は注目に値する（さらに長屋王木簡には、ほかにも狛人・百済人・辛女などの居住したことがみえる）。

大伴安麻呂邸宅に住んだ新羅人尼僧

『万葉集』巻三―四六〇・四六一には、新羅の尼僧理願という女性の死を悲しみ嘆いて作った大伴坂上郎女の長歌ならびに反歌を載せる。理願は遠く「王徳」に感じて「聖朝」に帰化し、大納言・大将軍大伴安麻呂の家に「寄住」し「数紀」をへたが、天平七年（七三五）病に罹って死去したために石川命婦の留守を預かった坂上郎女がこれを葬った、と左注に伝える。坂上郎女は佐保にあった大伴家が安麻呂から旅人へと受け継がれ、さらに家持の代になった時に彼を後見して家政の運営にあたった旅人の異母姉妹であった（東野治之一九九六）。左注によって、この安麻呂が和銅七年（七一四）に没し、旅人の代になっても石川命婦（内命婦）つまり彼女の母であり、安麻呂の妻であった石川郎女ともいわれる女性が家政を差配することがあったが、それが病気療養のために有間温泉に行って不在であったため、代りに理願の世話をしたものであると推量される。

理願についてはほかに知るところはないが、「寄住して既に数紀を逕た」とあり、紀は厳密には一二年のことなので、五、六〇年前から大伴氏の邸宅に寄寓していたことになる。歌のなかにも「あらたまの　年の緒長く住まひつつ　座しものを」と詠まれる。したがって逆算すると、彼女は六七〇～八〇年前後の天武・持統朝の時代に来日したのであろう。

『日本書紀』持統元年（六八七）四月戊午・同四年二月戊午・同月壬申各条には、当時、新羅の僧尼および百姓の男女がたびたび集団で渡来したこと、それを武蔵国に多く定住させたことがみえるので、持統朝期あたりの確率は高いと思われる。理願もこうした集団規模の渡来者のひとりかもしれないが、しかしさらに『日本書紀』によると、朱鳥元年（六八六）正月、大伴安麻呂は前年来航した新羅使節金智祥の迎接のために筑紫に赴いているので、ここに両者の接点が求められるであろう。そうしたことを契機にして、使節一行のなかにいた理願が安麻呂と知りあい、彼の邸宅に入ることになったかもしれない。つまり彼女らは新羅の使節に伴って日本に渡航・移住した僧尼であった可能性があると考えられる。

もしそうだとすると、渡来した新羅人がいわば帰化して地方へ移住させられるのとは別に、都城の貴族層の家に寄住することがその古代王権・国家による都城の形成につれて、七世紀後半・八世紀初頭の藤原京・平城京時代以前から一般にありえ、一定の意味をもったことを示すであろう。(3)

当時、新羅から学芸・仏教を身につけた人びとが多数渡来し、各分野で活躍したことはすでに指摘されるが

（関晃 一九九六・二〇〇九、田村圓澄 一九八〇）、理願はそうした群像のなかのひとりではなかったか。彼女は新羅にいた時から寺院か、貴族の邸宅などに属する尼僧の身分であったのであろう。ここでも理願が仏門に入っていた人物の例であることが留意される。彼女はその特殊な身分から推して、大伴安麻呂邸宅の家政機関に属し、長年、仏教関係の仕事に従事したであろう。七世紀後半・八世紀前半ころの大伴家をめぐる仏教信仰は新羅尼僧の理願を介在させ、盛んであった華厳教学を主とする新羅仏教の影響を受けたものでもあったことが十分想定される。

これらの少ない例から、やや大胆であるけれども、平城京時代あるいはそれ以前の時期の新羅使節の派遣などを契機として、僧尼をはじめとする新羅人の日本への渡航・移住がありえたこと、それは何らかの専門的な技術・技能または知識・思想を身に帯びた人たちであったこと、彼らの受け入れを必要とする古代国家の支配層、具体的には貴族・僧侶そのほかの要請があったこと、彼らのうち技能・技術をもつ人は一般に品部・雑戸ないし伴部のような身分として国家・社会に編成され位置づけられたこと、などが推定できる。

藤原京に住んだ新羅人

平城京以前、持統八年（六九四）に始まる藤原京時代にも新羅人が都城に住んでいたことが確かめられる。『続日本紀』文武三年（六九九）正月壬午条に、新羅女牟久売がみえる。彼女は同京林坊の人で一度に二男二女を産み、褒美に絁・綿・布などの布製品や稲、乳母を授ったという。この新羅女は姓ないしウヂ名を表すと同時に、新羅人女性であることを意味するのであろう。夫も新羅人など渡来人の可能性があるであろう。ただし問題は新羅人であると明示するものの、彼女自身が渡来した本人か、その子孫であるかは明らかでないことである。このことは平城京段階でも同じであるが、新羅人として明瞭に認識されている点が重要であろう。

さらに、古代の土壙式便所遺構として知られる藤原京右京七条一坊西北坪から出土した木簡にも新羅人がみえる〔奈良国立文化財研究所　一九九二〕。

・召志良木人毛利今急

この志良木人も新羅人に同じで、表記は姓の名と新羅人であることを示す。毛利は麻呂に音通である。木簡の内容は彼を官庁などが何らかの用件で急遽召した、いわゆる召喚（召文）木簡である。つまり彼は、持統八年以降には確実に存在した藤原宮のある官庁に出仕する官人か、その下に属して職務に従う存在であったと思われる。彼の背後には、まだほかにも新羅人官人などがいたことを推測させる。上記の新羅から渡来した僧侶たちで還俗するなどして王権に出仕した人びとも同じであろうか。この古代国家形成の時期、こうした初期の官庁には異国人も所属したことに注意を払いたい（補注1）（同遺構出土のほかの木簡には百済手人もみえる）。

このほかにも新羅人ではないが、藤原京には胡（西域）人が住んだことを反映するとみられる資料がある。それは藤原京右京五条四坊から出土した人物画木簡であり、そこに短髪の髭面で胡帽を被っていないが、胡服を思わせる、足もとまであるワンピースの衣装を着けた人物が描かれている。この出土地は天武一三年（六八四）前後と推定される下ツ道と五条条間路の交点の大祓跡とされる。遺跡の性格からみて、一種の入京儀礼にかかわるかもしれない境界領域での祓（解除）に使われたものであり、当時の外部から入ってくる異国人に対する特別の観念が窺われる。

なお、この人物画は韓国慶州の掛陵に立つ武人像の異国人の風貌に共通するといわれる。国立慶州博物館の隍城洞石室古墳および龍江洞古墳出土の土（陶）製の胡帽を被った男子像も明らかに西域の人を表現している〔国立慶州博物館編　一九八九〕。これらの新羅の例と日本の例とは多分共通性を有するであろう。これらの像は実際に日本や新羅の王権に属して宮などに出仕したり、あるいは都城に居住したりした異国人ないし帰化人をモデルとした事実を反映するかもしれない。

新羅人の画家と工匠

平城京には画家や工匠の新羅人もいた。正倉院文書によると、新羅（人）飯麻呂は天平宝字二年（七五八）、中務省画工司の画師のうちから選ばれて東大寺へ召され、大仏殿天井の彩色を行うことになり（『大日本古文書』四―二五九・二六〇）、そののち、大仏殿の右方須理板にも彩色した（同　四―二六七）。同三年にも大仏殿廂絵を描き布施銭を受けたことが知られる（同　四―三五四）。彼は山背国宇治郡の人で、絵画の才能をもって画工司に仕えた。史料には新羅人、新羅の両方の姓名が用いられるので、人の字が略され得ることが分かる。新羅人伏麻呂は天平宝字二年、飯麻呂と同時にみえ、同じ仕事に就いている（同　四―二五九・二六〇）。画工司の画師で山背国宇治郡の人であることも飯麻呂と同じであり、人名から推してともに特定の技能を伝える同族で、兄弟などの可能性があるであろう[(4)]。彼らはその日本風の個人名からみて、新羅より渡来した人の子孫と思われる。

正倉院南倉の佐波理皿の一点にある針書銘には「為水乃末」の字が認められ（柳雄太郎　一九七六）、新羅人とその官位を表す。この佐波理の皿は東大寺の所有品であり、日本製と見なされているので、彼は天平年間頃、東大寺写経所あたりに属した新羅人であって、渡来して間もない時に、自分の名と新羅での官位を刻んだと解される。あるいはそうでなく早い時期の来日であるかもしれない。彼は何らかの技術をもつか、そうした人たちを従えたのではないか。彼は新羅においても、例えば工匠府（典祀署）や内省の鉄鍮典（築治房）といった官営工房などにあって金属器製品の製造に関係する工匠か、その統率者であったか、あるいは公的な写経関係の事業に携わった人物であったかと憶測される。

新羅人の音楽家

『続日本紀』の宝亀十一年（七八〇）五月甲戌条によれば、この日、沙良真熊ら二人が広岡造の姓を授ったが、彼らは武蔵国新羅郡の人という。この真熊は『文徳実録』嘉祥三年十一月己卯条の治部大輔興世朝臣書主の卒伝に、百済人を先祖にもつ書主がよく和琴を弾き、大歌所別当となり常に節会に供奉したが、新羅琴をよくする新羅人沙良真熊に相随って伝習し、遂に秘道を得たと伝える。また同じく天安二年五月乙亥条の宮内卿高枝王の薨伝にも、高枝王は空海の書遊を学び、沙良真熊に琴調を習ったがいまだその一道をも得ずして身を終えたという。『続日本紀』天平三年（七三一）七月乙亥条に、雅楽寮の雑楽生の員数を定めたことがみえ、そのなかに新羅楽は四人とあり、それは百済楽生・高麗楽生とともに「当蕃」の学に堪える者を取るという規定がなされている。つまり真熊は雅楽寮の新羅楽の楽師、または楽生であったか否か判断できないがそうした可能性は高く、しかも顕官の皇族・貴族に新羅琴を教えた名手として史書にも名を残したのであろう。

この真熊の沙良という姓は新羅に通じ、天平宝字二年（七五八）、新羅人を集めて設置された武蔵国新羅郡の出であるが、彼自身が新羅から移住した人物か、それとは世代を異にする子孫かは不明である。おそらく新羅からの帰化人社会の環境のなかで培われた新羅琴を弾く伝統的素質ないし特技のゆえにみい出され、都へ出て雅楽寮などに属して活動し、一時はいわゆる蕃姓を改めた日本風の賜姓の対象にもなったものであろう。彼が雅楽寮の楽師であったとすると、古代国家は一定の目的のもとに治部省被官に同寮を創設し、新羅楽をほかの朝鮮諸楽とともに編入したが、楽生の養成だけでなく、その運営のためには真熊のような新羅人の人材を必要とし、重用したことが知られる。しかも、奈良末・平安初期において、新羅にゆかりの深い真熊はすでに広岡造を賜姓されていたにもかかわらず、支配層の中華思想に根ざす日本の在来の風俗・文化とは異質の「蕃族」を包摂するという認識を具体的に示すものとして（田中史生 一九九七）ことさら意図的に本姓の沙良姓を名のらされ、著名な新羅琴の名手であるために音楽官司や儀式の場を通して、国家の任務を担いつつ活動するものであったことが注意される。

新羅人の官人

官人層のなかにも新羅人は存在した。正倉院文書によれば、新羅伯万呂は天平勝宝七年（七五五）九月、右京班田司の史生であったことがこの時の歴名にみえる（『大日本古文書』四―八一）。

斯臈国足は新羅人と見なせよう。彼は天平一五年（七四三）七月、中宮職から皇后宮職へ音声舎人として送られた（同八―二一九）。音声は鼓笛など特定の器楽を弾き（『令集解』職員令雅楽寮項穴記）、あるいは歌唱を行うのを意味するであろうが、その音声に長じたことと新羅人であることとは関係があると思われる。のち『続日本紀』天平宝字五年（七六一）三月庚子条によると、この時の渡来人への大量改賜姓に際して、国足ら二人は清海造を与えられた。なおその『続日本紀』の記事の冒頭には「百済人」と冠するが、斯臈は斯盧に同じで新羅のことであるから、史料の記載内容を生かすなら、本来、百済人であったが百済滅亡により新羅人となった新羅系百済人、あるいは百済からきた新羅人の意かと解される。または「百済人」の語はあとまでかからず、もともと新羅人とすべきものであろうか。この記事のなかには加羅（加耶）にちなむ韓・甘良の姓をもつ人物もみえる。

斯臈行麻呂もその名から新羅人と推定される。彼は宝亀十一年（七八〇）五月甲戌条に、左京の人で、国足と同じく清海造を授かった従六位上の官人であることが記される。天平宝字五年三月庚子条には、新良木舎姓県麻呂ら七人は新羅人で、宝字五年三月、清住造を授かったという。いうまでもなく新良木は新羅に同じである。宝字七年八月甲午条によると、新良木舍姓前麻呂ら六人も新羅人で、清住造を授かった。彼は中衛少初位下であった。須布呂比満麻呂ら一三人は宝字五年三月、狩高造を授かったが、『続日本紀』には上の新羅人新良木舎県麻呂に続いて載せられるので、新羅人と解される。

同じく宝字五年三月条には、佐魯牛養ら三人が小川造を授与されたとあり、文頭に記される通りの「百済人」と解釈されなくもないが、斯臈国足らのあとに出るので、上述のように切り離して新羅人と見なすべきか。表記からも佐魯＝斯盧＝新羅であるならば、新羅人と推断される。ただし『日本書紀』顕宗三年条に任那の佐魯那奇他甲背らがみえ、欽明二年条以下の、いわゆる任那日本府関係記事にみえる佐魯麻都らの例と同類であるとすると、佐魯は加耶の地域首長クラスの称号を表す可能性も想定されており〔笠井倭人 二〇〇〇、金泰植 一九九二〕、倭あるいは百済とかかわりを有した加耶人かという疑いも存する。つまりすでに朝鮮半島において、地域によっては新羅人と旧の百済人、あるいは倭人と百済人・加耶人などの共存ないし混在状況が人びとの移動や交流により進んでおり、多民族的な構造が形成されていたものと考えられるのである〔鈴木靖民 一九九五・二〇一二〕。

これらの新羅人の多くは平城京内に居住していたであろう。あるいは前記の新羅人飯麻呂らのように京の近郊にも住んだのであろう。彼らの大半は新羅人と称されながらも、その日本風の名から推して直接に渡来した本人でなく、そののちの世代の子や孫たちであると思われる。それはこの時代、唐人以外では基本的に帰化した本人が賜姓の対象とされることはなかったと見なされること〔田中史生 一九九七〕からも推測できる。しかし彼らが新羅人などとして掌握されるのは、古代国家側の、現実に隣接し化外〔支配領域の外部〕にある蝦夷、南島や異国の人びとを帰服、帰化した人として擁することにより、中華帝国に倣った国家構造を具現しようとする政治的意図

〔石上英一 一九八七・一九九六、田中史生 一九九七〕が込められるゆえかもしれないが、同時に、より本質的には実態として文化的要素と出自を共通にすることに一定の民族集団としての固有性の存することが彼ら自身にも支配層にも、相互に強く認識されたからに相違ない。それぞれの民族集団に「我々」と「彼ら」といった自己と他者の区別意識が明確に存在することはいうまでもない。

主な史料は管見の限りでは上述した通りであり、決して多くはない。だが平城京にはこの種の新羅人がほかにもまだ居住し活動していた可能性があるものと考えられる。(5)(補注2)

おわりに――平城京・藤原京に住んだ新羅人の意義

以上、平城京・藤原京における新羅人に関して述べてきたところから指摘できるのは、まず、今日も正倉院に残る新羅文物との対応関係である。正倉院の新羅物のほとんどは東大寺、具体的には造東大寺司写経所もしくはその前身組織で使用された仏教関係用品である。これは新羅の仏教文化が奈良時代の仏教文化に与えた影響の大きさを如実に物語るものである。さらに近年明らかにされつつある平城京や各地での出土遺物により知られる食器・容器類の土器や金属器、墨・硯などの文房具といった新羅船載の文物は、そうした新羅文化の日本各地への伝播の事実を明確に示す。こうして新羅文化の要素が当時の中央・地方の都市に住む皇族・貴族・官人・僧侶などの信仰を含む生活文化の形成に影響を及ぼし、一定の意義を担ったことを想定できるであろう。

つぎに、平城京、それ以前の藤原京に住んだ新羅人の生活なり活動なりの実相の一面が判明する。彼らの渡来の時期と契機は推測の域を出ないが、七世紀後半、百済の滅亡、その後の百済救援の役後に復活した日本と新羅の使節の往来を媒介にした公的交流によると考えられる。私的交流もあるであろうことは否定しがたいが、この段階では主として公的使節が国境などを越えた人びとの交流や相互行為を促しているのである。

例えば渡来した新羅僧の還俗と王権への登用、日本から新羅へ渡った留学生・留学僧の帰国とその後の古代国家の文化的政治的諸部門（仏教・学芸・律令の編纂など）で果した役割などとの関連が推定される。なかでも史料からは、その偏りを考慮するにしても新羅人の活動は仏教関係が多くを占めることが看取される。これは古代の仏教文化が有すると思われる国際性・普遍性と関連しているに相違ないが、実際、貴族層の邸宅や官庁に属した新羅人たちは仏教（僧尼・写経・仏画など）、芸術（音楽）に携わる例がほとんどである。これらはいずれも特殊な能力を要し、一定の集団内での教習・訓練を積まなければ達成できない性格のものである。八世紀前後の日本の支配層間で新羅・新羅人に何を求めたかを示唆しており、それは上述の通り、取りも直さず正倉院文物のなかの新羅物の性格と照応することも指摘できる。物資の移動に人びとも伴うのは当然である。新羅人のなかには正倉院にみられる新羅の文物の類を修理したり、製作したりする工匠たちが含まれていた可能性もあるであろう。

皇族・貴族の家政機関内に存在する新羅人なども同じ類型で捉えられるであろう。つまり彼らの多くは本国たる新羅でもかつて同様の公的な施設に属した技術・技能をもつ工匠や仏教の布教者であり、またはその子孫たちであったのではないかと思われる。

古代国家の官庁に属する下級官人にも新羅人を称するものがおり、改賜姓に際して新羅人と分かる名を一般的な日本風の名に変更されている。彼らのなかには、技術・技能といった新羅人としての特性に関係ないものもいたであろう。しかしその古代（律令）国家形成の時期には、新たに来た新羅人本人の帯びる文化の先進性が尊重され、活用されたことは想像にかたくない。

これらの新羅人は藤原京や平城京の社会体系のなかではばらばらな個人ないしは移住民の小さな集合体として入ってくる場合が多かったと思われる。彼らは農業や開発に従事する集団規模の渡来人と違い、自身の集団化を十分に果しえないまま、ほとんどの社会的要請を既成の社会に依存することになったと推察される。

しかし平城京の異国人群像のなかでの新羅人は、知られるような唐人をはじめ、バラモン〔インド〕人、林邑人、胡国〔ボハラ〕人、崑崙人、胆波人、ペルシャ人（補注3）等々の多彩な、男女を問わない新来の人びとはもとより〔鈴木靖民　一九八五d〕、『続日本紀』や正倉院文書のなかの人名表記や肩書に窺われるような高句麗・百済・加耶(6)〔辛・加良・既母辛〔己汶〕・達沙〔帯沙〕・達良〔多羅〕など〕・新羅などの朝鮮諸地域からきた古くからの渡来人およびその子孫とともに、日本古代社会の文化のなかで社会化されながら、彼ら集合体の伝統文化との間に何らかの相互関係を発展させるのである。ことに民族的アイデンティティの象徴と捉えられる芸術・絵画・音楽のような特殊技術・技能〔大林太良ほか　一九九一、綾部恒雄　一九九三〕を生かす人びとの場合のような文化面にそうした動きがあったと考えてよいであろう。

一方、姓により新羅人であることをわざわざ表示しながら、一般的な官人という新羅人としての伝統や特性のいかんにかかわりない職務に当る人たちの場合もあった。それは主として時代の推移につれ、彼らが帰化人本人でなく、そのつぎの世代の子孫などとなってもなお、異民族を包摂する中華帝国構造を維持するための国家的要請から、姓秩序のなかで日本風の姓に改められることなく、一見して帰化人と分る「蕃姓」を名のり続けざるをえない立場に置かれたことと深くかかわっていると思われる。

さらに、こうした新羅人がほかの異国人・異民族ともども、しかも絶対的多数の在来の人びととともに隣接居住し、都城の住民構成の一部を形成する事実は、それ自体、帰化人としての新羅人という少数の人間の集合体もしくは小さな民族集団の位相を物語るが、その上、日本古代国家・社会の国際性と独自性、ことにその民族集団間関係（エスニック間関係）のあり方の多元性・複合性を、スケールの大小があるにせよ歴史具体的に示す以外の何ものでもない。またそこに古代の都城という一種の都市の特徴のひとつとしての文化の融合・混在状態を認め得るのである。

唐人も平城京の時代、沈惟岳や袁晋卿〔森公章 一九九八b〕のように使節（遣唐使送使）として来日しながら帰国せずに帰化して官人となったり、皇甫東朝(7)のように音楽や学問をもって知られ、のち官人として活躍したり、高僧鑑真に代表されるように僧尼のまま帰化し、仏教や文化の世界に大きく寄与したりしたものも少なくない。彼ら唐人の都城での居住と活動は古代国家の運営に絶大な役割を果したことは多言を要しないが、また同時に、彼らの存在理由も支配層が抱く帝国構造・中華意識を民族的に実体化し、充足させようとする理念・意図と無関係ではありえない。

こうした問題は同時代に隣接して存在する唐・新羅・渤海などの場合との比較が必要である。唐における事例研究だけでなく、(8)日本と同じ周辺国としての新羅についても上に触れたように追究は可能なはずである。それらによってアジア規模の視野から日本古代の国家・社会の構造、あるいは文化の特質を新たに照らし出すことができるであろう。

さらに都城での居住者の事例に限らず、王権・国家による新羅人・高句麗人・加耶（加羅）人などを移動・集住させての新羅郡や高麗郡（武蔵国）、あるいは甘良郡（上野国）・巨麻郡（甲斐国）・賀陽郡（備中国）などの建郡をはじめとして、日本列島各地に移住、配置されて再編され、成立した諸民族集団のあり方と意義についても、同様に改めて考察されるべきことはいうまでもない。

以上の問題を、帰化人〔渡来人〕全体の動向のなかで過大に扱うことは慎まなければならないかもしれない。しかし古代の東アジア諸国家・諸地域の多くは複雑な民族集団を包摂して構成されているとみられる。その多様な実態に典型的に表われた国際性、歴史性ないし多民族・多文化的性格、さらにそれぞれの特色ある歴史的意義は、古代の日本、特に平城京・藤原京における新羅人の場合も、異国人を在来の大多数の人びとと区別するような国家・支配層の意識や政策とは明らかに異なるものであり、決して例外的な存在でないと思われる。

注

(1) 以下、平城京の新羅文化については、〔鈴木靖民 一九八五a・一九九〇〕を敷衍し、その後の成果を加えて述べる。なお〔東野治之 一九九二a〕参照。

(2) 〔河田貞 一九八一〕。なお〔森郁夫 一九九六〕は雁鴨池出土の軒丸瓦に酷似する日本の瓦当文様として天理市平等坊遺跡出土の例を指摘する。

(3) これ以外にも、朱鳥元年(六八六)、大津皇子の謀反に縁座した従者に新羅沙門の行心(幸甚)がいる。彼はのち赦されて飛弾の伽藍に遷されたが、『懐風藻』大津皇子伝によると、仏教のほか、天文、卜筮という卜占の法に長じており、大津のブレーンとしてその邸宅に住した家政組織の一員であったことが推察される〔鈴木靖民 二〇一一〕。同時に流された子の僧隆観も暦法、算学に詳しく、大宝二年(七〇二)、罪を免じられて藤原京に入り、還俗して金財と名のったという。彼らは藤原京に住んだだけでなく、それ以前の浄御原宮、倭京の時期から渡来して大津皇子のもとに寄寓した親子であった。皇族、貴族の家政組織などには、倭在来の従者とともに、多分、新たな学芸を身に付けた新羅人を擁する場合が少なくなかったのであろう。

(4) 〔鈴木靖民 二〇〇八〕、本書Ⅲ—3。

(5) 例えば、『続日本紀』によると、新羅の王族や外交使節の名に多数見られる金姓を帯びた人物として、平城京の時代、延暦二年(七八三)、海原姓を授与された左京の人、散位従六位上の金肆順と右京の人、金五百依などが知られる（『続日本紀』延暦二年七月癸巳条）。神亀元年（七二四）、国看連を授与された従六位上の金宅良と金元吉も平城京に居住したと類推される（同神亀元年五月辛未条）。さらに正倉院文書によると、例えば、金月足と金法孝などがいる。金月足は天平五年（七三三）、左京計帳の手実を勘検しており（『大日本古文書』一―四八四）、天平勝宝六年（七五四）八月、写経所で百部法華経ならびに梵網経の書写に従事した写経生のなかに名を連ねている（同　四―一八・二六）。金法孝も同じ天平勝宝六年の百部法華経・梵網経書写の際の写経生のひとりとしてみえる（同　四―一八・二五・二七、一三―八一・八二）。ともに平城京に住み、写経所などの下級官庁に属して書記・筆写の任務についた新羅人の可能性が高い。彼らに共通する書記の仕事は下級官人一般の職務内容にも通じるので、特に新羅人の特性とは必ずしも関係ないというべきであろうか。なお金姓に関しては、当時、金（辛金）が鍛（辛鍛冶）すなわち鍛冶の略字に用いられる場合もあるので（同　三―三八八、一〇―二七・五〇七など）、鍛冶（辛鍛冶・韓鍛冶）が朝鮮系渡来人であるにしても、金姓を称する人をことごとく新羅人であるとは断定できない。

（6）　辛・加良・賀良・賀陽などを名のる人たちは『続日本紀』『新撰姓氏録』・正倉院文書・木簡などに多く知られるが、彼らは新羅に服属する前の加羅つまり加耶諸国の人の子孫であろう。そのほかに韓・韓人・韓人部を称するものも韓が加羅に音通であるとすると、普通説かれる三韓あるいは三国（高句麗・百済・新羅）の人という意だけではなく、加耶人が含まれる蓋然性も考えられよう（『日本書紀』白雉五年二月条伊吉博徳書・『続日本紀』天平宝字五年三月庚子条・『大日本古文書』一―四八八・四九九・五〇一、四―七・二三など）。『令集解』職員令雅楽寮項の古記に引く尾張浄足の説には、韓琴師が新羅・高麗・百済などの楽師と区別して記され、しかも韓琴は加羅（加耶）琴の意味に理解されるので、韓を加羅と置き換え、いわゆる加耶を指すとみるべき証拠となるのではないか。

（7）　〔矢野建一　二〇一二、葛継勇　二〇一五〕。なお二〇〇九年、奈良市西大寺旧境内で出土した「皇浦東朝」とある墨書土器および共伴したイスラム陶器については、〔河内春人　二〇一四〕参照。

（8）　例えば、〔杉本直治郎　一九四〇、章羣　一九八六・一九九〇、堀敏一　一九九五〕参照。

（補注1）　藤原京に住み官庁に出仕したと推測される新羅人について、二〇一四年、藤原宮東方官衙北地区の発掘調査により、佐波理鋺の口縁部と胴部に轆轤による沈線のある破片が検出された〔諫早直人ほか二〇一五a〕。これまで藤原宮・京ではこれ以外にも藤原宮東面北門付近外濠、同東面大垣付近外濠の東の外周帯上の土坑、藤原京左京七条一坊西南坪の池状遺構、同右京四条六坊北東坪の井戸での出土例があり、計五カ所で共伴遺物から藤原京期と見なされる鋺身および蓋が発見されており、顕微鏡観察、成分分析の結果、正倉院の佐波理製品、韓国の同時期の新羅の銅鋺と共通することが判明している〔諫早直人ほか二〇一五b〕。新羅製の可能性が高い佐波理鋺が七世紀末、八世紀初頭の藤原宮か、その付近にある官庁で使われたことを証明する。『日本書紀』朱鳥元年（六八六）四月条の新羅使金智祥らの進調品にみえる「金器」との関連も注意が払われている（同上）。これらの佐波理製品が新羅から使節を介した贈与、あるいは交易によって入手したと考えられること、または藤原京の営まれた時期に遣新羅使がもたらしたことを意味するに違いない。

さらにこれらの佐波理鋺は官庁の公的な備品であったであろうから、使用者が新羅人であるのみと特定できないが、本章で取り上げた藤原宮出土木簡の「志良木人」のように、新羅人が藤原宮の官人などとして勤務すること、天武、持統朝期とみられる石神遺跡出土木簡のうち「刀」字の書かれる二点が新羅の数量単位の升を表し、その影響を受けた用字の可能性があること〔鈴木靖民二〇一一〕、そして官庁に新羅物の容器が備えられ、使用されている事実は、この時期の新羅との使節による頻繁な交流、渡来した新羅僧の王族、貴族宅への寄留、還俗などと併せてみるなら、藤原宮、藤原京には新羅文物の流布した様子が十分想定されるのである。こうした新羅文化、新羅人の役割は、平城京の時期にも受け継がれたであろう。同時に、藤原京の時期は遣唐使の空白期であり、唐などの中国の文物が搬入されにくい状況であったことも念頭に置いて理解すべきであろう。

（補注2）　平城京に住んだ新羅人に関しては、二条大路南端に掘られた濠状遺構出土の木簡削屑のなかに「新羅□」と記されたものが一点公にされている（『平城宮発掘調査出土木簡概報三一――二条大路木簡六』）。この木簡群は遺構の南に隣接する平城京左京三条二坊八坪の遺構から廃棄されたと見なされ、同地には木簡の内容の検討から、長屋王邸宅の跡地を使用した恭仁京遷都以前の光明皇后の皇后宮が設置されたと推定されている〔奈良国立文化財研究所編一九九六〕。そうだとすれば、この一群の削屑は衛府などの守衛に当る衛士あるいは仕丁といった人びとを含む人名であると考えられるので、「新羅□」も新羅人を意味するであろう。これも同様にそうした皇后宮の警備に任じた人物か、または皇后宮に所属し何らかの実務に就いた雑任者かと類推される。彼、彼女が本章で取り挙げた長屋王家に仕えた新羅人たちと直接関係するかどうかは分らない。

また千田剛道氏は平城京の西市に近接する右京八条一坊十四坪の八世紀前半の金属器工房にあった土坑で新羅製の長頸瓶の破片が出土している事実から、この工房で新羅の工人が働いていたかもしれないとする〔千田剛道一九九六〕。この遺構については、隣に漆工房もある鋳造関係の官営工房で、渡来系技術者の雑工人のいた可能性が指摘されている〔奈良国立文化財研究所一九八九〕。平城京造営時に計画的に設定された工房地区の一郭に当ること、鋳造技術を有し、大蔵省典鋳司に属する例の多い秦氏の人物に関する木簡が出土していることなどによる推測である。これに対しては、市周辺に形成された職人街の小規模な私営工房の作業場兼住居の集合したものと見なす反論がある〔杉山洋一九九〇〕。

右京八条一坊の遺構が官営か否かは断定できず、両方とも可能性がある。本章で触れた長屋王の邸宅でも、木簡により鋳物所のような多数の生産工房を付設させていたことが分かる。正倉院文書には天平宝字四年（七六〇）九月の作院所解の室内親王の宮に造東大寺司の銅工が派遣されたという例（『大日本古文書』一六—九〜一〇）をはじめ、官庁所属の工人が貴族の邸宅や所有地へ派遣され作物に従事するケースがいくつも知られる〔栄原永遠男・櫛木謙周一九八二〕。工人に限らず王族・貴族の家政機関・家産組織に属して各種の労働に従う人たちが古代国家の公的機関にも出仕し、あるいは逆に官庁から家産組織に行く場合もみられ、この双方の間の人員の相互移動、すなわち国家とそこに内在する家産組織に属するという二重性は、当時の古代国家の形成過程や構造の本質と不可分の関係にあると思われるのである〔平石充一九九五〕。

平城京右京の金属器工房は、その規模から推して、少人数の専門の工人が需要に従って移動しながら短期間の操業を繰り返したものと想定され得る点も見逃しがたい〔杉山洋一九九〇〕。前記の家政機関と公的機関の間を相互に派遣、移動しあう品部・雑戸的な工人たちの存在は技術保持者の員数的問題のほかに、こうした労働、作業形態の特徴に規定された側面があるかもしれない。

新羅土器の出土地が必ずしも新羅人の居住を意味するとは限らないが、金属器生産という外来的な特殊技術の面からも考慮することができよう。土器は使節などの往来に伴って新羅から日本にもたらされ、直接か間接に平城京のこの地に容器その他として搬入されたのであろう。本章で述べたように、平城京の新羅人には新羅の伝統的技能・技術者が多くを占める傾向がある。したがって、新羅人の工人本人がこの工房へ土器を携えてきたことも想像できなくはない。工房と秦氏を結びつける説も否定できないが、往時の新羅に出自をもち技術を有する人の多い氏であるにせよ、奈良時代になお新羅または新羅の文物といかなる特別のつながりがあったとすべきかは不明である。しかし新来でない秦氏ならば古代国家側からは新羅人として認識されることはなかったであろう。

こうして、確証を欠くものの、本章での見通しからすれば、八世紀前半、平城京の西市近くの金属器工房には新羅人工人が働いていたことも考えられ、彼らは古くから住む帰化人よりも、比較的新しい技術を身につけた新来の新羅人とするほうが妥当であると思われる。

（補注3）二〇一六年一〇月初め、奈良文化財研究所は、一九六六年、平城宮の式部省跡で出土した木簡の一点は、天平神護元年（七六五）の宿直官人に大学寮員外大属の破斯清道がいたことを記すと判読できたとの報道があった。破斯が波斯に同じとすると、『続日本紀』に載る李密翳に次ぐペルシャ人が官人として平城京に存在したことを裏づける資料である。

参考文献

綾部恒雄一九九三「エスニシティとは何か」『現代世界とエスニシティ』弘文堂
諫早直人ほか二〇一五ａ「藤原宮東方官衙北地区の調査」『奈良文化財研究所紀要』二〇一五
――二〇一五ｂ「藤原宮・京出土の佐波理鋺」『奈良文化財研究所紀要』二〇一五
石上英一一九八七「古代東アジア地域と日本」『日本の社会史』一　列島内外の交通と国家、岩波書店
――一九九六「律令国家と天皇」『律令国家と社会構造』名著刊行会
石田茂作一九三〇『写経より見たる奈良朝仏教の研究』東洋文庫
李鎔賢二〇一二「佐波理加盤付属新羅文書の検討」『日本古代の王権と東アジア』吉川弘文館
江浦洋一九八八「日本出土の統一新羅系土器とその背景」『考古学雑誌』七四―二
――一九九二「古代日羅関係の考古学的検討Ⅰ」『考古学論集』四、考古学を学ぶ会
――一九九四「海をわたった新羅の土器」『古代王権と交流』五、ヤマト王権と交流の諸相、名著出版
大林太良ほか一九九一「民族とは何か（座談会）」『民族の世界史』一、山川出版社
笠井倭人二〇〇〇「加不至費直の系譜について」『古代の日朝関係と日本書紀』吉川弘文館

河田貞一九八一「正倉院宝物に関連する近年の新羅古蹟出土遺物」『ミュージアム』三六九
――一九九六「飛鳥時代の仏教工芸」『東アジアにおける古代国家成立期の諸問題』国際古代史シンポジウム・イン・矢吹実行委員会
木宮泰彦一九五五「帰化唐人・印度人・西域人と文化の移植」『日華文化交流史』冨山房
金泰植一九九二「安羅国の倭臣館経営」『加耶聯盟史』一潮閣（韓国）
葛継勇二〇一五『七至八世紀赴日唐人研究』商務印書館（中国）
河内春人二〇一四「西大寺出土イスラム陶器の流通」『明大アジア史論集』一八
国立慶州博物館編一九八九『新羅の土偶』国立慶州博物館（韓国）
栄原永遠男・櫛木謙周一九八二「技術と政治　律令国家と技術」『技術の社会史』一、古代中世の技術と社会、評論社
眞田廣幸ほか二〇〇一『史跡大御堂廃寺跡発掘調査報告書』倉吉市教育委員会
杉本直治郎一九四〇『阿倍仲麻呂研究』育芳社
杉山洋一九九〇「奈良時代の金属器生産」『仏教芸術』一九〇、毎日新聞社
鈴木靖民一九八五a「正倉院の新羅文物」『古代対外関係史の研究』吉川弘文館
――一九八五b「正倉院佐波理加盤付属文書の基礎的研究」『古代対外関係史の研究』吉川弘文館
――一九八五c「養老期の対新羅関係」『古代対外関係史の研究』吉川弘文館
――一九八五d「ペルシア人李密翳をめぐる臆説」『古代対外関係史の研究』吉川弘文館
――一九九〇「八世紀の日本と新羅の文化交流」『古代の新羅と日本』学生社
――一九九五「加耶の鉄と倭王権についての歴史的パースペクティヴ」『日本古代国家の展開』上、思文閣出版
――二〇〇八「日本古代の渡来人と技術移転」『国学院雑誌』一〇九―一一。本書Ⅲ―4
――二〇一一「古代東アジアのなかの日本と新羅」『日本の古代国家形成と東アジア』吉川弘文館
――二〇一二『倭国史の展開と東アジア』岩波書店
関晃一九九六「遣新羅使の文化史的意義」『関晃著作集』三　古代の帰化人、吉川弘文館
――二〇〇九『帰化人』講談社学術文庫

関根真隆一九九一「正倉院宝物の製作地の問題」『正倉院への道』吉川弘文館
巽淳一郎一九九六「飛鳥時代の土器」『東アジアにおける古代国家成立期の諸問題』国際古代史シンポジウム・イン・矢吹実行委員会
田中俊明一九九二『大加耶連盟の興亡と「任那」』吉川弘文館
田中史生一九九七「律令国家と『蕃姓』」『日本古代国家の民族支配と渡来人』校倉書房
田村圓澄一九八〇「唐仏教への志向」『古代朝鮮仏教と日本仏教』吉川弘文館
千田剛道一九九五「獣脚硯にみる百済・新羅と日本」奈良国立文化財研究所創立四〇周年記念論文集『文化財論叢』Ⅱ、同朋舎出版
――一九九六「出土品からみた国際交流」田中琢編『古都発掘』岩波書店
――二〇〇六「平城京出土の新羅土器」『奈良文化財研究所紀要』二〇〇六
章羣一九八六『唐代蕃将研究』聯経出版事業公司（台湾）
――一九九〇『唐代蕃将研究（続編）』聯経出版事業公司（台湾）
東京国立博物館編一九九二『日本出土の舶載陶磁』東京国立博物館
東野治之一九七八「鳥毛立女屏風下貼文書の研究」『正倉院と木簡の研究』塙書房
――一九九二ａ「正倉院文書から見た新羅文物」『遣唐使と正倉院』岩波書店
――一九九二ｂ「遣唐使の文化的役割」『遣唐使と正倉院』岩波書店
――一九九四「長屋王家の木簡」『書の古代史』岩波書店
――一九九六「長屋王家と大伴家」『長屋王家木簡の研究』塙書房
奈良国立文化財研究所一九八九『平城京右京八条一坊十三・十四坪発掘調査報告』奈良国立文化財研究所学報第四六冊、奈良国立文化財研究所
――一九九二『藤原京跡の便所遺構　右京七条一坊西北坪』奈良国立文化財研究所
奈良国立文化財研究所編一九九二『平城京　長屋王邸宅と木簡』吉川弘文館
――一九九六『平城宮長屋王邸跡』吉川弘文館
林陸朗一九九三「長屋王の詩筵」『日本文学の伝統』国学院短期大学

平石充　一九九五　「八世紀における貴族の家政機関と国家」『国史学』一五四
平川南　二〇一〇　「正倉院佐波理加盤付属文書の再検討」『日本歴史』七五〇
堀池春峰　一九八五　「華厳経講説より見た良弁と審詳」『南都仏教史の研究』上、法藏館
堀敏一　一九九五　『中国と古代東アジア世界』岩波書店
森郁夫　一九九六　「朝鮮の瓦から日本の瓦へ」『朝鮮の古瓦を考える』帝塚山考古学研究所
森公章　一九九八a　「古代日本における在日外国人観小考」『古代日本の対外認識と通交』吉川弘文館
――――　一九九八b　「袁晋卿の生涯」『古代日本の対外意識と通交』吉川弘文館
――――　二〇〇〇　『長屋王家木簡三題』『長屋王家木簡の基礎的研究』吉川弘文館
柳雄太郎　一九七六　「正倉院金工の銘文　佐波理皿銘文一覧」『正倉院の金工』日本経済新聞社
矢野建一　二〇一二　「遣唐使と来日「唐人」――皇甫東朝を中心として」『専修大学東アジア世界史研究センター年報』六
山本信吉　二〇一三　「聖語蔵『大方広仏華厳経自七十二巻至八十巻』の書誌的考察」『貴重典籍・聖教の研究』吉川弘文館
李成市　一九九四　「正倉院所蔵氈貼布記の研究」唐代史研究会（一九九四年七月）シンポジュウム資料
――――　一九九七　『東アジアの王権と交易――正倉院の宝物が来たもうひとつの道』青木書店

4 古代日本の渡来人と技術移転
——製鉄・文字文化を中心として

はじめに

もともと日本列島になく、中国、朝鮮半島で先進的に存在した学芸・技術・技能などの新しい文化現象は、列島に伝播し受容されて、古代日本の社会変革や文化・王権・国家の形成に大きく寄与した。その文化を担い、社会の構成要素として重要な役割を果たしたのが、いわゆる渡来人、およびその後裔である渡来系の人々や集団である。

渡来人（帰化人）の問題は多岐にわたるが、本章では三世紀から八世紀に至る時代について、彼ら、彼女らとその有したいくつかの技術・技能のありさまを概観し、古代の日本、東アジア、社会・国家とのかかわりで特質と意義を考えたい。

一　鉄の生産・流通と渡来人

古代東アジアの歴史において、鉄に関する有名な史料は『魏志』韓伝の弁辰の鉄の記事である。弁辰では国に鉄を出し、韓・濊・倭が皆従ってこれを取っている。およそ市で物を売買するには皆鉄を用い、中国で銭を用いるのと同じである。また鉄を二郡（楽浪・帯方）に「供給」している、と記される。

朝鮮半島南部での鉄生産は大体一世紀末〜二世紀頃に始まるとされる。弁辰の特産物で交易品として記される鉄は、鉄鉱石か、鉄の鋳塊、つまり半精製ないし未精製の塊状の素材か、または斧形鉄板などの板状鉄製品で見解が分かれ、韓国と日本の古墳で出土する鉄鋌（『日本書紀』神功四十六年条など）に当たるとするなどの諸説がある。中間素材で実物貨幣として交換価値の高い交易品である点は疑いないとされる。この鉄の生産はランダムになされたとは見なしがたい。諸韓国の階層社会においては王、臣智以下の首長層が統率し、その下で専門的技術を有する人々、のち日本の韓鍛冶部の遠い前身に当たるような集団が編成され従事したであろう。また鉄の流通、交易には首長層、首長層の下の輸送集団、または交易・分配の対象ともなりうる下戸層が当たったと想定される（鈴木靖民二〇一二a）。弁辰の二郡との間の鉄の交易（朝貢）は、楽浪が資源と生産を開発したためとの説があり、『魏志』に引く「魏略」の新の時の説話では、辰韓人が漢人を捕虜として使役して製炭と製鉄を行っていたことが示唆される。弁辰が楽浪へ鉄を「供給」しなければならない理由には、漢人や楽浪郡からの人の移動による技術移転の事実が考えられ、いわば中国系の移住民・遊動民の鉄生産に担った役割が重要である。

倭との交流には、彼らのほかに、倭人伝が記す対馬・一支の「船に乗り南北に市糴する」人たちと重なり合う、弁辰との間を行き来する列島の倭人の海上輸送・交易集団も存在したと推測される。倭では、倭王を最上位に頂き、その側近である大夫・都市層、あるいは諸国の首長層が下戸層に属した輸送・交易実務集団の人たちを管理・統制する形態を取ったであろう。倭にもたらされた鉄、鉄製品はそのまま農工具、武器として使われたであろうが、やがて鉄は生活必需財としての武器、武具、馬具、工具などを作るための材料として重要性を増す。再加工のための鍛冶技術は容易に得られなかったであろう。この間に倭では各地域、各器種による差異を含みながら鍛冶炉をはじめとする製鉄、鍛冶技術や施設を技術者とともに入手するのである。

倭人による弁辰の鉄の採掘・流通に当たっては、前述の漢人、あるいは韓人の関与・協力を想定するのが妥当であろう。その経緯として、まず漢（楽浪郡）と弁辰（韓）との間の鉄生産に関わる技術の伝播・移転に際して、諸韓国で鉄の入手をめぐる覇権争いが生じた可能性がある。

二世紀末～三世紀における、韓の乱を想定するのは、弁韓南部での鉄鉱山の分布、金海鳳凰洞の防御的な環濠集落の造営、大成洞墳墓群などの鉄鋌の大量使用（出土）、昌原・城山の製鉄遺跡、義昌の板状鉄製品の出土など、金海の冶鉄関連の遺称地名、それに『三国史記』居道伝の脱解王代の居道による居漆国と于戸山国攻略の説話（鉄生産をめぐる争いの反映）が根拠となる（李賢恵 一九九八）。このような韓での社会変動は倭に伝わり、鉄をめぐる争いが倭の社会に大きな影響を及ぼした。当時、韓と倭の社会情勢は人と物資を介して連動し、韓の争乱、対立が倭に大いに作用したと思われる。

二世紀末の倭国の乱と呼ばれる事態もまた鉄素材、鉄製品の輸入ルートをめぐる西日本の首長同士の争いに起因するものであろう。玄界灘沿岸部をはじめとする北部九州諸国の首長たちは楽浪郡や諸韓国との交易、文化摂取によって社会の階層化を進めていたが、それに対抗して鉄などを入手し、分配しようとする山陰、東・西瀬戸内沿岸部、および近畿の後発的な社会の首長たちとの戦いが起ったと仮想される。つまり革新する社会とそれを引き戻して追い付こうとする後進社会とが抗争して人々と社会の動きがジグザグに展開するような平等化現象を生じたものと解される〔鈴木靖民二〇一二a〕。

争いの結果、東瀬戸内と近畿の勢力が北部九州を圧倒し、対外交流や交易の窓口である北部九州、さらに中継地である瀬戸内などの拠点を統制し、交流のプライオリティを獲得する。この拠点は人と物資の交流拠点であり、物資は鉄に代表させて理解できる。鉄の流通と同時に鉄の専門的技術者の移動によって実現する製鉄、鍛冶の技術移転が必須の前提であった。鉄素材の入手から鉄製品の生産までを管理、統制し得た首長たちは、その鉄を媒体とする再分配ないし互酬の繰り返しを通じて列島各地の首長層と人格的関係を結び、ひいては政治的ネットワークを構築することが可能になったはずである。こうした前提があって、流通機構の管理・調節を掌る地位の継承、そのほか外交権や祭祀権などの行使の継続によって特定集団の専業化・公職化が進み公権力を発生させ、その最高権者〔集団〕が王位を構成する。すなわち邪馬台国を盟主とする倭国とその王権の形成である。

韓と倭で連鎖的に起った争いとは、韓で産出する鉄の争奪であるが、それと不可分の製鉄、鍛冶技術者を配下の勢力として獲得する争いにほかならなかった。倭では楽浪などの中国系の人と、すでに鉄の技術を習得した韓人、すなわち渡来人の確保が根本問題であった。

考古学の知見によると、日本で鉄生産が特化して分業化し、近畿などに大規模な渡来人の専業集団が出現するのは五世紀以後のことである〔花田勝広二〇〇二・二〇〇四〕。六世紀末～七世紀中葉、遺跡では近畿の集落内鍛冶と寺院造営に伴う工房が存在する。製鉄の遺跡の分布の濃密な河内では、五世紀中葉以前から倭系の鍛冶集団〔倭鍛冶〕と、直接には加耶からの渡来工人である韓鍛冶〔鈴木靖民一九九五〕とがあり、後者の鉄器加工技術の導入による生産の一大画期を迎える。また倭・韓鍛冶両集団による協業によって前代からの連続性を維持することもあった。

渡来工人は王権中枢の有力首長の下で専業工房に属し、七世紀後半頃から飛鳥池遺跡の例にみられるごとく天皇または寺院（飛鳥寺）直属工房ができ、のち官営工房へと変貌する（韓国扶余の百済・王興寺跡で出土した武王の五七七年の舎利函および鎮壇具ないし荘厳具は、飛鳥寺の工房の先駆けをなすとみられる百済の工房の生産実態と性格を示唆する）。手工業工人は渡来系を多く含み、王権側に手人（手部）、才伎と呼ばれて掌握され、令制下では雑工戸（鍛戸）、伴部として金銀銅鉄の鋳造をする大蔵省典鋳司、鉄器を鍛造する宮内省鍛冶司や兵部省造兵司に属する人たちとして編成されたが、詳細は不明である。

二　文字文化・学芸の伝播と渡来人

（1）　五〜六世紀の渡来人

中国の文字、漢文の書記や読解の能力、広義の文字文化の伝来および普及も、渡来人の動向と極めて密接である。五世紀後半における、ワカタケル大王に対する奉事を刻んだ熊本県江田船山古墳出土の大刀銘に「書者」は張安であると明記され、同古墳の飾履に代表される副葬品が示す百済との関係と彼の名から推して中国系の百済人であろう。同じくワカタケル大王への奉事を記した埼玉県稲荷山古墳出土鉄剣銘も朝鮮風の文体からみて渡来人の関与した可能性がある。倭王武が宋の皇帝に送った上表文も百済系の人物が作成したものとみられている。

六世紀前半に当たる敏達朝期、高句麗が初めて倭国に使いを遣わして越に来着した時、船史の祖の王辰爾が烏の羽に記された上表を解読したとの伝承が『日本書紀』などに記される。これは『書紀』の編纂、執筆に携わったとみられる船史氏が家記によって、史部集団が伝える祖先の功績譚を反映させたものであろう。史実としては、六世紀前半、高句麗との外交に船史氏のような文字に通暁する渡来系氏族が倭の王権内で書記、外交に関与していたことを意味する。また同じ敏達朝の時代、蘇我氏の配下にあった白猪史の人物が吉備の児島（白猪）に遣わされて屯倉の田部集団の人名簿を作成させたといい、王権の支配拠点の屯倉の経営に文筆、記録、計算に長じた朝鮮系の渡来人が従事したと伝える。二つの氏はともに百済からの渡来人であり、河内に居住したが、彼ら百済系の渡来人は船とか津という職名的な氏の名称に表われるごとく、各地の貢納物や輸入物資（交易品）の輸送に伴う管理業務も行っていた（加藤謙吉二〇〇二）。彼らは、六世紀中葉以後、その書記や計算に典型的な技術、知識、文化的特性を発揮して外交や地域の拠点経営のために特定の役割を果たして、王権の支配や政治をサポートする強力な実務集団であった。王権の側も有力豪族を介してそれに依存していたのである。

同じく六世紀の継体朝、百済は王権に属していた五経博士段楊爾を倭に送り、次いで漢の高安茂に代えた。欽明朝にも五経博士王柳貴を馬丁安に代え、僧曇慧ら九人を僧道深ら七人に代え、他に易博士、暦博士、医博士、採薬師、楽人らを送った。彼らは百済の官位を帯びるが王・潘・丁などの姓からみて、主として中国系の百済人であり、倭に交代で渡来し、専門の学問や技術、技能を教授した。五経や易は『礼記』『易経』などを指すが、『論語』などの儒教（儒学）を含む思想や実践の知識・技能がもたらされ、倭王権の支配層に修得される契機を作った。五経や易、それに楽（礼楽）は古来の中国で培われた礼の秩序を基調とする学問・思想であり、つまるところ王への仕奉のイデオロジカルな根拠を提供し、王権内部の君臣秩序化を意図するものであったと考えられる。彼らは梁などの南朝から百済に来た人たちとされるが、四世紀後半の近肖古王代に「書記」を伝えた博士高興のように、元来、楽浪・帯方などから百済に移住した人もいた可能性がある（加藤謙吉二〇〇二）。つまり先住の中国人が南朝などの先進文化を摂取して百済の学問、思想、技術の基盤が形成されており、その複合した文化がさらに百済から倭に人の移動を介して伝播するという類似現象が玉突き的に認められる。それが東アジアの王権間の交流に依存して進められた点も特色であろう。

（2）七〜八世紀の渡来人

七世紀前半の推古朝期、百済僧観勒が来て暦術、天文、地理、遁甲、方術を伝え、渡来人の陽胡史、大友村主などの書生が修得した。高句麗王から五経を知り、絵具、紙墨を作り、碾磑（水臼）を造る高句麗僧曇徴らが遣わされて来た。ほかに厩戸王子の師とされる高句麗の慧慈、百済の慧聡など多数の僧侶、百済の造園師の路子工が渡来し、伎楽儛の味摩之も渡来して百済系の渡来人に儛を教えた。渡来人がもたらした先進文化を渡来系子弟が学修すること、つまり渡来人の間で学芸、技術を伝習し保持するという特殊性が知られる。六〇八年、遣隋使に同行した学生・学問僧として知られる八人もすべて大和・河内・近江に住む漢人または新漢人であった。古代王権は最新の学問や技術、技能の受容を渡来集団の伝習に委ねていたのである。

推古朝の王権は、イデオロギー戦略として隋や朝鮮諸国との自立外交と、支配層内部の官人の序列づけのために、遣隋使の派遣により仏教教理と儒教、そのなかでも礼的秩序・礼的理念の受容に目的を置いた〔鈴木靖民二〇一二〕。渡来した僧侶たちの多くは飛鳥寺をはじめとする飛鳥や河内の諸寺に居住し、仏教およびそれ以外の身に着けた諸学を王族、豪族の子弟に教授した〔新川登亀男一九九四〕。飛鳥文化の主要なセンターであった飛鳥寺の造営にかかわった各種の工人たち技術者も渡来系が多くを占めた（『元興寺伽藍縁起幷流記資財帳』）。渡来人であることこそが、特殊な学問の伝習、技術・技能の継承をスムーズに促す要件となった。七世紀前半、飛鳥を中心に広がる飛鳥文化は、王権とつながりを有しながら、六世紀の時代を承けた新旧の渡来人のもつ伝統的、あるいは最新の学芸・思想・技術・技能をふんだんに活用して継受され、定着した。その基盤が渡来人の多種多様な活動にあったことは確実である。

七世紀後半、天智・天武・持統朝の時代、百済の滅亡に伴って、百済人などが倭に渡来、亡命し活躍した。例えば大博士の許率母は五経、角福牟は陰陽の専門家であり、末士善信は書博士であった。斉明・天智朝期の高麗僧道顕（道賢）は占術により朝鮮の変事を予言し、「日本世記」を著した。天智朝期に中臣鎌足の命で唐使との折衝に当った僧智弁、沙門智祥、また新羅使を接待した沙門法弁、秦筆がいるが、彼らが外交を任されたのは、どれも渡来僧であり外国語や文章に通じていたせいであろう。唐人の続守言、薛弘格は百済の役で捕虜となって渡来、移住し、音博士となった。

六六三年の白村江の戦い以後、日本（倭）の唐との関係は疎遠になり、六七二年から七〇一年まで、遣唐使はまったく途絶え、他方でこの間、新羅とは復交後遣新羅使一〇回、新羅使二五回という頻繁な交流が進められた。新羅人が大勢渡来し、また倭の新羅留学生、留学僧も少なくなかった。唐より新羅を経て帰国するものも存在した。この人的、文化的交流を通じて、支配技術を核に据えた社会変革、国家の建設と文化の形成を進める倭に、新羅の仏教やその他の様々な文字文化が伝わり、新羅の思想や制度が直接影響を及ぼした〔鈴木靖民二〇一一〕。

七世紀後半～末期、古代国家形成期の学芸や思想分野の強化ために僧侶が多数還俗したが、そのほとんどが新羅から移住した僧か新羅留学僧であった〔関晃二〇〇九、田村圓澄一九八〇〕。新来の渡来系の人は新羅に留学した例が多いが、新羅学問僧であった還俗者とその子、また新羅留学生は帰国後新羅で修得した学芸、技能を生かした幅広い分野の官人などのポストに就いた。僧侶は仏教だけでなく、同時に新羅の多様な宗教、思想、信仰、呪法などを兼学して日本にもたらした人たちであった。

『続日本紀』養老五年条、『藤氏家伝』によって朝鮮諸国から日本に渡来した人たち、日本から新羅に渡って留学し、仏教や学問を修得した人たち、渡来僧について専門分野を伝習した人たちを挙げるなら、山田御方は新羅学問僧の沙門で文章道を専門とし、文雅とされた。福嘉は高句麗の沙門、陽胡史久爾曾はもと僧通徳で観勒に習った陽胡史玉陳の子孫であり、吉宜はもと僧恵俊で、百済から亡命した薬学の吉大尚の子、医術、儒学に長じ、方士とされた。春日倉首老はもと僧弁紀、録兄麻呂はもと僧恵燿、百済の角福牟の子で、陰陽道が専門、高句麗系か中国系百済人の高金蔵はもと僧信成、中国系百済人の王中文はもと僧東楼で、陰陽道を専門、大津連首は新羅学問僧の沙門義法で、陰陽道に通じていた、などという具合である。これらの諸学兼備の現象は彼らの帯びる仏教が日本に至る以前に、すでに中国、朝鮮で文化複合を生じていた結果であることを物語る。さらに八世紀初めに活動した文人、学者、宿儒の関連記事をみると、儒学、明経学における渡来人の多さも注目される（『続日本紀』『家伝』）。

特に目を引くのは親や祖父と子、孫が同じ学問や技能を有すること、すなわち後世の家学、家業のように親族（血縁集団）が世代ごとに次々と継承する事実である。例えば新羅人の僧隆観は還俗して本名を金財というが、沙門幸甚（行心）の子で、芸術と算学、暦学にも詳しかった（『続日本紀』）。その父親の沙門行心は天文、卜筮を解し、寄寓先の大津皇子の骨法を見て謀反を勧めたとされる（『懐風藻』大津皇子伝）。そのため縁座した彼は飛騨国の寺院に配流されたが、子の隆観は祥瑞の神馬を獲ったので、免罪されて藤原京に入ったという（『続日本紀』）。彼は天人相関思想（祥瑞思想）や儀制令の知識も持っていた。幸甚は新羅ですでに多彩な学芸、方術の類を備えており、来日後、斬新な学問、思想の体系を求める大津皇子に招聘されてその邸宅に居住したことが、大友皇子の

「賓客」になった百済人たちの例によって類推できる。平城京の大伴安麻呂の邸宅に住んで仏教を講じたと思われる新羅尼僧理願の例もある（『万葉集』三―四六〇・四六一）。

七世紀後半前後には種々の学芸や技術、技能をもつ僧侶などの渡来人は寺院にいるだけでなく、皇族、貴族の家政機関に属して外来の信仰の普及や教育に従事したり飛鳥の宮や藤原宮の官庁に出仕したりしていたのであろう。このような過程で、『論語』『孝経』をスタンダード・テクストとする明経道中心の学校制度とは別の場で、仏教やその他の学問、思想、その実践のための修法やツールである法具類が、そのスポンサーをも包摂するような一種の結社、あるいは微小な団体の性格をもって親から子へ、子から孫へと相伝されたものと思われる。これらの渡来人たちのもつ渡来文化は文字通り文化複合を体現しているのである。この文化の世襲による継承は同質性の維持と不可分の関係にあった。

学問や思想その他の特殊技術、技能を保持するのは渡来人に限らないが、彼ら、彼女らは王権や国家の統制を受け、その国家形成の一翼を担い、多くは大学寮や陰陽寮をはじめとする中堅官人として、または技術部門の工房などの工人として任用され、国家機構のなかに位置づけられたのである。

国家の支配の基本を規定した律令法の受容と渡来人の密接な関係も無視しがたい。倭国で律令の受容が必要とされる段階は、推古朝末年の遣隋留学生医恵日が中国の「法式」の摂取の必要を建言して以後であるが、現実には、七世紀後半の天武朝以降に、舶載した六五一年の永徽律令を原本に、新羅の律令受容を参照しながら、六八九年のいわゆる浄御原令の制定・頒布、次いで七〇一年の大宝律令の編纂・制定を行って唐風の体系的な法典をひとまず結実させた〔鈴木靖民 二〇一二b〕。史書に名の知られる律令撰定者は刑部親王以下一九人いるが、うち渡来系と目されるのは九人を数える（『続日本紀』）。そのうち刑部親王と藤原不比等は明法の実務者ではないので、半数以上を渡来系の人たちが占めたことになる。彼らは明法道、つまり中国の法律に明るいことはもちろんながら、中国の文章や語学、文化万般について通じていることが律令編纂を任された要因であった。彼らは渡来系氏族の出自で、生まれながらにしてそのような素養を身に着けていたか、成長してからの留学などの経験により、あるいは中国に渡らなくても中国文化に接し易い地域などに住む人文的環境にあって、専門家になったに違いない。日本古代の律令は中国法と併せて新羅の法的実態を知りつつ日本社会に適合的に制定されたとみられる。

そうした唐と新羅の両方にかかわった人物としては、伊吉博得（博徳）、白猪宝然（骨）がいる。伊吉（伊岐）氏は中国（楽浪）系百済人の楊氏であった可能性が説かれている（加藤謙吉二〇〇二）。楊氏は陽胡氏と同族であれば、七～八世紀には上述の玉陳のように学芸や外交に携わる人物が多い。伊吉の氏名は河内の居地（渋川か錦織）にちなむであろうが、伊吉氏も唐使の迎接者や遣唐使となったものが多く、陽胡氏と共通の性格を有している。博得は六五九年の遣唐留学生で百済の役に遇って長安に抑留されたのち、耽羅を経て帰国したが、この間に彼は当時の永徽律令を入手、書写し、その法制下での生活も経験したことが推測される。その後、彼は唐使の迎接、唐使の送使のあと、大津皇子の謀反に連座したが赦され、さらには遣新羅使にもなった（新羅僧幸甚と知り合いであったか）。彼は藤原不比等の右腕となったとも評されるが、唐、新羅、日本での幅広い国際的な活動と律令への造詣が浄御原令と大宝律令という二度の律令編纂に関与する原動力となったのではないか。白猪宝然も、同氏は前記した船、津氏と並んで河内（志紀）に本拠を置く百済系の渡来人の出であり、彼も伊吉博得と同時に遣唐学生として唐に渡り、捕虜となったのち帰国した。八世紀以後、遣唐使留学生は具体的な修得すべき留学の目的を抱いて渡海するので、彼らは初めから唐の律令法を学び、法典を舶載することを本来の使命としていたのかもしれない。

要するに、七世紀後半、天武・持統朝の時代に諸々の学芸、そのほか陰陽、医、呪禁などの様々な特殊技術を有する渡来人たちは国家制度の確立を目指す王権のもとに任用されて博士などと称され、専門の技術、技能に応じて組織された。僧侶たちの還俗もその過程に位置づけられる。この延長線上に、八世紀以後の律令学制、官人制の整備と制度化が結実するのである〔平澤加奈子 二〇〇七〕。

同時期の地域社会に関しても一言触れておこう。讃岐、伊予、吉備など瀬戸内海諸国では学問の広まる伝統や朝鮮半島からの五経博士招致への関与と摂取・蓄積があり、それに加えて首長層の経学受容があると推定される〔中野高行 二〇〇八〕。七世紀の最終年（七〇〇年）に那須韋提によって建てられた那須国造碑（下野）は、新羅経由で知った唐年号を用い、『孝子伝』『律』『説苑』などいくつもの儒教古典を参照して作文されている〔東野治之 二〇〇四〕。徳島県観音寺遺跡（阿波）など、七世紀中葉以後の各地の国府、郡家関連の遺跡で相次いで出土する論語木簡なども、そうした地域社会での文字文化、学問、思想の普及の様子を如実に裏づけるものであり、地域の豪族たちが拠点とする郡家は、その周辺に建立、経営する寺院と併せて、郡司子弟などを対象に学問、技術を伝授する〝学習の場〟の機能を果たしたことが推測される〔佐藤信 二〇〇六・二〇一二、平澤加奈子 二〇〇七、鈴木靖民 二〇一四〕。

三　新羅系渡来人と古代国家

七世紀後半から八世紀にかけての古代国家形成期に、新羅から仏教、学芸を身に付けた人々が多数渡来し、各分野で活躍し始めたことはすでに述べた。八世紀において唐や渤海から来た人たちも少数いるが、主に大多数の渡来人である新羅人を取り挙げて、その特質を考える。

上記の新羅の尼僧理願は六八七、八年頃の持統朝時代、新羅使の一行として渡航し、大伴安麻呂の邸宅に住んで半世紀以上仏教の仕事を行っていたとみられる〔鈴木靖民 一九九七〕。新羅の僧尼は渡来して「百姓の男女」とともに地方に移住する場合があるが、彼女のように貴族、豪族の要請によって都に住み着くこともあった。

平城京左京三条二坊八坪の長屋王邸宅にも、八世紀前半、二人か三人以上の新羅人がいたことが出土した伝票木簡によって分かる。長屋王家には金工、木工などの生産工房（所）や写経組織があったので、新羅人たちはその種の特殊技術、技能をもって作業に従事したと思われるが、内蔵寮、大蔵省、雅楽寮の下の百済、狛などを冠される類の品部、雑戸や伴部的存在の人々かとの見解もある〔東野治之 一九九四、森公章 二〇〇〇〕。長屋王家にはほかにも狛人、百済人、辛女なども居住した。彼らの職務は詳らかでないが、何らかの工人か、仏教関係に従事した可能性があり、古くからの渡来人か、新来の新羅人であろう。もし後者なら在来の伝承・保持してきた技術などをリニューアルする意味があったと考えられる。

八世紀の平城京には新羅人の画師や工匠がいた。正倉院文書によれば、新羅人（新羅）飯麻呂と新羅人伏麻呂の二人は山背国宇治郡の人で、絵画の才能をもって中務省画工司の画師となっていた。人名から推してともに画才に恵まれた兄弟であり、かつて渡来した新羅人の子孫であろう。彼らは何度も東大寺に出向して大仏殿で彩色や描画を行った。

正倉院の東大寺が所有した日本製の佐波理皿には「為水乃末」と針書きがあって、為水という新羅の人名と乃末という官位を表す。彼は八世紀前半に新羅の官営工房で金属製品の製造に関与した工匠であり、来日して東大寺写経所あたりに属したものではないかと想像される。

平城京の西市に近接する右京八条一坊十四坪の八世紀前半の工房地区の一郭にある金属器工房跡について、これを鋳造関係の官営工房と見なし、渡来系技術者の雑工人がいたとする説〔奈良国立文化財研究所 一九八九〕と小規模な私営工房の作業場兼住居と見る反論があった〔杉山洋 一九九〇〕。それに対して、出土した新羅製長頸壺片によって工房に新羅工人が働いていた可能性を述べる説がある〔千田剛道 一九九六〕。正倉院文書によると、官庁の工房の工人が皇族、貴族の家政機関や土地に出向する例や、逆に家政機関から公的機関に出仕する場合がある〔栄原永遠男・櫛木謙周 一九八二〕。官営、私営双方の間を相互に移動し合う品部、雑戸的な工人が存在するのは、古代国家に内在する家政組織的な二重性と深く関係しているためであろう。

時期が前後するが、七世紀後半の飛鳥寺に属しながら官営工房的性格をもったといわれる明日香村の飛鳥池遺跡での、ガラス制作については、鉛ガラスの素材を溶解するルツボが百済の砲弾形のルツボに酷似し、原料も鉛同位体比分析によって輸入品によったと推測されており、百済系渡来人の技術が使われたと考えられている〔高橋昭彦 二〇〇一・二〇〇二〕。この百済系の技術が八世紀以後どこでどう継承されたかは明証がない。

八世紀後半、新羅人の沙良真熊という新羅琴の名手がおり、皇族、貴族たちに教授したことが伝えられる（『文徳実録』）。真熊の沙良の姓は新羅に音が通じ、七五八年、新羅人を集めて設置された武蔵国新羅郡の人で、七八〇年には広岡の姓を授かった。彼は新羅から直接来た人か、その子孫かは分からないが、東国の新羅人社会のなかで培われた新羅琴を弾く伝統的素養、特技のために抜擢され、京で雅楽寮などに属して活動し、一時は和姓に改められた。彼は古代国家の中華思想を具現する朝鮮諸楽の一環の新羅楽を維持、運営するための人材と目されて、わざわざ本姓の沙良を名のらされて活動したのである〔鈴木靖民 一九九七〕。また、斯臈国足は特定の楽器を弾き、歌唱を行う音声に優れており、中宮職から皇后宮職の音声舎人として送られ、のち清海造に改められた。斯䔍は新羅に通じるので新羅人とみられる。

平城京には新羅人の官人も存在したことが「新羅人」と記される肩書や様々な新羅を表す姓によって知られる。また新羅の王族姓で新羅使の名にも多く知られる金姓の人物も少なくない。なかんずく注目されるのは、彼らが正倉院文書に官庁の下級の書記として文書の勘検に当り、また写経所の写経生としてみえることである。もっとも金姓を根拠にして新羅系であると判断しても、書記、筆写の仕事は下級官人のルーティンの職務であるから、新羅人の帯びる特性と必ずしも関係ないといえよう。だが、史書に「新羅人」と特記されること自体に国家が彼らを特別扱いする意図が表明されている。また写経生などには正史には見慣れない氏の名が多く、精査を要するが、新羅人などの渡来系が意識的に採用された傾向が感じられる。そのほか、二条大路木簡のうち「新羅□」とある一点は、光明皇后の皇后宮の警備の衛士、仕丁か、同宮の実務に当たる雑任に新羅人がいたことを意味する。

八世紀、平城京の仏教文化の展開に新羅文化（華厳宗を主とする仏教）が与えた影響は大きく、実際、東大寺盧舎那仏開眼会にみられる通り、新羅僧の還俗者や新羅留学の僧がそれを主導した。史料に表われる新羅人たちは貴族や官庁の工房に属し、仏画、写経、音楽などの職務についており、いずれも特殊な能力を教習、訓練の繰返しによって得なければ到達しがたい性格をもっていた。これらの新羅人のスキルは古代国家にとっても有用であり、公私の組織や工房の間で技術、技能の貸し借り、すなわち移転も容易に行い得たかのごとくである。官庁や写経所での新羅人による書記、筆写の技術重視も窺われ、少なくとも律令制施行期の古代国家の段階では、新来の渡来人として具える知識ともども文化の先進性が尊重され、活用されたものであろう。

平城京における新羅人は、地方に定着した集団規模の渡来人とは異なり、集団化を遂げることなく、既成の社会の要請に依存した（京の周辺では渡来人が集住する場合があった。同祖系譜や同族意識をもつ渡来系氏族もあった。新羅人のなかに旧の百済人なども包摂されている可能性があるであろう）。

おわりに

八世紀に入ると、古代国家の律令制下、学制、官人制の展開につれて、渡来人の渡来文化保持という特性自体が徐々に薄らいだ。しかし、それでも七世紀後半に多数渡来したとみられる新羅人固有の技術、技能、文化は国家に寄与し生き続ける面があったのは否定できない。その種の渡来系には伝統的職務に従事する負名氏と共通する性格が付与されたことを看取すべきかもしれない。

八世紀を通して、皇族、貴族たち支配層の外に対する政治的、文化的志向は、留学生・請益生派遣という一方向の交流にもかかわらず、唐に対して最も強い求心力が働いたであろう。だが遣唐使はたまにしか遣わされず唐使の来航もきわめて稀であった。唐との交流の密度は濃いとはいえなかった。現実には新羅との交流、交易が引き続き頻繁であり、渤海との交流も行われたので、政治、外交はいわばデュアル・ポリシィ、さらにはプルラリズム（多元主義）と評すべき状況を呈していた。日本に住む新羅人、新羅系渡来人の社会的なありさまも、そのような動向と無関係ではなかったと思われる。

参考文献
李賢恵　一九九八　『古代韓国の生産と交易』一潮閣（韓国）
加藤謙吉　二〇〇二　『大和政権とフミヒト制』吉川弘文館

栄原永遠男・櫛木謙周 一九八二 「技術と政治」『技術の社会史』一、評論社
佐藤信 二〇〇六 「漢字文化の受容と学習」『文字と古代日本』五、吉川弘文館
―――― 二〇一二 「古代の地方豪族と渡来人」『日本古代の王権と東アジア』吉川弘文館
新川登亀男 一九九四 『日本古代文化史の思想』名著刊行会
杉山洋 一九九〇 「奈良時代の金属器生産」『仏教芸術』一九〇
鈴木靖民 一九九五 「加耶の鉄と倭王権についての歴史的パースペクティヴ」『日本古代国家の展開』上、思文閣出版
―――― 一九九七 「平城京の新羅文化と新羅人」『朝鮮社会の史的展開と東アジア』山川出版社。本書Ⅲ―3
―――― 二〇一一 「古代東アジアのなかの日本と新羅」『日本の古代国家形成と東アジア』吉川弘文館
―――― 二〇一二ａ 「鉄をめぐる倭国と弁韓・加耶」『倭国史の展開と東アジア』岩波書店
―――― 二〇一二ｂ 「日本律令の成立と新羅」『倭国史の展開と東アジア』岩波書店
―――― 二〇一四 『相模の古代史』高志書院
関晃 二〇〇九 『帰化人』講談社学術文庫
高橋照彦 二〇〇一 「三彩・緑釉陶器の化学分析結果に関する一考察」『国立歴史民俗博物館研究報告』八六
―――― 二〇〇二 「日本古代における三彩・緑釉陶の歴史的特質」『国立歴史民俗博物館研究報告』九四
田村圓澄 一九八〇 『古代朝鮮仏教と日本仏教』吉川弘文館
千田剛道 一九九六 「出土品からみた国際交流」『古都発掘』岩波書店
東野治之 一九九四 『書の古代史』岩波書店
―――― 二〇〇四 『日本古代金石文の研究』岩波書店
中野高行 二〇〇八 「八・九世紀における大学明経科教官の特質」『日本古代の外交制度史』岩田書院
奈良国立文化財研究所 一九八九 『平城京右京八条一坊十三・十四坪発掘調査報告』奈良国立文化財研究所
花田勝広 二〇〇二 『古代の鉄生産と渡来人』雄山閣
―――― 二〇〇四 「韓鍛冶と渡来工人集団」『国立歴史民俗博物館研究報告』一一〇
平澤加奈子 二〇〇七 「律令制成立期の地方社会における官人の養成」『人民の歴史学』一七三
森公章 二〇〇〇 「長屋王家木簡三題」『長屋王家木簡の基礎的研究』吉川弘文館

5　天平文化の背景
――唐・新羅・渤海との交流

一　奈良朝外交の成立

（1）　天平文化と対外関係

およそ八世紀いっぱいの奈良時代、わけてもその真中を占める時期に、平城京を中心として絢爛たる古代文化が展開した。これがほかならぬ天平文化であり、その特色として仏教文化の色彩を濃厚に帯びていることとともに外来文化の影響もすこぶる大きかった。だいたい当時の国家のしくみの基本をなす律令制が唐をモデルとするものであったし、平城京の景観も「青丹よし寧楽の都」と謳われる青い瓦・朱塗りの柱・白い壁の殿舎が建ちならび、甍を競って聳えたつ東大寺以下の仏寺仏塔もみな中国風であった。奈良時代の日本文化の世界を代表する『万葉集』でさえ、その和歌や文意、作歌の動機などに、漢文学であるとか唐文化の影響が窺われることはすでに多くの指摘がある。漢詩集『懐風藻』については多言するまでもない。天平文化は唐風文化の側面を持っていたのである。

天平文化が官人・貴族たち支配層を主な担い手としたことも、もう一つの特色である。貴族たちは、この文化の享受者であると同時に、彼ら自身の生命を賭した遣唐使をはじめとする海外との交通を通してこれをもたらしたのであった。

天平文化を生み出す背景となったこの時代の唐および新羅・渤海との関係がどのように推移したか、そのなかで文物や人物の受容、交流がどのように行なわれたであろうか。

（2）白村江の戦以後

奈良時代の外交ないし対外関係は、六六三年の百済救援を名目とする白村江（錦江）での敗戦以後の対外関係がその前提となる。六六四年、唐使郭務悰らが来航し、その後六六七年・六六九年・六七一年（二回）と使の派遣が続いた。これに対し日本（倭）の天智朝も、六六五年、守大石らを遣唐使とし、六六九年にも使を送って日唐間の交流を復活した。

しかし、この唐使は朝鮮半島の支配を図る旧百済領の熊津都督府からの使であり、遣唐使も直接唐都長安へ赴くものではなかった。

しかも、その後六七六年、唐は朝鮮統一を進める新羅との抗争に敗れて遼東に退却すると、その使は再び来ることがなかった。日本の遣唐使も七〇一年まで任命、派遣されなかったので、日唐関係は長い空白期を迎えるのである。

新羅との関係は、六六八年金東厳らの使が来て、ただちに日本が遣新羅使道守麻呂らを任じてこれを送ったことにより再開された。以後、新羅は、日唐関係の途絶えた三〇年間に、六六九年・六七一年（二回）・六七二年・

六七三年・六七五年（二回）・六七六年・六七八年・六七九年・六八〇年・六八一年・六八三年・六八四年・六八五年・六八七年・六八九年・六九〇年・六九二年・六九三年・六九五年・六九七年・七〇〇年と連年、多い時は年二回で計二三回も来朝した。その目的も、進調（朝貢）・賀騰極（即位）・弔喪・告喪・請政（国政報告）、それに新羅・唐留学の僧や学生の送付、百済の役で唐の捕虜となったものの送付など様々であった。日本の遣新羅使は六七五年・六七六年・六七九年・六八一年・六八四年・六八七年・六九二年・六九五年・七〇〇年と遣わされ、相互の往来は実に頻繁をきわめた。日本の王権では新羅の使を朝貢使と見なし、それに答礼使をもって応えた。朝貢とは、もともと中国皇帝のもとに周辺諸国が産物を貢いで従属し、その官爵などを得て保護を受ける外交形式であり、その根底には中国が自から世界の中央に位する大国と考える中華思想があった。日本はこの中華思想あるいは朝貢国観を当時律令制の古代国家の形成過程で継受していた。その朝貢国観の根拠となったのは、六世紀半ばの欽明朝頃、新羅が加耶（加羅）諸国を服属させた事実に端を発する「任那の調」の進上に溯るらしい。七世紀になると、歴代の大和（倭）王権が新羅・百済と密接な関係を結ぶなかで、一種の外交媒体として「任那の調」と名づける産物を二国が進める儀礼が定まっていった。その実態は朝貢というよりも日本との修好を保つために先進の文物・文化をもたらす対等に近い交易であったが、『隋書』倭国伝に「新羅・百済みな倭をもって大国となす」とあるごとく、唐朝には主従関係と認め得る性格でもあった。この形式は六四六年まで存続したが、新羅は外交戦略上、唐の再侵略と日本の干渉を断つため、そのうわべだけの外交儀礼を踏襲して、日本に同調したのである。

（3）遣新羅使の役割

この時期、唐との交流を欠いたので、王権の貴族・豪族たちは外来文化の摂取をほとんど新羅に依存した。使停止以前に入唐した僧・学生が新羅をへて帰国したばかりでなく、新羅に留学したものも多く、ほかに朝鮮からの渡来者も多くいた。彼らは遣新羅使や新羅使に伴うものであり、しかも帰国や渡来の後、律令制下での仏教・医学・天文・陰陽などの専門分野を担い、学問や芸術を推進する上できわめて大切な地位を占める存在となった。こうして、新羅からの文化摂取は単に唐文化の代用に過ぎないとはいい切れない意義を有していた。

（4）新羅の日本観

ところで、日本に朝貢国視された新羅は日本をどうみたのであろうか。六四五年頃なった慶州（金城）の皇龍寺九層塔は隣国の災を鎮めるための塔であるが、その第一層こそ日本を対象としていた。また六八一年死没した文武王の陵とされる韓国東南岸の東海（日本海）大鐘川河口に浮かぶ大王岩は、日本兵撃退を念じた護国思想によってできており、それに接する感恩寺も同様で、軍事的機能も備えて創建された。降って七四二年孝成王の死に際してその遺命により遺骨を東海に散じたのも、七五一年慶州の東にできた吐含山石窟庵もその本尊釈迦如来がみおろす東海の日本賊を排除しようとする仏教的呪法によっていた。

こうして七世紀後半を前段階とし、八世紀を通して、新羅の支配層が日本に対抗意識を抱いていたことは紛れもない事実である。

この期の新羅との外交を起点として、律令制の実施とともに新羅を朝貢国に据えようとする日本の対外政策が確立する。それが時として同様に中華思想をもつ新羅の対抗心と交錯し、衝突を生じるのは必至であった。にもかかわらず使の往来がしきりに続けられるのは、一見矛盾にみえることであった。

(5) 遣唐使の再開と新羅

七〇一年久々に粟田真人以下の遣唐使が任命され、翌年渡航した。使は大宝律令編纂による法治国家の成立を唐朝に承認されることを目的としたとされる。七一七年の多治比県守らの遣唐使も、養老律令編纂のための資料収集と平城新京の造営報告に主な狙いがあったという。この再開された遣唐使は、いわば政治目的が第一にあった。同時に、遣唐使全体に通有する文化使節の使命も有していた。七〇二年の使に僧道慈、七一七年の使に大和長岡・秦大麻呂・阿倍仲麻呂・下道(吉備)真備・僧玄昉などが同行して留学し、帰国に際して典籍類をもたらしたことはもちろん、早くも唐僧道栄を伴ったことも、よくそれを物語っている。

新羅との関係は、七〇三年・七〇五年・七〇九年・七一四年・七一九年と使が来た。日本も七〇三年・七〇四年・七〇六年・七一二年・七一八年・七一九年と遣新羅使を出し、安定した交流が続いた。いちいちの細かな使命は定かでないが、日本の求めた新羅使の朝貢形式は依然維持され、朝賀の儀式にも参列する場合が多かった。

豪族たち王権の支配層にとって、この形式は国内に向けても外国から支持されていることを誇り、皇帝に倣った天皇の地位を示すために必要な条件であった。また支配層は、対外交流を通して外交儀礼の重要性を認識し、外交技術を高めることにもなった。

二　唐・新羅・渤海への航跡

（1）渤海の来航

天平年間の七三二年八月、遣新羅使が帰国するとほどなく、遣唐使多治比広成らが任命され、同日、山陰・西海・東海・東山の四道に節度使が設置された。節度使は、藤原武智麻呂を筆頭とする藤原四子政権が新羅の来襲に備えるために地方の行政・軍事の権を統括する臨時の官であった。『続日本紀』『出雲国風土記』『出雲国計会帳』によると、実際に七三四年四月まで節度使下の軍事体制が各地で着々と実施されていたことが分かる。

これ以前、七二〇年代に入ってから、日本と新羅との関係は亀裂を生じつつあった。七二一年新羅は使が放還（追放）されたが、七二二年・七二六年と派遣を続け、日本も七二二年・七二四年・七三二年と遣使してこれに対応した。ただ、新羅は七二〇年攘災の意味を込めた皇龍寺九層塔を重修し、七二二年には日本の侵寇に備えて新羅南部、都の近くの毛伐郡に城（関門城）を築いた。七三一年には新羅東岸で「日本兵船三百艘」との争いを起こすまでになっていた。

この両国間の摩擦は、東アジアの国際社会に渤海が登場したことも関連をもっている。

渤海は、六九八年の自立当初より唐・突厥・新羅に取り巻かれる困難な環境にあったが、突厥の力に支えられ、七二六年渤海北方の黒水靺鞨が唐に通じた事件をきっかけにして、七三二年山東の登州を攻め、唐およびそれと結ぶ新羅と戦火を交えた。新羅も七二一年北辺に長城を築き、七三二年四将軍を任じて臨戦体制をとった。渤海と唐との対立は七三五年頃旧に復すが、この渤海が七二七年高斉徳ら使を遣わして日本との国交を開いた。渤海使は日本と結び、特に新羅を背後より牽制することを図ったのである。七三〇年日本はその送使として引田虫麻呂ら最初の遣渤海使を遣わした。その後、七三九年渤海使は渤海道をとった日本の遣唐使を送り、毛皮・人参・蜂蜜などの「信物《しんもつ》」（産物）を進めて来た。翌七四〇年、日本は送使を付けた。こうして渤海の外交目的は奏功したのであった。

（2）新羅の離反

ところで、新羅は七三二年に使を遣わして日本に「来朝の年期」を要請し、三年に一度と認められた。節度使が停止された七三五年には使の携えた上表（国書）に国号を「王城国」と改めて退けられた。これは新羅の中華思想による王城を中心とする国といった別号であろうが、日本は勝手に朝貢外交の慣例を変えることを許さなかった。七三六年、日本から遣新羅使が赴いたが、使命を達せず放却された。そこで、朝廷では官人たちが新羅に対する敵愾心を高め、征討論さえ出る勢いであった。やがて遣新羅使が持ち込んだとみられる天然痘のため藤原四子の政権はあっけなく崩壊し、橘諸兄政権に替わった。七三八年・七四二年と新羅使は来ても放還された。遣新羅使も七四〇年・七四二年と送られたが、後者は新羅から放還された。七四三年、新羅使はまたも上表の調と称すべきを「土毛」と改めたとの理由で放逐された。新羅の日本に対する姿勢は対等である。この新羅の変化は、従前ほど日本に対する外交配慮を必要としなくなったことによる。ことに新羅は唐とその冊封下に相変わらず頻繁な交渉を保ち、七三五年浿江（大同江）以南の地の支配を公認され、翌七三六年平壌・牛頭二州を検察した。のち七四八年にも北辺を検察して大谷城など一四郡県を定めて領域を拡げ、支配を強化した。この北方経営の進展は、渤海との関係も小康状態にあったことを表わしている。

こうして日本の新羅との関係はその離反のため徐々に冷却化したが、それも七四三年の「土毛」改称事件以後七五二年まで断絶してしまう。

（3）　遣唐使と唐人たち

新羅との関係が冷却化した時期、対唐交流は活発化した。七三二年派遣の遣唐使は七三五年帰国したが、すでに述べた留学生たちとは別に、在唐の異国人を大勢率いて来た。のち音博士・大学頭などを歴任する当時一八、九歳の唐人袁晋卿や唐人皇甫東朝・皇甫昇女・ペルシャ人李密翳、それに唐僧道璿・バラモン僧菩提仙那・林邑僧仏哲など、律学の戒師を探していた留学僧栄叡・普照（業行）らの誘いなどによって渡航して来た僧たちがいた。これらの人たちは、やがて奈良時代、天平の文化・仏教界に著しい活動を開始することになる。この時の遣唐使ほど古代の文化史上に新風を吹き込んだ使はない。

入唐を決定づけた動機が新羅との関係の不調に根ざすとしても、その主要な目的は唐で栄える仏教をはじめとして、その他の世界的文化を直接摂取することにあったのは明らかである。

七四六年頃遣唐使が計画されたが中止された。七五〇年、藤原清河らが遣唐使に任じられ、七五二年出発した。使は、帰途、大使清河が安南（ベトナム中部）に漂着後唐へ戻り唐朝に仕えてしまったが、他は七五三年から翌年にかけて南島（西南諸島）を通り、暴風雨に遭い漂流同然の惨胆たる航海でやっと帰還できた。

この使に従って来たのが有名な唐僧鑑真とその弟子法進たち二四人である。このなかには安国人・崑崙人・胆波国人もおり、どれも栄叡らの要請に応えて来日した人たちである。

鑑真はすでに唐にあって受戒の大師高僧として聞えていたが、「法事のためなり、何ぞ身命を惜しまん」と、五度にわたる渡航の失敗と失明するなどの挫折にも屈することなく遂に東征したことは広く知られている。東大寺に住して戒壇を設立し、聖武太上天皇・孝謙天皇らにも戒を授けたのをはじめ、新しい戒律を伝えて天平の仏教界に大きな影響を及ぼした。また律・天台の経典や薬物、王羲之・献之父子の真蹟などの品々をもたらし、あるいは唐招提寺の建立などにも尽力し、日本文化史上にも重要な足跡を記すこととなった。

（4）新羅との争長事件

この時の使には見逃しがたいできごとがある。それは七五三年元旦の唐の蓬莱宮含元殿での玄宗の朝賀の儀式に起きた新羅との争長事件である。この日の周辺諸国の席は、日本が西の列第二で吐蕃の下、新羅のそれは東の列第一で大食（サラセン）の上にあった。そこで副使大伴古麻呂はこれを不満とし、古来新羅が日本へ「朝貢」していることを根拠に、今彼が我よりも上位にあるのは義にかなわないと主張し、唐の担当者、宦官で将軍の呉懐実に双方の席次を入れ替えさせたという。

こうした唐朝廷での争長事件はのち渤海と新羅との間にも惹起しているが、唐での席次こそは唐を頂点とする東アジアの国際社会における諸国・諸民族の地位・序列を如実に示すものにほかならなかった。

古代東アジア、さらに東ユーラシアの国際社会で朝鮮諸国が占めた地位は低く、日本はさらに低かった。新羅は唐の冊封を受けて宗属関係にあり、例年朝賀の席次も上位に置かれていたのに比べ、日本は「不臣の蕃客」に過ぎず、その使も不定期で、序列も保証されたものではなかった。唐が一度決めた席次を日本の抗議によって変更したのは、使個人の働きが成功したというよりも、日本と新羅との外交関係の事実を、唐朝も国際情勢上、否定しがたい面があったのでないか。新羅と日本との間の朝貢・被朝貢の外交秩序は実質と異なる擬制的性格があるが、この席次争い事件を通して、ともかく日本外交が望んだ対新羅関係上の優越した地位は唐に承認される形にもなったのである。

三　外来の文化

（1）舶載した漢籍

鑑真個人による経典の将来は、先年の玄昉の例と並んで知られているが、この時の遣唐使自身が多数の経典を唐から伝えたことも忘れることができない。正倉院文書の七六一年（天平宝字五）の「奉写一切経所解」をみると、大乗経二六巻・大乗論一巻・小乗経一巻・小乗論四七巻・賢聖集一〇巻・別生経九巻の詳細な目録とほかに花厳十悪経など一二巻、すべて二四部一〇七巻の経論が掲げられており、それは七五四年の「入唐廻使」の将来するところである。しかもこの使による将来は、鑑真のそれと異なってすべて初伝の経典ばかりである。石田茂作はこれを、当時、使の入唐に当って、学僧の依頼であらかじめ将来すべき経典をリスト・アップし、それに基づいてもたらされたものであろうかと考えた。

その辺の確かな事情を知ることはできないが、七五四年帰国の遣唐使こそは、前回にもまして、奈良時代の文化、とりわけ仏教界に二重の大きな贈り物をしたことになり、特筆に値する使であったとして過言でない。そして、この遣唐使は文化摂取の使命が国内支配層などの切実な具体的、現実的要請に沿ったものであること、併せて当時の日本仏教がかなり高い水準に到達していたことを示している。

こうしたことは仏教以外についてもいえよう。これよりやや時期が溯るが、七三五年吉備真備がもたらした文物の一端は、唐礼（永徽礼か）一三〇巻・太衍暦経一巻・太衍暦立成一二巻・楽書要録一〇巻・東観漢記一四三巻・測影鉄尺一枚・銅律管一部・鉄如方響写律管声一二条・絃纏漆角弓一張・馬上飲水漆角弓一張・露面漆四節角弓一張・射甲箭二〇隻・平射箭一〇隻などが挙げられ、儀礼、暦、歴史の書物だけでなく楽器・武器まであった。また正倉院文書の七四八年（天平二〇）の「写章疏目録」にも、経典だけでなく、色々な外典の書名が載っている。

経典釈文一帙二一巻・新修本草二帙二〇巻・太宗文皇帝集四〇巻・群英集二一巻・許敬宗集一〇巻・天文要集一〇巻・職官要録三〇巻・庾信集二〇巻・政論六巻・明皇論一巻・帝暦幷史記目録一巻・君臣機要抄七巻・瑞表録一巻・慶瑞表一巻・帝徳録一巻・帝徳頌一巻・譲官表一巻・聖賢六巻・鈞天之楽一巻・十二戒一巻・安国兵法一巻・軍論斗中記一巻・文軌一巻・要覧一巻・玉暦二巻・上金海表一巻・治癰疽方一巻・石論三巻・古今冠冕図一巻・冬林一巻・黄帝針経一巻・薬方三巻・天文要集歳星占一巻・彗孛占一巻・天官目録中外官簿分一巻・黄帝太一天目経二巻・内宮上占一巻・石氏星官簿讃一巻・太一決口第一巻・伝讃星経一巻・簿讃一巻・九宮（推九宮法・遁甲要）二巻

このほか七二二年より七五六年までの間に知られる外典の書目として、白虎通一帙一五巻・離騒（楚辞）三帙帙別一六巻・方言五巻・論語二〇巻・三礼儀宗三帙帙別一〇巻・新儀一帙一〇巻・漢書・晋書・文選音義七巻また三巻・文選上帙九巻下帙五巻・孝経一巻・列女伝・典言四巻・書法一巻・神符経一巻・陰陽書などが挙げられる。

これらの書目はいずれも隋または唐代の中国にあった典籍であり、儒家・雑家・兵家・天文・暦・数・五行・史伝職官・医術・礼楽など多種多様な分野にわたって舶載されたことを示している。これら以外にも『続日本紀』その他に漢籍の存在を伝えているが、ほとんどが七五〇年前後にすでに日本へ将来されていたものばかりであることは注意を要しよう。その将来の大半は、おそらく七〇四年・七一八年・七三五年・七五四年にそれぞれ帰朝した遣唐使の手によって購われ、はるばるもたらされたであろうことは疑いを入れない。

（2）律令法典の継受

日本律令が中国の律令を母法とし、それを継受・発展させてなったことはいうまでもない。その律令を記載した法典類が輸入された機会もおそらく遣唐使派遣の際にあったことは、誰しも考えるであろう。

九世紀末葉までに大陸から伝来して実在した外典のリストである『日本国見在書目録』によれば、隋唐法典は次のようである。

大業令三〇巻・貞観初格一〇巻・貞観勅九巻・僧格一巻・永徽律一二巻・永徽令三〇巻・永徽格五巻・永徽式二〇巻・永徽律疏三〇巻・垂拱格二巻・垂拱留司格二巻・垂拱後常行格一五巻・(神竜)散頒格七巻・開元(前)格一〇巻・開元後格九巻・長行格七巻・大唐律一二巻・唐具注律一二巻・律付釈一〇巻・開元令三〇巻・唐令私記三〇巻・開元新格五巻・開元格私記一巻・開元式二〇巻・開元皇口勅一巻・格後勅三〇巻・大中刑律統類一二巻

これらの法典と隋唐における法典編纂、それに遣唐使との関連をみると、その船載のありさまを読みとることができる。そこで池田温氏は、中国法典のすべてではなく、まず隋大業令・貞観初格など一、二の法典を選んでもたらしたこと、六五四年・六五五年帰朝の使が初めて永徽律令格式と律疏の法体系をまとめてもたらしたこと、七五九年の後の使は唐の法典をほとんどもたらした形跡に乏しいことなどを推測した。その後の研究で六四九年の永徽令と日本令との関連性が具体的に実証されている。したがって、永徽律令格式などが大宝律令や浄御原令の藍本となった事実は、何よりも初期の遣唐使の律令法継受に果たした意義の絶大なものであったことを示唆している。ただ、これには、法典が遣唐使のみを媒介としてもたらされたこと、六五〇年代の孝徳・斉明朝頃からすでに支配層が唐風の国家を具体的に志向していたことを前提として認めなければならないが、遅くとも五九九年の使が携えた可能性が高く、あるいは新羅・百済などの法典伝播のルートがあったことも考えられる。しかし、八世紀に入ってなおもろもろの唐の現行の律令格式や注釈までも輸入していることは、日本の律令法の運用と唐法との親密な関係を示している。

だが、こうした関係も七五九年の遣唐使以後ほとんどみられない。これは唐朝の安禄山の乱後の衰勢、そして遣唐使が専使でなく送使ばかりとなるような事態と符合している。だから、遣唐使本来の文化導入を主眼とする役割は七五四年帰国の使をもって終わったともいえよう。

(3)　正倉院と唐の文物

七五六年頃に建てられていた奈良正倉院の南・中・北の三倉には、光明皇后により東大寺に奉納された聖武天皇の遺愛品、七五二年の東大寺盧舎那大仏開眼会の際の献物や武器・武具、そのほか平時の東大寺の法会用具など、厖大な数の宝物がある。これらのなかには唐代の遺宝も多く、その大部分は七五四年以前の遣唐使およびそれに伴った留学生・僧、帰化人たちを主たる担い手として舶載されたものに違いない。当時、王権以外による渡唐はほとんど考えがたく、それ以外に日唐間を来往する商船が出現し始めるのは九世紀前葉の承和年間をまたなければならない。

半世紀をこえる中国考古学界の目覚ましい発掘成果によって、正倉院宝物と唐代の文物との関係の二、三を窺ってみよう。

正倉院には数多くの染織品を伝えるが、中国の西北、シルクロードの新彊トゥルファンのアスターナ古墓群より発見された錦・綾・麻布・纐纈・纐纈などの裂とその構図において共通する点が明瞭である。ことに変形宝相花文錦で作られた雲頭錦鞋と称する履は正倉院のものと同形式であるばかりか、その図がまったく酷似しているのに驚かされる。また一九七〇年陝西省西安市碑林区の何家村の穴蔵から出土した金銀玉石類は、かつての長安城興化坊の地に当り、その所蔵者は高宗の外孫で、章懐太子の子の邠王李守礼という貴顕であったとされるが、それらのなかに正倉院などの品との共通性をみることはたやすい。金銀とよぶ銀器に金メッキした金工品は正倉院にもあるが、何家村出土のものにも銀地の文様に金メッキしたのが多くある。とくに正倉院の金銀花盤には東大寺の所有時に刻したらしい「東大寺花盤」云々という線彫りとは別に「宇字号二尺盤一面重一百五両四銭半」という蹴彫りの銘文があって、それはおそらく舶載される以前に唐の工房で彫られたものとみられる。また何家村出土の台脚つき銀コップと同型のものは、金銅製であるが、奈良興福寺金堂跡から出土している。また何家村の杯の側面には騎上で弓を射る図を彫り表わしているが、これは名高い正倉院の銀壺に認められる。このほか正倉院の銀熏炉・銅熏炉と同形のものや正倉院の紺瑠璃杯と同工の周圏紋の瑠璃杯も出土している。

なかんづく瞠目すべきは、五枚の和同開珎の銀銭が東ローマやササン朝ペルシァの金・銀貨とともに発見されたことである。すでに郭沫若や佐藤武敏などは、七一七年出発の遣唐使が和同銀銭を朝貢品として唐朝に献じ、その一部が邠王にも頒かたれ、のちその子孫が他の財宝とともに引き継いだものであり、唐では貨幣でなく地金として、賞賜とか、洗児銭などのために用いられたのだとした。和同開珎の銅銭がかつてもとの渤海の上京龍泉府跡（黒龍江省寧安市）から一枚出土したことも知られており、もともと古代日本の銭貨がおそらく贈答品として海外との交流に用いられたさまを想像させるのである。

（４）正倉院の新羅物

七五二年、遣新羅使が遣唐使と同時に任じられ、間もなく新羅は王子金泰廉以下七〇〇余人の大使節団を遣わして久々に国交が再開される。冷却しきっていた両国の関係を、新羅がたとえ仮にせよ王子を送ってまで修好の態度に転じたのは、日本のみならず渤海との関係を顧みたためであった。朝廷の豪族・貴族たちは使の来訪に歓喜した。ところで、奈良時代の代表的絵画、正倉院の鳥毛立女屏風（樹下美人図）に下貼として使われる反古文書および正倉院や前田育徳会尊経閣文庫に蔵される一連の「買新羅物解」などと呼ばれる文書には、この金泰廉ら一行の入京後、使自身あるいは官庁が介在して新羅より将来した香料・薬物・顔料・染料・金属品・器物・調度などを多数売却している様子が記されている。この文書を検討した東野治之氏によれば、新羅の交易品には唐・南海（東南アジア・インドなど）・ペルシャなどの物産が中継・転売されているものの少なくないことが判明する。こうした品は早く天武・持統朝以前より日本へ伝来していたが、もとは新羅の使が唐から授けられたものや商船が唐の沿海都市をめぐって買得、集積していた香薬類その他の財貨を輸入したことによるものであった。さらにいわゆる新羅物には、薬物・松子（松の実）・佐波理製の鋺や盤、それに氈といった新羅の特産物が含まれていた。

このような新羅使による貿易はこの時初めて行なわれたのではない。むしろこれ以前から新羅は外交目的を達成するための狙いもあって日本と対立した時期にも珍品の贈与などが頻りに行なわれた。

一九七六年に公にされた正倉院南倉の佐波理製の加盤に付着した新羅文書は、その加盤が新羅製であり、その舶載の経緯を推測させる証拠となる。同様の例は、これまで、正倉院中倉から一九三三年発見された新羅の村落（民政）文書がある。これは新羅の官人俸禄制である禄邑の帳簿の断片が華厳経論帙（カバー）の心布に反古紙として貼られていたものであるが、文書の作成年次が八一五年のことであるとする見解が有力であり、奈良時代の舶載品として断定するわけにはいかない。

加盤に挟まっていた新羅文書も、一九三三年、南倉の匙・皿・加盤などを整理した時初めて調査されたものであったが、その後これを朝鮮の古文書らしいと論じたのは関根真隆氏であった。佐波理とは鋺などの食器を意味する朝鮮語に由来し、黄灰色を放つ銅と錫・鉛との合金のことで、その轆轤挽きの鋺を何個か順に入り子がさねにし、蓋をかぶせたのを加盤（重鋺）と称している。正倉院にはこのような加盤が全部で四三六口もあるほか、法隆寺の献納宝物のなかにも形態・作技の類似した品が伝わっている。この加盤の源流は、中国にあるといわれる。事実、これと同形の三重鋺が湖南省長沙の赤峯山二号唐墓より出土している。さらにイラン・イラクの発掘調査によってもたらされた佐波理の鋺や皿をみると、加盤の故郷を遠くペルシヤにたどることもできるようである。加盤は砂漠を往くキャラバンなどが長旅用に備えた携帯便利な飲食器だったのであろう。

加盤に付属する文書は、新羅独自の吏読で表わされ、「巴川」という地名や「永忽知乃末」という新羅人の名と官位などの記載があり、官庁（肉典、租典などか）の倉庫の畜産品の点検記録と稲穀を上納させた記録とみる説が出されている。それが反古紙となって加盤の包装の際に使われたのである。この佐波理加盤は、形状その他からみて八世紀前半に新羅の公の工房で製造され、それが日本に輸入されたものである。その輸入の機会は七五二年来航の金泰廉ら以外に考えがたい。この加盤は、東大寺の経営・維持を管掌する造東大寺司が大仏開眼会を機に使の船載品を大量に一括購入したなかに入っていた。そして、この加盤は東大寺の写経所に配られ、食器もしくは写経用具として所有されることとなった。あとのことになるが、八世紀末、造寺司が衰えると、加盤などは東大寺の羂索院双倉へ納められ、九五〇年になってそこから正倉院南倉へ移されたことが推量できる。新羅の佐波理鋺自体は七世紀末の藤原京跡でも出土しており、早くから日本にもたらされていた。

天平文化の精華というべき正倉院の宝物中にはまだほかに新羅物がある。北倉の新羅琴二張は説明するに及ぶまい。同じく北倉の花氈・色氈のなかには「行巻韓舎」云々と新羅人と官位を表わす墨書銘をもつ麻布のついたものなどが二床あり、染織物にも新羅製品の入っていることが知られている。南倉の円形と楕円形のものをセットとする佐波理匙と同形式のものが、北朝鮮の黄海北道平山、韓国の忠清南道扶余扶蘇山・慶尚北道永川北安・慶州雁鴨池（月池）など主に新羅の遺跡から出土している。正倉院の匙のうち、二本一組を墨書のある反古紙で包み、その一〇組を麻縄で編んで一束とした未使用のままのものがある。関根氏はこれも新羅物に違いないとした。南倉にある佐波理皿のなかに「為水乃末」という針書の銘のあるものが残っており、刻まれたのは日本船載後かもしれないが、新羅人名と官位を示している。南倉の金銅剪子（鋏）も、雁鴨池出土の燭台用の金銅剪子と酷似しており、正倉院のものが新羅よりの伝来品であろう。中倉には「新羅武家上墨」「新羅楊家上墨」の陽刻銘をもつ輸出用の墨がある。種々の薬帳にみえる新羅羊脂なども、確実に新羅からの舶載である。また正倉院宝物でないが、平城宮跡出土の緑釉陶器もその特徴ある型押しの花文から新羅の製品であることが知られている。

(5) 新羅仏教と審祥

これら以外にも、新羅物が伝存したことを暗示する記録は少なくない。経典についてみると、奈良時代における一切経とその伝来との関係は、石田茂作によれば、七三六年から七四〇年へかけての一つの波頭が玄昉などの注疏の将来を反映しており、つぎの七四三年前後の波頭は強いて新羅との関係をいえなくもない程度だが、それにつぐ七四八年前後の波頭は、初写において唐よりも円光・義相（義湘）・元暁・勝荘・義寂など新羅の学匠の撰述が割合に多いこと、宗派的に新羅で全盛の華厳に関するものが多いことから、新羅との交流によるとみることができる。石田はこの新羅経典の将来に関与した人物として山階（興福）寺僧でのち少僧都に昇った慈訓を挙げる。慈訓は華厳に造詣深く、審祥（審詳）について華厳講師に推されたこと、審祥について華厳を学び、恩師の学んだ新羅に渡ってより深い研究をしたことがありうること、七四五、六年ころ慈訓の名が史料に現われないことなどが、その新羅渡航の論拠である。先に述べたように、当時、日本と新羅との外交は円滑でなく、かえって最悪の事態に近かったが、そうしたなかでも独自の使命を帯びた求法僧の往還が全然なかったとはいえない。

ところで、大安寺僧審祥こそ当代の華厳教学に多大の貢献をなした名僧である。彼は新羅僧説もあったが、新羅に学生として華厳を学び、帰国して七四〇年金鐘寺（のち東大寺）で初めて講師となり、七四四年僧正良弁の請により三年間に六〇巻を講じ、のち「華厳の宗緒」と仰がれることとなった。またその所蔵する経典は名高く、しばしば貸し出されて、ようやく写経所を設け、経巻を整え出した日本の仏教界に貴重な指針を与えた。

審祥の将来した経典は、今日合計五七一巻が判明する。それによると、彼の教学全体は華厳教学を基本とし、法相教学を従として成立している。華厳は新羅僧元暁に依存しているところが多く、ついで法蔵・慧遠などに学んでいる。その将来経疏も元暁の著作が他を圧倒し、以下、法蔵・義寂・慧遠・円測・窺基・玄奘・神泰・靖邁・利明という順である。このことは、審祥が新羅にあって独特の華厳教学を打ち立てた元暁、それに義相の学派を継承しており、いわば新羅華厳の正統的立場を受けていたことになる。その教学は元興寺の厳智のような僧よりも深く、また先に来日していた道璿の唐南部における律学を中核とするものとも異質であった。この審祥の教学とその奈良仏教に占める地位について、平岡定海は、良弁なども審祥を通して新羅元暁の教学体系のほうにより親近性を示しており、それがこの時代の日本人の華厳受容の一つの態度であったと評した。

奈良時代全部の写経事業に目を向けてみると、現在知られる経典注疏者九九人中一一人が新羅学匠であり、ここでも元暁の著述の書写が四一部を数え、当代随一である。以下、円光・義寂・義相・勝荘のほか、憬興・智仁・大賢・表員・行達・明晶などのものも学ばれている。その宗派も、華厳・法相・三論・律はむろんのこと、法華の注疏にも彼らの書物が重んじられている。こうして奈良仏教に及ぼした新羅仏教の影響は軽視できないものがある。

すでにみているように、八世紀の対外関係を考えると、唐とはおよそ一〇年間隔の八回の使を主とする一方的な通行であるのに対し、新羅との使の交換の頻度は遣使一五回、新羅使二一回と比較にならないほどの大きな差がある。

この事実を直視するなら、正倉院宝物のなかに新羅物をみい出すのも当然というべきであろう。唐・南海・ペルシャなどからの舶載物とされる珍貨にも、新羅を介して移入した場合の多いことが想定される。天平文化の背景には、遣唐使を軸とする唐文化と並んで、新羅との頻繁な使の相互往来による新羅文化の伝播も深く注目しなければならない。ここにも、日本と新羅がしばしば外交抗争を起こすにもかかわらず、永く関係を持続したことの本質がひそんでいるように思われる。

しかし、この新羅との文化交流も七五二年の使をピークとして衰える。再び両国の外交はゆきづまり、危険な状態にまで立ち至るからである。

四　変貌する外交

(1)　新羅征討計画

七五三年、遣新羅使の小野田守は新羅景徳王に会見を拒絶されて還った。唐朝廷で新羅と席次争いを生じたあとのことである。そして以後二六年間遣新羅使はまったくなく、新羅の使は来てもことごとく追い帰してしまい、ここに国交の一大断絶期を招いた。

この間、両国は互いに類似した唐風政治を行っていたが、日本は他方でついに渤海と同盟し、藤原仲麻呂の主導下にいわゆる新羅征討計画を進めた。計画は七五九年に始まり、山陰・南海・東海・西海各道に再び節度使体制をしき、兵船を建造し、兵士を徴集して教練に従わせた。これは先年よりも侵略的性格の強い軍事行動であったが、七六四年一一月までには停止してしまった。

日本の渤海との関係は、当初より渤海を高句麗の後裔と見なし、渤海もそれに合わせて朝貢形式をとって行なわれた。しかし、日本は新羅に接するほど厳しい朝貢外交を要求しなかった。しかも両国間のありようを兄弟の関係になぞらえてもはばかるところなく、渤海の上表に調でなく「信物」「方物」と称する場合が多かったが、それも新羅に対するのと違って、ほとんど外交紛争化しなかったことは注意される。

渤海の使は七五二年来航した。七五八年遣新羅使の経験をもつ小野田守らが同行して渤海へ渡り、翌年、渤海使を伴って帰国した。この時初めて七五五年に勃発した唐の安史の乱とその渤海への波紋が報じられた。これにより二国は、唐・新羅の連携がないことを見込み、新羅征討のための軍事提携を策すこととなった。しかし七六二年頃より渤海の唐との緊張が解け、新羅に対する脅威も減少すると、仲麻呂政権の没落とともに征討の野望は潰えた。

それまでに、七五九年渤海使送使を兼ねて遣唐使藤原河清（清河）を迎える遣唐使が渤海経由で同行した。同じ年渤海使が来て、七六〇年その送使が日本から遣わされた。七六一年征討を協議するため遣渤海使が遣唐使とともに渤海に赴き、翌七六二年、唐のその後を伝える渤海使とともに帰還した。同年渤海使の送使が任命された。こうして新羅征討が画策された時期、日本と渤海との使節の交渉は実に盛んであった。

（2）　渤海文化の影響

七五七年の藤原仲麻呂による官号の改易は、先に唐（周）の則天武后や玄宗の代に例があるが、信部（中務）省・文部（式部）省・礼部（治部）省・仁部（民部）省・武部（兵部）省・義部（刑部）省・節部（大蔵）省・智部（宮内）省と五常の徳目と文武の字を八省に用いたことは、渤海の制に倣ったとみる滝川政次郎の説がある。渤海の律令官制では、三省の中枢、政堂省の大内相の下に忠部・仁部・義部・智部・礼部・信部の六部があった。その影響は徳目による官名が唐になく、当時の日本と渤海との友好からみて考えてよいであろう。また七六三年の遣渤海使の帰国船には、七五二年か七五九年の入唐学問僧戒融のほか、渤海に住し音声を学んだ学生高内弓（内雄）一家が乗っていた。つまり渤海経由の唐への留学生・僧に限らず、渤海留学生も存在したことが明らかである。

また渤海の日唐間における中継的役割は、遣唐使や僧の入唐・帰国の援助、唐情報の伝達など決して少なくないが、なお渤海自体の制度・文化も、新羅との関係の悪化した奈良時代後半頃より日本へ伝来・移入したことも十分考えられる。上述の正倉院宝物などの舶載品についても、渤海との関連を想定しなければならないであろう。

（3）渤海の貿易

渤海は七七一年・七七三年・七七六年・七七八年・七七九年と使を派遣して来た。七七七年渤海の入唐使が日本の「舞女」を方物とともに代宗に献納したが、これは同年渤海使が日本から連れ帰ったのをすぐさま進めたものと考えられている。とすると、東アジアのなかで渤海使来日の本質がいかなるものであり、日本の王権がどう対処していたかを垣間みることができる。日本の遣渤海使は、七七二年・七七七年・七七九年といずれもみな渤海使の送使として遣わされた。七七七年の送使は、渤海の要求で、多量の絹・絁・絲・綿など繊維製品のほか、特に黄金小一〇〇両・水銀大一〇〇両・金漆一罐・漆一罐・海石榴（椿）油一罐・水精念珠四貫・檳榔扇一〇枚を届けている。

この例に知られるように、七七一年以降の渤海の使は、国際情勢を反映して、その使旨が政治目的よりも貿易の利潤を求めることに変化を遂げたのである。渤海はこののちも一〇世紀前半の滅亡の時までしばしば来航し、日本もこれに応えて交通が続けられる。

（4）新羅との外交の終焉

日本が新羅征討を企てていた間、七五九年新羅は七年ぶりに使を遣わして来た。日本はこれを放還し、その来朝の条件として「専対の人・忠信の礼・仍旧の調・明験の言」を改めて強制した。七六三年・七六四年と連年の使も放還された。七六九年には唐の消息と藤原河清・阿倍仲麻呂らの書信を携えたので放還を免れたが、七七四年の使はまた放却された。新羅征討計画後の称徳朝でも、なお官人・貴族の間には「新羅凶醜にして恩義を顧みず」という新羅への不信感・蔑視感が残存していた。だが、それも、他面、皇族・貴族に新羅との大規模な交易を勧めるなどして、対新羅強硬外交は消極化の傾向をみせる。新羅商人の動きがみえ始め、日本を取り巻く渤海と唐・新羅関係の緩和、新羅王廷内外の混乱、唐朝の衰退などといった国際環境の変化がようやく日本にも波及することとなったのである。

七七九年、日本は遣新羅使下道長人を二六年ぶりに遣わした。これは五年ぶりの国交でもあったが、それは帰途耽羅（済州島）に着いた遣唐判官海上三狩らを捜索するための特殊、異例の使であった。同年新羅は三狩らの送還を機に使を遣わして来た。使のなかには、光仁朝の要人の邸宅に歓待され、詩文を交わすものもあった。だが、日本と新羅との公の交流もこれまでであった。

日本は最後まで新羅の朝貢を強要し、新羅使の来訪のたびに多くの文化的恩恵を受けた。新羅も外交上の得策としてそれに応じはしたが、国家維持のため、ダブル・スタンダードとでも称すべき柔軟な姿勢に終始したといえよう。こののち、両国の関係は商船の活動によって新たな展開を示すのである。

（5）唐との関係の変質

七五九年、遣唐使高元度らを在唐の藤原河清を迎える使として、唐との関係は続けられた。前述のように使は安全な渤海道をとり、渤海の援助を得て入唐した。七六一年に使は帰ったが、河清は唐に留まった。この時、唐使沈惟岳らが送使となって来着した。同年仲石伴らが遣唐使となったが、のち中臣鷹主らに替わった。この使は、唐使を送ることと唐朝の依頼で安史の乱で失った武器を補充するため弓を造る材料として牛角を集めて届けるという目的をもったらしい。だが、唐使内部のトラブルが起こり、沈惟岳らの一派は日本に帰化することとなり（のち仕官）、遣唐使も交代している間に便風をえられないとの理由で渡海を断念してしまった。

七七五年佐伯今毛人らが唐の情報収集と藤原河清の迎使のため遣唐使となった。だが、今毛人が途中帰京するなどして使人も交替し、七七七年になって小野石根らが改めて出航した。翌七七八年、帰路、第一船は藤原河清の娘喜娘、唐使趙宝英らが乗ったが、難破して石根・趙宝英らは溺死し、分断された舳は天草に、艫は薩摩の甑島に漂着した。第二船は薩摩の出水に、第三船は唐使孫興進らを乗せて肥前の松浦に、第四船は耽羅をへて甑島にと各船辛苦をなめてたどり着くありさまであった。先の海上三狩らは耽羅で虜にされた人たちであった。

七七八年布勢清直らが唐使の送使となり、「信物」を帯びて翌年渡海した。この時、藤原河清の客死は伝えられていた。七七九年唐使が来た。人数はわずか五人で、新羅使に同道した使であった。

この天平時代後半に当る七五九年以後の時期の日唐間の交流は、それ以前と明らかに異質である。まず遣唐使がすべて専使ではなく迎使もしくは送使という目的を限った使であり、求法を必ずしも使命の第一に掲げていない。唐使も、七六一年の沈惟岳らは、高元度たちの滞唐中、唐の勅使と蘇州刺史とが派遣を決めた使であり、皇帝の直接関知する使ではない。『唐書』『新唐書』にこの間の遣唐使ならびに唐使についての記載をまったく欠如することは、右の事実と無縁ではない。

こうした日本の対唐消極外交が行なわれた理由は、唐の側にもある。いうまでもなく、先に述べた安史の乱後の唐朝の衰微、そして唐の外交を支える社会・文化の変容に原因を求められよう。さらに日本の渤海との関係の緊密化も、文化を摂取する上の新ルートを拓いたことになり、しばらく貴族たちの抱く唐文化受容の欲求はこれで充足できた。それに貴族たちの航海の危険に対する恐怖心は、往日の律令制国家成立時にあったような進取の気象や国際意識と葛藤しあうことなく、次第に強まるばかりであった。こののち平安時代に入り、遣唐使は延暦と承和年間の二度派遣されたが、日唐関係の主役は、新羅との関係と同様に、もうほとんど唐商人などの市船に委ねられるのである。

参考文献

石井正敏二〇〇一『日本渤海関係史の研究』吉川弘文館
石田茂作一九三〇『写経よりみたる奈良朝仏教の研究』東洋文庫
李鎔賢二〇一二「佐波理加盤付属新羅文書の検討」『日本古代の王権と東アジア』吉川弘文館
木宮泰彦一九五五『日華文化交流史』冨山房
木村誠二〇〇四『古代朝鮮の国家と社会』吉川弘文館
河内春人二〇一三『東アジア交流史のなかの遣唐使』汲古書院
遣唐使船再現シンポジウム編二〇一〇『遣唐使船の時代』角川選書
酒寄雅志二〇〇一『渤海と古代日本』校倉書房
鈴木靖民一九八五『古代対外関係史の研究』吉川弘文館
――――二〇一一『日本の古代国家形成と東アジア』吉川弘文館
関根真隆一九六九『奈良朝食生活の研究』吉川弘文館
陝西省博物館文物管理委員会ほか一九七三『中国文化大革命期間の出土文物』中国国際書店
東野治之二〇〇七『遣唐使』岩波新書
拝根興二〇一五「使者の往来と唐代東アジアの文化交流」『専修大学古代東ユーラシア研究センター年報』一

浜田久美子　二〇一一　『日本古代の外交儀礼と渤海』同成社
平川南　二〇一〇　「正倉院佐波理加盤付属文書の再検討」『日本歴史』七五〇
堀池春峰　一九八三　『南都仏教史の研究』上、法藏館
森克己　一九五五　『遣唐使』至文堂
森公章　二〇一〇　『遣唐使の光芒』角川選書
米田雄介　一九九八　『正倉院と日本文化』吉川弘文館
李成市　一九九七　『東アジアの王権と交易』青木書店

Ⅳ　古代日本の信仰と東アジア

1　東アジアのなかの古代日本の神信仰と仏教

一　神観念・神信仰と外来信仰

（1）神観念と仏教

日本における外来信仰の最も大きなものである仏教と神信仰の関係について、いわゆる「神仏習合」は仏教が日本の神信仰を包摂した例であり、それは仏教が国家的、民族的な宗教の特色である排他性の強い宗教でなかったからであるとされる〔菅原信海 二〇〇五〕。これは仏教史の側から仏教の世界性、普遍性を説くものであろう。しかし仏教の性格がそうであるとしても、日本の神信仰は日本列島固有であるが、固有性とは一般にフレキシブルであり、排他性が強いということはなく、むしろ融合性に富んだ信仰であるとさえいってよい。「神仏習合」は当初から仏教が包摂したり、優位にあったりしたとは決していえない。

仏教の信仰とは別に、「国神」とは異質なものであると認識された外来神の信仰自体も受容され、信仰の対象となる（仏教の仏も『日本書紀』には「蕃神」と表現して外来神として描かれる）。八幡神の起源は、朝鮮半島より渡来人によって伝えられた新羅の神であるとの見解が早くに唱えられており〔松前健 一九七九、田村圓澄 一九八六〕、なかでも宇佐八幡信仰は、それが宇佐の土地神と混交して形成されたと考えられている〔中野幡能 一九七六・一九八五、飯沼賢司 二〇〇四〕。やがて東大寺とも関係をもち、護法善神の主導的役割を担うこの八幡神の素性は記憶に留めておくべきであろう。

より確かな例は京都の八坂神社であり、『八坂郷鎮座大神之記』〔『八坂社旧記集録』〕によると、斉明二年（六五六）、朝鮮より来朝した調進副使《ママ》伊利之使主が新羅牛頭山に鎮座するスサノヲノ尊の御魂をもたらし祀ったと伝える。明らかに朝鮮渡来の神を祭り、その信仰が受容され、伝播して広がることを示している。もっとも牛頭天王がスサノヲノ尊であるという言説は、一〇世紀前半の延長年間に日本古来の神を祀った社として主張したかったこと、御霊信仰によってスサノヲは祟り神として崇められたことによるという〔菅原信海 二〇〇五〕。

固有の信仰は外来の信仰や宗教との接触・受容に際しては、その影響を受けて、政治、宗教にわたる自立運動を起こす場合がある。そもそも六世紀の仏教公伝の時に、『日本書紀』にはその崇拝の是非をめぐる激しい政治的争いがあったと伝え、それがたとえ編纂段階の道慈による潤色があるとしても、外来文化や思想の摂取に当っては大和（倭）王権のような公権力のあり方と無関係ではなかったことが想像できる。特に七世紀後半以後になると、豪族たちが一族、氏集団の精神的結集や家産維持のための信仰拠点としての氏寺のレベルとは別に、仏教は公権力（王権）、国家の進める宗教・祭祀統制（国教化）、政策と深く関連して、その強固な教理や明晰な理論基盤のゆえに支配イデオロギーとして無視できない存在となった。したがって、のちにいう氏神（祖霊）崇拝は仏教の併用、時には仏教との対比（対峙）が不可避であった。そうした時々の公権力ないしその政治は、地域社会の豪族ともども日本列島内外の区別をも強く意識せず受容した仏教をはじめとする諸種の外来信仰、宗教、思想を包み込んで「習合」する上で大きな役割を果たした。公権力に連なる人たちが仏教との接触によって初めて、神信仰を固有信仰として自覚したともいえよう。

公権力との関係は不明であるが、八世紀の社会を反映した『日本霊異記』中巻五の「漢神の祟りに依り牛を殺して祭り、又放生の善を修して、以て現に善悪の報を得し縁」には、摂津国東成郡撫凹村の豪族層における医薬方療、卜者（神）、放生の業、すなわち神仙思想、固有信仰、仏教のない交ぜの信仰状況のなかで蘇生した人物の説話を通して三宝（仏教）の優位性が説かれている。つまりこの複合的で重層した信仰により一体となったハイブリッド（混交・複合）な観を呈する状態を、のち往々にして列島の古くからの固有信仰と見なしているのであり、したがって、仏教受容後における列島独自の神観念、神信仰の純化された姿の追求、神に対する自然発生的な固有信仰の不変性などの歴史的実在は疑わしく、実際、その抽出が困難になっていたことが推測される。

もともと「神」と表現される観念は中国、さらにインドに溯るものであり、日本古代では『類聚名義抄』に「神」字をアヤシと読ませるように（敏達一二年紀の古訓に神謀の語をアヤシキハカリコトとある）、霊妙な、偉大なというのが原義であった。それが特殊な「神」の意義を帯びることについては、例えば、宗教学の原田敏明は奈良時代にも『万葉集』に見られる「神」の語は宗教観としてナチュリズムの段階で、個性の少ない非人格的な神であるとするが（原田敏明 一九七九a・一九七九b）、また『日本書紀』で神の名を「命（尊）」と書くのを『古事記』では「神」と書くことに注目し、皇室の根源を宗教的に神秘なものにしている、あるいは時代が新しくなるのに従って神名が「命」であったものも次第に「神」になって行った傾向をみている（原田敏明 一九七二）。

これは自然物神や土地神というよりも、記紀神話のなかの神、人格神についての一面をついた言及であるが、仏教の普及に対応して神観念も「進化」することを暗示する。仏教の「神」のほかに、七世紀後半、東国の不尽河（富士川）周辺で行われていた虫を祭る「常世の神」の信仰も、富寿を祈願する中国道教の系譜を引くとされるが（下出積与 一九五八）、在地の神信仰に王権側の秦河勝が注目するというものであった（皇極三年七月条）。「神」や「神道」の語は、『日本書紀』成立時でも、中国でそうであるごとく必ずしも特定の在来の霊魂に対する称呼ではなかった。

よく知られる通り『日本書紀』用明天皇即位前紀に「天皇、仏法を信じ、神道を尊ぶ」とあり、孝徳天皇即位前紀に「（孝徳は）仏法を信じ、神道を軽んず」とあり、大化三年四月壬午条の分注にもみえるが、『日本書紀』編纂段階において、「神道」は仏法との対比で捉えられている。この用字は用明・孝徳朝期での史実を裏づけるものではない。この「神道」の語は、津田左右吉などにより中国典籍では易の観卦の象伝を初見とし、道家思想、仏家の道などを包含する語であり、道教成立以後に種々の呪術や仙術の類や宗教に対する語を応用したもので、『書紀』編者が初めて使ったとされるが（津田左右吉 一九四九・一九五〇、村岡典嗣 一九五六）、まだ古代では後世のように宗教としての体系や理論を備えるものでは全くない。

しかしこれだけでは列島本来の「神」の起源を説明するには不十分である。『日本書紀』敏達十年条には蝦夷の首長綾糟が大和王権に服属する泊瀬川での禊の儀礼で、三諸岳（三輪山）の前で誓約に際して「天地の諸の神及び天皇の霊」に子孫の生殺与奪を託すと述べる。これも『書紀』成立時の観念、意識を表すであろうが、三諸岳に依る天地の諸神と並んで、天皇霊が挙げられるのは、崇仏論争に当たって、「国神」が物部、中臣両氏の祖霊神である神を指すといわれるように（田村圓澄 一九六九）、諸神には豪族たちの祖霊（祖先）神が大きな比重を占め、その代表として後述の最高の祭祀権者と位置づけられた天皇の祖霊が並列されているものと解される。同十四年条の蘇我氏が病に罹ったことに対して、卜者（卜部）が「父の神を祭祠」せよと述べる「父の神」も実は

「仏神」を指すのであるが、祖先が祭祀する神という理解で共通性がある。

日本に「仏神」が入ってきて、日本列島の在来、既存の、おそらく特殊な畏怖すべき自然物自体か、それに憑き、祖霊に根ざす人格神や守護神を含む呪術宗教的行為の対象となる「カミ」が中国などの宗教思想上の「神」観念の普遍的な語彙表現に結び付くことに気づかされ、重ね合わせたのは間違いないであろう。

さらに古代の文学には様々な「神」が表れるが〔森陽香 二〇一六〕、記紀や『播磨国風土記』『肥前国風土記』『筑紫国風土記』逸文にみられるように往来する人を殺害する「荒ぶる神」がある。これも元来、地域的、世俗的で、主に境界などの自然物神に対する性格として付与された観念であろう。また近年、神道史研究の岡田荘司氏は『日本書紀』孝徳天皇即位前紀、斉明天皇七年条などの神社の木を伐ることにより、神が天皇に祟るという記載に注目し、天皇に祟る地方の神の管理が、七世紀以後の天皇―国司―神職―神（神社）の間を循環する祭祀体系を構築する大きな契機となったことを強調する〔岡田荘司 二〇〇五〕。

初期の「祟り神」の思想は「荒ぶる神」の変型であるともみられるが、天皇が古代国家の確立過程で最高祭祀権者となることにより、当然、祟りや荒くれを祭って鎮める責任を負うべき、イデオロギー上の機能を必須とする最高首長の立場に位置づけられて意識されたのであろう。『風土記』の伝承で、荒ぶる神を鎮めるのもまた地域の首長や天皇の使であった。

それ以前に溯ると、三世紀、日本列島には「鬼道」つまり、諸韓国でいう「鬼神」を祭る最高首長卑弥呼の行為があり、また卜骨すなわち太占により吉凶を知る呪術行為も習俗としてあったことが『魏志倭人伝』の記載に確かめられ、著名である。「鬼道」の実態や性格は不明であり、神託を聞くシャーマニズムという説があるものの、実際は農業神を含む数々の複合的な神信仰の外面化された姿を捉えたものの総称と考えられる〔鈴木靖民 二〇一二）。これが列島の「神」を映し出した最初の文献であり、いわゆる太占の記述も表現に中国的な文飾があるにせよ、神意を窺うとされる。焼かれたり、ひびが入ったりした卜骨は弥生時代の各地の遺跡で実際に出土する。ともかく、「神」の信仰は早くより多義的な内容を包摂している。

外来の宗教や信仰自体、すでに道教などの他宗教および多重信仰の要素や個性が付加されている。仏教学では周知のことに属するが、インドで仏教はそれ以外の宗教の神々が取り入れられて、仏法を守る神とされた。インドの歴史は古く、仏教が興る以前に少なくとも三〇〇〇年の歴史があり、その時期に行われていたバラモン教とそれに反対する様々な思想家たちにはいわゆる沙門の実践法があり、仏教はその成立過程で、それらの宗教の観念と固有の神々を少なからず摂取して仏法の守護神に変えた。四天王や毘沙門天、帝釈天、吉祥天、弁才天、鬼子母神、金剛力士などの数多くの天部、薬師如来の周囲を守護する十二神将に代表される神将である。この護法神は仏とともに中央アジア（西域）を通って中国、朝鮮半島、そして列島に伝えられた。

（2）中国・日本の固有信仰と仏教

仏教が中国で道教など他宗教との習合を行って発展を遂げ、中国化されたことは、日本では吉田一彦氏（吉田一彦　一九九五）や増尾伸一郎（増尾伸一郎ほか編　二〇〇二）などが論及している。実際、私が中国で調査した際にも、その現代に生きる実例をいくつか実見した。

日本密教の根幹をなす天台宗の本山たる中国江南の浙江省杭州市の浄慈寺は、後周の広順二年（九五四）創建され、平安・鎌倉期の日本天台僧成尋や道元、高麗初期の義天をはじめとする僧侶たちが多数学んだことで、日本・高麗などの仏教に影響をもった。二〇〇五年以来私はたびたび調査に訪れているが、現在もなお、その伽藍の柱の装飾などには、道教のトリックスター済公などのレリーフが彫られており（道教研究者の浅野春二氏の教示）、またその裏山は南屏山慧日峰下に当たり、蓮華洞一帯には巨岩に洞穴が掘られ、三聖仏を磨崖仏として彫って安置し、「罽中天空」と称する仏堂がいくつも設置された形跡を残す。この宗教的営為や信仰装置、施設自体は、中央アジアから中国、東アジア各地に広がる石窟寺院、洞穴信仰の系譜に連なるであろう。道教の洞天も関係するに違いない。この寺院自体の造営は唐代以前に遡らないが、石窟寺とは仏寺の一種であり、石刻、塑像、壁画などを内容としており、その由来はインドにある。

中国の石窟寺は四世紀頃に始まり、五つ以上の様々な建築形式に分類されるが、石窟の彫塑は隋唐代を全盛とする〔羅哲文ほか 二〇〇五〕。その石窟壁画には、中国元来の伝統の東王公・西王母などの道家思想、神仙霊異や儒家思想の忠孝の物語が含まれる点が注意される。ただし道教の石窟は仏教よりも遅く、仏教石窟を借りて開鑿した可能性があるとされる。例えば、四川省の北宋ないし南宋に始まる大足石門山および大足南山の摩崖造像は一山に仏教と道教の民間俗神の造像が集まり、道教造像が仏像の儀軌と表現手法を襲っているとされる。仏道二教の相互の関係をビジュアルに示すものである。

私が二〇〇六年以来調査してきた山西省の五台山は中国四大名山の一つであり、古代以来日本僧の霊仙、円仁、恵萼、奝然、成尋など多くの僧侶、新羅の王子、僧侶の慈蔵たちの一行をはじめとする外国の人々が山塊の寺々を求法巡礼し、修業した聖地でもある。彼らは文殊菩薩信仰をはじめとする経典、仏像、袈裟、舎利、法器などを満載して帰国したのである。五台山仏教が日本、朝鮮半島の仏教思想に与えた影響はもっと重視されるべきである。この五台山でも現在、例えば仏母洞は内外両洞の間に楕円形の直径二八センチの小石孔があり、釈迦が摩耶夫人の母体から誕生する様子に吻合するとされ、煩悩除去などの信者を集めるが、もとは奇妙な形姿の石洞に対する信仰に起源がある。海抜二二〇〇メートルにある秘密寺は秘魔岩上の主要寺廟で、創始は北斉ないし唐に溯るが、龍洞に潜む五〇〇種の神龍に文殊菩薩が修行を命じた所との伝説がある。どれも仏教が巨岩や岩穴の信仰と一体になっている。

なお、高句麗では『三国史記』泉蓋蘇文伝に、七世紀後半の泉蓋蘇文の執政の時、中国では道儒仏の三教が並行しているのに高句麗では道教を欠くという理由で唐に遣使して道士と『道徳経』を賜り、浮屠寺を取って館を建てたとある。つまり高句麗でも、仏教寺院を道教の道観に変えたケースが知られる。

これらの石窟寺などの始原は、巨視的にいえば東アジア各地にあった巨石・巨穴信仰、日本でいう磐座・磐境信仰、洞穴信仰などに共通する淵源があることは想像にかたくない。

『後漢書』高句麗伝および『三国史記』祭祀志によると、高句麗の都（国内城）の国東には大穴があり、その隧神信仰（隧の字を禾に遂の誤りと解して、歳神、すなわちのこととする三品彰英の異説がある）があって一〇月に迎えて祭るといい、韓国の百済の都のあった扶余には洞穴にちなむ百穴寺という寺院がある。二〇〇三年の韓国における私の調査でも、全羅北道扶安の黄海の絶壁に面する有名な竹幕洞遺跡は、日本の古墳時代に並行する三国時代の海水の打ち寄せる巨岩の断崖絶壁に宿る神に捧げ物をして祈願する在地の航海祭祀の跡であり〔韓国全州博物館編 一九九八〕、現在も水神堂があり人々の信仰が続いている。

また韓国では山中の寺院の伽藍の奥や一隅に、自然物神の山神を祀った山神閣という小殿がある場合が少なくないこともよく知られる。山神閣は道教の北斗七星を祀った七星閣と並んで高麗末期頃に仏教に取り入れられたというが、新羅以前に溯る可能性も十分ある。全羅南道霊岩の月出山祭祀遺跡では新羅時代の山岳信仰の跡を示す土器などの遺物が出土している〔木浦大学校博物館編 一九九六〕。月出山は後述の統一新羅時代、国家によって祭祀の対象となる中祀五岳の一つである。なお、朝鮮における道教経典の伝播は、高句麗では建武王（栄留王）の時に唐の道士が天尊像と道法を伝え、王らに『老子』を講じたといい（『三国史記』建武王七年・八年各条、泉蓋蘇文伝に通じる）、新羅でも、上述の説とかかわって、七世紀前半から半ば、孝成王の時に唐使が『老子道徳経』等の文書を王権に与えたとされる（『三国史記』孝成王二年条。〔増尾伸一郎 一九九八〕）。

中国では、山西省の五台山の南方の定襄県留暉の洪福寺は南宋以前に始まり、現在も正殿、聖母楽亭、天王殿、二郎廟、恵応聖母廟、伽藍廟、閻王廟、関帝廟、観音廟、龍王廟などがあり、仏殿だけでなく、多彩な神々を祀るが、特にすぐ東に聳える七岩山の恵王聖母（七岩娘娘）という女神を祀る民間信仰が大きな比重を占めている。同名の洪福寺は同じ五台山の南方に位置する七岩山の西麓付近にいくつも分布する。また二〇一四年に訪れた陝西省西安市南郊の終南山北麓の入り口の天子峪にある、北斉から隋唐宋に栄えた三階教で知られる百塔寺では、堂宇の裏庭に聳え立つ公孫樹の老木が「南無薬草樹木神」と名づけて祀られている。

日本では、例えば宮崎県の日南海岸に面した鵜戸神宮や『出雲風土記』出雲郡条の宇賀郷の「黄泉の穴」という窟戸に対応するとされる島根県平田市の猪目洞窟なども、そのプリミティブな姿の典型ではないか。千葉県館山市の那古観音は舘山湾の海辺の山岳寺院であり、千手観音が山上の岩窟の祀られるようになったことが縁起に記されるが（『安房国補陀洛山那古寺縁起』）、現在も岩窟に八大竜王を祀っている。航海安全の祈願に結びつく竜神信仰に仏教の観音信仰が加わったものと考えられる。後述の大分県宇佐八幡宮は神宮のある亀山の東南六キロにある大元山（御許山）の山頂の三カ所にある巨石の信仰に起源をもつ。これらの巨石に憑依するとされる神に女神の神格が与えられたのであろう。沖縄諸島各地の巨岩や岩陰を伴う御嶽についても、留意すべきである。

日本天台宗の源流、中国台州の国清寺などがある山中とは台州盆地を挟んでその反対側に位置する赤城山は、赤山信仰に起源があると見なされるが、国清寺に先行する天台宗の揺籃の地である。現在も独立した山岳の頂上や山腹の随所に寺院、道観（道士廟）、済公の廟が点在し、僧侶や道士、女道士など信仰に生きる人々が自立して生活する。自然物崇拝、仏教、道教信仰が長年並存する代表例である。

ついでにいえば、日本古代には川神の信仰があったことは考古遺物によって論証される〔亀井正道 一九八四〕。『日本書紀』によると、皇極元年（六四二）、旱魃に際して村々の祝部の教えによって、牛馬を殺し、諸社の神を祭り、あるいは頻りに市を移し、あるいは河伯を禱るなど、雨乞いのために道教的行事を含む様々な祭祀を行ったと記す（中国風の表現がある。また同時に、寺院で菩薩像と四天王像を厳飾し、僧侶を屈請して大雲経などを読ませている）。前述の通り、同じく皇極元年、天皇が祈雨を行った南淵には飛鳥川が曲流して渦巻く地点に鎮座する延喜式内社の飛鳥川上坐宇須多伎比売神社があり、実際、渦滝媛の意の水の女神を祭ったと解される〔和田萃 二〇〇六〕。

記紀神話では、神武天皇の母の玉依姫は海童あるいは海神の娘とされる。この河伯信仰は文献、金石文によって中国や高句麗にもあることが確かめられるが、先に調査した中国山西省の黄河下流およびその支流の流域には、現在も要衝に位置する磧口の黒龍廟をはじめ、河神廟が各処にあり、それは古代に溯るとは限らないが黄河の大洪水とかかわって祀られていると推察される。また一九八九年発掘され、同省の蒲津古渡博物館に陳列される唐開元一二年（七二四）に建造された四頭の大鉄牛と牛を牽く鉄人も、鉄山、鉄柱も盛唐期の強勢を誇示すると同時に、もともと黄河の鎮定、すなわち人智と自然との対立・超克を象徴する重厚な宗教的モニュメントでもあった〔魯順民 二〇〇四〕。これらは日本古代の出雲神話の八岐ノオロチ伝承に斐伊川の氾濫との関係ないし土地開発事業の反映を説く考えを直ぐに想起させる〔森田喜久男 二〇一四〕。池の信仰にちなむ神社としては、例えば宇佐八幡宮にかかわり深い中津市の薦神社がある。

中国大理市博物館所蔵の南詔の中興二年（唐光化二年、八九九）画巻の洱海図に、「河神は玉螺、金魚有るなり」として河神を図像化して示す例がある。

日本古代の神信仰およびその周辺にある仏教にも、道教的信仰や陰陽道その他の要素が認められる。国家から護国の役割を請け負わされつつも自立を目ざした平安時代仏教の宗派の実践者の思索をみると、九世紀初めの延暦年間、唐に請益僧として短期留学した密教の求法僧最澄が台州・越州で求得、書写した経典類のなかには、道教書と思しい「真人集一巻」が含まれる（『伝教大師将来越州録』）。その最澄は『叡山大師伝』によると、もともと大比叡明神（大宮、大三輪明神）、小比叡明神（二宮、大山咋神）という比叡山の地主神への神信仰を持っていたとされる。彼は入唐前に宇佐八幡宮などに無事を祈願している。

真言僧空海の出家宣言書というべき『三教指帰』の「虚亡隠士論」、それに『秘密曼荼羅十住心論』には、仏教を最上の宗教であることを他宗教との優劣論により主張するが、儒教とともに道教に対する並々ならない造詣の深さが窺われ、それが彼の在唐以来の習得、研鑽の結果であることが推定される。承和の遣唐使に請益僧として随行した延暦寺僧の円仁が航海の無事を多くの神々に祈願することと、それにも増して、彼の山東の赤山法華院滞在を機に地元の赤山信仰が日本に将来され、伝播されたことが注目される（『入唐求法巡礼行記』）。これは中国の山岳信仰を赤山明神として創設したことをはじめとして、その後、日本内部で変容、展開することは、日本の信仰史上でも知られた最も顕著な事実である（宮地直一 一九七五、荻野三七彦 一九六四、塩沢裕仁 一九八八、山本ひろ子 一九九八）。

二〇〇二年末以来、私は何度も山東省栄成市石島鎮に赤山法華院の跡を尋ね、背後の赤山山頂まで登頂し伝説を探るなどした。現地の研究者の張峡氏の教示などによると、赤山信仰は山腹の巨石や奇岩群には現在も仏教にちなむ名が付くが、そのうち紅門岩を中心とする山岳信仰にもとがあったと思われる。円仁の『入唐求法巡礼行記』には何ら記されないが、唐代の新羅人の集う赤山法華院には仏教のほか、赤山に対する信仰も並存したのかもしれない。円仁たちがそれを目にした可能性もあるが、『行記』にみえる彼の赤山での関心事は仏教の信仰、特に儀式にあった〔山崎雅稔二〇一五〕。

こうした日本古代の宗教のなかでの神信仰のあり方に関しては、中国、朝鮮半島の例を挙げるまでもなく、早くに古代史研究の西山良平氏が「古代の宗教はそれ自体が一個の全体である。神事や仏事・陰陽は相互に融解し、古代宗教に転生する。したがって、古代の宗教を個別に分解するのは、実際に不可能である。神事や仏事・陰陽は、それぞれの要素の濃厚な「諸部分」である」〔西山良平一九九六〕と論じているのは的確な指摘である。

要するに、少なくとも一〇世紀頃までの東アジアのなかの日本の固有信仰、在来信仰はむろん神信仰と称して差し支えない。しかしその信仰は常に山野河海や森林、時には災害などを含む自然環境や日常生活と密接な宗教的環境とかかわり、政治的、社会的、経済的インパクトを受けるなかで、主として仏教伝播以後の外来系の諸種の信仰、宗教、思想などと関係をもち、それらが混在したハイブリッドな構造や実態、ないしその要素を包摂するものとして形成、発展したと理解すべきである。同時に常に固定的で特殊な神があるわけではなく、信仰内容も可変性をもつと考慮しなければならない。神信仰は仏教とのセット関係によってその形を鮮明にするのである。

その古代における典型が「神仏習合」にほかならない。神仏習合は鎌倉時代に一般化する神仏を本迹関係で結び付ける本迹思想を基本とする。したがって冒頭に述べた通り、その語には特定の後次的な仏教優位のニュアンスが付与されており、それ以前においても当然ながら様々な信仰が複合、混合しているとみられるが、王権・国家の支配にかかわる神仏の関係は必ずしも容易に一体化を遂げておらず、あるいは神仏共存とでも呼ぶほうが妥当かもしれない。

六世紀の百済からの仏教公伝の際に王権内部で仏の崇拝をめぐって論争が起こり、仏像・仏殿の破却などがあったことは『日本書紀』欽明天皇紀によりよく知られるが日本の特殊性ではない。新羅でも『三国史記』法興王十五年条の仏法肇行の記事などに、類似した王の近臣異次頓の殉教の故事が知られる。しかし上述のように『日本書紀』編纂時の仏典援用による造作、潤色説があることを考えると、六世紀の事実か否かは確認しがたい。おそらく東アジア通有の仏教受容に伴う仏教側による最初の法難説話の類型として捉えるべきであろう。

日本の場合は百済の軍事援助要請をめぐる王権内部の争いという政治的な背景があるが、自然物神や祖霊神の信仰のような在来信仰と「異神」としての仏教信仰との相克が、どこでも初めから共通して現れる。ただ、双方の信仰は相容れないのではなく、共存し重層し、あるいは包摂したところに神仏共存、混交の軌跡や淵源がすでにみられるのである。

二 神信仰の展開と仏教信仰

(1) 神信仰の複合の端緒——天武朝前後

「神仏習合」の現象は、神信仰の位置を表すとともにその性格の変化を意味する。古代史研究の吉村武彦氏は、『日本書紀』には六世紀の仏教受容後、七世紀半ばの推古朝あたりから後葉にかけて、飛鳥の王宮での仏事のほか、蝦夷・隼人・多褹人などへの服属儀礼に小墾田宮の南庭の須弥山のような仏教的施設が用いられ、七世紀半ば過ぎの斉明朝になると、飛鳥寺の西の広場で神の降臨する神聖な槻の木の下で仏教的行事が行われたとあることに、神仏習合の端緒的現象が出現したと認めている〔吉村武彦 二〇〇六〕。

推古朝における仏教をはじめとする中国の隋や高句麗、百済の思想・文化の積極的導入が神信仰にどのような影響を及ぼしたかは、文献にはほとんど窺い知られない（『書紀』推古十五年条に天皇以下の神祇の礼拝を記すが、『詩経』や『尚書』による『書紀』の造作である）。推古十年条に百済の僧観勒が暦、天文、遁甲、方術の書をもたらし書生に教授したとあるのは、外来の仏教には多様な思想的技能、技術などの諸学が付随して摂取されたことを物語る。

その後、七世紀後半の壬申の乱（六七二）後、天武朝の時代は神仏関係、神仏共存の淵源、展開にとって重要である。『日本書紀』天智十年（六七一）条に、天智朝末期の内裏での仏像開眼、大海人皇子の出家のあと、大友皇子が内裏の仏前で詔に違えば「天罰を被らん」と誓盟したのを承けて、左右大臣たち五人も「もし違うことあらば四天王打たん、天神地祇誅罰せん、三十三天、この事を証め知しめせ」と誓盟したと記す。危機に立つ王権の中枢は神仏双方に対する誓約して解決を図るが、この形を取った背後には、おそらくこの直前、一〇月に来朝し天智の没後の一二月に帰国した新羅使金万物らの示唆、働きかけがあり、すなわち後述のように新羅王権の仏教のインパクトが関係するであろうと思われる。

さらに天武紀によると、天武朝での天皇自身や貴族層の陰陽道、道教的信仰、その直前の壬申の乱の時の地元豪族の意を受けたであろう伊勢神の望拝、それに祈年祭、新嘗祭、龍田風神、広瀬大忌神などの大和中心の民間祭祀からの王権レベルの公的祭祀への変化、ことに大嘗祭の即位儀化、大祓の重視、諸国の天社地社の社殿の修造令、吉野宮での草壁皇子以下六皇子の「天神地祇及び天皇」への誓約が矢継ぎ早に行われている。加えて、他方で仏教についても、寺院行幸、一切経の収集・書写事業と斎会、放生、金光明経・仁王経の講説がなされる。

これらの事実は、天武朝の時代こそが神信仰と仏教を併せた二項定理による国家的なレベル、より厳密には王権レベルを超えるような信仰イデオロギーの編成（イデオロギー装置化）、つまり各地の住民を統治し、中央集権化を図るための全国的な宗教政策や宗教意識の形成（統制）の基点となる極めて重要な画期であり、神信仰が権力の一環として作用し始める転換点でもあることを明確に示す。そして、このイデオロギー上の統治実績ないし政治的力量は、天武天皇、続く持統天皇が「現人神」「天神の御子」とされる天皇と神を等しいとみる天皇観の成立の基盤となり、天皇の神話・神統譜の成立とも深く関連している。これには皇族・豪族など支配層に対して、天智二年（六六三）の百済救援の役、その後大宝元年（七〇一）に至るまでの対唐関係とその途絶、対新羅関係の緊張と緊密化、壬申の乱後の天武朝による全国的支配の強制という厳しい国際情勢と、内部の政治的、社会的状況が存在した。この王権にとって息の詰まるような環境のもたらす圧迫が、天武朝の国家体制確立の意図と不可分の神仏信仰、神仏政策、宗教意識の発現に強力に作用していることは疑いない。

ことに仁王経（般若波羅密経）は国家・国土などの守護、安穏を得られる内容を持ち、古代東アジアの諸王権・国家に広く受容されたが、斉明六年（六六〇）に王権を発願主体として始まる護国祈願の仁王会は、百済と唐・新羅の戦争の最新状況を伝えた高句麗使の来朝をきっかけとすると指摘されている〔中林隆之二〇〇五〕。その後、日本の王権が高句麗と連携しつつ、同盟国と見なす百済を救援するための軍事・外交政策の一環として、仁王経の功徳によって外敵を攘うという形式の国威発揚儀礼として実施され、さらに天武五年（六七六）、持統七年（六九三）、天平勝宝五年（七五三）、天平宝字四年（七六〇）と、いずれも朝鮮諸国の使節の来日や新羅との緊張関係を前提に挙行されたことを示すのである。

仏教の護国思想については、陳・隋が仁王経・金光明経などの護国経典を重視し、百済がそれを取り入れた。新羅では六世紀半ばの真興王の拓境碑に国王の従者の筆頭に沙門・道人を掲げている。真興王一二年（五五一）、高句麗僧恵亮が僧統となり、仁王経に基づいて護国を祈る百座講会を催したと伝えられる（『三国史記』居漆夫伝）。

七世紀には唐で学んだ慈蔵が帰国して大国統となって仏教興隆に活躍し、寺院造営に努めた（石井公成 一九九一）。善徳王五年（六三六）以後、王都（金城）の皇龍寺の九層塔が隣国からの「外冦」の災を鎮めるために建立された。その高層建築の第一層を日本、第二層を中華に擬すなどという伝承があるが（『三国遺事』皇龍寺九層塔所引東都成立記）、そうした仏の力による護国思想が日本に影響を与え、また新羅の仏教をも受容する契機となったと考えられる。つまり仁王経の法会が斉明・天智朝頃の日本に伝わり、国家的な法会となったこともあるが、天武朝期以後には次々と渡来する新羅使、新羅僧や日本から遣わされる留学僧、留学生などの頻繁な往来から推測して、仏教の重視はむしろ新羅を強く意識し、かつ倣ったものではないであろうか。

ともかく、神観念、神信仰も外的契機により王権の側に本格的に繰り入れられた。換言すれば、王権は神信仰を必須のイデオロギーとした。古代国家確立への過程と神仏の併用、神仏関係の複合とは密接で相即的である。その延長線上に樹立された古代国家（律令国家）は、仏教だけでなくその神祇政策を通じても天皇による宗教的精神支配および神との交流を意図していくと見なされる（西宮秀紀 一九九五・二〇〇四）。つまり「現人神」の血統を承けた天皇は神観念をまとうことによって保証され、神秘性を帯び、宗教的権威を具えることになる。『日本書紀』欽明天皇十三年十月条の仏教公伝記事に、「我が国家の天下に王とましますは、恒に天地社稷の百八十神を以て春夏秋冬、祭拝りたまうことを事とす」とあり、『元興寺縁起』にも同様の文がみられる。これは六世紀の仏教公伝の時のことでなく八世紀の認識の表れであろう。

八世紀、天皇の性格は在来の神々の祭拝を掌る最高の存在として、祭祀権者であることこそが最も基本的な要件であると認識された（本郷真紹 二〇〇五a）。この古代国家の王権擁護のための神信仰には、その王権の確立・保持のイデオロギー、つまり思想的側面と、災異除去、疫病治癒という具体的な呪術的側面とが存在する（本郷

真紹 二〇〇五b〕。その場合、仏教は当初神祇の補完的役割を期待されたが、天平期に至り、逆に災害や内外の乱、緊張が「荒ぶる神」、「苦悩する神」が仏に救済を求めるという思想を生じさせるとされる〔中井真孝 一九九一〕。八世紀初めにおける各地の神社の統制、官社化に対して、僧尼への統制があっても寺院を同様に官寺としないのは、そうした事実と連動するであろうか。

ところで、本来、自然との相克の末に畏怖すべき名山大川を崇拝の対象として祭るものである神を、国家が主催する祭祀対象としてランク付けし、祭祀・儀式を実施することは、東アジアにおいては、漢代以来五岳の第一として祀られる中国山東の泰山が最も有名である。

泰山信仰は諸神に儒教、仏教、道教が相互に包摂、融合されたものであるが、秦漢以来、歴代歴朝の帝王が天神地祇を祭る盛大な宗教儀式として大きな影響力を持った〔金子修一 二〇〇一、湯貴仁 二〇〇三〕。日本では名山大川の祭祀が祈雨や風雨予防のための奉幣・班幣により行われたが〔三宅和朗 一九九五〕、新羅でも『三国史記』祭祀志によると、大祀三山以下、中祀五岳・四鎮・四海・四瀆、その他六カ所、小祀二四カ所のすべて山岳河海で、国家が各地の在来信仰を取り込んで主催する各種の祭祀が行われたほか、都などでの四城門祭、部庭祭、四川上祭、日月祭、五星祭、祈雨祭、大道祭、圧丘祭なども執行された〔濱田耕策 一九八四〕。これらは新羅国家が九世紀までに包摂した祭祀をまとめて載せたものであろう。新羅国家と祭祀に関しては崔光植氏による一連の研究がある〔崔光植 一九八九・一九九四〕。したがって、仏教信仰の一方で、そうした固有の信仰をもとにした祭祀が国家的に高められ、王権イデオロギーに包含されていくことが日本に独自のものか、新羅の影響を受けたものかは判然としない。しかし王権、国家が各地の神のありかを神社〔神殿、社殿〕という建造物で具現化し、可視化して認知すること、そのうちの主要な神社を掌握して体系的に官社とし、国家祭祀のたびに幣帛を贈って国家の統制の対象に指定することなどは、日本の古代国家で特有に展開した制度であろうと思われる。

さらに『三国史記』祭祀志ならびに智証王三年条によると、六世紀初め頃、新羅でも「神宮」の設置が伝えられる〔濱田耕策 一九八二〕。前川明久は、この新羅の神宮と伊勢神宮と称号および日神信仰の類似性に着目したが〔前川明久 一九八六、崔光植 一九八三〕、日本における王権守護の神廟に「神宮」の文字を充てたことは新羅国家におけるそれを意識した用語である可能性が大きいとみられる〔岡田精司 一九八二〕。

新羅の神宮は、最近の慶州の蘿井遺跡の調査・研究をふまえて、祭天が行われ、始祖廟を絡めた国家的な祭儀施設であったと推測されている〔崔光植 二〇〇六、李文基 二〇〇九、鄭景姫 二〇一三〕。

その時期については、上述した新羅の仏教や諸制度の受容という点を念頭におき、神信仰とその祭祀施設（神社）の面でも、日本と新羅の双方には祭祀形態に違いがあるにせよ、七世紀第4四半期の対唐関係空白期における両国の緊密な公的交流と、直接には「神宮」の称号とその祭神と祭祀の性格を結び付けるなら、天武朝期以降、新羅文化のなかの神信仰、祭祀の制度が参照され、日本の王権・国家に導入された蓋然性は高い。もちろんその後の大宝元年（七〇一）制定の大宝神祇令の骨格は、唐の祠令などの祭祀制度の影響が表れている。

しかしながら、この段階以降、神信仰が王権・国家とのつながりを深めていく事実をもって国家的宗教と規定し、後世の意味での「神道」と称することには慎重でなければならない。すでに論じられるように、中世以後成立するとされる「神道」とは、主として仏教の対称・対偶概念の場合であり、それに対する理論化などを通じて独自性をみせる時もあるが、さらに峻別して、通時代的には、外来宗教・信仰の影響や模倣により多くの要素を摂取、包含する多様な宗教的、思想的価値の複合の核として捉えることが可能であろう。

「神道」は仏教の絶大でしかも多様な影響を受け、数々の試練の末に、宗教思想としての普遍性を獲得するのではないであろうか。したがって大局的にいえば、こののち奈良・平安時代の信仰構造、宗教意識の推移は、神仏共存のハイブリッド、もしくは相互の依存状態から神仏の信仰が対抗、分離していこうとする段階への長い過渡期にあったのではないかと見通される（天皇が直接かかわる祭祀の一部には、神仏隔離の面がある点も留意しなければならない）。

（2）神信仰と仏教の複合――天平期

この八世紀から一〇世紀以後の中世成立期に及ぶ間、神仏関係は国家構想の一翼を担うが、両者の複合の過程は一様でない。しかし八世紀、奈良時代の天平期は国家の思想面、支配装置と密接な宗教政策にとって重要である〔本郷真紹 二〇〇五b〕。この時期は、周知のように国分僧寺・尼寺の設置、東大寺写経事業、聖武天皇・孝謙天皇自身の仏教徒化に顕著にみられる仏教の国教化が進み、それは神（神社）信仰の体系化に対しても決定的に作用した。

政治、社会が宗教的対応を必要とする事態や事件の出来に対して、神信仰が仏教をはじめとする他の宗教と共存・協調し合って宗教機能を発揮する状況は、多くの例が知られる。天平七年（七三五）八月、大宰府で始まり、藤原氏以下の要路から民衆まで、人々を死の淵に陥れた疫瘡（天然痘）の流行に際して、神祇に奉幣して祈願すること（大祓の励行か）、諸寺で金剛般若経を読むこと、道饗祭を行うことが同時に命じられたのはその典型である。『続日本紀』天平神護元年（七六五）十一月庚辰条の称徳天皇の大嘗祭の際の宣命によれば、「神たちをば三宝より離けて触れぬ物ぞとなも人の念ひてある（中略）仏の御法を護りまつり尊みまつれば、諸の神たちにいましけり」とあり、八世紀半ば過ぎにはまだ皇族・貴族の社会では神と仏は相触れないものという意識が存在した。この時の大嘗祭に僧形法体の太政大臣禅師道鏡が近侍したことに対する反発であるとされている〔高取正男 一九七九〕。

しかしこれに対して、出家して「仏の御弟子」を称する称徳の宣命は、続けて神に護法善神、すなわち仏を守護する存在としての役割を期待してもおり、神仏の提携を認めている。この点について、早くに速水侑は天平期に護国仏教の「神道」に対する優越が明瞭となってくるとした〔速水侑 一九八六〕。本郷真紹氏も、この称徳朝の時点で当時の通念としての神祇と仏教の位置づけが明らかに逆転し、国家と仏教との関係をも変化させることになるとし、神観念で保証された天皇の血統の問題も覆す可能性が生じたと、道鏡の即位問題をも見通した〔本郷真紹 二〇〇五c〕。天皇個人、さらには王権の意向が強烈に反映されたことは、神祇、仏教のあり方をみる上で黙視できない。しかしながら、「神祇の護るところ、社稷の祐るところ」によって、道鏡の即位が失敗し、仏教の勢力が権力基盤を築く事態にも至らなかったのも事実である。これ以前、天平神護元年（七六五）正月の天平宝字を天平神護と改元する時の称徳の勅には、疫病と藤原仲麻呂の乱に対して、「神霊の国を護り、風雨助くるに頼りて」排除できたので、「旧穢を洗浄して物と更新せん」として改元するとある。護国のための神霊の助成こそは王権にとって変わることなく重要で基本的な要件と認識されていた。

八世紀中葉から九世紀にかけて、神仏関係の展開において、神宮寺が気比神宮寺、若狭比古神宮寺、近江の陀我大神など次々に建立される事実も見逃しがたい。これに対しては北陸での文化、神仏関係の地域的先進性を説く論があるが〔本郷真紹 二〇〇四d〕、延暦七年（七八八）の伊勢の『多度神宮寺伽藍縁起幷資財帳』によっても、いずれの場合も「苦悩する神」が認められ、その人格神が民衆（衆生）と同じく仏教の力によって救われたいと願う神身離脱の思想が語られる。在地の神信仰が仏教的性格を導入してでき上がった神仏関係の雛形として中央の国家に影響を与え受け容れさせたといえよう〔本郷真紹 二〇〇五d〕。この神宮寺の「苦悩する神」を仏教の力で救うという発想が『出三蔵記集』の安世高伝の造寺の話に似ることから中国の神仏関係の影響を考える説もある〔末木文美士 二〇〇六〕。神宮寺の創建が外来文化の伝播し易い地域であれば、そうした説話、思想の受容も考えられる。次いで神と菩薩の同位、さらに天照大神と東大寺大仏の関係のごとく神と仏が同体となる段階へと発展するとされる〔菅原信海 二〇〇五〕。

天平神護二年（七六六）、伊予の伊曾乃神・大山積神を嚆矢とする国家による神階授与、その前後の神封施入、神社の修造令は、いずれも仏法を護り国を護るという護法善神の観念とともに新たな神祇秩序の構築への志向が窺われる。

本地垂迹説はすでに行基に始まるとする説があるが〔西田長男 一九七八〕、こうした天平期の「習合」の現象は、仏主神従の観念に傾きながらもいわばまだ発展途上にあったとみるべきである。なかんずく、地方神における神身離脱の現象が中央の国家によって容認され、その宗教観念の形成に大きな影響を及ぼしていく点が全国規模の神仏習合の具現化のプロセスにとってすこぶる重要であった。

この称徳朝の「荒ぶる神」、「苦悩する神」から王や国家や人民を守護する神へという神々の性格変化は、王権の要請に基づくのであり、それが天平期の藤原仲麻呂の乱や二度の新羅征討計画に現れる新羅との緊張関係、度々のいわゆる蝦夷征討や災疫の頻発に規定されていることを否めない。

また東大寺の守護神の地位に就く宇佐八幡神の動きも重要である。宇佐八幡神は養老四年（七二〇）大隅・日向の隼人の反乱鎮定を宇佐宮に祈願して神助を請うことを契機に台頭し、この時代には天平九年（七三七）、伊勢神宮・大神・住吉・香椎の諸神と並んで宇佐の神に遣使奉幣して新羅無礼の状を訴え、同一二年大宰府管内での藤原広嗣の乱の際にも、朝廷は宇佐に祈請した。宇佐の神はすでに土地神の女神に外来の八幡神を加えていた。宇佐八幡は外圧や反乱に対する護国神として中央の人々に高く評価され、認識されたのである〔柴田実 一九六六〕。

これも西辺の外来神で神仏混交的な神が、中央でクローズアップされ、大きな存在と化す点で注目される。

　こうしてみると、内外の社会的、国際的緊張を主要な契機にして、神仏共存の複合的信仰は、王権保持のイデオロギーとして多様な側面を加えつつ機能し、既存の神々だけでなく、国家の公的祭祀や国ごとの官社制度のなかにあった地方社会で奉斎される特色ある神々の信仰を吸収することにより、護国の役割を担い強化されていく様相が浮かび上がる。次の時代、これら在来の神に加えて、疫神、怨霊、御霊などの新たな神格を有する神の表舞台への登場と信仰の展開が予測される〔安井速一九九九〕。

（3）神仏関係の複合の深まり――平安前期

その後、上にも触れたごとく、九世紀初め、延暦年間の遣唐使に従った延暦寺僧の最澄は宇佐八幡宮の神前で読経し、香春神宮寺で講経したと伝える（『叡山大師伝』）。次いで承和の遣唐使に同行した延暦寺僧の円仁は在唐中、折に触れて航海の安全を住吉神、天神地祇、唐現地の神、五方龍王、観音菩薩、妙見菩薩など様々な神に神仏の区別なく祈願し、祭っている（『入唐求法巡礼行記』）。のち一一世紀半ば過ぎ、天台僧成尋は天皇や皇族たちの輿望を担い、天台経典など多数を携えて入宋し、天台山や五台山を巡礼するが、渡海直前に北部九州の神社を巡歴し参拝している（『参天台五台山記』）〔藤善真澄二〇〇六〕。ともあれ、天皇・貴族たちは後援者として、入唐・巡礼する僧に代理結縁を期待していた〔手島崇裕二〇一四〕。

　国家の一大プロジェクトの使命を負った遣唐使船には、同乗する主神（神主）・卜部が航海無事を祈り、航路を占うための神事を掌ったが、国内で鎮護国家の役割を委ねられ、遣唐使に従って新仏教の奥義を希求する顕密僧の間にまで神仏共存の思想が浸透し、すでに身をもってそれを顕現している様子が知られる。日本の仏教思想の基礎はこれら最澄、円仁や空海などの宗派によって平安初期に教理的にも戒律的にも確立したのである〔末木文美士二〇〇六〕。その後の顕密仏教の側の神信仰に対するスタンスの近さが示されている。

さらに九世紀半ばの貞観頃の地震、噴火などの災害、兵乱、「海賊」の頻発、凶作、疫病などがもたらす極度の社会不安と信仰のかかわりを重視すべきである。

仁寿二年（八五二）、貞観七年（八六五）に催された国家的な疫神祭は僧侶に金剛般若心経を読ませて疫神を祭り、災疫を防ごうとした。貞観九年（八六七）には神祇官と陰陽寮がともに疫病を治めることを願い、全国に仁王般若経を転読させ、併せて鬼気祭を修めさせている。仁王会は既述のような王権主導から転じて、九世紀以後は災異などからの祓、清めのための儀礼となったとされるが（一代一講の仁王会は催される。〔垣内和孝一九九七〕）、しかし『日本紀略』寛平五年（八九三）閏五月十八日条に疫病の難を祓うとの目的で催されたとある仁王会は、菅原道真の遣唐使停止にかかわる『菅家文草』十二の文章に「去歳疫有り……今年痛きこと甚だし」とあり、飢饉の恐れに触れたあと「復た次いで患う所、東西奏聞す、兵刃閑かならず、城塞警しきことあり。善根の潤び、遠く二方を鎮めむ。野心調和し、海賊消滅せむ」とあって、東西の兵乱を鎮定するためにも修されたことが明らかである〔鈴木靖民一九八五〕。つまり九世紀半ば以後行われる護国経典の読誦・講説の執行も、平安京で起こった応天門の焼失事件（八六六）と並んで、山陰や西海の海上に横行する新羅の「海賊」の来襲や海上の遭難に対する脅威が作用しているに違いない〔鄭淳一二〇一五〕。連年の疫病、旱魃、凶作に加えて、新羅の「賊」の侵略、出羽の蝦夷の反乱の報が、貴族たちの心胆を寒からしめ、護国経典の呪力に頼るのみならず、神にも縋る状況に陥らせたのである。また国家は社会不安を除くため、各地の神社に対して頻繁に神階授与を行い、有力神社に奉げ物を進めて奉斎を催した。こうして国内だけでなく、外からの圧力も国ごとの諸神の掌握、序列化を促す契機になったと思われる。

九世紀中頃以降の在地社会についても、笹生衛氏は疫神祭が仏教と習合し、またその上、仏教・陰陽道と習合して疫神祭がいくつにも分解した形を取るということを人面墨書土器などの在地の考古資料によって裏づけ、陰陽道祭祀のなかにいわゆる律令祭祀の変質の動きを指摘している〔笹生衛 二〇〇五〕。東国の在地では同一主体が各種の宗教思想に基づく祭祀行為を何度も催行している。国家レベルでは、九世紀前半になって、律令制的祭祀から転じて天皇直轄祭祀が成立すること〔岡田莊司 一九九四〕は、国家と天皇の関係の変質はもとより、古代国家の、その基底にある古代社会が中世社会へと向かう動揺や変化と対応しており、きわめて重要である。これによって天皇の宗教的権威とそれに伴う諸神統合の祭祀権者としての立場を特化させるのである〔天皇自体に国家のイデオロギー支柱としての役割を与えようとしたとは考えられない〕。

要するに、九世紀以後、内外から発する国家的な危機に陥った時、平安京の貴族たちは神に祈願するだけでなく、護国の経典をも真摯になって読誦しており、神仏相俟った融合的な信仰を実践し続けた。蝦夷、新羅と接する東北や日本海側における国境では、八世紀以来境界祭祀は既述の在地の疫神信仰だけでは充足せずに、それに加えて、四天王や観音を祀る仏教信仰とペアで行われている〔三上喜孝 二〇〇四・二〇〇五〕。これは醸成されつつある災異思想、さらに自閉的な国土観、国家観の展開と不可分の関係にある。他方、海外での求法は消極化する。

こうした過程で、一〇世紀以降、摂関期から院政期にかけて、主に貴族たち支配層の神信仰は、密教を中心として仏教や山岳信仰、道教、陰陽道などを支えとした独自の複合的な宗教思想もしくはシステムとなっていくのである〔三橋正 二〇〇〇、菅原信海 二〇〇五〕。

（4）古代国家の危機と神仏関係——一〇世紀の転換

しかしながら一〇世紀は、神仏関係にとって大きく転換を遂げる画期である。伊勢神宮を頂点として大和国に偏在する『延喜式』神祇式所掲の神社制度・神祇体系に対して、その外縁部に位置し、かつ平安京近辺に存在した石清水八幡宮や賀茂社の祭神・祭祀を、神と天皇との関係で再構築したことが指摘される〔横井靖仁二〇〇一〕。石清水八幡宮が神仏習合の政治的拠点の一つとなって中世的支配イデオロギーである王法・仏法思想を模索し準備することは早くより説かれている〔黒田俊雄一九七五〕。加えて、一〇世紀半ばに起こった承平・天慶の内乱が宗教秩序の画期として評価できるか否かの議論を生じている〔上島享二〇〇六、松薗斉二〇〇六〕。そのなかでも、この内乱を契機として王権の危機と捉え「鎮守神」に性格変化があると見なしたり、顕密仏教が神祇を導入することに着目したりして、中世宗教秩序の萌芽を求めるようとする見解が唱えられており、傾聴に値する。

ちょうどこの時期は、遣唐使が停廃されて久しいが、『将門記』に新皇（平将門）の勅として「去る延長年中、大赦契王の如きは、正月一日を以て渤海国を討ち取りて、東丹国と改めて領掌するなり。蓋んぞ力を以て虜領せざらむや」と記される通り、古代国家の王権に列する貴族たちは延長四年（九二六）の契丹の耶律阿保機による渤海の滅亡、東丹の建国という海外の動乱の情報を得て、武力による国家の興亡を知っており、それが日本国内の各地、ことに北辺に波紋を及ぼしかねないことをも認識していた〔小口雅史二〇〇六〕。つまり各地の国府を略取するような日本列島の東西の反乱に加えて、海外の激動のインパクトが王権の危機を増幅させており、王権・国家を守護するための仏教と神祇の一層の接近を促す契機となったといえよう（神を仏の化現であるとする本地垂迹思想の形成は、一一世紀後半以降のことである）。

『将門記』には八幡大菩薩や菅原道真の霊魂が将門を護る「荒ぶる神」として描かれており、この神や、内乱後多発する怪異の脅威に対峙することが貴族たちの神仏への頻繁な祈禱行為の動機となったのである。

こうして一〇世紀後半から一一世紀にかけて、古代国家、王権の存亡の危機が募るなかで、摂関家が領導して古代的な神社の官社化の集大成と称すべき『延喜式』神社制度、すなわち律令的な官社制ないし古代神祇体系から離れて諸々のセレクションが進み、王城鎮守の二十二社制〔十六社制〕、各国を鎮守する一宮制へ、つまり中世的な神社秩序へと全国的規模で神々が再編され、諸神の性格も変貌していくことが指摘できる。その一宮の存在が国内の政治変動、国衙機構のありよう〔荘園公領制の形成が基盤となる〕を反映して、多様な形態を取る点も注意を払わなければならない〔河音能平一九八四、中世一宮制研究会編二〇〇〇、井上寛司二〇〇二〕。

また東西の内乱を機に、天暦六年〔九五二〕以後作成された国内神名帳は、国司が保護し祭祀をする京畿七道の諸神に対する、王権による新たな集大成を意味した〔三橋健一九九九、上島享二〇〇六〕。

要するに、一〇世紀前半に唯一日本と国交のあった渤海の滅亡に加えて、東と西で勃発した内乱が強く働き、怪異への対処などを通して古代国家の貴族や王臣家、そして仏教の側が神信仰・神祇秩序を利用し仏教護持の神として包摂する動きを促し、新たな宗教秩序の形成を胚胎させる。これはより大局的には東アジアの歴史的展開のなかで、日本の社会、思想の立ち位置を定立しようとする動きの一環であった〔佐藤弘夫一九九八、上川通夫二〇〇七〕。

近年、青森市新田（1）遺跡の官衙類似かどうかで議論のある北方との交易、経営拠点において、一〇世紀後半から一一世紀にかけて使われた木製の斎串、形代、物忌札など各種祭祀具とともに木製の仏像や宝塔、儀式用具〔瓶子など〕が出土している。これはまさに当該期の津軽という国家の異界と接する最辺境の蝦夷の地に赴いた摂関家、王臣家の貴族またはその配下たちや、その周辺の受領に随伴する京の能書者、堪能武者、験者、智僧侶を含む人びと〔『朝野群載』二十二〕の存在とその神信仰と仏教の浸透とを信仰内容としており、局地的かもしれないが、おそらく京よりも先取り的で尖鋭的な、疫神饗応だけでなく、国土鎮護神をも祭るといった、中世社会につながるような複合の宗教状況の構築を如実に表しているのでなかろうか〔鈴木靖民二〇一四、三浦圭介二〇〇四、斉藤利男二〇〇六〕。その痕跡は微かに日本海側あるいは太平洋側の北東北各地にもたどることができそうである。

しかしその一方で、貴族たちの九世紀以来の外向的な姿勢でなく、内向きの対処が特徴的な動きとして現れる。諸神の編成や祭祀が全国網羅的でなく、局地的、集中的であることが特徴であろう。こうして国際意識、対外思想は自閉し「大日本」「神国」「王土」などの諸思想の生成につながっていくものと思われる。

おわりに

近年、井上寛司氏は従来の神社史、神道史研究が柳田国男以来の社会的通念としてもっている「神道＝日本固有の民族宗教論」に依拠し、しかも神仏隔離のごとき例をもって伝統的な神信仰を原始社会以来の「基層信仰」として超歴史的に捉えていることを問題視して、律令制神祇体系成立から、その転換と中世的神祇体系の成立に至る各時代の神祇体系のあり方の歴史的特質を、先行研究の批判を通して明らかにした。

古代については、律令制神祇体系、普通いうところの律令祭祀、神社・官社制、天皇神話の成立が日本宗教のあり方に決定的な大変化をもたらしたとする〔井上寛司二〇〇六a・二〇〇六b〕。

この井上氏の言説をめぐっては古い状況認識であるなどと、論考のもととなった歴史科学協議会の大会シンポジウムでも議論されていたが、この提起に対して、神信仰、神社、祭祀、神道研究の側からも改めて応えなければならない（活況を呈する中世史における神仏関係の研究に比して成果の乏しい古代史研究の側でも、その前段階の史実をもっと探究すべきである）。

原始から現代までの「神道と日本文化」の究明をテーマに掲げて論じるような場合にも、当然ながらこの「神道」概念の歴史的理解という基本問題への真正面からの再検討と、各時代それぞれの神観念の内容、機能、神信仰の形態、構造などの具体的、実証的研究が不可避、かつ喫緊の視点であり課題である。

ステロタイプの神観念や神信仰に対する位置づけや意義づけ、素朴な神仏習合的宗教意識は見直さなければならないことは明白である。古代・中世の神信仰は仏教と深く結び付き、宗教秩序の柱となっていた。従来の研究で、古代における神仏関係、いわゆる神仏習合の成立・展開に関して、その時々の神仏のあり方を論じる業績は少なくないが、それを惹き起こした条件や背景や要因を考え、神信仰を歴史的コンテクストのなかで見通したものは意外なほど稀である。

本章では、国家間、異文化間の交流史の立場から東アジアレベルの文化世界、宗教世界を想定し、そのなかでの日本列島の古代以来の神信仰、「神道」の形成の特徴を相対化するために、自明のことを含めて自覚的にいくつかの議論を提示してきた。特に異文化間交流や国際環境に対する視点、もしくは何度かの外圧を含む国際的契機を重視したが、考古学資料、諸国の『風土記』などに窺われる民間信仰、在地レベルでの神信仰や祭祀の展開と構造の問題はほとんど捨象した。それと関連する信仰主体の階層や身分の問題にも深入りしなかった。

要するに、神信仰は常に仏教などの外来信仰との関係を保ち、いわば相互に影響し合いながら形成され推移してきた。それは日本の王権・国家の内と外、つまり国内の内在的な社会要因と国際的契機の両方の織り成す条件、背景のもとにおよそ四度の画期または段階をへて、その時々ごとの形態と特質をもって表出し、多彩な展開をみせたことが確実である。なかでも七世紀後半と一〇世紀とは、神信仰、宗教思想、さらには文化形成の変革をもたらした重要な時代として特筆できる。この考えは民俗宗教学の高取正男の「神道の成立」の時点として記紀編纂当時かそれ以前に注目し、次いで八世紀末から九世紀にかけての歴史性を重視する説〔高取正男 一九七六〕と少し近いが、細部には違いがある。何よりも神信仰の推移、「神道」の成立過程を、国内の要因だけでなく、蝦夷や隼人や新羅との間に生じた外的、国際的契機によって解明したところは、本章の取り組み以前にほとんどみられない視角と方法であろう。

神信仰と外来信仰の関係は「神仏習合」の鋳型にすべてを収斂して説明することができない。また神信仰ないし「神道」が仏教と完全には融合を果たすことはなかった〔フランク・ベルナール 一九八二〕。そして厳密な意味での仏教、儒教に対する体系性をもった「神道」の成立は、やはり次の一〇世紀後半以後の段階と見なすべきであろう。

東アジアのなかで、固有（民俗）信仰としての神信仰と外来の仏教信仰の複合は、仏教による神信仰の包摂を含めて、決して特殊というわけではない（本章では宗教学でいうシンクレティズムあるいはハイブリッドを、相互に質を異にする二つ以上の宗教が接触によって生じる融合現象であると広義に解釈する立場に立つ）。国家など公権力とのかかわりも同様である。ただし日本古代においては、王権・国家の歴史的特質（首長と民衆の間の支配隷属関係形成・維持のために必要とされる宗教、信仰、イデオロギー）に規定されて、七〜一〇世紀、一貫して王権の支配イデオロギーと不可分の形でその一環を構成し、次々と変貌した。神信仰は一度も王権、国家に拒絶されることはなかった。この神信仰は鎌倉時代以後の宗教思想のなかの中世王権、国家との絡みにおいて変化し、両部神道をはじめとする「神道」の理論化に顕著な姿をもって現れ、一層特殊日本化するのではないであろうか。

列島の枠組を超えると否とを問わず、日本の歴史全体のなかで、あるいは宗教構造、宗教意識の流れのなかで神信仰、神道文化の意義を解明するために、ことに仏信仰、仏教との諸関係を意識的に追究すべきことは、今後も最も肝要な点である。

参考文献

飯沼賢司　一九九五　「奈良時代の政治と八幡神」『古代王権と交流』八、名著出版
――――　二〇〇四　『八幡神とはなにか』角川選書
石井公成　一九九一　「仏教の朝鮮的変容」『講座仏教の受容と変容』五、佼成出版社
井上寛司　二〇〇二　「中世諸国一宮制と二十二社・一宮制」『日本史研究』四七五
――――　二〇〇六ａ　「中世日本の神社・「神道」と中世日本紀」『歴史評論』六七三
――――　二〇〇六ｂ　『日本の神社と「神道」』校倉書房
上島享　二〇〇六　「中世宗教秩序の形成と神仏習合」『国史学』一八三
岡田荘司　一九九四　『平安時代の国家と祭祀』続群書類従完成会
――――　二〇〇五　「天皇と神々の循環型祭祀体系」『神道宗教』一九九・二〇〇
岡田精司　一九八二　「伊勢神宮の成立をめぐる問題点」『東アジア世界における日本古代史講座』九、学生社
荻野三七彦　一九六四　「赤山の神と新羅明神」福井康順編『慈覚大師研究』天台学会
小口雅史　二〇〇六　「北日本古代防御性集落をめぐって」『北の防御性集落と激動の時代』同成社
垣内和孝　一九九七　「一代一度仁王会の再検討」『仏教史学研究』四〇―一
金子修一　二〇〇一　『古代中国と皇帝祭祀』汲古書院
上川通夫　二〇〇七　『日本中世仏教形成史論』校倉書房
亀井正道　一九八四　「河神信仰の考古学的考察」『日本史学論集』上、吉川弘文館
河音能平　一九八四　「王土思想と神仏習合」『中世封建社会と首都と農村』東京大学出版会
黒田俊雄　一九七五　「中世における顕密体制の展開」『日本中世の国家と宗教』岩波書店
桜井徳太郎　一九八八　『日本のシャーマニズム』下、吉川弘文館

斉藤利男二〇〇六「安倍・清原・平泉藤原氏の時代と北奥世界の変貌」『十和田湖が語る古代北奥の謎』校倉書房
笹生衛二〇〇五「杯（椀）・皿形人面墨書土器とその祭祀」『神仏と村景観の考古学』弘文堂
佐藤弘夫一九九八『神・仏・王権の中世』法藏館
塩沢裕仁一九八八「中国赤山の神と赤山禅院」『法政史論』一四
柴田実一九六六「八幡神の一性格」『中世庶民信仰の研究』角川書店
下出積与一九五八「皇極朝における農民層と宗教運動」『史学雑誌』六九―七
末木文美士二〇〇六『日本宗教史』岩波新書
菅原信海二〇〇五「神仏習合思想とその成立」『神仏習合思想の研究』春秋社
鈴木靖民一九八五「遣唐使の停止に関する基礎的研究」『古代対外関係史の研究』吉川弘文館
――二〇一二『倭国史の展開と東アジア』岩波書店
――二〇一四『日本古代の周縁史』岩波書店
鈴木靖民ほか二〇〇六「北海道」『列島の古代史』一、岩波書店
大韓民国全州博物館編一九九八『扶安竹幕洞祭祀遺跡研究』同博物館
高取正男一九七九『神道の成立』平凡社選書
田村圓澄一九六九『飛鳥仏教史研究』塙書房
――一九八六『仏教伝来と古代日本』講談社学術文庫
湯貴仁二〇〇三『泰山封禅与祭祀』斉魯書社（中国）
崔光植一九八三「新羅の神宮設置に対する新考察」『韓国史研究』四三
――一九八九『韓国古代の祭儀研究』一志社（韓国）
――一九九四『古代韓国の国家と祭祀』一志社（韓国）
鄭淳一二〇一五『九世紀の来航新羅人と日本列島』勉誠出版
中世一宮制研究会編二〇〇〇『中世諸国一宮制の基礎的研究』岩田書院
津田左右吉一九四九『日本の神道』岩波書店
――一九五〇『日本古典の研究』下、岩波書店

手島崇裕二〇一四『平安時代の対外関係と仏教』校倉書房
中井真孝一九九一「神仏習合論序説」『日本古代仏教制度史の研究』法藏館
中野幡能一九七六『八幡信仰史の研究』吉川弘文館
――一九八五『八幡信仰』塙新書
中林隆之二〇〇五「護国経典の読経」『文字と古代日本』四、吉川弘文館
西田長男一九七八「本地垂迹説の成立とその展開」『日本神道史研究』四
西宮秀紀一九九五「律令制国家の〈祭祀〉構造とその歴史的特質」『日本史研究』二八三
――二〇〇四『律令国家と神祇祭祀制度の研究』塙書房
西山良平一九九六「〈神〉・怨霊・山陵」斎藤喜英編『アマテラス神話の変身譜』森話社
濱田耕策一九八二「新羅の神宮と百座講会と宗廟」『東アジア世界における日本古代史講座』九、学生社
――一九八四「新羅の祀典と名山大川」『呴末集』四
速水侑一九八六「神仏習合の展開」『東アジア世界における日本古代史講座』八、学生社
原田敏明一九七二「古事記の神」『日本古代思想』中央公論社
――一九七九a「万葉集に表われたnaturism」『日本古代宗教』中央公論社
――一九七九b「上代の神観の諸相」『日本古代宗教』中央公論社
藤善真澄二〇〇六『参天台五臺山記の研究』関西大学出版部
フランク・ベルナール一九八一「宗教と文学の鏡を通してフランスから見た日本」『文学』四九―一
本郷真紹二〇〇五a「あとがき」『律令国家仏教の研究』法藏館
――二〇〇五b「天平期の神仏関係と王権」『律令国家仏教の研究』法藏館
――二〇〇五c「律令国家仏教の成立と展開」『律令国家仏教の研究』法藏館
――二〇〇五d「古代北陸の宗教文化と交流」『律令国家仏教の研究』法藏館
前川明久一九八六「伊勢神宮と朝鮮諸国の祭祀制――神宮の名称をめぐって」『日本古代氏族と王権の研究』法政大学出版局
増尾伸一郎一九九八「朝鮮における道仏二教と巫俗の交渉」『東京成徳大学研究紀要』五

増尾伸一郎ほか編 二〇〇一 『アジア諸地域と道教』雄山閣
松薗斉 二〇〇六 「中世一宮制研究会『中世一宮制の歴史的展開』」『日本史研究』五二七
松前健 一九七九 「渡来氏族・大神氏の伝承」『日本のなかの朝鮮文化』四三
三浦圭介 二〇〇六 「北奥の巨大防御性集落と交易・官衙類似遺跡」『歴史評論』六七八
三上喜孝 二〇〇四 「古代の辺要国と四天王法」『山形大学歴史・地理・人類学論集』五
―――― 二〇〇五 「古代の辺要国と四天王法についての補論」『山形大学歴史・地理・人類学論集』六
三橋健 一九九九 『国内神名帳の研究』論考編、おうふう
三橋正 二〇〇〇 「平安貴族の信仰構造」『平安時代の信仰と宗教儀礼』続群書類従完成会
三宅和朗 一九九五 「日本古代の『名山大川』祭祀」『古代国家の神祇と祭祀』吉川弘文館
宮地直一 一九七五 「平安朝に於ける新羅明神」村山修一編『比叡山と天台仏教の研究』名著出版
村岡典嗣 一九五六 『神道史』創文社
木浦大学校博物館編 一九九六 『霊巌月出山祭祀遺蹟』木浦大学校博物館
森陽香 二〇一六 『古代日本人の神意識』笠間書院
森田喜久男 二〇一四 『古代王権と出雲』同成社
安井速 一九九九 「御霊信仰の成立」『仏教史学研究』四一―二
山崎雅稔 二〇一五 「唐代登州赤山法花院の八月十五日節」『遣唐使と入唐僧の研究』高志書院
山本ひろ子 一九八八 『異神――日本中世の秘教的世界』平凡社
横井靖仁 二〇〇一 「中世成立期の神祇と王権」『日本史研究』四七五
吉田一彦 一九九五 『日本古代社会と仏教』吉川弘文館
―――― 二〇〇六 「『日本書紀』と道慈」『古代仏教をよみなおす』吉川弘文館
吉村武彦 二〇〇六 「古代国家のアイデンティティ形成（覚書）」『東アジア古代国家論』すいれん舎
羅哲文ほか 二〇〇五 『中国名窟』百花文芸出版社（中国）
魯順民 二〇〇四 『山西古渡口』遼寧人民出版社（中国）
和田萃 二〇〇六 「七世紀の女帝」『東アジアの古代文化』一二八

2 円仁に関する新資料の出現

――法王寺釈迦舎利蔵誌

はじめに

二〇一〇年六月末のある日、酒寄雅志氏から、先年中国で古代の天台宗の僧の慈覚大師円仁に関する唐代の石刻（石碑）資料が発見されており、同氏は二月栃木県内の円仁ゆかりの天台宗の大慈寺で『大法王寺国宝仏舎利』と題する冊子に載せられたのをみつけたが、そのことが五月末に中国の中央テレビの特番で放映されたという情報が伝えられた。私はすぐにインターネットをみて、すでに五月中旬、中国・青島の『大衆日報』に「嵩山大法王寺地宮の秘密を探る」という記事が載せられたことを知って驚いた。

円仁は下野国（栃木県）出身の延暦寺僧で、承和の遣唐使（八三四年任命、八三八年出発）に伴う請益僧として唐に渡り約十年間、五台山や長安などで求法活動に努めた。その在唐記録『入唐求法巡礼行記』は、私の研究の一分野であり、大学院のゼミでの講読や科学研究費補助金による共同研究を二〇年以上院生や友人たちと続け、また二〇〇一年からは円仁の足跡を追って毎年中国の山東、山西、河北、江蘇各省や西安、陝西省で現地調査を行ってきている〔鈴木靖民編 二〇〇九〕。

この石刻資料は、河南省の洛陽と鄭州の間を南に下った、登封の北七キロにある名山嵩山の南麓に建つ法王寺で発見された。詳しくいうと、法王寺は後漢の時代に開かれた洛陽白馬寺、五台山顕通寺と並ぶ中国最古の寺院の一つで、唐代から清代まで六つの塔が現存するが、その二号塔地宮（地下宮室）は盗掘の恐れがあるため、河南省文物考古研究所によって二〇〇一年に急遽発掘調査され、簡報も公にされている〔河南省文物考古研究所 二〇〇三〕。唐代の白釉の舎利盒、舎利、仏牙、仏指舎利をはじめとして、銅器、陶磁器、玉器、瑠璃器などが三〇種ほど出土しており、開元通宝の特徴から唐代晩期に埋められたとみられるが、その一部は井真成墓誌とともに日本でも展示されたことがあり〔朝日新聞社 二〇〇五〕、近年も金銅製香炉や陶磁器が再び展示された〔東京国立博物館ほか 二〇一〇〕。

一　新資料の内容

七月初め、私は酒寄氏とともに現地の法王寺に調査に入った。「釈迦舎利蔵誌」と題する新資料は、天王殿の瑠璃門の東塀に金、元、明、清の石刻と並んではめ込まれていた。聞き取りに応じて頂いた同寺の恒興和尚によると、二〇〇〇年頃、ある僧侶が舎利蔵誌を二号塔付近で見つけ、その老僧の没後、部屋にあったものを五年程前に保存と鑑賞のために塀にはめ込んだという。つまり舎利蔵誌は二号塔の調査簡報にも記載がないので地宮内の発掘品ではなく、地宮の入口（踏道、宮門、甬道）あたりにあって埋もれていたか、盗掘されかけていたものと推測される。

「釈迦舎利蔵誌」は現地の山でも採れる青石と呼ばれる縦四四センチメートル、横六二センチメートルのはめ込み可能な厚さの方形石板に漢字で陰刻され、本文は右から左に七二字があり、次いで円仁と天如の二人の名が書かれ、末尾に「大唐会昌五年」と年紀を記す。会昌五年は西暦八四四年のことである。石板の文字の周りには四角い幾何学紋が連続して彫り廻らされている。

舎利蔵誌では何といっても円仁が注目される。その名を唐の高僧伝や史書に徴することはできないが、会昌五年は武宗の時で仏教排斥の最中にあり、長安にいた入唐僧円仁（七九四～八六四）たちが追放されて帰国を余儀なくされ、沿岸部に移動している時期に当る。この舎利蔵誌の円仁と『巡礼行記』に知られる円仁の行動および時期とは矛盾しない。それゆえ、この円仁は唐人の僧ではなく、日本僧で、帰国後、天台座主となり、天台密教を確立した慈覚大師円仁であるに違いない。

二〇〇四年、西安で発見された遣唐使井真成の墓誌に次ぐ、古代の海外における日本人遣唐使の動向を物語るナマの文字資料として貴重である。しかも史上周知の有名な大人物である。石板に彫られた文字は楷書で、すべて明瞭に判読できるので、まず釈文を示して紹介する。

釋迦舎利蔵誌
漢西来釋迦東肇佛
壇嵩之南麓法王寺
立矣随仁壽間帝勅
建浮屠譴使安佛真

身舎利於内殊因移
匿地宮函密之盖護
寶非不恭也法門聖
物世遠疑失誠恐鐫
石以記祈聖門永輝
　　圓仁　天如
　大唐會昌五年

これを書き下してみると次のようである（漢文学の波戸岡旭氏、日本語学の大久保一男氏の教示を得た）。

　　釈迦舎利蔵誌
漢に西来せし釈迦、東に肇めて
仏壇、嵩の南麓、法王寺に立つ。
隋の仁寿の間、帝勅して浮屠を建て、
使を譴めて仏の真身舎利を内に安んぜしむ。
殊に移すに因りて地宮に匿してこれを函密す。
蓋し宝を護るは恭せずんば非ざるなり。
法門の聖物、世々遠く失わんことを疑う。誠に恐みて石を鐫りて以って記し、聖門の永く輝かんことを祈る。

円仁　天如

大唐会昌五年

二　新資料の論点

この資料は上記のように発見の経緯に当事者の和尚の死により不明な点がある。石刻資料の常で、一応、後世の偽造などを疑ってみるべきかもしれない。だが、法王寺の地蔵殿の東壁にはめ込まれる開元一一年（七二三）の「大唐嵩岳閑居寺故大徳珪禅師塔記」には、伊闕出身の閑居寺（法王寺の旧名）の珪禅師の死後、弟子たちが記念の塔を建てたことを記している。このほか、かつて「珪禅師舎利寶」と刻した開元の香盤が安置されており、塔記と香盤により一五層塼塔も彼の塔であろうかとの想像もあった（『望月仏教大辞典』三、嵩山条）。この例のように九世紀の唐代の石刻が存在しても違和感がない。ここでは記載内容に関して、史料性にも考慮を払いながら、いくつかの問題について述べてみたい。

法王寺が立つ嵩の南麓というのは、まさに今日も同寺の位置する嵩山（太室山）の南麓玉柱峰の下であり、南北に伽藍群が建ち並び、さらにその北に大小の舎利塔が聳える。隋塔（一号塔、一五層塼塔）をはじめ、唐塔三基がある。法王寺の寺名は明、清代の『重修大法王寺碑記』などによれば、しばしば改名されるが、大暦年間（七六七〜七七九）、御容寺を改めて法王寺に復したというので、会昌五年時点での呼称として正確に記されている。

文意などに不審な箇所はない。表題は六字、本文は一行八字ずつ九行に収め、七二字ある。撰者二人の記名は四字、年紀は六字で、合計八八字からなり、規則的、かつ完整である。書風も字体も厳格に表されている。譴使は遣使の意味の同音仮借で通用させたとみるべきかとも思われるが、皇帝が責めて、せがんでさせたとの意味の強めた表現であろう。文字は細身の感があるかもしれないが、それは褚遂良以後の流行であり、唐代以後の表記としては随、因、恐などの特徴ある書き方がみられる（古代書法、文字学の佐野光一氏の教示による）。円仁の「圓」の国がまえのなかが口でなく、ムであるのは帰国後の円仁の自署と共通する（酒寄氏の教示による）。特に貞観二年（八六〇）の天台座主の円仁の自筆と伝える書状（上奏文案）（大阪・四天王寺蔵）は、「円仁」という字が舎利蔵誌に酷似した楷書の字体である。舎利蔵誌と書状の双方には、之、南、法、壽、勅、於、寶、非、不、門、誠、恐、以、圓、仁、天、年の一七字が共通する。そのうち、「以」は草書であるので比較できず、「法」、「年」もやや異なるが、ほかの一四字は似ており、同一の筆ではないかとみられる。末尾の「誠恐惶謹言」の語句は舎利蔵誌の「誠恐」に通じる。それゆえ、偏傍冠脚の書き方にも十分留意しなければならないが、同一文字の筆跡の観察から、石刻の文字は円仁自身が書者として筆記した確率が高いと思われる（逆に、舎利蔵誌によって書状案が円仁の自筆であると裏づけられる）。なお京都・青蓮院吉水蔵の円仁の某年（天安元年〈八五七〉または二年）一一月二四日付けの自筆書状にも、不、安、壽、之、随、五、年、使、仏、祈、圓、仁の字があるが、草書であり、比較しがたい。大津市園城寺の嘉祥元年（八四八）以降の三聚浄戒示の円仁印信二通の自署もあるが、草書である。

舎利蔵誌は、一字の大きさが右から左に行くに従ってやや小さくなっているが、末尾の大の字などは右はらいが伸び伸びと書かれ、かつ刻者により忠実に鐫刻されている。円仁と天如の名は本文よりも小さく、上下に書かれる。仏教東肇以下、仏壇、浮屠、真身舎利、法門、聖物、聖門、永輝などの仏教語ないし宗教語が用いられる。内典はもとより、ほかの用語にも通じた人の文章である。総じて、舎利蔵誌は九世紀半ば、唐代の仏寺にかかわるものとみて何ら差し支えないという印象を受ける。

円仁の『巡礼行記』によると、帰国を強いられた円仁と弟子僧惟正、行者（傔従）丁雄万の一行は、会昌五年五月一四日、京兆府で公験（通行証）を手に入れると、一五日、長安を出発し、六月一日東都つまり洛陽に至り、九日には鄭州にたどり着いている。これと舎利蔵誌とをつき合わせると、円仁は途中、洛陽から二日ほどかけて法王寺に立ち寄ったかと思われる。

洛陽城の南の定鼎門を出て東行するには玄奘の生地である緱氏県を経て洛陽八関の一つ轘轅関を抜けて山道を南東に下ると嵩山の南麓の少林寺、法王寺などに入り、そこを回って潁河の北を通り、北東に上れば鄭州に至る。偃師、登封、鞏三県の交わる大口山の轘轅関は、今日も唐代の面影を留めている。洛陽から鄭州までは約一六〇キロメートルあるといい、法王寺はそのほぼ中間にある（なお、塩澤裕仁氏によると、洛陽から南下して大谷関から潁陽を通過するルート、洛陽を出て伊闕、彭婆、潁陽を通過するルートもあるという。さらに洛陽城の北東、黄河に近い武牢関を出て真東に向かう成皋道もある）。『巡礼行記』にこの間の記述はないが、円仁は行動のすべてを記録しているわけでない。廃仏に遭うなかで、書くことのできない事情があったのであろう。

舎利蔵誌は六月一日以降、九日までこの法王寺で書かれたとみるのが穏当であろう。一三日には汴州（開封）に至っているから、一二日までの鄭州滞在中に片道二日はかかる法王寺に出かける余裕がないであろう。鄭州を発った円仁を旧知の州長史辛文昱が追いかけて来て、土店で仏法が東流して以来の話をしているので、この時、撰文を頼まれたのではという可能性も否めないが（酒寄氏の教示による）、この時すでに円仁は舎利蔵誌を書き、記名していたので、冒頭の一文と同じ認識を繰り返し述べたのではないか。

舎利蔵誌の記載をみると、法王寺は漢代に釈迦の教えが東伝して、仏壇すなわち仏を安置してまつる壇は嵩山の南麓、法王寺に立つとあり、重修碑や地誌に後漢の永平一四年（一七）の建立とされる最古級の寺院であることと合致する。さらに隋の仁寿年間（六〇一～〇四）に帝の勅により浮屠すなわち仏塔を建て仏の真身舎利、つまり釈迦の遺骨を意味する粒状の宝珠類を奉安したとある。これは仏教信仰に篤い文帝の仁寿元年（六〇一）の勅に始まる全国的な舎利塔建立事業であり、一定の規則により造った舎利荘厳具一式を舎利とともに配布して立塔を行わせたことで知られる。同二年には河南道、河北道を中心に舎利を奉送したとされ、この年に河南道の法王寺でも塔が落成して真身舎利供養が催され、そのために宝珠などの荘厳具が埋納されたと、同寺発行の冊子でも考えられている。今日の一五層の一号塼塔であるとされる。次いで、殊にそこから移して地宮に匿して函密したとし、宝つまり舎利と舎利荘厳の品々を護るには是非とも恭しくしなければならないのであり、それは法門の聖物たる舎利が世々遠く失われることを疑ってのことであるという。そこで、誠にかしこみて石に鐫んで記し、聖門、つまり仏の教えが永く輝くことを祈る、と舎利蔵誌の本文を結ぶ。

舎利の埋納は、隋の仁寿年間からの一連のこととして記されるが、「殊に」以下の後半部分の事柄は石刻を造った時、最後に記す大唐会昌五年のことである。上にみた通り円仁は会昌五年六月初旬、同寺を訪れたと考えるのが自然であろう。

舎利蔵誌は円仁と天如が表題にあるように釈迦舎利を秘蔵する時に誌すという意味である。会昌四～六年頃、唐の各地で舎利塔を修築し、舎利を重蔵したことは諸寺の「重蔵舎利記」によって知られる（『石刻史料新編』第一輯一二冊など。石見清裕氏の教示による）。法王寺の舎利蔵誌には、何ゆえ真身舎利をほかの塔からこの地宮の舎利函に移して匿したかという事情には一切言及していない。しかしながら、この時の円仁は仏教排斥の直接の被害を受けていた。舎利蔵誌の記述のみをみる限り、廃仏を直結させることはできないが、法王寺が舎利を秘匿せざるを得ない差し迫った背景として廃仏の動きを想定してみる必要がある。

会昌の廃仏は、『巡礼行記』によると会昌二年（八四二）頃から目立ち、武帝の命令で僧尼の強制還俗、仏像、仏寺の棄毀が行われた。五年三月には異国人僧にも厳しい迫害となり、僧形をやめて帰国することが強いられた。法王寺の舎利の移動の直接の動機は不明であるが、同寺でも各地に広がる廃仏、廃寺の波及を恐れたのはありえることであろう。

天如は法王寺に属する僧であろう。円仁は渡唐して七年目、約五年に及ぶ長安滞在中、寺や官衙で数多くの唐や異国の僧、官吏、貴人と知り合い、敬慕されている。また五月一六日、長安を出る際に唐人の僧侶一九人が同行しており、官吏も同道、逓送したと考えられるが、そのなかに天如が含まれていたとも想像される（途中で別れた人たちがいたであろうが、日本まで同道した僧もいた可能性がある）。そこまでは断定できなくとも、周囲に影響力を持った円仁と天如とは旧知の仲だったかと思われる。『巡礼行記』に天如の名がみえず、中国の正史や高僧伝の類にも探し当らない。法王寺の冊子は、恒興和尚によれば複数の専門家が共同執筆したというが、天如を同寺の方丈、すなわち住職とする説、または知客つまり賓客係であったという説の両者を併記している。舎利蔵誌の二人の名に肩書のない点が年紀に月日を欠く点とともに訝しい感を与えるが、しかし本文と年次を書いた後に記名したとも解されよう（佐藤長門氏の教示による）。しっかりとした筆致と彫り方の一方で、緊迫した慌ただしさを読み取るべきであろうか。そもそもこれを書いた目的が、法難を遁れるために舎利と荘厳具を法王寺の一号塔の奉安場所から二号塔地宮に移して永く密かに隠匿することにあったとも想像される。冊子では、円仁の提案により舎利を移動し、日程からみてその後、碑（舎利蔵誌）を立てたと想定している。舎利蔵誌は地宮の宮室内の壁か、入口（門牆）の付近に貼られるなどしてあったかと推察される。

舎利信仰については、真身舎利信仰と仏牙信仰があったが、円仁は『巡礼行記』に長安に滞在中、薦福寺、興福寺、崇聖寺、荘厳寺の皇家寺院での仏牙供養の法会の盛んなさまを折に触れて記し、自ら礼拝したほか、仏牙の由来についても説明して関心の深さが知られ、仏教における舎利信仰の重要性を理解していたはずである。真身舎利に触れるところにも、円仁の意志が反映しているのではないか。

おわりに――円仁の求法活動

長安からいわば追放されて、蒐集した膨大な経典や仏画、仏具などを捨て置いて、最小限の持ち物を携えて帰国の道を急ぐ円仁と弟子たちは、『巡礼行記』の入唐以来の詳細な記録とは対照的にごく簡単に旅程を記して済ませ、ことに洛陽、鄭州あたりでは長安で知り合った大理卿の楊敬士の紹介状で無事に通過できたことを述べる。円仁たちは道中、酷い迫害を受けはしないかが最大の心配事であって、行く先々で困難を潜り抜けて知友の厚いもてなしを受け、安堵した様子が行間に窺われる。事実、円仁は河南道を通り、二二日、泗州（盱眙）に着いて以後、沿岸部の各地で荒廃し切った寺院と社会の現実を目の当たりにする。

したがって、円仁が洛陽を経て鄭州に向かう途中、天如かその周りの勧めなどで、著名な霊地の由緒ある法王寺に泊まり、そこで災厄を避けるための舎利の移動、秘匿に出会い、請われてそのいわれを撰者として執筆し、それが刻者によって石に鐫られたと憶測される。円仁は法難で先を急ぐ帰途にあっても仏教への信念が揺らぐことなく、求法と交流の活動を続け、行く先々でその影響をもたらしつつ東に向かっていたことが察せられる。

新出の法王寺の「釈迦舎利蔵記」という石刻資料は、一一六五年の眠りから覚め、円仁の『入唐求法巡礼行記』の簡略な帰路の記録を補い、円仁がまったく書かなかった求法行動、円仁の置かれた厳しい立場、法王寺の動向を照らし出し、そして背後に会昌の廃仏の様相を想像させる具体的な資料であるということができる。

以上のように、取り敢えずいくつかの問題を挙げて私見を述べた。今後訂正を要するかもしれない。円仁の名が認められる法王寺の「釈迦舎利蔵誌」は、唐代の仏教史、社会史だけでなく、遣唐使を含む日中交流史、そして日本の古代史、仏教史の研究にとって裨益するところ極めて大きいと思われる。(補注)

（補注）本章のもとになった新出資料の石刻を紹介する拙文は、二〇一〇年暮に刊行された『日本歴史』七五〇に公表した。これは法王寺の瑠璃門の東側の壁面にはめ込まれた一通の石刻であるが、その後情報を集め、調査を進めるなかで、そのすぐ東に建つ鐘楼の一階にもほぼ同じ石刻が一通所蔵されることが判明した。この一通は先の石刻と銘文が同じであり、文字も一見酷似するが、細かくみると微妙な違いもある。これら二通の関係に関しては、拙編著『円仁と石刻の史料学』（高志書院、二〇一一年）所収の諸氏の現地調査に基づく論考が様々な観点から解明に努めている。唐代から現在に及ぶまでの法王寺の歴史と円仁の石刻をめぐる諸問題に対する私見も、同書にひと通り概述した（本書Ⅳ―3）。

参考文献

朝日新聞社二〇〇五『遣唐使と唐の美術』（展示図録）朝日新聞社
河南省文物考古研究所二〇〇三「河南登封市法王寺二号塔地宮発掘簡報」『華夏考古』二〇〇三―二
鈴木靖民編二〇〇九『円仁とその時代』高志書院
東京国立博物館ほか二〇一〇『誕生　中国文明』（展示図録）読売新聞社

3 入唐僧円仁と法王寺の石刻

はじめに

石刻とは、碑石（碑刻）、造像碑、仏教刻経、石経、墓誌、塔銘、摩崖題記、画像石など石に文字や絵画を彫刻した多種多様なものの中国における総称である。(1) 本章が対象とする、中国河南省嵩山法王寺の所蔵する釈迦舎利蔵誌二通も石刻の一種であるが、碑石（碑刻）と呼ぶこともあり、文字を記した石刻である。また仏教石刻という語もあって、造像関係の文物をはじめとして、舎利塔や地下宮殿の舎利函の文字や装飾など多岐にわたるが、舎利蔵誌の類はこれにも属するであろう。

二〇一〇年七月初め、法王寺に円仁の名が刻まれた会昌五年（八四五）の石刻である釈迦舎利蔵誌（以下、円仁石刻と称する）の存在することが日本で公表されると、特に記載の文章、字句について、唐代にみられない帝や肇や随の字が書かれているから当時のものとして疑わしいとする書法史の説が出された。(2) これに対してはすでに同一分野からの反論の証左も示される通り、(3) また歴史学の史料批判の方法からみても、関連史料を十分収集して分析したわけでなく成り立たない。陰刻される文字の彫り方が浅いので、現代の石工の仕業であろうとの言説もあったが、現物の実見でなく、写真や拓本からの観察による意見では限界があり、安易な断定はすべきでない。

しかしながら、円仁石刻には、唐宋代に盛行した君主の名を書くことを避ける風俗や慣行、具体的には太宗李世民の字の避諱(4)がなされていないことや、公式令が規定する帝や勅の字、あるいは真身舎利の字の前に空闕を設けて（唐公式令平出条・闕字条）敬意を表していないという書式や表記についての指摘がある。これに対しては、史料（資料）の信憑性にかかわる点であり、歴史学の側からも看過できず、現物に当たって用例を確認する必要がある。それとともに、四角い横長の石刻の四周に長方形の回字（S字）を連続した線で描いた雷紋、回形紋、鍵形紋、富貴不断線などと称される装飾紋様に着目するなら、史料としての時期的な特徴や傾向が把握でき、作成年代を推定する手掛かりが得られると思われる。

これらの史料性の追究は、石刻の拓本や写真によるだけでなく、何よりも現地の法王寺に赴いて、現物を直接観察することによって、正確な調査結果を期待できるものである。

本章はまず二〇一〇年一二月二三〜二九日に実施した入唐求法巡礼行記研究会による河南省登封市などの現地調査の際の私の覚書きをもとに、法王寺の石刻群をはじめ、同寺の所在する登封市嵩山に林立する諸寺および洛陽市関林、偃師市、鄭州市で実見した関連する石刻について言及し、円仁石刻の史料性について検討する。調査に参加した諸氏の所見を参照することはいうまでもない。次いで法王寺の盛衰の沿革およびその仏塔のあり方を取り挙げる。特に、二〇一一年一月二三日の國學院大學文化講演会「円仁石刻と古代の日中文化交流」、同月二五日の東京大学東洋文化研究所シンポジウム「文化財保護と石碑の世界」における講演、報告により浮彫りになった円仁石刻の作成とその年代、信憑性の問題をめぐって、現地の石刻を知悉する専門家の見解をふまえ、併せて明清代から現代に及ぶ同寺の修復状況とその歴史的背景を考慮しつつ述べる。

一　石刻の文字表記・装飾紋様と作成

（1）避諱・闕字

河南省にある洛陽と嵩山は嵩洛と通称され、両処は早く漢代より地理的にも近く、人文的にも仏教の盛行に表れるように、深いつながりを有する。仏教、道教、儒教の聖地として知られる中岳嵩山では、漢魏以来の様々な石刻が一五〇〇品余り今日に伝えられ、そのなかで碑刻は九〇〇余品、塔銘、墓誌は二六〇品を数えるといわれる。円仁の名が刻まれる石刻は、上記の通り碑刻（碑石）であるが、内容は舎利の収蔵を記すので仏教石刻でもある。

円仁石刻は中国への仏教伝播から法王寺の舎利移匿までを記した八八字の文章からなり、釈文に問題の余地がないが、(5)避諱、闕字が行われていない点に疑問が付されている。つまり上述のように「帝勅」の字の前を空格としてなく、「世」の字も避けていない。その理由を嵩洛のほかの石刻の例から考えてみる。

洛陽市から東南の登封市の北の嵩山に向かう途中にある偃師市の偃師商城博物館所蔵の唐代の一つの墓誌のなかに、帝と皇帝の両方の字が同時に表記されている例がある。偃師商城博物館には公式令の空闕の規定に従って天の字の前を空格にしていない会昌五年（八四五）の唐孝子故盧州参軍李府君墓誌の例もある。洛陽市の関林の墓誌陳列室には、帝、勅の字の前を空闕にすることのない唐会昌四年の有唐太原王氏夫人墓誌銘がある。嵩山の少林寺には、唐代の武徳四年（六二一）の大唐太宗文武聖皇帝龍潜教書碑に世、民の二字を諱として避けていない例がある。これは少林寺の僧たちに下した教書（詔書）であり、草書体の「世民」の字は太宗李世民自身の書いた親筆として著名である。

天宝一一載（七五二）の大唐中岳永泰寺碑頌には「大窣堵波者隋仁寿二載に置く所、文帝命に応じ」云々と舎利塔創建を記しており、法王寺の一号塔建造の類証となり得るであろうが、(6)同碑には勅、皇祚などの字の前に空格を設け、帝闕の字の時は改行（平出）がなされ、ほかに先の隋文帝の行跡や乃詔を引用する場合、空格を設けない例もみえる。つまり過去の代の皇帝の行為などに対しては空闕を行わないが、永泰寺は北魏孝明帝の妹、永泰公主の追福のために再興した寺なので、当事者である孝明帝、故永泰公主の字の前は敬意を表して空格としている。会善寺の開元二三年（七三五）の唐嵩山会善寺故景賢大師身塔石記には、(7)大師の本姓、出身地の次に、「世為著族」つまり世々著族為りと記し、文中に、「中宗聞風　　詔請内度」と詔の前に三字の空格がある。世々は過去の何代かの景賢大師の宗族のことであり、世の字を避諱するので諱として避けないのである。円仁石刻の「法門聖物世遠疑失」の世の字も時代をいい、これから先、未来のことを意味するので諱として避けていない。また中宗の詔は開元一一年（七二三）春秋六十四で寂したという大師が、かつて大師の噂を聞いた時の皇帝、中宗により都に召されたという在世中の出来事なので、闕字を設けたと考えられる。なお諱を避ける方法には、空字以外に改字、闕筆がある。(8)少林寺の石刻のなかには、世の字の最後の横画を短く書いた闕筆の例を目にするが、あるいは卅などとも書く。これらは石刻以外に唐代の写経などでもよくある。舎利の前を闕字にしない例は大唐中岳永泰寺碑頌並序にあり、文帝の前も同様に闕字がない。(9)

日本の養老公式令汎事古事条によると、一般論として、または歴史的に天子の語を用いて、本人を特定して述べるのでない場合は、例外であると規定されている。唐令に倣った条文である。避諱、闕字は状況や事実に応じて判断されたもので、在位したり、在世したりする唐代の君主などについては規定に従うが、それ以外は従わない場合がある。石刻を一見すると、どちらもありうるようにみられるが、内容に沿って判断すべきもので、表面の字面だけでは速断できないのである。

円仁石刻の「隋仁寿間の帝勅」との表記も、八字九行の規格のなかに収める必要から端的な表現を多用した例かもしれないが、多分過去の隋代の歴史的な記述と見なし、空字を作らなかったと解される。つまり、当代の皇帝またはそれに準じる皇族、外戚の言動のことを記す文脈では空闕、平出を用いるが、過去の歴史的記述のなかで書く場合は空闕などにせず、避諱も行わないことが明らかである。円仁石刻は唐代のこうした風俗、慣行を心得て撰文されていると見なせよう。このほかの闕字などについては石見清裕氏の論文に譲る。(10) なお、円仁石刻のなかの「譴使」や「地宮」の語句を唐代としては疑問視するむきもあるが、葛継勇氏は前者が元代に溯って例があり、後者が遼代の大安一〇年（一〇九四）の北京市法源寺の地宮舎利函記にみえることを確認している。(11)

（2）会昌廃仏と嵩山の寺院

少林寺の碑廊には、廃仏の最中の会昌五年（八四五）二月二六日に、「朝飯於此寺」と刻し、前潤州参軍事盧寅、前殿中侍史内供奉元緜、河南尹盧貞と記名する石刻が置かれている。(12) これは明の万暦四〇年（一六一二）の傅梅編の『嵩書』章成篇、清の康熙一二年（一六七三）の葉封の『嵩陽石刻集記』(13)に「少林寺新造厨庫記」として全文が収載される貞元一四年（七九八）の石刻の別の面を用いて書かれている。景日昣の康熙五五年（一七三八）の『説嵩』金石および芸林の項にも「厨庫記」としてみえる。

石刻はその後所在不明であったが一九七六年少林寺大雄殿内で残碑として再発見された。(14) もとは明代に大雄殿を建てた時、柱の礎石となったが、遅くとも同じ明代に壊され、中段だけが残ったもので、上下が失われている。その左側面に、もと都の高官や河南府の官人たち三名が少林寺に到って朝飯を食した旨を記念して作った石刻の例である。

会昌の武宗の廃仏政策の徹底は、唐全域に対してなされたが、道など地域によって実態が異なるとされる。これについて、趙振華氏は石刻が貞元一四年（七九八）の少林寺の盛んな様相を示す新造厨庫記が刻された碑石の左側面に記されていることから、三名の官人は同寺で廃仏が実行されているかを検査するために来たものと解釈する。[15] 法王寺の石刻に記す舎利移匿は同年の六月初めのことであるから、その約二カ月前の嵩山の寺院の緊迫した空気が感じられる事実である。ただし、少し違った解釈もできるであろう。この文は簡単であり、石刻の上下部分が欠損しているけれども、左側面に他の刻字はないので、これで全文であろう。官人の三名のうち、二名が盧姓を名乗っていて、宗族の可能性があり、また一名は確かに河南府の尹であるが、ほかの二名はもとの官職を名乗っているから、ともに少林寺参詣を目的に至って宿泊し、朝飯を食したとみることもできないか。のち、都の官人たちが嵩山の寺院を訪ね、少林寺に宿した時の作詩がしばしばみられる（『嵩書』など）のと同様に解されるようにも思われる。廃仏の断行に当たって、前職を遣わすのは、その職掌が相応しいものなのか、専使は任命されなかったのかとの疑問を生じる。

同じ年の会昌五年の円仁石刻には法王寺が舎利移匿を行ったと記し、また『巡礼行記』によって、円仁が迫害を避けて長安を発つ時に僧侶のほかに官人が同行しているから、彼らは逓送の役目と同時に監視役を果たしたと見なされている。けれども、『行記』の記載によれば、一方、円仁一行が長安滞在中の交友で培ったつてを活かして官人に書状（紹介状）を貰い、各地の州などの高官を頼って東に移動していることも事実である。この嵩山の少林寺の会昌五年の石刻は、円仁についても、長安で法王寺僧の可能性のある天如と知り合ったかもしれず、[16]天如が円仁と移動する一行に含まれていたかは判然としないものの、石刻末尾に二名の記名があることを考え併せると、ともに法王寺の一件にかかわった廃仏時の事情を考え得る類例となるかもしれない。

(3) 重刻(重修)・模刻

偃師商城博物館では、杜甫の詩文を石刻に記した清の乾隆五六年(一七九一)の重修唐拾遺杜文がある。原文をもとに再び鐫刻したものである。また偃師県南蔡荘の地で、中華民国一九年(一九三〇)に西晋の永康元年(三〇〇)の晋左貴人墓の石刻が掘り出され、雒易の郭翰臣などがその文字を忠実に翻刻(模刻)し、同一の碑面にいわれを書いて立てた例がある。これらは唐やそれ以前の石刻や文章を後世の人が石刻で模造した実際の例である。歴史的な原本(原刻)をもとに碑刻を作成するには重刻、翻刻、偽刻の三種の方式がある。[17]重刻、翻刻は原本の文字に倣って作成する範疇にあり、模刻である。上記の少林寺の貞元一四年の新造厨庫記の碑に対して、四七年後、別の左碑面に、朝飯のことを記したり、また右側面にも金代、翰林学士の書の「寿」字を刻んだりするのは[18]重刻と見なすことができよう。嵩山では伝統的に摩滅したものなどをもとに模刻する例が多いという。[19]

この嵩山の石刻文化と称すべき伝統は、現地の僧侶、道士などの力だけでなく、登封県の官人以下の寺院、廟、書院に対する歴史的文化的関心と無関係でないと思われる。

(4) 雷紋

円仁石刻と同じサイズ、類似の長方形をつないだ装飾紋様の雷紋は、洛陽市関林の墓誌陳列室所蔵の明の崇禎二年（一六二九）の王氏曁庶母孫氏合葬墓誌、一〇世紀後半、後周の顕徳二年（九五五）の王柔墓誌に例があり、[20]登封市少林寺の貞元七年（七九一）の大唐東都敬愛寺故開法臨檀大徳法玩禅師塔銘、元の至正七年（一三四七）の初祖菩薩達磨大師実跡之記がある。[21]明の洪武二四年（一三九一）の少林住寺嵩渓定公長老之碑、正徳八年（一五一三）の大明月舟禅師之碑があり、嘉靖四五年（一五六六）の釈迦如来双跡霊相図の雷紋は菱形状を呈しているが、そのなかに描かれる釈迦仏手字の周囲にも長方形の雷紋がある。時期が下るが、鄭州市のイスラム寺院、北大清真寺の大清咸豊一〇年（一八六〇）の積金会公議碑記、同治一二年（一八七三）の清真寺積金会碑記にもみられる。元の至正一〇年（一三五〇）の鄭扨墓誌の四周も同じ紋様であるとされるが、[22]長方形が直角でなく斜めになっている。

円仁石刻と同じ直角の長方形の連続する雷紋（回形紋）の連続は唐代に遡る例がほとんどなく、その長方形が斜めになった菱形の連続紋様、あるいは六角の亀甲形（亀紋）の連続紋様、あるいはS字形紐状紋様などがある。法王寺二号塔地下宮殿出土銅炉の蓋の周りにもそれに似た雷紋が刻まれている。[23]また菱形状は清代にも多くみられ、法王寺でも一号塔の西南に建つ康熙三〇年（一六九一）の弥鑒澧公和尚之塔銘に紋様が認められる。元代には同時期に長方形と菱形との両方があることになる。

この菱形などの紋様は紐を捩ったようなデザインであるが、長方形の回字（S字）を互いに組み合わせて途切れることのない連続線を描くデザインとは構成原理を異にするといえよう。[24]つまり菱形の雷紋と長方形の雷紋は系譜が違うことに注意を払わなければならない。

このように、円仁石刻と同一の長方形の線が連続するモチーフの装飾紋様を持つ石刻の時期は、嵩山地域およびその周辺に限ってみると、八世紀末の唐代から一九世紀後半の清代まで長い時間幅がある。貞元七年の法玩禅師塔銘に類似の紋様がみられるというが、[25]実見すると菱形を呈するので、厳密な相似形とはいえない。この種の雷紋は明清代に多くみられ、元代に遡っても認められるかと思われる（これら以外に、唐元和五年〈八一〇〉の張清源妻何氏墓誌磚の四周の紋様は、凸字状を大小二重に組み合わせて横に連続する独特のものである）。[26]このように長方形を示す雷紋が描かれることは、法王寺の円仁石刻を明清代に作成されたと考えるべき論拠となるであろう。

（5）二通の円仁石刻の作成

法王寺に伝存する二通の円仁石刻が唐代、すなわち記される通り会昌五年のものであるとする確実な証明は難しいが、記載内容はこの年の舎利移匿の出来事を述べたものである（撰文した撰者、文を書写した書者などの問題には触れない）。

呂宏軍氏は二通の石刻をともに唐代の原本であり、一通（瑠璃門壁面石刻）は初めに作った一通（鐘楼石刻）が巧く出来上がらなかったために作り直したか、「法門聖物世遠疑失」とあるごとく、廃仏から逃れるための〝保険〟としてもう一通を製作したもので、おそらく後者であろうと推断した。[27]また壁面石刻表面の風化の状態も唐代に作成された傍証としている。現代の拓工の裴建平氏も中国の石刻に多くみられる贋作の特徴や判別法を仔細に述べた上で、円仁石刻が青石（青灰色石灰石）表面の風化から推して現代のものではありえず、彫られた年代は明代より古く、唐代の可能性があると示唆した。[28]長年の経験と観察の結果の所見であり、そうした可能性は否めないが、円仁石刻の紋様構成の独自な雷紋、文字の深さ、そして表面の風化、特に壁面石刻の石斑が浮き上がる状態から推して、嵩山の諸寺や書院にある明清代の石刻の例に似ており、[29]おそらく明清代にあった唐代の石刻の原本が磨耗、破損するなど劣化したために、改めてそれをもとに法王寺で模刻、模造したと考えるのが妥当であると思われる。あるいは原本（原刻）でなく撰文を書いた書跡、巻物、その他の記録が伝えられていたことも想像される。田中史生氏は、二通の石刻の文字の実測と対比に基づいて、石の刻面に直接朱（丹）で書いた書丹ではなく、あらかじめ薄手の紙に文字を写し（双鈎など）、行の割付をしたものを貼って石工が刻んだと推定している。(30)

これに対して、趙振華氏は会昌五年、舎利の移匿とともに、その経緯を記した円仁の石刻も彫られて穴蔵に隠された。法難の去った後、宣宗代に掘り出され、その後明代になって重刻されたが、その時すでに二通あったのに倣って二通作ったと解釈した。(31)

裴建平氏は、宣宗即位後の会昌六年、法王寺僧が円仁を思い出し、舎利地蔵の事件を記念するために石刻を地下から掘り出して寺の壁にはめ込んだが、その後、浸食を受け、清末民国時代に建物の毀壊により再び地下に埋まり、一九九〇年代の寺院の修復の際に再発見されたと想像した。(32)

石の表面の寸法は、もとになった原本の大きさに従ったのではないかと推測される。というのは、葛継勇氏が指摘する通り、建築家劉敦楨が一九三六年に法王寺の調査で認めた開元二〇年（七三二）の閑居寺寺主景暉禅師舎利函は、横六一センチメートル、縦四二センチメートルの寸法を測っており、二通の円仁石刻の横長の寸法六二、縦四一・八センチメートル（鐘楼石刻）、横六〇・三、縦四一センチメートル（壁面石刻）とほぼ同一であるからである。(33)これについては、なお事例を集める必要があるが、唐代に行われた一定の寸法に則った規格を基準にしているのではないか。つまり原本が唐代に溯る蓋然性を示している。

円仁石刻の、先に作ったとみられる鐘楼石刻の二行目、漢の字（六画目）と雷紋の線との切り合いの観察によって、雷紋は文字を彫る以前に刻面に施され、それにより作られた方形の区画のなかに文章が刻記されたと推測される。(34) 漢の字などの写真、拓本の観察により、浅彫りで薬研彫りでないとの説があるが、文字の彫りの拡大写真、現物の文字の蠟による型取りをみると、文字の彫りは間違いなく薬研彫で刻まれ、彫りの深さは一ミリメートル程度であり、嵩山のほかの石刻と比べて特に浅いということはできない。雷紋の彫りの深さは〇・六ないし〇・八ミリメートルである。(35) なお石刻の雷紋の並行する線と線の間隔が一〇ミリメートルを測る箇所のあることから、現代のメートル法による作成、すなわち偽造ではないかとの疑惑もかけられたが、調査の結果、明清代にも五ミリメートル、一〇ミリメートルの間隔の例があることも知られる。

二　法王寺の歴史と修復

(1)　法王寺の盛衰

二通の円仁石刻は元来の唐代の原刻であるか、または後世に原本を模刻したものであろう。この石刻の作成が法王寺の沿革の一齣であるのは当然であるが、その契機、背景が同寺の動静に深くかかわるに違いない。

法王寺の歴史は、後漢の永平一四年（七一）に創建された、洛陽の白馬寺に並ぶ中国で最古級の寺院といわれる。同寺は隋唐代に隆盛であり、白居易も訪れて「夜法王寺従り、下りて岳寺に帰る」と題する五言絶句などを詠んでいる。(36) この詩の冒頭に見える「双刹」は法王寺と嵩岳寺の塔であるとの葛氏の指摘がある。(37) 隋唐代に法王寺の名の変更が何度も行われたことが伝えられる。(38) 魏の時に護国寺、晋永康の時に法華寺、隋仁寿の時に舎利寺、唐の太宗の貞観三年に功徳寺、玄宗の開元の時に御容寺、代宗の大暦元年に文殊師利広徳法王寺と称するが、会昌五年に法王寺とあるのは大暦以来のことであり、符合する。寺名の改名は舎利塔の建立により舎利寺と称したごとく、時々の伽藍の修築、新造や信仰の志向や特徴を反映している。

寺の繁栄は宋金元代にも続いたことが同寺の石刻、地誌などによって察せられる。例えば、元代、河南府路総管の梁宜が、法王寺に遊び学公長老に呈した七言律詩がある。(39) だが、その後、寺は次第に荒廃し出した。明代の王士崧が同寺を詠んだ詩に「古刹製して未だ頽れず、高棟絶巘を負う」とある。(40)

法王寺には多数の碑石などの石刻が伝わるが、寺院の修復、新築などの際の重修碑、功徳記として、明の嘉靖一〇年（一五三一）重修灋王寺記、同三八年（一五五九）重修上法王禅寺功徳記、清の康熙一二年（一六七三）重修法王寺碑記、同三九年（一七〇〇）重修法王寺碑記、同五六年（一七一七）重修法王寺碑記があり（なお未見であるが、ほかに明の年次不明の重修法王寺十王殿記、正徳一五年（一五一八）の法王寺賈公碑記、崇禎元年（一六二八）の法王寺重修伽藍殿記、清の咸豊五年〈一八五五〉の補修法王寺地蔵王菩薩大殿碑記がある）、現在もなお大雄宝殿をはじめとする諸殿宇の前庭に、一九九六〜九八年以降の、中興した延仏師の名がみえる碑とともに立つ。

例えば康熙一二年（一六七三）の碑記によると、同一〇年六月起工して同一一年一〇月竣工しており、後大殿、鐘楼を重修、東西の回廊などを補修し、方丈室以下を新築したという。同三九年（一七〇〇）の碑記によると、同三六年起工、同三九年竣成したが、後殿、天王殿、伽藍殿、六祖殿や前後門楼、院墻（壁）を修築する大規模な重修であり、住持僧（住職）のほか、邑令が事業に当ったとある。同五六年の碑記は上記の景日昣の撰文であり、法王寺の沿革を簡潔に述べ、魏周唐間の三度の法難にも触れ、明の三〇〇年間、国家が仏法を崇敬しなかったが、復興させて数十年の宿願を遂げた旨を記す。

これらの碑記以外に、法王寺にある明代の年号が刻される塔銘、石碣、聯句などの石刻を年次順に列挙すると、正徳一一年（一五一六）の天澤恩公禅師塔銘、同一六年（一五二一）および嘉靖元年（一五二二）の法王寺香亭、同三〇年（一五五一）の金塑鐘楼地蔵王像石碣、同四五年（一五六六）の碧潭禅師寿塔銘、万暦二年（一五七三）の法王寺等聯句、同九年（一五八一）の法王寺完満保安石碣、同二四年（一五九六）の供献地蔵十王慶懺勝会記などがある。[41] これらによると、一六世紀の初めから末期までの明代、法王寺が住持のもとに経営・維持され、洛陽の文人なども来遊し、度々伽藍の修復や新造が行われているが、その後、一七世紀前半の明の崇禎元年（一六二八）の重修後、しばらく空白があって、後半の清の康熙一二年（一六七三）にならないと重修のことがみられない。これ以降、法王寺は頻りに修復されるようになる。

明末に法王寺の伽藍が廃れ、僧侶も住まなくなる衰退の要因について、葛継勇氏は康熙一二年（一六七四）の『嵩山志』に編者葉封の按（意見）を、明末の寇燹により殿宇が灰燼に帰し、古碑などに至ってはただ元明の小碣二、三があるのみと述べる点に注目し、それ以降に円仁石刻が作成されたとみる。[42] 明末の兵火とは、例えば、雍正七年（一七二九）の少林寺の重修周府庵大殿金装神像碑に「明末季、兵燹猖獗し、殿宇悉く灰燼と化す」と倭寇などの嵩山侵入のことを刻記するのを例証とする[43]（蛇足ながら、少林寺の至正一二年（一三五二）の「至正十年庚寅史記十一年紅巾作乱」の一五字と嵩山御寨（少室山）を描く紅巾作乱図碑は、溯って、元末の少林寺、ひいては嵩山と紅巾の乱のような農民反乱とのかかわりを髣髴とさせるものであろう）。

清代中期以後の様子は、傅應星の詠んだ「題法王寺」に「古寺残僧少なく、荒烟断碣多し」と記される。[44] この衰勢した法王寺の情景は、二〇世紀に入って、一九三二年刊の日本の増田亀三郎『菩提嵩山史蹟大観』（同刊行会、一九三二年）の一九二〇～二二年踏査した時の写真に窺われる。一九三七年刊の劉敦楨の嵩山の古建築調査記を載せる『中国営造学社彙刊』（一九三七年）には僧侶の姿がなかったとあるので、一九世紀から二〇世紀前半にかけては廃寺も同然であったと想像される。その状態は、同寺の境内に立つ一九九〇年代後半のいくつもの重興法王寺碑によると、一九八六年に復興が企図されるまで続いたようである。

（2）唐塔修復時の発見──文字磚と鉄鏟

さらに、二〇〇九年八月刊行された鄭州の斉岸民氏の『嵩山古建』（中華書局、二〇〇九年）によれば、二〇〇三年八月から二〇〇五年一二月までの二年余、河南省古代建築保護研究所が寺塔群の測量および修復を行ったことが知られる。修復報告書があるが、公開されていないという。斉氏によると、唐代の仏塔四座のうち、隋仁寿年間大興善寺寺主霊幹が勅を受けて洛州（漢王寺）に送った舎利（『広弘明集』一七）をもとに建てられている一号塔は、一九九六年、内部にあった明洪武六年（一三七三）（永楽七年〈一四〇九〉ともいう）に供奉された漢白玉仏像が墓泥棒によって盗まれることがあったという。測量および修復の過程で、作業員が塔の早期の修復の時の灰と土の混じった粘着剤と建造年代と合わない少数の磚石を発見し、一号唐塔の五層檐部（軒先）と東南角で意味不明の「八百五十年」「四百十七年」とある磚（または瓦）の文字跡を、二号唐塔宝瓶の下では鉄鏟（ボーリング用の鉄棒）をそれぞれ発見した。これは先人が修復の時に遺留した物で、重要な発見である。これ以前、一号塔は何度も盗掘を被り、河南省文物局考古研究所の二〇〇〇年四月の考古発掘により、まだ何も発見されなかったので、二号塔に作業の重点を移した。二号塔地下宮殿もこれ以前に盗掘孔があったが、発掘後、地下宮殿を完全無欠の状態で発見した。和尚真身坐像などは中国国内で稀に見る極めて価値が高いもので、陸続と出土した文物も珍奇なものであった。飛天（迦陵頻伽）舎利盒内の三粒の仏牙は仁寿二年舎利塔増建説を証明するような事実であったという。しかも斉氏は、なぜ隋の大舎利塔の一号唐塔には真身舎利がなく、二号晩唐墓塔でむしろそれが保存されたのか不詳であったが、円仁石刻碑銘の出土によって、日本僧円仁と法王寺の天如らが法難下の会昌五年、仏宝を護るために機知を利かして人の注目を引かない小塔のなかに移転したかという疑問に対する、明解な答えが得られたとする。

塔の建立年代と機能、性格に関しては、一号塔は隋仁寿の立塔か、唐代の塔か、また当初より現在見るように磚塔であったか、木塔かという議論があり、まだ定説はない。二号塔については、田凱氏の論じるように文物考古研究所による地下宮殿のいくつかの発掘品の年代から推して晩唐の塔とみる説が有力である。(45)田氏は後述の通り、出土した「天宝二年」（七四三）銘の墨挺に加えて、清代の常茂徠がみた「大暦年」（七六六〜七九）の銘のある石刻断片を傍証にしてその頃の立塔、あるいは修築であることを推定する。(46)会昌五年（八四五）はその七〇〜八〇年後のことである。円仁石刻に記す舎利の移匿は一号塔から二号塔への移動であれば、二号塔の出土状況に表れた墓塔としての性格とどう絡むのか。舎利信仰と和尚坐像にみられる僧侶への信仰は矛盾しないかもしれない。なお、二号塔地下宮殿出土のいわゆる迦陵頻伽盒は蓋部に孔を開けた形状からみて舎利盒であるとは考えられないとの疑義が示されていることも看過できない。(47)だが、質素な小盒子でも舎利を納める例があるとの意見もあるので、(48)出土品のなかに舎利、または舎利に相当するものがあったか否かも問題となり、確認を要する。

法王寺の舎利移匿について、趙振華氏は、前記のように塔、塔地下宮殿への移動ではなく、塔外に穴蔵を掘って隠匿したと想定している。(49)その類例として、少林寺宋代の元祐二年（一〇八七）の釈迦石像銘に「原と、その石像に曰う、釈迦久しき前、会昌の期を経るに、魔滅の例に遭い、地下に沌蔵す」云々とあり、同寺が会昌の法難に遭って寺の僧が釈迦石像を地下に埋蔵し、のちに取り出したことを挙げ、法王寺の舎利保護もこの方法を採った。二号塔は毀壊の対象になるからその地下宮殿には移さない。したがって地表にはその痕跡を残していないのである、と説く。よく知られる山東省青州市の龍興寺遺跡における北朝（北斉）を主とする多数の仏像を隠匿した例が想起される。石刻にいう舎利を移匿した「地宮」が塔の地下宮殿であることもまったく否定できず、それは宮殿の外部の墻（壁）にはめ込まれるなどした状態であったとも考えられるが、一方、趙氏のいう別の地点への隠匿の可能性も考慮してよいであろう。上述したように、円仁石刻も舎利を隠匿した付近に置かれたと考えなければならない。

（3）　塔付近の状況

この二〇〇三年から二〇〇五年にかけての古建築の調査、修復に対する斉岸民氏の知見は、調査中の現場の見学ならびに修復報告書に基づくといい[50]、一、二号両塔周辺の状況を推測する上で貴重である。一号塔では何度も盗掘があり、内部の仏像も明代以降近年までに盗難に遭ったこと[51]、修復された塔の檐部と角の磚（または瓦）に年数が書かれること、二号塔では上のほう（宝瓶）に鉄鏟が残っていたこと[52]、地下宮殿に通じる盗掘孔があったが、内部の盗難を免れたことなどが分かる。一号塔の五層檐部などの磚（または瓦）に書かれた数字は、塔や寺院の何かの年次（修復した年か）を基準にして数えた具体的な年数であると想定される。

一号塔で年数の書かれた磚（または瓦）が残っており、二号塔でも時期が不明であるが、かつての修復に伴う作業用か、あるいは盗掘者が残した鉄鏟があり、ともに明清代のものかと思われる。そこで、これら明代または清代、あるいはそれ以降に行われた塔の修復、掘り起こしの痕跡は寺院のいくつかの重修碑に記される修築年代のどれかに結び付くものであろう。時期は不詳であるが、その際の工事などの作業に伴って、ほかの石材などの廃材とともに、唐代の円仁石刻が掘り出され、おそらくはそれを模刻したことを仮説として想定してよいのではないか。さらにその後、石刻は埋もれるなどして行方不明となった。そして近年に及んで、塔などの修復工事の時か、地下宮殿の発掘の時か、盗掘によるかは分からないが、その円仁石刻二通はほかの石材などとともにまた掘り出され、放置されたままの状態にあったと想像される。

つまり、二〇〇〇年以前にも考古学の発掘調査によらない塔の修復やその付近の掘り起こしがあったとみられるので、その前後が特定しがたく、出土した地点も不明であるが、二〇一〇年七月、酒寄氏と私が法王寺で監院、知客の役の恒興師にヒヤリングした時の、二〇〇〇年頃、一人の老僧が石刻を二号塔付近でみつけ、それを同寺の自室に持ち帰って保存しており、その死後、二〇〇五年頃、瑠璃門壁面にはめ込んだという発見の事情の説明も十分あり得ることと考えられる。(53) もう一通の鐘楼石刻も委細は分からないが、同時に掘り出され、その後に発見されたであろう。一九八七年以来の法王寺の復興工事に伴って石刻が日の目を見ることになったであろうことは趙氏も言及している。(54)

三　円仁石刻と法王寺の唐代石刻

(1)　二通の円仁石刻

二通の石刻の関係は、刻面の精緻な観察によって、文字を彫った工具(刃物)が別個であり、(55) 両者を実測して重ね合わせると、刻面上の字配り、字形はともに同じであるが、ただ彫りが違うとの結果が出た。つまり原本(原刻)となる文字の刻まれた石刻があったか、または文章(撰文)の書かれた紙(巻物)の類などが存在し、それをもとに廓塡する(文字の輪郭をかたどる)などしたものに従って、あるいはその省略文を一定の規格を持つ石材に石工が刻み、二通作成したことが推定される。

同一内容の石刻が二通あることはほかに類例があるといわれる。円仁石刻の場合の理由は前述した呂宏軍氏の〝保険〟であるとの推測があるが、[56] 作成の先後関係については、観察により鐘楼石刻が先で、石粒部分が浮き上がるなど表面に風化の跡のみられる壁面石刻が後であり、[57] 前者は刻面と裏面に土が付着していたり、色合いが違ったりしていることから、最近まで土中に埋まったような状態にあったと判断される。[58] 事実、呂氏によれば、鐘楼石刻のほうは二〇〇九年九月に現地登封の拓工趙俊傑氏が瑠璃門壁面石刻の拓本を採る時、壁に立て掛けてあった下向きの四通の石板を表に返したが、その一通に後者（壁面石刻）と同じ文字の刻まれていることをみつけ、急遽、呂氏に連絡してきたという。[59] これも二号塔あたりか、どこかから僧侶たちによって運び込まれ、置かれていたのであろう。それが現在、鐘楼一階にある僧侶の居所に搬入され保管されている。二通の石刻とも拓本が取られ、現物は私たちの調査にも提供されたのである。

ともかく、石刻は早い時代に出土したのでなく、近年における法王寺の伽藍の修復、拡大などの工事の過程で掘り出されたもののなかにあったのであろう。二号塔地下宮殿の発掘調査によって検出されたわけではないと推測される。

（２）法王寺の唐代石刻

瑠璃門の東壁面には、現在、円仁石刻を含めて一二通の石刻がはめ込まれており、唐代から金、元、明、清代までの各時代にわたっている。そのうち、壁面の年次不明の、完形でない一通は、于、乎の字の最後の一画を左に伸ばす唐代の典型的な文字がみられる交居寧極志である。[60] その壁の鐘楼寄りの下方にはまだほかの石刻らしい石板が立て掛けられている。

ほかに法王寺にある唐代の文字史料を挙げると、地蔵殿正面の磚壁（もとは毘盧殿の壁）に開元一一年（七二三）の大唐嵩岳閑居寺珪禅師塔記が後代の聯句などと並んではめ込まれている。これは清代の『金石萃編』七三にも採録されるが、一七〇字が鐫刻され、現在も明瞭に判読できる。なお、一九二一年に踏査した常盤大定は大雄殿の前庭に珪禅師舎利宝と刻んだ開元の年号のある香盤が置かれていたと伝える。(61)さらに清代の地誌、景日昣『説嵩』（一七三八年）金石の項には、法王寺の後ろ、臥龍峯の東斜面に元珪禅師塔に塔碣があり、塔内の古い舎利匣は今、法王寺の後殿の台上にあって、舎利はなく、碣字は摩滅してはっきりしないわけでないと記す。この塔碣が上の地蔵殿の壁の塔記にほかならない。塔の倒壊後、塔記を僧侶たちが法王寺天王殿内に移したと伝える。(62)石刻は寺院の衰退や伽藍の修復などによって原位置から移動することがある。元珪禅師は時に閑居寺に所属するが、その禅師塔は法王寺の至近距離に建っていたのである。一方の舎利匣は、舎利宝と書かれる香盤との異同が疑われるところであるが、現在は所在不明である。

塔記に洛陽の南、伊闕の出身とある珪（元珪）が住した閑居寺とは、唐の李邕の撰の嵩岳寺碑を収めた明の登封知県の、傅梅の地誌『嵩書』によれば、北魏以来の名であるが仁寿一載（六〇一）改名された嵩岳寺のこととされる。このほか、劉敦楨の調査日記によると、一九三六年の法王寺での古建築調査の際に、同じく閑居寺の寺主景暉の開元廿年（七三二）と弟子琰卿が記した舎利函をみつけている。(63)寸法などが円仁石刻と共通する点は上に留意した通りである。法王寺と嵩岳寺は峰を隔ててすぐ隣り合い、寺地を接しており、両寺の緊密な関係が窺われる。さらに嵩岳寺展示室には、現在、法王寺住職亮公無庵之塔の塔額が保存されている。上記した元珪禅師の場合は、永淳二年（六八三）具戒を受けて閑居寺（嵩岳寺）に属し、のち少林寺慧安（安国師）に謁し、次いで庵を会善寺の後地にある嵩岳の龐塢に卜廬したとあり、(64)嵩山の諸寺を修行し、移動している僧侶の例である。

このように、隋唐代を通して、さらに元明清代においても、高僧をはじめとする嵩山諸寺では僧侶同士の交流があった。唐代にはすでに李白、白居易をはじめとする都の文人、学者、官人が嵩山を訪れ、諸寺、諸廟、名勝をめぐり、詩文を交わすなどして交流を深めたさまが多数の作品に伝えられる。[65] そのような現地の僧侶たちや外来の人々によって、嵩山地域には文化的宗教的なネットワークも形成されていたと捉えてよいと考えられる。『嵩山游記』によると、清代の常茂徠が咸豊乙卯（一八五五）、会寧寺僧智水と一緒に法王寺に遊び、垣外で磬の破片らしい僧塔残石に「大暦年」の三字がある唐の物を得たという。田凱氏は、上記の通りこの記事を二号塔の建造年代を示唆する証拠に用いている。[66]

このように、法王寺には唐代の石刻がほかにも存在するのであり、会昌五年（八四五）の円仁の石刻が元来存在したとして何ら不思議ではない（会昌五年とのみあって、月日の記されていない点が不審とされるかもしれないが、隋代の墓誌磚に「大隋大業三年／□□郷故人／敦雲銘」の例がある）。[67]

（3）円仁石刻の史料性と年代

以上、法王寺にある円仁石刻二通の現物自体の細かな観察、留意すべき文字、書式、装飾について、諸氏の調査・研究によりながら、唐代以降の嵩洛、特に嵩山の諸寺などの類似、共通、関連する石刻を参照し、考察を進めてきた。

私は二〇一〇年七月四日、法王寺でみられる石刻をひと通りメモに取り、同年一二月末の入唐求法巡礼行記研究会の現地調査でも、法王寺および嵩山地域の石刻を調査し書きとめた。しかし短時日に行ったため、主要な石刻資料を目にしたとはいっても、熟覧できたものには限りがある。法王寺にある石刻二通の発見の経緯はまだ不明の部分もあり、さらに寺院、仏塔の修築や発掘とのかかわりでも探究を続ける必要がある。

結局、円仁石刻についての研究は、形状、刻字、刻紋の観察を通して、形製（形と構造）、製作方法などを研究する、石刻の形式的、外観的批判の段階にあり、史料性を明らかにすることに主な眼目を置いている。記載内容の語句、表記の考証、法王寺の寺号の変化、舎利塔建造、舎利移匿、舎利信仰、そして円仁の行状などの史実をめぐる考察は緒に就いたばかりである。

しかしながらこれまでの検討により、法王寺に伝わる円仁石刻の作成とその年代、背景について、ある程度の見通しを立てることができるであろう。

石刻が作られた時期は、周囲の紋様（雷紋）を比較すると、元、明、清の時代の石刻に同一のものを求め得る確率が高い。壁面石刻の表面の風化の具合も、長い時間を経ているので唐代以来のものとする呂宏軍氏の説にも注意を払うべきであるが、(68)嵩山では明、清代の類似の石質（青石）の石刻のいくつか（明嘉靖二六年〈一五四七〉重修嵩山会寧寺記、清康熙一九年〈一六八〇〉嵩陽書院記など）の状態に類縁性を覚えるのである。

嵩洛の墓誌などの石刻の調査、研究に長年携わってきた趙振華氏は、円仁石刻の横長の青石の形製と僧侶の磚塔上の塔銘のそれとは相似形であり、寺院で常備するものであるという。(69)また円仁石刻は唐代の文字書写の特徴に乏しく、書跡の風格は明代のものであるとする。(70)両氏の論によると、石刻は唐代または明、清代に作成されたことになるが、どちらかといえば、明、清代とするほうが優勢ではないかと思われる。

二通ある円仁石刻は共通するデザイン、文字の配置などの点からほぼ同じ時に作られたとみられる。その場合、石刻の作成は、法王寺の殿宇や塔が何度か重修されたうちの、ある時期を機になされた可能性が濃く、石刻はその時点で伝わっていた唐代の原本、あるいはその後代の記録をもとにして、模造・模刻したことを想像できる。その時期については、明末の兵火、すなわち倭寇の侵略や民衆の反乱により、仏塔を含む伽藍が焼かれるなどして壊滅し、僧侶も住まなくなって衰退したのち、明代から清代にかけて、寺院復興が行われた頃と考えられる。唐代の石刻もその際に発見されたものかもしれない。その動きのなかで、修復を顕彰し記念する碑石が建てられ、円仁石刻も作り直されたであろうと推定するのである。

この時期をさらに絞るなら、前述した法王寺にある石刻の重修碑記や編纂された地方誌にともに窺われるように、明末よりも一六世紀の清代に入ってからの時期に復興の機運や条件が揃ったものと思われる。

その背景をみると、趙振華氏は唐代の詩文の復刻を目的とし、それを契機に円仁石刻の重刻、すなわち模刻を企図した嵩山法王寺の僧たちが存在したことを想定する。(71) つまり清代に唐代の詩文の翻刻が行われ、康熙四二年(一七〇六)には、勅撰の『全唐詩』として刊行された。そのなかには円載、敬龍、それに円仁の帰国のことを詠んだ一〇首が収められている。趙氏は、特に唐の詩人、長安の皇家寺院の薦福寺僧で内供奉を勤めた栖白が作った、法王寺ゆかりの円仁の帰国に当たって送った詩(巻八二三、「円仁三蔵本国に帰るを送る」)が収録されていた事実に注目するのである(ちなみに、この作詩については、『巡礼行記』に円仁の長安滞在中、会昌元年二月と翌二年三月に左街開化坊にあった薦福寺の仏牙供養に出かけ、礼拝した記事があり、同寺の栖白と円仁の両者の交友があったとも推測される。同寺は廃仏の時も存続を認められた寺院である。(72) したがって、栖白は円仁が会昌五年五月、長安を離れて洛陽に向かって移動する時に見送り、別れに当たって送ったものと考えられるであろう)。それ以前、南宋の李龏の撰の『唐僧弘秀集』に明の刻本があり、栖白の円仁を送る詩が収録されていることも指摘し、法王寺僧がこの作品に接していたと想定している。ただ、趙氏は法王寺僧が円仁を日本僧として認識していなかった可能性の高いことを述べている。(73)

嵩山の寺院と日本僧との関係については、一四世紀前半、元の泰定四年(一三二七)に渡海し、二一年滞在して華北と東南の名刹で修行し、遂に少林寺の首座となり、至正七年（一三四七）帰国した「日本国沙門邵元」の例が想起される。彼の撰文は少林寺の塔林にある至元五年（一三三九）の菊庵（照公和尚）長老霊塔にみられ、また少林寺碑林にあった（現在は碑廊）至正元年（一三四一）息庵禅師道行之碑にも撰文ならびに書丹がみられる。[74]さらに少林寺（碑廊）には明の洪武二五年（一三九二）に刻された淳拙禅師道行之碑があって、「扶桑沙門徳始書丹」とあり、日本僧徳始の楷書が伝えられる。[75]彼の事績は明末の『補続高僧伝』に日本徳始伝が載せられ、洪武七年（一三七四）日本使に随って入明し、諸寺を巡遊し、北京平坡寺と龍泉寺の住持となり、宣徳四年（一四二九）に卒したという。[76]このほか、『登封県志』大事記には元の至治元年（一三二一）にかけて、日本僧大智が少林寺で修行し、一二年少林寺拳法を習得して帰国したと記す。[77]

趙氏の説を承けて想像すれば、嵩山ではこれらの塔に名の刻まれた日本僧の事績が折に触れて偲ばれ、それにつれて、法王寺ゆかりの人物、舎利塔を護った円仁のことも思い起こされたのではないであろうか。法王寺や嵩山諸寺の僧侶たちが唐代会昌の円仁石刻に注目したことと、『全唐詩』や『唐僧弘秀集』などによって円仁の日本僧であることが知られたことが、折よく重なったことが仮想される。嵩山には諸寺間のネットワークが形成されており、いわば仏教信仰文化圏があったので、諸寺の舎利塔の造営、修築や舎利信仰と相まって、明清代の法王寺の僧侶、あるいはそれを支える供養者や信者の間に、唐代の円仁、そして天如の先駆的な行跡を伝え直そうとの機運が生じ、影響を及ぼしたかもしれないと憶測するのである。

おわりに――『入唐求法巡礼行記』と石刻

二〇一〇年、石刻の出現により、円仁、天如の名があることが最も注目を浴び、『巡礼行記』の会昌五年の記事を補って矛盾しないことが、かえって『行記』をみて創作したのではないかとの疑いを一部に抱かせたようである。あるいは二通目の石刻の出現後、二〇〇〇年の二号塔地下宮殿の発掘報告を読んで作ったとの極論も報じられ、現代の偽物説を増幅させた。

しかしその明清代において、円仁については、この事績以外に唐での求法巡礼の事実を知る術がないのであり、またわざわざ円仁のみでなく、天如なる人物を並べて記す必然性も探しがたい。円仁石刻の記事は、もととなる石刻など何かの記録、ないし資料によってなった文章と考えるべきであろう。

その円仁の在唐記録『入唐求法巡礼行記』は平安・鎌倉時代の日本の僧侶が求法巡礼や参詣旅行のために唐、宋に持参することがあったが、そのなかで会昌の廃仏を記した巻四は、憚って敢えて携帯しなかったのである。[78]

一三世紀末の天台僧兼胤が書写した『巡礼行記』が東寺観智院で発見されたのは、時代をはるかに下って、明治一六年（一八八三）のことであり、世に広く知られるのは明治四〇年（一九〇七）、『続々群書類従』一二に収められて翻刻、刊行されてからである。[79] 堀一郎の日本語訳が『国訳一切経』二五に収められたのは昭和一四年（一九三九）、小野勝年の『入唐求法巡礼行記の研究』は昭和三九年（一九六四）から出版が始まる。前記したように、法王寺は一九世紀から二〇世紀前半にかけてはほとんど荒廃して、僧侶は住んでいなかった。

二〇世紀末の一九八六年以後、法王寺は伽藍の修築、復興の工事が始まり、二〇〇〇年代に入って、河南省の考古研究所による調査、修復が進んだ。円仁石刻はそれらに際してたまたま掘り出され、研究者の関知しないところで、同寺のある僧侶により発見され、その後、同寺の主導で解釈や研究が始まったとみられる。[80] 円仁石刻と『巡礼行記』はじかに接点がないのである。石刻が現代に作られた偽刻であるなどと軽々に断定できない。

現在のところ、法王寺の円仁石刻が唐代の原刻であるかどうかはなお議論の余地があるが、明清代の模刻（復刻）であるとの見解のほうに妥当性が大きいと判断される。石刻の重刻、翻刻、あるいは模刻は古典籍など文献の写本に比べることができる。写本は原本との系統関係が明らかであれば、原本に準じる資料的価値が付与されるのである。

円仁石刻が史料批判を主とする研究により歴史資料として認められるとすれば、今後、石刻の記載内容の考察を通して、円仁の人物や伝記に関してはもちろんのこと、九世紀の唐代史、日本の平安時代史、仏教史、思想史、日中交流史の史料として研究に活用できる展望が拓けたとしてよいと思われる。

注

（1）趙超『古代石刻』文物出版社（中国）、二〇〇一年。
（2）『月刊書道界』二〇一〇年一〇月号。
（3）『月刊書道界』二〇一一年一月号。
（4）陳垣『史諱挙例』上海新華書店、一九九七年。
（5）鈴木靖民「入唐僧円仁に関する新資料の出現」『日本歴史』七五〇、二〇一〇年。本書Ⅳ－2。
（6）呂宏軍「隋唐時時代崇山の寺院・石刻と交通」『円仁と石刻の史料学』高志書院、二〇一一年。
（7）増田亀三郎『菩提嵩山史蹟大観』同刊行会、一九三二年。
（8）前掲注1趙超書。

(9)　葛継勇「円仁と石刻の史料学」『円仁と石刻の史料学』高志書院、二〇一一年。
(10)　石見清裕「唐代石刻の避諱と空格」『円仁と石刻の史料学』高志書院、二〇一一年。
(11)　前掲注9葛継勇論文。
(12)　王雪宝編著『嵩山・少林寺石刻芸術大全』光明日報出版社（中国）、二〇〇四年。
(13)　『嵩岳文献叢刊』中州古籍出版社（中国）、二〇〇三年。以下、嵩山関連の地誌は同叢刊による。
(14)　王雪宝「少林寺新初現的幾件石刻」『嵩山・少林寺石刻芸術大全』光明日報出版社（中国）、二〇〇四年。
(15)　趙振華「唐代武宗廃仏の物証と中日僧侶の護法活動」『円仁と石刻の史料学』高志書院、二〇一一年。
(16)　前掲注5鈴木靖民論文。
(17)　裴建平「石刻の真偽の鑑定分析と登封法王寺『円仁石刻』の製作時期」『円仁と石刻の史料学』高志書院、二〇一一年。
(18)　前掲注14王雪宝論文。
(19)　前掲注15趙振華論文。
(20)　前掲注15趙振華論文。
(21)　前掲注6呂宏軍論文。
(22)　前掲注15趙振華論文。
(23)　田凱「法王寺二号塔地下宮殿およびその関連問題」『円仁と石刻の史料学』高志書院、二〇一一年。
(24)　肥田路美氏の教示。
(25)　前掲注6呂宏軍論文。
(26)　『中国古代磚刻銘文』文物出版社（中国）、二〇〇八年。
(27)　前掲注6呂宏軍論文。
(28)　前掲注17裴建平論文。
(29)　田中史生「法王寺石刻『釈迦舎利蔵誌』の調査」『円仁と石刻の史料学』高志書院、二〇一一年。
(30)　前掲注29田中史生論文。
(31)　前掲注15趙振華論文。

(32) 前掲注17裴建平論文。
(33) 前掲注9葛継勇論文、劉敦楨a「河南省古建築調査筆記」『劉敦楨全集』三、中国建築工業出版社、二〇〇七年、同b「河南省北部古建築調査記」『中国営造学社彙刊』六―四、一九三七年。
(34) 前掲注29田中史生論文。
(35) 前掲注29田中史生論文。
(36) 葉封『嵩山志』一六七四年、『説嵩』風什。
(37) 前掲注9葛継勇論文。
(38) 『嵩書』営篇、一六一二年、『嵩山志』、『説嵩』太室南麓など。
(39) 『嵩書』韵詩。
(40) 『嵩書』韵始、『嵩山志』、『説嵩』風什、『嵩陽石刻集』。
(41) 前掲注12王雪宝編著書。
(42) 葛継勇「円仁石刻の発見及びその課題」『日本思想文化研究』二〇一〇―二。
(43) 葛継勇氏の教示。前掲注12王雪宝編著書。
(44) 席書錦『嵩岳游記』一八九四年。
(45) 河南省文物考古研究所「河南登封市法王寺二号塔地宮発掘簡報」『華夏考古』二〇〇三―二。
(46) 前掲注23田凱論文。
(47) 肥田路美「仏舎利の荘厳具と迦陵頻伽盒」『円仁と石刻の史料学』高志書院、二〇一一年。
(48) 阿南史代「円仁日記」『円仁と石刻の史料学』高志書院、二〇一一年。
(49) 前掲注15趙振華論文。
(50) 斉岸民氏の葛継勇氏への教示。
(51) 一九九一年刊行の『中国文物地図集　河南分冊』文物出版社（中国）には仏像の記載があるので、盗難はそれ以降のことか。
(52) 斉岸民氏の葛継勇氏への教示によると、鉄鐘は河南省文物考古研究所が保管するという。
(53) 酒寄雅志「法王寺釈迦舎利蔵誌の史料性と解釈」『円仁と石刻の史料学』高志書院、二〇一一年。

（54）前掲注15趙振華論文。
（55）前掲注29田中史生論文。
（56）前掲注6呂宏軍論文。
（57）前掲注15趙振華論文。
（58）前掲注29田中史生論文。
（59）前掲注6呂宏軍論文。
（60）呂宏軍氏の教示。
（61）常盤大定『支那仏教史蹟踏査記』龍吟社、一九三八年。
（62）郭明智主編『登封県志』河南人民出版社（中国）、一九九〇年。
（63）前掲注33劉敦楨ａｂ論文。
（64）『景徳伝燈録』四、『説嵩』釈氏。
（65）『嵩岳文志』、『嵩書』韵始など。
（66）前掲注23田凱論文。
（67）前掲注26書。
（68）前掲注6呂宏軍論文。
（69）前掲注15趙振華論文。
（70）前掲注15趙振華論文。
（71）前掲注15趙振華論文。
（72）王海燕「円仁がみた長安」『円仁とその時代』高志書院、二〇〇九年。
（73）前掲注15趙振華論文。
（74）塚本善隆「入元僧邵元とその撰書の元碑」『日華仏教研究会年報』一、一九三六年、与博「日僧邵元在我国所撰碑文塔銘考略」『文物』一九七三―六、竹内道雄「嵩山少林寺参観の覚書」『日本歴史』四七八、一九八八年、佐藤秀孝「入元僧古源邵元の軌跡（上）」『駒澤大学仏教学部研究紀要』五四、一九九六年など。
（75）前掲注14王雪宝論文。

(76)　佐藤秀孝「入明僧無初徳始の活動と功績」『駒澤大学仏教学部研究紀要』五五、一九九七年。
(77)　前掲注62郭明智主編書、大事記。
(78)　成尋『参天台五臺山記』熙寧五年（一〇七二）十月十三日条。
(79)　平澤加奈子「『入唐求法巡礼行記』の伝来」『円仁とその時代』高志書院、二〇〇九年。
(80)　前掲注9葛継勇論文。

4　敦賀・松原客館と東アジア交流

はじめに

本章は、平安時代の越前国敦賀郡に置かれた外交施設の松原客館がどのような歴史的実態を有していたか、またその時代の日本の対外関係を主とする状況がどのようであったかについて、三つの問題を中心にして考えてみたい。

第一は、古代の敦賀を中心として繰り広げられた八〜一〇世紀頃の日本の高句麗、渤海との関係や交通である。第二は、それと関連して、古代の敦賀もしくは敦賀の津の歴史的な意義についてである。第三は、松原客館とはどのような存在であったか。どこにどのようにして成立し、どのように機能して衰退に向かうのかについての究明である。

一　高句麗、渤海との交通

(1) 高句麗との交通

高句麗、渤海との交通・交流は、『日本書紀』に五七〇年、欽明天皇（倭王）の時に高句麗王権の使節が初めて越、すなわち北陸に漂着したとあるのが文献上の初見である。それを機にして現在の石川県の小松市から金沢市あたりにかけて存在した江渟（江沼）という豪族と道という豪族の争いが起こる。この地方豪族の争いに中央の大和（倭）王権が干渉して、結局高句麗の使節との外交権を独占してしまう。または王権が地方豪族に対して上級の外交権を設定し、行使することになる。このように六世紀後半、高句麗の使節が初めて日本列島にきて大和王権に通じたことは確実であろう。

古代の朝鮮半島は朝鮮三国と呼ばれ、そのうち最も北にあり中国の王朝も脅威を感じるほどの強国であったのが高句麗であり、高麗とも称した。高句麗の都は現在の中国吉林省南部の北朝鮮との国境、鴨緑江に面した集安の国内城にあったが、五世紀初めに北朝鮮の平壌に遷った。それ以後、高句麗王権は新羅を配下に置こうとし、百済、加耶諸国にまで迫り、南下策を進めた。倭への交通もそれとかかわっている。

その高句麗の国家の後を承けるのが渤海とされ、その領域も多くが重なっている。その南の方の日本海側にあるのが新羅で、中国側の黄海に面してあるのが百済であったが、渤海の建国時には新羅に併呑されていた。また考古学の発掘成果が注目されてきた朝鮮半島南部の加耶は、朝鮮三国と同じ時代に独自の小国のグループであった。それが加耶といい、加羅とも称する国々である。

したがって、四つの地域のうちで統一的な国家形態をとり、また最も強力な国の高句麗が初めて日本列島の政治勢力と交渉を持ったことになる。なお、加耶は五六二年、新羅に吸収される。高句麗は六六八年、最終的には中国の唐と勢力を伸長させてきた新羅との二国によって滅ぼされてしまう。そして、六七六年、新羅は唐を朝鮮半島から駆逐して統一を成し遂げるのである。

『日本書紀』によると、この高句麗が滅びるまで、使節が一三回、列島に来ており、そのうち越には四回を数える。高句麗の公式の外交交渉に当たる使節のうち、三分の一ほどが越、つまり北陸の日本海沿岸地域に来着していることになる。使節は来着後、そこから大和王権の所在する大和に至り、また帰国のため来着地に戻るわけである。

その間、北の方の日本海岸を転々と港に寄りながら越の敦賀の津で上陸して、そこから琵琶湖を水運で通り抜けて、現在の滋賀県（近江）から京都府（山背）を経て木津川などを利用して奈良県（大和）に達し、そして倭王のいる宮に着いたと思われる。これは王権がかかわる公的なコースであり、ほかに文献に表れないプライベートなコースがあったかもしれないが、ここでは触れない。

その後、七世紀半ばから後半にかけて東アジアは動乱の時期を迎える。そのきっかけは隋、唐が相次いで王朝を興し、南北を統一して強大な政治権力を立て、それが四方への膨張、拡大策を取ったことにある。その東北への動きはまず隋、唐にとって最大の難敵である高句麗を標的にすることにあった。高句麗は強力で、容易に突破できない。そこで唐は六六〇年、高句麗と関係の深い百済を先に襲う。その時、倭つまり日本の王権は百済遺民に加担し援軍を遣わした。百済に加担するのは高句麗に味方をすることに通じる。こうして東アジアの国々はみな連動していた。そうしたなかで、遼東半島での争いが起こる。そのあたりが高句麗の西南のテリトリー、境界であった。唐と新羅により高句麗が滅ぼされると、この地域を唐が圧迫してくる。現在の遼寧省から内蒙古あたりには契丹という民族もおり、その動きも目覚ましかった。

結局、七世紀末、契丹の出身の李尽忠が唐の拠点、現在の朝陽に当たる営州を襲い、反乱を起こした事件を機に、もとの高句麗の遺民たちが中心となり、吉林省や黒龍江省にいた靺鞨人たちと一緒になって国を建てる。北の各地の靺鞨人と南の高句麗人が主力となって動乱に乗じて権力を樹立したのである。六九八年にできた振(震)という国である。振は東方を意味するが、のち唐から名を渤海と呼ばれる。これは漢、北魏の時に現在の河北省の地に渤海郡が置かれたことにちなむか、またはその郡が面した海の彼方にある国という意味であろう。現在も渤海湾という名が残る。

渤海は敦賀と関係が深い。もともと渤海という民族はなく、旧の高句麗人を含む色々な民族からなる多民族国家であるが、建国後、やがて日本との交渉も始まる。

(2)　渤海との交通

奈良時代の初め、七二七年、渤海から初めて使節が日本海側に来着し、以後、三四回を数えた。渤海使全体をみると、まず東北(出羽)に一三回ある。これには北海道に着いたものも含まれると考えられる。『続日本紀』によると、第一回の七二七年(神亀四)、使節は「蝦夷境」に着いて大使以下殺害されたものもいた。七八六年(延暦五)も同様である。使節は「夷地志理波村」に着いたとあるが、この志理波はアイヌ語で岬を意味し、現在も北海道余市に同じ地名があり、現在まで船の航海のランドマークであったといわれ、同地に当る可能性が高い。

その後、七九五年に使節は越後に安置されている。「安置」とは松原客館も無関係でなく、何かの施設に使節一行を宿泊させて、そこで食糧や衣服などを供給する、いわゆる外客の迎接が行われるのである。これらの記事は史書に「出羽国が言す」と書かれている。従来、使節は出羽国に来着したと解釈するのが通説であった。だがこれは当時の奈良、平安時代の国家の律令制の地方支配のシステムからすると、国境に接するところの国司の職務に、例えば越後、出羽などでは対外交渉が含まれることが明らかである。その国司の職務は職員令に饗給、征討、斥候の三つが規定されている。そうであれば、日本海側の最も北の方の管理は出羽国司の職務の範囲であった。『続日本紀』以下には上述の「志理波村」のように、北海道などへの使節の来着やその他の事件も、当時の記録に基づいて出羽国の報告として記すのは当然であったのである。

北海道に着いた渤海の使人は現在の秋田、山形、新潟県の地を当然通過するであろう。そこから富山県（越中）、石川県（越前、能登）を通り、福井県（越前）の敦賀に入ってくるに違いない。敦賀の津は早くより使われていたが、おそらく七二七年頃から津の施設が整備されたのではないか。渤海との関係からそのように想像される。

渤海使の来着地は時代による変遷があるが、北陸（越）は一一回を数えて多い。これはすでに指摘される通り、渤海の使節の出港地の変化につれて来着地も次第に南下するという対応関係があるとみられる。

渤海には五京、すなわち五つの主都が存在するという。その中心となって長らく都であったのは渤海の領域のほぼ真ん中に位置する上京、現在の中国黒龍江省牡丹江市の南、寧安市渤海鎮あたりで、近年発掘調査が進んで整備され、一部は観光地にもなっている。一時、中京に都が移るが、吉林省延辺朝鮮族自治州のすでに調査された和龍市の西古城の地で、ロシア、北朝鮮との国境地帯である。東京も同じ延辺の西方、琿春市にあり、八連城の地である。さらに南京が北朝鮮の東北部、北青に遺跡があるとされる。

このように五京のうちの中京、東京などに都が遷ったが、そのことと、そこから発つ使節が往還する出港地、日本の来着地という交通路とは関係があると思われる。さらに渤海から日本へ使節が渡航すると、当時は帆船なので、海流と季節風、すなわち風向とに左右され、出羽から変わって南の北陸の方に来着することになり、そのほうが上陸してから日本の国家の中枢である平城京まで向かう交通の上でも都合がよかった。

さらに平安時代に入ると、渤海使は若狭、そしてその西の山陰への来着が多くなる。若狭、越前の敦賀から京に入る前に、山科の観修寺付近で迎接を受けた徴証がある。山陰では伯耆、出雲、長門まで来着地が点在している。出雲の場合、使節は「辺亭」で接待された。ほかは国司館などが接待に利用されたと考えられる。交通路は国司や公使の往来する官道の山陰道を用いたと見なされ、若狭などからのルートがあるので、敦賀の津は多分経由しないであろう。長門の場合、上陸地の長門には駅家があり、そこで接待を受ける。そこから瀬戸内の海路、あるいは山陽道を通り、大阪湾で上陸して奈良時代なら平城京へ、あるいは京都府の山崎を経て平安京に入るというルートが想定できる。

一方、日本の律令制国家が遣わす遣渤海使がある。前述したように渤海からの来朝は三四回と大変多い。これに対して日本からは七二八年から八一一年までの間に一三回で、三分の一弱と少ない。しかもほとんどが渤海使の帰国に当たってそれを送り届ける送使という性格を持つ。

渤海への派遣は八〇余年の間に僅か一三回で、九世紀初めには終わるが、渤海からの使節はその後、九一九年まで一〇〇年ほど続いているので、かなり一方通行的な交通である。つまり渤海は明確な目的を持って積極的に来航するが、それに比べて日本は消極的で受動的な交流であるとしてよいであろう。

渤海の日本に求めるものがいかに大きいかが窺われるが、それはどうしてであろうか。この問題は次に述べる渤海と新羅の関係にかかわっているであろう。

直接の証拠は余りないが、七二七年に最初に来航した動機は、当時の渤海を取り巻く国際情勢と関連するであろう。

韓国と北朝鮮での現在までの研究では、当時の渤海を朝鮮の一部と認識して、北の王朝を渤海、南の王朝を新羅と考える南北国時代であったとする理解が有力であり、日本の研究でも多少の影響がある。ところがその実、新羅と渤海は常に対立関係にあった。国家レベルでは、何らかの友好的な交流を示す文献史料、考古資料は存在しない。二つの国の国境には鉄の関門が設けられていたが、かえって新羅の史料、伝承では向こうの方に異人がいるなどという言説があった。外国人というよりも、むしろ異形の人、つまり同じ人間ではないと意識している。こうした例から李成市氏は渤海と新羅に人的な交流はほとんどないことを論じた。

南北国時代論については、私も否定的である。南北の国が対立関係にあって、並存するのは事実であるが、それを一体的に捉えようとするのは、それぞれの成立過程、国制、社会制度の違いなどを考えると難しいのではないか。

新羅と日本とは奈良時代、交流が密で大変関係が深い。新羅は積極的で、使節が頻繁に来て、日本に対応を迫るほどであり、国家意識の対立で紛争も起こるが、渤海の使節はいわば対立する新羅を牽制するために日本に渡来するというふしがある。結局、新羅や渤海にとって日本は地理的に離れているので、東アジアの国際構造上、日本とは頼りにすべき、好都合な位置関係を有していた。実質的にどうメリットがあったかは問題であるが、外交戦略上、政治的、あるいはイデオロギー上の意味があったと思われる。

もちろん渤海にとっても新羅にとってもより重要な相手は冊封を受ける大国の唐である。唐とどう結ぶかをめぐって、渤海では王族内部の争いなども起こり、唐に逃げる王子もいた。七世紀後半から八世紀初めは、東アジアの激動が広く波及した時期であり、そのため、いくつかの国家が新たに形成され、渤海国もできた。日本列島に立てられた律令制国家と呼ばれる古代国家も、それ以前の大和王権の時とは質的に大きく違っていた。新羅ももとの百済、高句麗を併せた新たな国家形成の時代に入る。比喩的にいうと、東アジアの動乱のなかからいくつもの国が生成した。東アジアの中心である唐は少なくとも八世紀半ばの安禄山の乱までは皇帝権力と国家の状況が安定する。

このように国家の創建、更新にみられるごとく、八世紀初めは東アジア諸地域の新しい時代の幕明けであった。新しい時代の到来の裏には様々な胎動がまたあるのであり、そうした動きの一つが渤海使の日本列島への来航ということになる。

（3）交通の諸相

ところが渤海は日本との関係が、政治的・軍事的に余り有利に作用しなかったせいか、やがて八世紀半ば頃から政治的交通の形を取りつつも、明らかに貿易、交易に重点を移していく外交姿勢の変化が知られる。あるいは当初から貿易を目的としたとの見解もある。

交易において特徴的なのは渤海のもたらした物品が虎、豹または貂の毛皮であり、それにいわゆる朝鮮人参、蠟蜜を含む蜂蜜など、薬種の類ということであり、こうした自然の産品が圧倒的に多くを占める。これは交易の主な担い手が渤海各地の生産や流通を管理した支配者である首領たちであったこととかかわっている。

そして代わりに日本から送られるものは高級な繊維製品が多い。また、檳榔樹の扇や椿油に代表される、日本でも現在の奄美、沖縄のような南方での産品、つまり渤海のような北方の地では珍しいものを送った。渤海からは貴重な原料をもたらし、日本からは加工されたいわば高級感のあるものを送るという、相互が入手しづらく価値の高い物資の交換、交易が特色である。

毛皮は日本ではすこぶる珍重された。平安時代、現在の六月頃の蒸し暑い時に、渤海の使節の接待に醍醐天皇皇子の重明親王が裘という貂の毛皮の縫い合わせたものを八枚も重ね着して出席したエピソードが『江家次第』に伝えられる。貂や貂の毛は儀式や饗宴の際の着衣のほかに、そうした場での敷物にも用いられたことが同時代の儀式書や『年中行事絵巻』などの絵巻物によって分かる。

渤海は原料を持ってくるだけでなく、中継貿易の物資も携えてくる。渤海から贈られた犬に平安京の神泉苑で鹿を追わせたというが、これは西方産の犬とされる。また鼈甲の盃ももたらしている。日本の貴族たちは一度はこれを要らないとしたが、唐でも珍奇であると知って珍重したというエピソードもある。鼈甲はタイマイで、主に東南アジアの南海にしか棲まない亀の甲羅を使ったものである。鼈甲が渤海経由で伝わるのは、渤海人が唐の南の方で交易を行っていたことを示す。長江の揚州あたりまで行けば、南海の商人や商品と出会うこととなり、入手できたのであろう。唐の商船を主とした渤海・日本・新羅などを回る陶磁器の交易もあった。

このように、渤海との交易や交流でもたらされた物資、文物には東アジアに広がる背景があった。それらの品々が多く敦賀の津を中心にして日本に入ってきたのである。

それでは渤海と日本の人たちは何語で話し合い、交流したのであろうか。酒寄雅志氏などの研究によると、漢語、つまり中国語であるという。東アジアでは中国語が国際語として用いられた。日本と渤海は外交などで漢語を文章として使うとともに、中国文化の影響を受けて自分たちの言語を漢字の音、または略字、記号の類でも記した。

渤海と日本の交流し合う人たちは、互いに母国語でないが、漢字が分かり、筆談ができたのである。菅原道真が典型的であるが、当時一流の文人が使節の着岸する国の国司になったり、鴻臚館、客館に赴いて接待役をしたりする。渤海使人にも文人や唐への使節、留学の経験者がいたので、使節一行が平安京に入ると、鴻臚館という迎賓施設で、たびたび漢詩、漢文による交歓を行った。こうした交流を通して中国の文化、渤海の文化が日本に入ってきたのである。渤海から九世紀半ばの唐の宣明暦が伝えられ、それ以来江戸時代の貞享暦の頒布まで使われたことは有名である。九世紀末、平安時代の日本に存在した書籍のリストである『日本国見在書目録』をみると、「渤海」人が書いたかもしれない「小史」という中国史の史書が載っている。

渤海文化は中国、唐文化の影響を強く受けているが、渤海自らが醸成した文化の日本への伝播として理解する必要があろう。現在、中国で渤海は中国史の一部として、唐代の地方政権の歴史として位置づけられている。私の見解は渤海の歴史と文化は唐の影響を受けているが、東北部に住んでいた諸民族の独自のものとして捉えるべきと考えている。渤海を構成する住民は単一でなく、多民族であることは上述した通りである。

特に注目される近年の研究の成果は、仏教文化である。渤海の上京の王宮の建物群と碁盤の目状の京域、その周辺が発掘調査されて、復元・整備された。近郊の王陵やその他の墓地も調査されたほか、寺院の礎石や舎利函などの遺跡、遺物もある。黒龍江省のほか、吉林省でも発掘調査がなされている。八連城などの二仏が並座する像は早くから知られるが、ロシア沿海州でも、日本海の港湾遺跡であるクラスキノ土城のなかでは寺院跡や仏像の頭部、手足も出土する。沿海州ではほかにも杏寺などの寺院跡がある。日本に来た使節が寺院で礼拝するという史料もある。

平安時代の初め、唐の長安に住み、その後五台山に行った日本僧の霊仙は渤海の貞素という僧侶に出会って彼を弟子とする。両国の出の僧同士が長安（西安）で知り合って交友し、ともに仏教信仰で固く結ばれたケースである。

このように唐を日本や渤海の交流の舞台とする場合があるが、渤海の使節との交渉や遣渤海使の活動も、その多様な文化を摂取する重要なパイプの役目を果すことになった。

さらに渤海の日本と唐の間の中継的役割を挙げることができる。元来中国の文化、文物が渤海を経由して日本に入ることもその例であるが、日本から唐に至る遣唐使のルートは、大体初めは北部九州から北に向かい朝鮮半島の西岸に沿って行く北路で、途中からは五島列島から東シナ海を横切り長江の河口、あるいは付近にたどり着く南路に変った。南路は失敗すれば海の藻屑と化してしまうルートを取る。また一時、奄美・沖縄の南島路を行くルートがあったらしい。南島路は鑑真を伴った遣唐使船が遭難してたまたま進んだコースに過ぎないとみる異説もあるが、『延喜式』にもみえる「奄美訳語」が乗船する事実は、実際南島路も予定されたものと考えるべきであろう。ところが平安時代に近づくと、渤海路を通ることもある。すなわち日本海を航行し、渤海の地を経て、渤海の遣唐使と同じコースを行くのである。例えば黒龍江省の上京から吉林省を通り、上記した営州のある遼東半島を過ぎ、廟島列島を経て山東半島に着く。山東登州には渤海館もあり、そのあとは内陸を進めばよいので、遭難の危険を冒すことが少なく安全なコースであった。ただ、遣唐使の南路は季節風と海流さえうまく利用できれば、僅か数日で唐に着岸する場合もあった。

渤海の中継的役割とは、日本の唐へ赴く使節が渤海の援助を受けることと一体であったから、唐との外交、政治目的を成し遂げる上でも先進的な文化摂取の上でも、コースの選択は重要で、成否と密接な関係があった。また外交使節だけでなく、僧侶も渤海を媒介にして唐に往き来する例がかなりある。それが結果的に仏教文化を日本にもたらすことにつながった。使節や僧侶に付随して唐の経典が渤海を通って日本に将来された例も大津市石山寺所蔵の「仏頂尊勝陀羅尼記奥書」などによって指摘されている。

遣唐使はもともと派遣の間隔が空いており、平安時代初めの八三八年の出発が最後の遣唐使になる。しかしその後、日本から唐人の商船などに乗って渡航する人もいる。彼らの多くは僧侶であり、いわば国家が認めた仏教界を代表し、不明な教義上の問題点などを携えて渡唐し、経典を購ったり寺院で学んだり、また高僧に教授を請うなどした。

僧侶に限らないが、長年に及ぶ唐留学は滞在費がかかるので、国家は金品、主に沙金を途中で送り届けたが、時々渤海経由で託すことがあった。先述の貞素はそのために日本と唐の間を往復している。

外交使節の遣わされない時代になると、僧侶は唐の情報や文化を伝える役目を担うようになる。彼らはいわば伝達者、情報員の役割を果したが、渤海を経由し、媒介とする場合が少なくなかった。

遡って、八世紀の半ばに安禄山の乱が起こった時も、細かな情報は唐に接する渤海から日本にもたらされた。

要するに、渤海との交通は交易の面以外に、文化的な関係でも二面的な意味を帯びている。一つは渤海が中国の文化の媒介項となっており、中継地であるという意味と、もう一つは渤海それ自体の仏教を中心とする文化の恩恵を享受するという意味である。ことに平安時代になると、唐との関係、新羅との関係ともに疎遠と化したのに比べ、渤海との交通は少なくなく、奈良、平安時代の日本の政治や文化の展開にとって、国内的にも大きな影響を及ぼしたとみられる。平安時代のほとんど唯一公式の海外との相互交流は渤海との間にのみあり、その都に近い交流の窓口の場所は、敦賀にほかならなかったのである。

二　敦賀の史的意義

(1) 敦賀の津

次に敦賀（角鹿・鶴鹿）、敦賀の津の意義について述べたい。敦賀の津は主として生産・流通を含めた広義の交通の機能を有し、重要な位置にある。

まず日本海沿岸地域との交通、次に近畿（畿内）の王権・律令制国家との交通や関係、そして現在の北朝鮮・中国東北・ロシア沿海州にわたる対岸諸国との交通について論じていく。

近年、古代史では文献史料よりも考古学の調査成果によって研究が進展している。日本海側では古墳の形態や構造に特色のあるものの分布が明らかにされている。例えば山陰から北陸にかけて造られた弥生時代の四隅突出型の方墳がある。石川県七尾市の能登島には蝦夷穴古墳という石室内部が隅三角持ち送りの天井がドーム形に丸くなったユニークな七世紀末の古墳がある。山の中腹の一つの古墳に二つの石室が並んでおり、まるで七尾の方を睨む眼のような面貌を呈している。蝦夷穴古墳の築造の経緯や系統、被葬者には未知のことが多く、先年国際シンポジウムも催されるなどして、徐々に隠された事実のベールが剝がされつつある。実はそこは香島の津と称されており、敦賀の津と並んで古代の北陸で重要な交通機能を持っていた。

敦賀をめぐる歴史、文化では信仰も考慮すべきである。特に神社に目を向けて、環日本海文化、日本海の交流の観点から考えると、神社の祭神の名に朝鮮各地の地名・国名の付く朝鮮系の神社が分布しており注目される。敦賀でも信露貴彦神社、白城神社があり、新羅に関係する。なお、彦は人名語尾であり、神を人格化している。

これは新羅からの渡来人が来て住んだので、それを祭ったという理解が可能であるが、そうではなく異国の神をもとからの在地の人たちが外来神として信仰の対象にしたと考えるべきかと思われる。

この種の渡来系の神社の分布はほかに傍証史料を欠くのが難点であるが、多様な対外交流のあったことを示唆している。日本海の西から挙げれば、筑紫、長門、出雲、但馬、若狭、そして敦賀を含む越前、加賀、能登、佐渡に同様の神社がみられる。なお、佐渡には来着する外国の使節のほかに居住する人たちもいた。六世紀には粛慎という、北海道の人か、渤海を構成する人が来て住んだという欽明紀の記事がある。

当時、渡島と呼ばれた北海道の中央部や南部の日本海側には蝦夷と粛慎がいた。粛慎は「あしはせ」と読んだことが奈良時代の正倉院文書などの人名で判明している。彼らはそれぞれ考古学でいう続縄文人か擦文文化人とオホーツク文化人に当たるとされており、有力な見解であろう。

このように敦賀の地域は渤海などの国や地域と様々な交通があり、文化面でも影響を受けたことは明らかである。

次に近畿との交通についてであるが、強調したいのは敦賀や越前、近江にとっての大和（倭）王権、特に成立期の律令制国家との交通、交流の重要性である。すなわち敦賀をキー・ストーンにした日本海地域、さらに各地に広がる人やモノの動きである。

その画期は二つあり、一つはすでにみた六世紀で、高句麗の使節が北陸に来着し、おそらく敦賀の津を通り滞在したと思われる。それとは別にこの時期にみられる当該地域の豪族や住民の動きが重要である。六世紀初めに即位した継体天皇（倭王）は出自がやや明瞭でないが、彼を擁立した母体の豪族たちはおそらく越前から近江、琵琶湖周辺にかけて基盤を有した集団である。なかでも三尾氏、息長氏が注目される。さらにそれを広い範囲で支えている豪族たちがおり、北は婚姻を結んだ江渟（余奴）の豪族まで認められるから、当然敦賀あたりの豪族も含まれたことも想定できるであろう。渡来人が住む地域であったことも注意される。彼らの大きな役割は鉄に関する技術を有することである。七世紀になっても近江では鉄の採掘・加工・製造が盛んであり、関連する遺跡も少なくないが、これらには当然渡来人の関与を考えてよい。例えば七世紀後半の滋賀県草津市の木瓜原遺跡は大規模な鉄の遺跡として知られている。

渡来人が具える進んだ生業・生産技術に特筆すべきものがあり、これには農業を加えてよいのかもしれない。これらの六世紀以降の越前・近江を中心とする各種の生産や経済の基盤が、中央の王権の支配者たちに注目される理由に十分なったであろう。

もう一つの画期は七世紀後半であり、先に触れた東アジアの激動との関係を提示すべきであろう。『日本書紀』によれば、百済の遺民の復興運動に倭の王権は支援して、斉明天皇は大本営を飛鳥から筑紫、現在の福岡県に移す。瀬戸内海を西に行ったことは『万葉集』巻一の額田王の歌にも表れている。この時、北陸の豪族も配下の若者を率いて参加したのではないかと想像される。史料には斉明の一行が通過する瀬戸内、九州の各地で豪族軍を徴集して出兵したことが伝えられるが、王権の命令に基づく軍事であるなら、北陸でも同様の状況があり、北陸からの派遣やその準備の可能性がある。その明証はないが、これ以前、同じ斉明の時の阿倍比羅夫の北方遠征に際して、豪族の能登馬身龍が従って行き、戦死したという例を考えると、類推できるのではないか。阿倍比羅夫は阿倍引田臣ともいい、「越国守」とも伝えられ、敦賀に疋田の地名が知られることから、ゆかりがあることが推測される。

三つ目には日本海を跨ぐ対岸との交通である。朝鮮半島・中国・ロシア沿海州との交通で、メインは渤海路といわれるルートでの関係であるが、先述したごとくであり、ここでは繰り返さない。

八、九世紀の国家間の交通は、新羅、唐との関係は筑紫経由であるが、渤海との関係、渤海を介した唐との交流は、主に北陸地域を拠点として続けられたことを忘れてはならない。

次に気比（笥飯）の浦から敦賀の津へとこの地の名称が拡大して呼ばれたことと、その意味について考えてみたい。二つの地名の関係は、『日本書紀』仲哀二年紀に角鹿に行幸し行宮に居したが、これを笥飯宮というとある。神功一三年紀と応神即位前紀に太子の応神が角鹿の笥飯の大神に礼拝し大神と名を相易えたとあるので、ケヒは角鹿の下の小地名であると分かる。

この地をなぜケヒと呼ぶのか。神社の名だけでなく、現在も学校や学会の名にもこの由緒ある名が受け継がれている。ケヒという語を分析すると、ケは食べ物のケ、また目にみえない力のあるものとか、霊のこととされる。すなわち食べ物に着く霊の意味であるという三品彰英の説が通説的であるが、詳らかでない。ケヒを笥飯と書く用字は食べ物の意を寓したものであろう。ケヒを食べ物にちなむ語と考えるなら、狩野久氏の研究で知られる通り、敦賀に隣り合う古代の若狭は天皇や神の供御物である魚介類、塩などの御贄を進める国であった。そこで、敦賀の笥飯も御贄となるような海産物と関係づけて意識されたかと想像される。狩野氏は、敦賀は若狭に近く、食膳の神の気比神社があるが若狭国には食の神を祭る社がみあたらないから、敦賀（角鹿）が元来は若狭と同一の地域であったものが何かの事情で越前に所属することになったものではないかと、興味深い説を述べている。

（2）ツヌカアラシト

ところが気比の名は神宮の名として使われるが、角鹿という広域的な郡名で表わされることが多くなる。いつなぜなのか、その事情は不明である。国郡制に基づく地域の支配や北陸道の貢納物をはじめとする海運の進展に伴うのかもしれない。

角鹿とはどういう意味かもよく分かっていない。特徴的な形の鹿角を思わせる文字は、奈良時代にはツヌ（ノ）カと読むであろう。七一三年には、全国に国郡名、地名、氏名などの名辞をよい文字二字で表現するようにという詔が下り、この命に従って角鹿も敦賀の嘉字に変えられた。敦賀は現在の漢字音ではトンガであり、ツルガとは読み難い。トとツは音通であり、ルはのちンの音になり、ヌ（ノ）は音の一部が落ちて変ったと思われる。駿河も同じで、促音便、撥音便の音韻に変化がある。現在の朝鮮語にも例がある。

この地名の語源は八世紀の奈良時代の人たちもすでに分からなかったらしい。なぜなら、『日本書紀』垂仁二年紀が引く一説の角鹿の地域の地名起源説話に記される、有名なツヌカアラシト（都怒我阿羅斯等）という人物がいる。ＪＲの敦賀駅前にはツヌカアラシトの銅像が立ち、帽子が二本の角の形か、角が生えた様子を表している。

このツヌカアラシトの意味を考えてみると、ツヌカアラシトはオオカラ国の王子とあるが、崇神六五年紀に任那国から遣わされたというソナカシチ（蘇那曷叱知）と同一人であった。ツヌカとソナカは通じる。垂仁二年紀はもう一つ、ウシキアリシチ干岐という名を伝えているが、このウシキは漢字の音読みに対して訓読みにしたものであり、同じ意味である。漢字を固有語で読むことは古代以来あり、現在の日本や朝鮮にもあるのは多言を弄するまでもない（干岐は加耶の首長称号である）。

ソナカシチの語を分析すると、言語学者の金沢庄三郎によれば、ソナカシチはソナカルシチがもとの朝鮮語であるという。この説に朝鮮語学の藤本幸夫氏も同意する。ソナカルシチはソナラ・カル・シチと分解できる。ソナラは『日本書紀』の継体、敏達紀に素（須）奈羅とみえる地名であり、朝鮮語に漢字を当てたものである。ソは鉄、金属のことで、ナラは土地のことである。つまり鉄の国、金属の国の意である。そこは朝鮮半島最南端の洛東江を挟んで釜山の西にある金海の地域を指す。これを漢語に訳すと金官といい、あるいは金官加耶（加羅）

という。また任那ともいい、任那加羅ともいう。この倭とも関係の深い任那、別名金官の固有語がソナラというわけである。カルはカラ、カヤのことであり、加羅の羅、すなわちRの音が落ちてカヤと発音し、加耶と表記される。ミマナはもともと一定地域の名であったが、『日本書紀』はそれを広狭さまざまに使い、明治期以降は日本の研究者が古代日本の勢力下にあった地域とし、任那と総称するようになった。これは正確な認識ではもちろんない。シチはアラシトと同じ、すなわちシトはシチに同じであろう。継体紀以下に加羅の阿利斯等（登）という人名がみえ、任那の王のこととの注がある。また敏達紀には倭系の百済人の父、火（肥）葦北の国造阿利斯登の名もみえる。アラの原義は不詳であるが、アラ（リ）シトは個人の名でなく、加羅、倭に共通の首長を指す語、すなわち称号であろう。つまりシチはアラシト（チ）の略と見なしたいのである。従って、ソナラカルシチはソナラとカルとシチから構成される語である。要するに、ソナラカルシチとは素奈羅加羅、または任那加羅、金官の首長という意味であると結論できる。ツヌカアラシトは角がある異形の人という名でなく、素奈羅、いい替えると任那加羅を支配する首長、王のことであった。『日本書紀』垂仁紀はその人物はまず長門に着き、そこから出雲を経て敦賀にやって来たという、任那加羅の美称であるオオカラ国の王子が渡来した説話として伝えている。これは加耶と日本海をつなぐ交通、交流のルートの一つを示すものである。

なお、頭に角が生えていると想像するのは興味深い。なぜなら加耶の人の頭の恰好を象徴する特徴であったかもしれないのである。加耶の人は帽子に鳥の羽を挿すのが慣わしであり、あたかも頭に角があるようにみえるイメージがあったかもしれない。この習慣は高句麗、新羅などの人も同じであったことは画像資料に認めることができる。

また文化人類学の田村克己氏は、敦賀には外から王子が来るという類型説話があるとする。身分の貴い人を迎えて王に擁するという外来王の観念にも通じる。この外来王とか外来神という事実、概念と敦賀の地域の関係性をもう少し事例を集めて証明しなければならない。

（3）敦賀の交易

次に敦賀の交易、王権・国家との交通、敦賀の繁栄に関して述べる。これには様々な形態があるが、奈良、平安時代には諸国からの調庸や御贄の貢納のため、その後の荘園からの生産物の貢納のための交通と道（陸路・水路）に要因の一つがある。王権とのかかわりでは外交と並んで、蝦夷征討などの外征にも敦賀の津が使われ、この点でも北陸道の要衝であったことはよく知られる。

交易の道という点では、遠距離交易が注目される。仏教説話を集めた『日本霊異記』に、奈良時代、平城京の大安寺の僧侶たちをスポンサーにして交易活動をした楢磐嶋という人の説話がある。彼は百済か新羅の渡来人の子孫であるが、敦賀の津と平城京の間の大安寺系の寺のネットワークを利用して、船や馬を雇うなどして交易を行い成功したものであることが白石ひろ子氏の研究によって分かっている。敦賀の津は各地の物資が集積され、商人たちを惹きつける繁華な地点であった。

『今昔物語集』に登場する利仁将軍は、越前守藤原高房の孫で、父の時長と越前の人である秦豊国の娘の間の子で、敦賀に住む秦氏の婿に迎えられていたという。「有仁」という人の伝承もあり、あくまで説話であるが、在地の有力豪族がいなければ、都の官人や将軍と婚姻を結び難く、敦賀は内外の物資の交易地、中継地となることはできなかったに違いない。

西の大宰府でも、当時、有力な官人や豪族を介して、外来の物資を都、近畿に運搬することが盛んであったので、敦賀でも同様の状況を想定できるであろう。

平安時代初めの『倭名類聚抄』には越前国敦賀郡に津守郷がみえる。津守の名が居住する集団や氏にちなむとすれば、ほかの例からみて、敦賀の津の管理や水上交通に関与する人たちの存在を示すものとして注意される。

こうした敦賀の繁栄には、上述の渤海使の動きもその一翼を担っていた。渤海の使節の来着時には、敦賀の津の松原客館などでかなり盛んに、しかも非公式に交易を行っていたと思われる。使節の一行は北陸に到着して敦賀に滞在するが、そこから直ちに平安京に向かうと鴻臚館に入り、国家の管理・統制の下に交易をしなければならない定めであった。官人あるいは皇族、貴族たちは先に交易する特権、独占権を持っていた。その前に非公式に交易できる時や場所は、敦賀の松原客館に滞在する時しかないと思われるのである。実際、渤海の使節は来着しても直ぐには都に入って来ない。それには都から遣わされた領客使や国司による接待や入国手続きなども理由になるが、途中で交易を行ったせいではないかと考えられている。例えば、八二七年、渤海使が着いた但馬国に宛てた太政官符には、王臣家の人の交易の禁止が厳命されている。

もう一つ重要なのは渤海側の国家、あるいは使節の要請があったことである。渤海使は平安時代には大体一〇五人で編成される。そのうちの六〇数人は首領と称される人たちであることが八四二年の太政官に宛てた渤海国中台省の牒（文書）により確かめられる。首領は渤海の主要な民族である靺鞨人などの各地の支配に当たる豪族、すなわち首長の漢語の表現である。彼らは渤海の王権に参加し、その下で外交使節のスタッフメンバーになる。彼らは王権に生産活動を認められている。渤海の生産は南の方の農業だけでなく、各地で牧畜や遊牧も行う農牧混合の生活であり、統率者の首領たちは産物の毛皮や人参などの特産物を交易品として携え、交換・売買するのである。つまり日本との外交に伴う交易の担い手は、使節の半数以上を占める首長たちに委ねられており、渤海の国家構造自体が首領の住民支配に依存する形で成り立っていた。首領たちは都での交易以外に来着後の客館などでも交易、交流を行ったのではないか。敦賀の津で渤海使の交易があったと推定したい。

先の楢磐嶋の経済活動も含めて、敦賀はおそらく物資が集まり豊富であり、物価が安く、市が立つなどと、当時の様子を彷彿させるところである。もし市が立つとすると、それは入江のどこか奥まったところか、敦賀から近江の琵琶湖の北端、塩津に向かう官道の入り口とかであった可能性がある。

九世紀から一一世紀頃になると、日本の貿易は私貿易中心に変化し展開するが、敦賀には来着したり、住み着いたりする渤海や宋の人がいる。特に九九五年あたりから始まり、一一一九年までずっと多くの例をみることができる。彼ら異国の人のなかには、大宰府から回って来た人もおり、大宰府よりもうまみがあったという。大宰府での対応が遅いので、敦賀の津に移転して交易するのだという宋人もいる。

九世紀前半、遣唐使の一員で唐に渡り、約一〇年滞在して求法した延暦寺僧の円仁は、揚州で日本語のできる人に出会ったが、彼は出羽に住んでいた唐人であったという。長江の地から九州を経て日本海に入って来る人やモノの交易のコースがあったと考えられる。敦賀では日本海だけの交流を考えがちであるが、中国江南との交流も考える必要がある。

こうして敦賀の津は想像する以上に国際性に富んでいた。奈良、平安時代、それも鎌倉時代に近づく頃まで、一一世紀末の貴族藤原為房の日記『為房卿記』によると、唐や宋、渤海の人たちが来て住み着き、なかには日本の後援者の要求で写経までするような文化人もいた。

三　松原客館の成立と実態

(1)　客館と駅館

次に松原客館の成立と実態について考えよう。松原客館の成立年次を明示する史料はないが、その歴史的前提になるのは、本章の冒頭に述べた六世紀の高句麗の使節が来た時、どこに迎接のための迎賓館を造ったかということである。それは山背の相楽館といい、現在の京都府の南端、木津川の北側に置かれた。その木津川を越えると、大和王権の領域である。つまり外客を境界としての川で止め、そこに迎賓施設を設け、そこで入境の儀礼や祭祀を行ったと思われる。こうした境界の観念と行為は、八、九世紀にも行われるが、すでに六世紀に原型があるのである。その次に七世紀末頃、北陸道が敷設、開通されると、駅家などの施設とそれを支える人員や財源などさまざまな交通システムが整備される。北陸道という官道は、制度的に地方から都への貢納の道であるほか、国司以下の公使が使用し、さらに渤海からの使節、あるいは日本からの遣渤海使も往来する。そうしたなかで、交通施設の駅制の一つとして松原駅家が設置され、運営される。それが敦賀のどこかにあったかは明らかではなく、これまでに入江を含めていろいろなスポットが議論されている。

大枠では松原駅家は気比神宮と別のところにあると見なされて、大方は笙ノ川の西側であろうと推定されている。そして松原駅家の近くには客館があったのではないか、または駅家と客館は同一のところに併設されていたのではないかとの見解が提起されている。一方、これまで敦賀市教育委員会は松原遺跡群、ことに別宮神社あたりを中心とする櫛川遺跡などで何回も小規模な発掘調査をしている。これは別宮神社の宮司が松原客館を管理したとみる憶測によっている。だが、調査報告書によると、これまで客館の存在を決定づけるような成果は多くない。

平安時代の出土品をもとにして、渤海使の穢れを払う鎮火儀礼が行われたともいわれているが、まだ明証はない。松原客館の設置事情をみると、渤海使が日本海を渡って北陸に来着し、また帰国に伴って使節を安置、供給するのを機に、七七六年、まず気比神宮に宮司が置かれたことは確かである。気比神宮はいわば中央直轄の神社になる。

もう一つ、七九四年、都が平安京に遷ったという影響も大きい。敦賀は琵琶湖を通れば平安京に意外と近い。八〇四年には能登に客院を造るようにという命令が出された。これらが契機となって、結局、一〇世紀初めには渤海使の安置・供給の便宜を図って、松原駅家のなかの一部の駅館を整備し転用して、迎接施設としたものでないか。これがすなわち松原客館であろうと考える。

その根拠を七点挙げてみよう。一つ目は、松原客館と松原駅家の名称が同一ということである。その場合、越前の客館のごとく、もっと上の国名などを名乗らないのは、すでに機能している駅家なのでその名称を襲い、変更の必要がないと考えたからであろう。二つ目は、文献史料にみる通り、一〇世紀の初め、九一九年に若狭に来着した渤海使を駅館に遷している。繰り返すが、駅館は駅家の一部である。九二〇年、逗留する渤海使を置き、帰国せず日本に居住させた例が存在する。これは松原の駅館に置いた確率が高い。三つ目は、九二七年、松原客館を気比神宮司が「検校」することとされた。これと別宮の役割との関係は不明であるが、客館で行う境界の祭祀などを神宮の神主が掌ったことと解釈される。職員令の規定に則ると、異国人が来た場合、これを取り扱い、接待するのは越前国司の職務である。そこで、客館にかかわる祭祀や儀式を執り行うことについて、上級管理権を持つ国司が気比神宮司に命令し、監察する形を取ったのではないであろうか。

客館の現場の神主は気比神宮の宮司であるとは決まっておらず、敦賀の地の角鹿直、角鹿君などの元来地域の首長が担当したかもしれない。さらに、上に触れた津守郷の地名に意味を求めるなら、津守氏が管掌したとも想像される。津守氏の人たちは、七世紀以来、難波の客館の祭祀に関与し、遣唐使、遣渤海使の神主などとしても同行することが知られるのである。

四つ目は、松原の駅館と客館がどちらも同じ時期に存在していることである。両者は二〇年と隔たっていない。

五つ目は、能登客院は北陸古代史研究の浅香年木の説によれば、実はそうした施設が新たに造られなかった疑いが大きい。実際には「便処」と呼ばれるところ、つまり海に面した近くのところで、郡家など既存の施設を利用したのではないかと論じている。松原客館もそこから類推できるであろう。

六つ目は、駅館と客館の性格の類似性である。日本各地の社会では古来、地域の首長が訪れる外客をもてなし、食事・宿泊を提供する慣行があった。その際の饗応の場があり、そこで首長と外客との間で互酬、再分配がなされる。例えば外の物資や情報に対して、饗宴を催すなどしたのである。これが国家成立以後の公の使節に対する安置、供給であろう。これらの理由によって、客館と駅館の機能や性格は類似性、共通性が濃いといえる。

九世紀初め、八〇六年に山陽道は外国の新羅、唐の使節が来て通るコースなので、駅家は蕃客に備えて瓦葺きの駅館を造るようにと命じている。これを渤海使が往復する北陸道の松原の客館についても応用して考えてよいのではないか。当然ながら、渤海の客が来ることがあれば、駅家の駅館の施設がそういう機能を果たさざるを得ない。その種の実例がある。現在の京都府大山崎町にあった山崎駅家の駅館は、河陽の離宮となり、さらに山城国府に転用されている。それに関しては高橋美久二の論考がある。西から来た使節は山崎で身繕いし、威儀を正してから平安京に入るため、八四一年の渤海使は入京直前の客館として山崎の離宮を宿舎として使っている。山陰道に来着した使節の場合、長門の臨門駅も同じ役割を果たしている。

七つ目に、駅家は多目的な利用がなされていた。『万葉集』には筑前の蘆城駅家で大宰府の官人たち、越中の射水駅家で国司や郡司たちがそれぞれ饗宴を開いた時の歌がみえる。どちらも近郊に鷹狩などに出た際や、上京する国司などの送別のためであり、広義には饗宴も交通に関連するものとして駅家の使用は差し障りなかったと理解することができる。

駅家の構造については、高橋の研究によれば、およそ駅館と雑舎とからなる。駅館院には寝殿や楼などがあって、瓦葺きで礎石を持つ建物であり、内部には瓦を使った築地がめぐらされていた。雑舎は駅館と別のブロックで、倉庫、厩舎、そして食事を準備する厨などの実務用の建物があった。さらに外側に全体を囲む柵などがあり、駅門も建つという構造であった。実際、駅家の遺構が兵庫県たつの野市の小犬丸遺跡、上郡町の落地遺跡で検出されている。小犬丸遺跡は岸本道昭氏の研究によれば、播磨国の布勢駅家で、山陽道が通る北側に接して東西幅八五メートルの築地に囲まれて整然と配置された建物や溝などが出土し、「布勢」の墨書土器もあって、奈良、平安時代の最も確かな事例である。山崎駅家は、囲いのなかの北奥に後殿、その横に楼があり、真ん中には寝殿があり、その前に二つの脇殿があると想定されている。このブロックが駅館である。

従って、松原駅家の場合もこの駅館部分が整備され、客館に転用されたのではないかと推量される。駅家にはさらに大きなブロックがあり、その周りか、外側に実務を行う雑舎群があったことになる。

（2）　客館と祭祀

次に、客館と祭祀の関係を簡単に述べておきたい。問題は『延喜式』にあるように、なぜ客館に気比神宮の宮司が関与すると規定されたかである。こうした類例に関しては、難波館と住吉神社、それを管掌する津守氏というセットがあり、先に言及した山背最南端に置かれた相楽館と相楽神社と掃守氏というセットもある。つまり客館と神社と神主の三者のセット関係が客館の機能と不可分であることに気づくのである。

では使節を迎える客館はどこに占地され、どのような施設が置かれ、どこで神主の催行する祭祀、儀礼が行われるのであろうか。国家的な共通性はあるのであろうか。外交絡みの境界祭祀、入境儀礼はむしろ少ないが、考古学の祭祀遺跡、祭祀遺物の例では、古代の祭祀場は川辺、海辺が多く、時に海中ということもある。国司・郡司の管轄で催す祭祀や儀礼の主な目的は疫神を饗応し、穢れを払うために主として禊祓を行うので、各地で海や川に沿ったところに祭祀跡が多く分布する。北陸で話題になったのは、石川県羽咋市の気多大社の近くの海辺にある寺家遺跡である。客館の形跡はないが、「宮厨」の墨書土器も出土する祭祀遺跡であり、調査に当たった小嶋芳孝氏などによって渤海使の交通との関係が推測されている。

敦賀の松原遺跡に関しては、前記の通り特に別宮神社の祭祀と関連づける考えがあり、可能性は否定できない。祭祀の場として不自然でないように思われる。その神主は先に触れた津守氏か、あるいは角鹿氏であろう。ただ、別宮神社付近は地理学的・地質学的にみて、平安時代に強固な地形が造られていたか問題があるとの意見もある。

現在の松原は次第に広がっているが、松原の立つ三列の浜堤のうち、海岸から三つ目のところは多分古代に遡って存在したであろうと、報告書に記される。遺物は少ないが皇朝銭と呼ばれる古代銭貨、上等な緑釉陶器などが出土しており、単なる集落跡ではない。これらは寺家遺跡の遺物にも共通しており、官人や豪族たちの関与を窺わせる。ここで祭祀を行ったという仮定は許されるであろう。

松原の祭祀遺跡で行われる祭祀の内容や性格を想像するなら、これらは韓神信仰に基づくものであろう。浅香の研究によると、韓神の信仰、祭祀は神に牛馬を生け贄として捧げ、塩を焼き、火を焚いて煙を立ち昇らせて天の神に自分の願いを伝達しようとするのである。この源流は弥生時代の日本列島各地に認められるが、六世紀初めの新羅にも殺牛による誓約のあったことが、近年発見された慶尚南道の鳳坪里碑などから分かり、これが韓神信仰の起源になった可能性も考えられる。

韓神祭祀は北陸道に多くみられ、七九一年にはそれに対する禁令が出されている。これは異国、海外から渡来する疫神や祟り神を追い払う境界での祓として盛んに行われた祭祀・儀式であり、渤海使の来着・通過には必須の催事であったに違いない。

結局、民間での境界祭祀や航海守護の祭祀が行われていたところに、渤海をはじめとする内外の公的な使人の往来、交流が盛んになるにつれて、国家的な官社が関与するようになった。気比神宮の場合、平安時代にほとんど唯一の外客の来朝を契機にして、国家意思が働き、国境での奉げ物の供される国家祭祀の一環として形を変え、『延喜式』に定められるごとく恒例化したと思われる。敦賀での祭祀の場としては入江、ラグーン（潟湖）の近くで行われたであろうが、松原遺跡はその一部が発見されたものと解したい。すでに考えたように、中央派遣の官人である国司が上位で管理し、現地の首長級の豪族が神主として祭祀を執り行うのである。

おわりに

これまで述べてきたように、松原遺跡に表れた祭祀場は松原客館の付属施設であったと思われる。松原客館は固有の建物などがなく、松原駅家と全く同じところであると考えられる。客館に転用された駅家は松原遺跡とは別の地点であろう。その地点を探って、笙ノ川の近く、現在も広く呼ばれる松原とか、松葉のあたりで調査されているが、触れるべきは鴻臚館の例である。

鴻臚館跡は福岡市の旧平和台球場の後方で発掘され、奈良、平安時代の建物跡や当時の遺物から様相が明らかになっている。難波宮の推定地も諸説あり、発掘が試みられているが、大阪市の天満、淀川河口のあたりであろう。これらの客館あるいは駅館の立地は必ず湾やラグーンと比較的近いところに位置し、台地、小丘陵に建てられているとみられる。松原客館も類似のスポットにあったであろう。そうした官舎の共通性を考慮に入れ、松原客館が駅家のうちの駅館院の区画を中心にしたブロックを客館として使用したものという私の仮説に立つと、敦賀の松原では渤海使を三〇年ほどにわたって迎接しているので、駅家の利用が一時的というわけでなく、この後も引き続き客館の名で使われたと理解される。

一〇世紀に入ると、唐の使人や商人などが敦賀に来て居を構える。そのことと駅家の客館への転用はおそらく関係があるとも思われるが、その後の経緯は知ることができない。

私が考える通り松原客館が駅家と同じであるなら、駅家、さらに駅制が維持できず機能し難くなること、渤海使が北陸道を利用しなくなって、次第に山陰道諸国に来航し、また帰国時にも通るように変化すること、つまりこの官道利用の推移が松原客館の衰退と大きく関連するとして誤りないであろう。併せて、古代の駅制の変貌が基本的には、古代国家の地方支配の変化、交通制度の弛緩などに起因することも認識しておきたい。

本章では松原客館とその時代の渤海などとの交流をめぐって、ひと通りの見解を提示した。松原客館の実態など雑駁な憶測を重ねた。古代の敦賀は中心の王権・国家に対する単なる周縁では決してなく、むしろその動静と連動している。その実像についてはなお検討を続けなければならない。

参考文献

赤羽目匡由二〇一一　『渤海王国の政治と社会』吉川弘文館
浅香年木一九七八　『古代地域史の研究』一、法政大学出版局
石井正敏二〇〇一　『日本渤海関係史研究』吉川弘文館
上田雄二〇〇一　『渤海使の研究』明石書店
上田正昭監修二〇〇五　『古代日本と渤海』大巧社
蝦夷穴古墳国際シンポジウム実行委員会編一九九二　『古代能登と東アジア』同実行委員会
岡谷公二二〇一三　『神社の起源と古代朝鮮』平凡社新書
金沢庄三郎一九八五　『日韓古地名の研究』草風館
狩野久一九九〇　『日本古代の国家と都城』東京大学出版会
熊田亮介ほか編二〇〇六　『日本海域歴史大系』古代篇Ⅱ、清文堂出版
小嶋芳孝編二〇一六　『中国とロシア沿海地方における渤海の考古学的研究』金沢学院大学
小林昌二ほか編二〇〇五　『日本海域歴史大系』古代篇Ⅰ、清文堂出版
佐藤信ほか二〇〇三『日本と渤海の古代史』山川出版社
清水信行ほか二〇一三　『沿海州渤海古城　クラスキノ古城の機能と性格』青山学院大学文学部史学科
鈴木靖民一九八五　「渤海の首領に関する基礎的研究」『古代対外関係史研究』吉川弘文館
——二〇一一　「渤海国家の構造と特質」『日本の古代国家形成と東アジア』吉川弘文館
酒寄雅志二〇〇一　『渤海と古代日本』校倉書房
高橋昌明二〇一六　『東アジア武人政権の比較史的研究』校倉書房
高橋美久二一九九五　『古代交通の考古地理』大明堂
竜野市教育委員会編一九九二　『甦る布勢駅家　小犬丸遺跡』同教育委員会
田村晃一二〇〇五　『東アジアの都城と渤海』東洋文庫
東北亜歴史財団編著二〇一五　『古代環東海交流史』二、渤海と日本、明石書店
浜田久美子二〇一一　『日本古代の外交儀礼と渤海』同成社

濱田耕策 二〇〇〇 『渤海国興亡史』吉川弘文館
平野邦雄ほか 一九九一 『日本霊異記の原像』角川書店
福井県 一九九三 『福井県史』通史編一、原始・古代、福井県文書館
馬一虹 二〇一一 『靺鞨、渤海与周辺国家、部族関係史研究』中国社会科学出版社
森浩一ほか 一九八五『古代日本海文化の源流と発達』大和書房
李成市 一九九八『古代東アジアの民族と国家』岩波書店

5　青森市新田遺跡の祭祀と建長寺の神祇祭祀

一　新田（1）遺跡の木製品

青森市の一〇世紀後半から一一世紀前半の古代ないし中世成立期にかけての丘陵上の集落跡である新田（1）遺跡（以下、新田遺跡と略す）は、東北新幹線新青森駅の建設に伴う事前の発掘調査で出現した。

その後に調査された付近の新田（2）遺跡・高間（1）遺跡などいくつかの遺跡と併せて石江遺跡群と呼ばれるが、その一〇年ほどの発掘調査の報告書は、青森市教育委員会の木村淳一氏などの尽力で総集編として二〇一四年に出版された〔青森市教育委員会 二〇一四〕。またそれに先立って、法政大学国際日本学研究所の催した講演、シンポジウムを基にした関連の論集が公にされている〔クライナー・ヨーゼフほか編 二〇一〇〕。

二〇〇三年から〇四年にかけて、私はこの遺跡についての最初の拙文を書いた。古代国家の支配領域の外側の異界に属する津軽の北端に、木製の祭祀具や儀式用かとみられる檜扇、物忌を示す木簡、馬形・刀形など祭祀用の木製品などの遺物が溝から出土したこと、それらが平安京や諸国の国府などいわば中央の文化と共通、類似する点に注目したのであった。そのほかにも北海道の擦文土器やその影響を受けて作られた土器があり、したがって遺物は複雑な様相を呈するが、それによって考えられるこの環壕をもつ集落の性格については、北東北の地域性を示すものの、中央と関係の深い人たちの交流・交易の拠点と見なされるであろうと推測した〔鈴木靖民二〇〇四a・二〇〇四b〕。

　そのすぐ後、地元の考古学者から集落についての解釈が示され、また中世史の研究者などによって国家ないしその出先の国府との結びつきを強調する説も発表された。

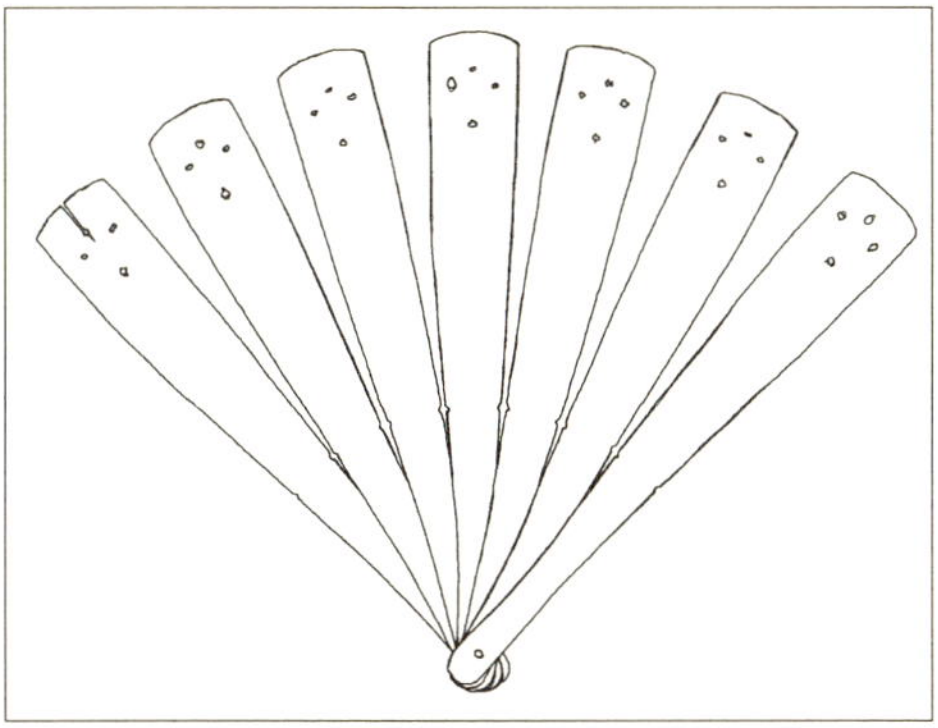

図1　新田(1)遺跡出土木製品
〔青森県教育委員会 2006〕

　こうした研究の流れに対して、木製品の原材料が地元産のヒバ（アスナロ）であることや、物忌の木簡の文言、形状が通常と異なる感を抱かせるなどの理由から、早々に中央と結び付けるのは性急であると批判して、在地性こそを重視すべきとする説が相次いだ。

　私自身の意見は当初から発掘担当者である木村氏などの遺構・遺物の報告文に基づいた理解を強調したものであり、二〇〇四年一一月の第一回青森市教育委員会主催の現地説明会の資料でも、その拙文を明示して引用して頂いている。その後、私は出土遺物の系譜を知ろうとして、ほかの出土品に関連する考古資料を主にし、先行研究を参照しつつ、伝播の経過とは逆に、津軽から出羽、越を経て平安京に達する人とモノを追いかけ、そのルートをたどることを試みた。

　その後一〇年ほど経って、各地の周縁史を一書にまとめるためもあって、新田（1）遺跡ないしそれを含む石江遺跡群に関する諸説を念頭においた上で改めて検討を加え、在地の有力者が中央の国司、王臣家の意を承けて関係を持ち、交流を続けることによって成った多様性、混交性の濃い周縁特有の交通・交易の拠点集落とみてよいのではないかと論じたが、決定的な結論はなお提示できなかった感がする〔鈴木靖民二〇一四〕。また出羽や中央である平安京以外との関係への言及、特に陸奥側の様相に対する視点などは不十分であった。そのため当初から周縁の集落に特徴的な性格を考慮した意見を述べているにもかかわらず、私見のあとに提出された中世史研究者の説と同じ陸奥国府の出先機関説として誤解されたまま現在に及んでいる〔小口雅史二〇一六〕。

さらにこの遺跡と比較すべき同じ頃の津軽の、岩木川流域の重要な集落遺跡として、近年、五所川原市の十三盛遺跡の存在が同市教育委員会と青森県埋蔵文化財センターの両方の発掘調査で明らかにされている〔青森県教育委員会ほか二〇一三、五所川原市教育委員会二〇一三〕。しかしすでに知られる新田遺跡出土の遺物のなかにも、気になり再考しなければならないと思われるものが前々からあった。それは特に祭祀具のなかの卒塔婆状の斎串とされる特異な木製品の存在すること、板状の形代のなかに人形を欠如すること、中世の面（層）の出土とされる木製の仏像の手や光背などである。卒塔婆状の斎串は同じ津軽の、つがる市稲垣町の石上神社遺跡やその他の遺跡でも早くに出土している〔青森県教育委員会一九七七、長谷川成一監修二〇〇六〕。また新田遺跡の祭祀具に人形がみられないことは、中央との関係よりも在地性を主張する論者の根拠の一つでもあった。

これらの点が、津軽の地での祭祀ないし信仰の内容、性格とかかわっていることはいうまでもない。だが、私には遺物が溝で出土したことに表徴されるように、水辺での祭祀行為を思わせ、古代国家のいわゆる律令祭祀の系譜か、そのバリエーションをイメージさせる。そして、それに平安京などと同じく陰陽道の要素が加わり、さらに仏教信仰もあるといった、諸種の混交した信仰の様態にも言及したものの、それをまとめて明確な意義を主張するまでには至らなかった。

二　建長寺の神祇祭祀

ところで二〇一五年一月、私は地元の神奈川県立歴史博物館で、かながわ考古学財団の発掘調査で近年出土した古代・中世の仏像と仏具の展示をみて、鎌倉の中世寺院遺跡の出土品のなかに、時空は異なるが新田遺跡と類似したいくつかの遺物があることに注目した〔神奈川県教育委員会ほか二〇一四〕。

新田遺跡出土の仏像の手は鎌倉市永福寺跡出土の仏像の複数の手と似ている。例の斎串も同じ永福寺遺跡の板塔婆に形が似ている（新田遺跡などの遺物も板塔婆とみるべきかもしれない）。また、木製宝塔ないし五輪塔に類するものが鎌倉の出土地不明の遺物のなかにある。人形は新田遺跡で検出されていないが、建長寺の境内の苑池遺跡の出土品に、厚みのある板の上部に目、鼻、口を簡単に刻んで顔を表し、脚を平らな板状の人形と同様に逆V字に造ってあって、一見するとあたかも東北で信仰されるオシラサマのような立体的な人形がある。これをみて私は十三盛遺跡の遺物にも、オシラサマに似た人形があるのを青森県埋蔵文化財センターでみせて頂いたことをすぐに思い出したのである。また秋田県由利本荘市の上谷地遺跡でも平安時代の類似した形状の人形が出土している〔秋田県教育委員会二〇〇五〕。これらは板状の人形に比べて異形であるが、それと同じか、それ以上の祈願する人に擬したものと解されるのではないかと考えたのである。

その後、私は『得月楼（客殿）建設に伴う発掘調査報告書』遺物編（鶴見大学史跡建長寺境内発掘調査団／博通、二〇

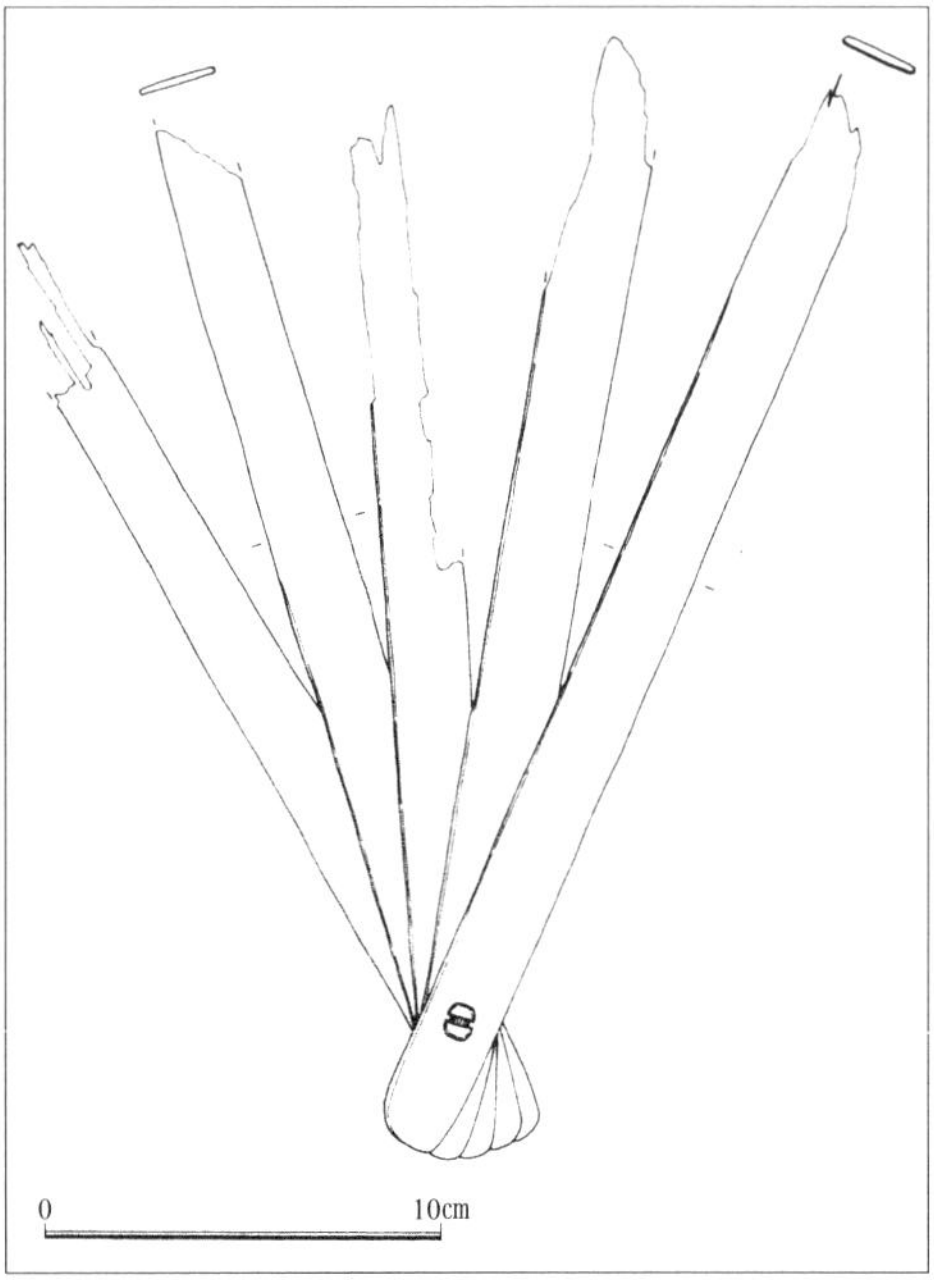

図2　建長寺苑池遺構出土木製品
〔鶴見大学史跡建長寺境内発掘調査団 2003〕

〇三年）に目を通し、出土した木製品を内容分析してみた。二〇〇〇年一～七月の境内最奥にあった苑池遺跡の発掘では、池の下層で墨書木片、舟形（立体、板状〈側面〉、薄板）、刀形、鳥形（側面）、人形（側面、立体）が各一〇点前後出土しており、舟形が総計三九点と断然多い。中層で墨書木片、舟形（立体、板状、薄型）、鳥形、人形（側面、立体）、刀形（墨書一点）、包丁形、その他の形代があるが、それぞれ一〇点以下で舟形が多いが、下層に比べると少ない。上層では舟形（立体、板状、薄形）、櫨形、馬形、人形がなどそれぞれ四点以下、一、二点である。これらを一見すると、いわゆる仏具ではなく、律令制下の神祇祭祀の木製祭祀具に共通、類似するものが多くを占めることが明らかである。

このように、建長寺の苑池では多量の墨書木片、舟形、人形、刀形、鳥形など、祭祀遺物が検出されているが、下層から上層になるに従って墨書木片や形代が次第に減少する。形代を使った何らかの祭祀行為、宗教儀式や習俗が時代を経るにつれて衰微していく様子が窺われる。下層、中層の墨書木片は文字を判読できないが、古代であれば木簡として数えられるものであろう。下層の年代は不明であろうが、舟形などは、板状のものは船底に孔が空いて、細い棒を刺すようになっており、十三盛遺跡の出土遺物に似ている。また薄型で笹舟のように帆を立てた立体的なものも数点あって、池に浮かべて流す祭祀の情景が想像される。舟形は古く古墳時代中期以降の石製模造品にも遡るが、古代の祭祀には普遍的な祓の道具として使われ、あるいは霊魂（神）を流してよそへ送り出すものである。

鎌倉を代表する中世の禅宗（臨済宗）大寺院の建長寺は、建長五年（一二五三）に落慶供養した。つまり鎌倉時代、一三世紀半ば以後の建長寺では、客殿に接した苑池を利用して、仏事全体のなかで水辺の神祇祭祀が仏への崇拝あるいは読経、祈禱の類と並んで行われていたと思われるが、やがて衰えて、寺のこうした祭祀や儀式が少なくなり仏事に重心が移ったことが層位ごとの出土状況から分かる。寺が創建されてから水辺で行われていた祭祀ないし神事に共通する作法、目的は詳らかにできないが、あたかも古代の祓（解除）に同じであり、他の仏事とともに信者たちの鎮護、庇護、除災を祈願するものであったであろうと思われる。

鎌倉在地の神祇信仰がどのようであり、その影響があったかは分明でないが、この苑池のあるスポットは仏と諸々の神が混交する聖域だったのではないかと考えられる。もともと建長寺に限らず鎌倉五山の伽藍には中国に由来する各種の神像が安置され、祀られていたことが現在に伝わる神像群によって知られている〔三山進一九六七、田中知佐子二〇〇六、二階堂善弘二〇一〇〕。より広げて背景をみると、中世前期の曹洞宗の僧侶たちの場合は、護法神などを奈良時代の神身離脱に表されるような実類神と見なして祭祀を行っていたとされるが〔伊藤聡二〇〇七〕、臨済宗については明らかでない。

だが、最近、広瀬良文氏は中世前期には各地の禅僧たちが地域の山の神や土地の神を取り込んで戒を授け、自らの弟子にするという神人化度の説話や思想が存在したことを詳しく論じている〔広瀬良文二〇一三〕。

建長寺など五山派の寺院では、一五世紀以降も渡来僧によって持ち込まれた道教の祠山大帝への祭祀が行われ、それ以外にも入宋僧によって、彼らが留学した中国浙江省の明州、杭州、湖州など各地の神々が将来され、伽藍神として祀られるなどして、寺院の祈禱が整備されていったことも解明されている。

したがって、信仰の構造の基本は多分、時代を遡って平安時代の京の貴族たちの神仏、陰陽など諸道の副法的な宗教信仰に源流があるであろう。それと禅宗の僧侶の間に生じた神観念、神信仰に根差す土地神、護法神その他に対する対処や言説が併存、融和して、それを実践する習俗・行事が鎌倉の寺院でも行われ、その一つが水辺の祭祀として現れたのではないかと想像する。つまり祭祀は複合的な神仏習合の思潮のなかで、僧侶や武家の人たちに受け継がれたか、在地の影響を受けたものではないか。それは古代、中世の日本人が神も仏も同時に信仰するという普遍的な宗教心、宗教行為が背景に存在するであろう。

現在、より詳らかに述べる余裕がないが、ともかく、建長寺の事例のごとく、禅宗寺院の僧侶、あるいは武家その他の信仰には、中国の影響を受けた護法神を祀るだけでなく、在地とも関係の深い神への信仰の摂取があり、さらには陰陽道や道教などをも含む諸種の混交の様相が窺われることは否めないであろう。そうした仏教に神信仰その他を取り入れた宗教行為の一環、またはやがて理論化されたものが神人化度の思想や説話にもなって広がるものと思われる。

新田遺跡でも神像風の遺物があり、神仏以外の、例えば道教的、陰陽道的な信仰の影響が感じられる。祭祀具の類似性は祭祀、信仰の類似を思わせる。このように平安京など中央の複合的な信仰と北東北、津軽の新田遺跡や十三盛遺跡に知られる周縁地域の信仰とは何らかの関連をもっているに違いないであろう。また出土遺物の類似性が偶然でないとすれば、信仰のための法具や祭祀具は時代を超えて変わらない、あるいは受け継がれるという性格のあることを認識する必要がある。

最近、アイヌ史研究を考古学の側から推進する瀬川拓郎氏は、九世紀後葉以後、北東北の遺跡で出土する斎串や形代や檜扇などの大半は陰陽道の祓の道具であり、また錫杖、三鈷鈴など修験道の遺物から修験者が入り込み、北海道へ渡った可能性があることに論及している（瀬川拓郎 二〇一四）。周縁地域における修験道や密教の影響は仏具や仏像の分布からも想定できる。

重要文化財として有名な岩手県奥州市の黒石寺薬師如来像にはその内面に、貞観四年（八六二）一二月、保積部岑雄、宇治部百雄（法名最恵）、栄最、愛子額田部藤山という、常人四人が加わっての制作、寄進であることが墨書される。また青森県南部町の久名井岳中腹にある恵光院には一一、三世紀の女神坐像があることが知られる。その他、北上川流域の里山には平安時代の様々な仏像を持つ寺院が分布する（北上市立博物館 一九九二）。さらに最近（二〇一五年一二月）、岩手県久慈市の昼場沢遺跡の一〇世紀後半から一一世紀前半の集落で、瑞花双鳳八稜鏡に阿弥陀如来、竜樹菩薩、地蔵菩薩を線刻したものの出土が公表された（井上政孝 二〇一六）。北三陸への阿弥陀信仰の仏教文化の浸透を示すが、三陸を通る陸奥側の仏教の北への伝播ルートを物語るものでもある。時代もちょうど新田遺跡と重なる。ただ、北東北への仏教文化の伝播には、太平洋沿いか、横手の影響かの議論がある。例えば、仙台市岩切のかつての多賀城（陸奥国府）に近い洞ノ口遺跡一〇区出土の仏教信仰にかかわる木製品、特に小型の木製五輪塔の形状などは、時期を隔てて新田遺跡出土の木製品に共通する趣きも感じられ、太平洋沿いが有利かと思われるが、断定できない。

ともかく、平安中期ないし末期の北東北には、すでに仏教や修験道、神祇信仰が入り込み、それを支える集落や集団が存在していたことを証明している。当時ないし中世前期には密教僧にして禅僧というケースがあったとされる。北東北の仏教に、果たして上記した鎌倉でのような禅宗僧侶がかかわって含まれていたかは、目下のところ明らかでない。

おそらく南東北、関東、あるいは北陸などといった南から出羽あるいは陸奥のルートを通って北進した信仰者を含む遊行僧や移住者たちが主体となってもたらされた複合的な信仰があったのであろう。それと密接にかかわる人たちによって開発された集落や生業、生活のあり方と津軽の新田遺跡の特色は基本的には重なるのではないかと憶測を進めてみるのである。

おわりに――新田（1）遺跡の性格、淵源を探って

新田遺跡や十三盛遺跡に代表される古代・中世の津軽の集落が有する南の文化の要素は、その集落を構成する住民が移住者を主とし、在来の人たちも何らかの関係をもって成り立っていたのであり、集落や集団を率い、祭祀、信仰をリードする有力者とは平安京を含む中央の習俗、文化を直接、または間接に享受し身に着けたものたちであったと考えられる。

建長寺の中世の神仏、陰陽道併存の信仰と青森の新田遺跡などの古代・中世にかけての集落にみられる祭祀と仏教の信仰の様相は、直接のつながりがあると簡単に関連づけるべきでないであろう。それよりも、おそらく平安京の貴族やそれに連なる僧侶を含む人たちの間に同根の信仰やその方式が存在し、それが共通の淵源となり、様々な経緯を経て、時空を隔てながらも祭祀具、仏具などの基本が継承されて伝えられているのであろう。

新田（1）遺跡の歴史的性格の探究は、共通性のある津軽や北東北のほかの集落遺跡を考え合わせて論じ続けられなければならないが、特に神仏の混交的、融合的な宗教儀式や風習、行事の遺物に関しては、古代から中世

に及ぶ通時代的なタイムスパンを考慮に入れて理解することと、南の各地や北方の周縁をも包摂した日本列島全体にわたる広域の視野とが不可欠なことを示唆していると思われる。

参考文献

青森県教育委員会　一九七七『石上神社遺跡発掘調査報告書（青森県教育委員会埋蔵文化財報告書　三五）』同教育委員会
青森市教育委員会　二〇〇六『石江遺跡群発掘調査報告書——東北新幹線建設事業に伴う発掘調査——（青森市埋蔵文化財調査報告書　第九四集）』同教育委員会
——二〇一四『石江遺跡群発掘調査報告書』Ⅶ、同教育委員会
青森県教育委員会ほか　二〇一三『十三盛遺跡』第一分冊・第二分冊、同教育委員会・青森県埋蔵文化財調査センター
秋田県教育委員会　二〇〇五『上谷地遺跡・新谷地遺跡（秋田県埋蔵文化財調査報告書　三九五）』同教育委員会
伊藤聡　二〇〇七「神仏習合理論の変容」『宗教研究』三五三
井上雅孝　二〇一六「久慈市昼場沢遺跡出土の『線刻阿弥陀三尊像』について」『いわて文化財』二六五
小口雅史　二〇一六「城柵制支配の廃絶と北の境界世界」『前九年・後三年合戦と兵の時代』吉川弘文館
神奈川県教育委員会ほか　二〇一四『発掘された御仏と仏具——神奈川の古代中世の仏教信仰——』（図録）同教育委員会
北上市立博物館　一九九一『きたかみの古仏』同博物館
クライナー・ヨーゼフほか編　二〇一〇『古代末期・日本の境界』森話社
五所川原市教育委員会　二〇一三『十三盛遺跡』第一分冊・第二分冊
鈴木靖民　二〇〇四ａ「平安期日本最北端の律令的祭祀と集落拠点」『國學院大學日本文化研究所報』二三九
——二〇〇四ｂ「平安後期の北奥社会」『歴史地理教育』六七五

――――二〇一四『日本古代の周縁史』岩波書店
瀬川拓郎二〇一五『アイヌ学入門』講談社現代文庫
田中知佐子二〇〇六「建長寺伽藍神像の源流について」『東方宗教』一〇七
鶴見大学史跡建長寺境内発掘調査団二〇〇三『得月楼（客殿）建設に伴う発掘調査報告書 遺構編』
二階堂善弘二〇一〇「鎌倉五山の神像について」『東アジアにおける文化情報の発信と受容』雄松堂出版
長谷川成一監修二〇〇六『図説五所川原・西津軽の歴史』郷土出版社
広瀬良文二〇一三「中世前期禅宗と神祇・神人化度とその周辺」『曹洞宗研究員研究紀要』四三
三山進一九六七「伽藍神像考」『MUSEUM』二〇〇

6　東部ユーラシア世界と東アジア世界

――構造と展開

一　梁職貢図への視角

二〇一一年、当時香港在住の趙燦鵬氏は清代の張庚の「諸番職貢図巻」題記を『愛日吟盧書画続録』の記載のなかに再発見し、紹介した（〔趙燦鵬 二〇一一a〕なお〔同二〇一一b〕参照）。

これは梁の元帝（蕭繹、五〇八～五四、在位、五五二～五四）の撰の「梁職貢図」の新たな逸文であった。「職貢図」は梁代に西方から高昌《トルファン》、河南（吐谷渾）、扶南《カンボジア》（ベトナム南部）を経、岷山道を通るなどして中国南朝に朝貢する諸国の人物図像と、国際関係や特産物などの特色を解説した題記を伴うものであり、これまでに、台北の国立故宮博物院の唐の閻立徳模本（王会図）、五代南唐の顧徳謙模本（番客入朝図）が知られ、さらに北京の中国・国家博物館の北宋の傅張次模本は一二国の人物（使者）の彩色図像と一三国の題記もあって著名である。

日本では、これまで倭国条の人物像が注目され、描かれた倭人像と題記は『魏志』倭人伝に基づいているとする研究が主流であったが、ほかに榎一雄の一連の「梁職貢図」の詳細な研究があり、六世紀の中央アジア諸国の実態究明に大きく裨益してきた〔榎一雄一九九四〕。また中国での研究もある〔余太山二〇〇三、王素二〇一一〕。新出の張庚本は、その跋文によれば、一七三九年（乾隆四）の作成で、一八国の題記逸文が記され、図像は省かれている。榎によると「梁職貢図」は元来三五国あったかとされるが、初唐に成った『梁書』諸夷伝は三五国を載せるので、『梁書』諸夷伝は「梁職貢図」を参照し、ともに裴子野「方国図」をベースにしているとみられる。「職貢図」の図像と題記は梁（南朝）の国際認識＝蕃夷観、中華思想、天下観を表しており、しかも現実の国際関係、国際秩序、加えて世界構造を反映していることが読み取れる。

そこで、私は先行学説とは違った東部ユーラシア世界論を唱え、または東アジア世界論を見直し、日本を位置づけ得る史料として梁職貢図に注目し、東部ユーラシアの重層的な世界構造論を提起できると考えたのである〔鈴木靖民二〇一四〕なお〔鈴木靖民ほか編二〇一四〕参照）。

二　東部ユーラシア世界論の提唱

二〇一〇年代に入って、日本古代史研究では廣瀬憲雄氏が中国を介した諸国の外交儀礼、外交文書（書儀）を考察し、古代日本と東部ユーラシアとの直接、間接の関係性を論じた〔廣瀬憲雄二〇一一a・二〇一一b・二〇一四〕。山内晋次氏は日本と唐の国際関係だけでなく、日本が陸と海域でつながる東部ユーラシアとの交流やその画期を強調した〔山内晋次二〇一一a・二〇一一b〕。皆川雅樹氏は日本で外来文物を意味する唐物の源流を探り、中国から東部ユーラシアに遡ることを追究した〔皆川雅樹二〇一四〕。

この日本と東部ユーラシアとの関係の解明は、歴史学で日本の古代から中世への移行を東部ユーラシア規模でみる視角を説く吉川真司氏の賛同を得るなどしたほか、隣接分野にも影響を及ぼした。なかでも河添房江氏は、『源氏物語』をはじめとする平安文学のなかにみられる高麗（渤海）、波斯などの歴史学との接点に触れ、その後も唐物の歴史を前近代全般にわたって概観した〔河添房江 二〇一四〕。

東部ユーラシア論に対して、二〇一四年、東アジアの現実こそを重んじるべきであり、単純な東部ユーラシアとの関連の議論では国家成立の契機（必然性）を説明できないという批判が李成市氏によって提出された〔李成市 二〇一四〕。二〇一五年、東アジア世界に取って代わりうるほど、日本史の枠組み理解に重要で有効かとの疑問も熊谷公男氏によって呈されている〔熊谷公男 二〇一五〕。確かに、これらの研究は五世紀から一〇世紀にかけての日本の東部ユーラシアとの関連を論じるが、その世界構造と展開を全体的に俯瞰したわけでなく、日本自体の歴史的位置を明晰に説明したといい難いかもしれない。

そこで、本章では私が注目する「梁職貢図」題記の諸国条および唐代に編纂された『梁書』諸夷伝を基本史料として、特に波斯、師子、百済、滑、周古柯、呵跋檀、胡蜜丹、亀茲、滑盤陁、芮芮（柔然）各条、その他の中国正史の批判的検討により、東部ユーラシアのそれぞれの国と国際関係の内実を析出し、世界構造の特徴を浮上させてみる。東アジア、倭国（日本）の歴史理解にフィードバックできるような捉え直しを目指すが、それがひいては、東アジア史像の再構成にもつながるものと考えるのである。

三　「大国」「小国」「旁小国」史料の分析

a.「大国」

五、六世紀前後の「大国」の主な史料を列挙すると、次のごとくである。『梁書』師子国条に「天竺の旁国なり」、すなわち天竺に対して師子国が「旁国」だという。『魏書』波斯国条に波斯と北魏がともに「大国」だとする。『梁書』芮芮条に、北魏に対して芮芮〈蠕蠕〉が破られて「小国」になったとする。『隋書』倭国伝に「新羅・百済、皆倭国を以て大国にして珍物多しと為し、並びに之を敬仰して、恒に使を通じて往来す」、つまり東アジアのなかで「大国」である倭とそれに対する新羅・百済の関係を述べる。また倭国伝に「海西に大隋有り、礼儀の国なり。……冀わくは大国惟新の化を聞かん」ともあり、「大国」の隋に対して倭国が新たな教化の方法を聴くという。『隋書』赤土国伝に赤土が隋を「大国」とする。『梁書』滑国条に滑国《エフタル》（嚈噠）は芮芮に属する「小国」の状態から多数の「旁国」を服属させ、「旁小国」をもち、「大国」となるという（c参照）。『魏書』嚈噠条に嚈噠は、「康居（康国の前身）、于闐、沙勒、安息及び諸小国三十許り、皆これに役属し、号して大国と為す、蠕蠕（芮芮、柔然）と婚姻す」とある。『梁書』亀茲条に「常に大国」だったと漢代のことを記す。『魏書』波斯条に「大国の天子……日出処」とあり、北魏の皇帝に対して波斯が「大国」の天子と称していた。

これらによると、「大国」意識の基準は、中国の認識で、諸国から成る広狭様々な圏域の中心（中核）の国（中国王朝、インド、倭など）の政治（社会秩序）、経済（交易）、軍事、思想（礼儀）、文化（漢字）に置かれており、中心国である「大国」と同等か、準じるかと見なすことにある。「大国」は政治をはじめとする国々の諸関係を契機として、「旁国」「小国」「旁小国」を付属させる状態にある国のことをいう。

b.「小国」

「小国」の主な史料は次の通りである。支僧載（西晋）の「外国事」（『太平御覧』七九七）に「罽賓、小国のみ」と、西晋に対して罽賓をいう。『南斉書』高麗伝に「小国の列」と北魏に対して高句麗をいい、扶南伝に南斉に対して扶南を「小国」という。「梁職貢図」滑槃陀国条に「於闐の西の小国」とあり、滑槃陀が「小国」、於闐《ホータン》は「大国」の関係である。斯羅国条に「斯羅」（後の新羅）を「もと東夷辰韓の小国」という。「梁職貢図」（北宋本）百済条に、百済に対して加耶諸国、斯羅を「旁小国」というが、「小国」と表記が違い区別される。

上記した「大国」関係の記事も「小国」に関連する。「小国」は「大国」に対置される存在であるのは多言するまでもない。

c.「旁小国」

「旁小国」は前述の「梁職貢図」百済条にみられるが（b参照）、主要な史料は滑国に関連する記述であり、次のようにある。「梁職貢図」周古柯国、呵跋檀、胡蜜檀各条にいずれも「滑の旁の小国」とあり、『梁書』滑国条に北魏の時、滑国は「小国」で「芮芮（柔然）に属し」たが、その後強大化、すなわち大国に化し、「旁国」の波斯、盤盤、罽賓、焉耆、亀茲、疎勒、姑墨、于闐、句盤などを征服したとある（『魏書』嚈噠国条には、諸国及び「諸小国三十許り」、乾陀条には乾陀が「嚈噠の為に破らる」とあり、多少の異同があるが趣旨は変らない）。これら「旁国」は「大国」の周辺国であるが、「旁小国」とは区別される。征服される前は「大国」の時もあった。

滑国は『梁書』に五一六、五二〇、五二六年、梁に「旁小国」と同時に朝貢したと記される。『梁書』呵跋檀国条には「およそ滑の旁小国は衣服、容貌が滑と同じ」とある。

結局、「旁小国」とは、滑のような中心国（大国）の「旁」すなわち周辺にあって従属し、しかも遠隔地の中心国である中国王朝へそれらの国を同伴して入朝する外交、交易活動を行っている。また「旁国」というのは大国の旁らの意にとどまるが、「小国」でなく、また「旁小国」とも異なる。上述のようにもとは「大国」に比肩する国もあった。「旁小国」は大国の同一圏域、すなわち中心国の地理的周辺に人びとが居住し、生活、衣服＝風俗、容貌＝形質の文化的、民族的類似、共通性をもっている。百済と「旁小国」の関係も同じであろう。これらを通して、「旁小国」は小国の類型であるが、滑のような中心国と周辺国の例は具体的な関係のあり方を想像させる。

倭については、『旧唐書』倭国日本伝に、「あるいは云う、日本は旧と小国、倭国の地を併せたり」、つまり小国の日本が倭国（『隋書』では大国）と合併したとみている。七世紀における倭国（日本）の大国化を思わせる。これを『新唐書』日本伝では、「あるいは云う、日本は乃ち小国、倭の幷す所と為れり」とする。

四　東部ユーラシア世界の構造

「梁職貢図」と『梁書』諸夷伝を史料にして、六世紀の中国王朝を中心軸とする東部ユーラシアの国際関係、国際秩序ないしユーラシア世界の構造を復元できると思われる。

中国王朝の支配層が共通して抱いたであろう国際意識ないし構想は、南朝の梁を具体的モデルとすることができるであろう。他方、同時期に存在した北朝の北魏も（「梁職貢図」冒頭、『魏書』）自らを中心にして、東アジア、中央アジア、東南アジア、インド、ペルシャに及ぶ諸国、諸地域（武興蕃〈国〉、天門蛮など中国王朝に接する周辺を含む）との間に、同様の国際関係を築いていたことが留意される（同上）。

例えば、滑国（嚈噠）は、近接する「旁小国」群を従属（「役属」）させて関係を結び、圏域（地域圏）を築き、中国南朝の梁、北朝の北魏、北周およびそれらの北方にあった蠕蠕（芮芮、柔然）に諸「小国」と同伴（同時）入朝した。つまり中国からは遠隔地の「大国」、その周縁の「周辺国」「辺縁国」は、「大国」である複数の中国王朝と交渉、関係を有する両属、重複の関係を形成する構造であったと解される。

滑国については、中央アジア、バルチスタン（パキスタン西南、イラン東南、アフガニスタン南部）からイラン東部にかけての農牧接壌地帯の遊牧国家である。結論を先に述べれば、滑国は波斯（ササン朝ペルシャ）、天竺と交流をもった。波斯、天竺のどちらも周辺に影響力をもった「大国」であった。中国王朝では滑国は「諸蕃」と並ぶが、遠隔地の「大国」と認められている。滑国は遊牧を主な生業としながら、近隣の周縁国、および遠隔地との間の交易を特色とする交易国家でもあり、近隣の「旁小国」との関係を基本に置いて、中国の「朝貢」形式にも沿って双方相俟って、国際的な連鎖性のある、独自で一定の国家間の関係を形成していた。滑国は遊牧国家と交易国家の二つの相貌を具えており、おそらく遊牧による生産、流通と中継を含む交易活動とが結合していたであろう。上述のように、滑国と波斯との間には交流、交易があったが、反面で対立し、戦争を起こして前者が後者を服し、それによる国際的な波及もあった。このように、「大国」と「小国」の外交関係でなく、「大国」同士の並立関係は競合（戦争）を惹起し易いといわれる。

滑の圏域と波斯の圏域といういわば二つの小世界があったと分かる。ほかに、中天竺（グプタ朝）と師子国《セイロン》は「大国」と「旁国」の関係にあった。東南の扶南は「大国」の中国王朝に対して「小国」であっても（b参照）、扶南と真蠟の間では「大国」すなわち中心国と「小国」の関係にあったと想定されている。

これらの国際関係ではすでに触れたように、交易が極めて重要である。中国との交易とその交易品に関していうと、滑国から北魏への正光末（五二〇年代）の獅子の献上は波斯産獅子で（『魏書』）、白貂裘の献上も波斯と滑国の交易によるのであり、また乾陀羅国産の白象の献上は乾陀羅《ガンダーラ》国と滑国の交易の結果（『洛陽伽藍記』）であった。これに対して、波斯は梁に対して黄獅子、白貂裘、波斯錦を献上した（『梁書』波斯伝）。西方の国から中国への「朝貢」は獲得した産物を途中の交易拠点の国々を経て交易しながらも、直接運搬する交易であり、つまり経済交流であった。

滑、波斯のどちらも自国の特産物、周辺国から集めた特産物を中国王朝に朝貢しており、本質的に各圏域での様々な交流、関係を反映する中継交易にほかならない。なお波斯は五二八年、梁に仏牙を献上しており、東南に接する婆羅門国からの流通などによる獲得物であろうか（『梁書』）。また于闐も梁に玉仏を献上している（同上）。

これらの例から「大国」と「旁小国」の関係は、「大国」が周囲の諸国（小国）の圏域の中心（中核）国であり、周辺国すなわち「小国」の交易、外交をコントロールし、あるいは「小国」間の交易にもかかわりを有した。つまり「大国」（滑国）は「小国」を緩い支配下に置き、「旁小国」が「胡書」の外交実務を担ったり、その他の負担も賦課されたりして「役属」した（『梁書』滑国条）。大国は「旁国」や「小国」を富の供給源として、技術技能を具えた人的資源の徴用もあり重要であるが、主に特産物、資源の徴集に努め、国を跨いで交易し、国際的に互酬、再分配し合い、見返りに「大国」（中国王朝）の産物、中継品を答礼の形で受ける位置関係を維持して、国際関係、国際秩序を作り、より秩序立った、一定の世界構造を構築させていたと推測される。滑国と「旁小国」はこうした国と国の関係の明確なモデルとして捉えることができる。

さらに論を進めると、東部ユーラシアの西方の中心国は、権力、消費、産業をも集中させるという圏域ごとの国際関係、国際秩序の構造を築き、その組織化（システム化）をなし遂げたが、それを前提として、中国に入朝し、外交関係を結んだのであり、相互の交易を通じて、東部ユーラシア規模の、より広域な国際関係の形成の一環につながっているのである。

これを中国王朝の側からみれば、中国すなわち東部ユーラシアの東方（「日出処」）に所在する中心国は、「朝貢」してきた「大国」や周辺国、辺縁国などの諸国に対し、国際的礼（礼楽）の思想、外交儀礼に従って対応し、自らの方式に基づいて答礼、冊封を行った。つまり交易と外交の一体性による国際関係をもったのである。

以上をまとめていうと、滑《エフタル》世界、ペルシャ世界、インド世界など、それぞれの圏域（小世界）の成立が想定でき、諸国それぞれの間で独自の中心国（大国）―周辺国（旁国、旁小国、小国）のあり方や関係を基礎に据えるシステマティックな世界が築かれていたと見なせよう。

「大国」間では、梁（大国）と滑国（大国）、その下位の胡蜜檀国など（旁小国、小国）、または滑国（大国）と波斯（大国）の交易、朝貢が行われるが、周辺国は「旁国」「旁小国」であるから、したがって、「旁小国」にとっては、中国王朝（大国）とは距離の離れた辺縁（境域を接する「国内の周辺」でない）諸国としての外交関係である。しかし遠距離のハンデイにもかかわらず、なにゆえ実質的な交易、ないし経済関係を結ぶのか。「大国」本位での周辺国（旁小国、小国）との関係維持にいかなる意味があるか。それはまず周辺国が既述の資源、富のソースを産出することとのかかわりが推定され、また上表文（外交文書）の作成、翻訳などの外交知識、外交技術、つまり人的資源ないし文化資源をもつことも、欠かせない要素であったためと考えられる。

次に国際関係では仏教とのかかわりが重要である。東部ユーラシアの西域諸国の中国遣使、倭（日本）の遣隋使、遣唐使は仏教の伝播や受容を大きな目的とし、仏教色を色濃く伴っている。西方の諸王は中国皇帝を「聖主」と称している。

西方の国々や民族はマニ教、ゾロアスター教、景教などが信仰されており、仏教徒は存在しても主な信仰でなかったとされる。それにも拘わらず前述の通り仏牙（波斯）、玉仏（于闐）を献上することが特記されるような顕著な交易行為がなされており、外交、交易（経済）と仏教の交差、緊密なあり方には注目すべきものがある。これを仏教的朝貢と概念化する河上麻由子氏の考えもある〔河上麻由子二〇一一・二〇一五〕。中国に行き来して集う諸国は、おそらく中国に合せて、または同調して仏教を共通思想と認識し、媒介文化として諸国間を結び、いわばその「世俗秩序」を超えて国際関係を醸成しているのである。のち九世紀初めの唐の洛陽には、ソグド人コミュニティがあり、彼らは仏教寺院の僧と親密な交流をもっただけでなく、大徳の地位に就くものもいたことが墓誌により明らかにされている。これらは仏教の柔軟性や包摂力を表すものでもあろう。

特に外交使節には、無関係の場合もあるが、同道（移動）する僧侶たち（胡僧、外国僧）の求法、求経、訳経（翻経）などが外交に伴うことがあり重要である。その役割には外交文書の翻訳と共通点もあり、それが文化移転、技術移転などの広がりをもつ交流を担って促がされ、広域にわたって様々に複合しながら拡大する。それには各地寺院のセンターとしての拠点的役割が重要性をもち、周縁の国々では寺院ないし僧侶が内部の公的でイデオロジカルな秩序や支配に利用されることが多い。

漢代以降、魏晋南北朝の諸国およびその都城とそのあたり一帯は、中心である「大国」の文字通りの核心として、あらゆる人々とその文化、政治権力、経済、情報などが集中し、そこから各地、各国に発信、伝播するスポット、エリアとなり機能している。梁にみられる通り、中国などの「大国」が中心であり、周辺は隣接して交流、交通する国（旁国、旁小国）をいうべきであり、さらに遠隔地の直接交流のない辺縁の国という関係が基本である。周辺または周縁の国々は二つに区別できるであろう。こうした関係により作られる構造は規律化、秩序化を遂げ、中国王朝や諸国に中華的世界観が受容、継承され、様々な関係に展開しつつ続いて行く。

以上の世界構造のあり方を、時系列に沿ってみる前に先取り的に、東部ユーラシア全体をモデル化すると、中心（中核）〔center, core〕—周辺〔neighbor, border land, interface〕—辺縁（境界領域、後背地）〔frontier, margin, periphery〕という三部（三層）構造からなる歴史的世界を設定できると考えられる（その外側には異域もある）。従来歴史学およびそれ以外の分野でも色々な場面で論じられてきた、東アジアそのほかの国家間や地域（社会）間の中心—周辺（境界領域）の構造で論じるのでは、国際関係の実態が十分理解できないと思われる。

五　東部ユーラシアのなかの東アジア世界の形成

東アジア世界とは、中国北部から東北、ロシア沿海地方（沿海州）、朝鮮半島、日本列島の東（東北）アジア圏域を措定できる。この世界は東部ユーラシア世界の内部を知る上で、中国の中華世界、中華意識を直接的に模倣した小中華世界の好個の事例でもあり、また時期ごとに変化する、中心としての中国諸王朝（国家）の周辺国の中心化の現象を示すものである。次に一世紀から七世紀まで、東アジアの中国中心の推移を、主として倭の関係を念頭に置きしながら概述しよう。

一世紀以後、漢魏晋代、まず漢と公孫氏、燕、高句麗、夫余、濊、諸韓、倭など（『漢書』『後漢書』『魏志』）の東アジアの国際関係が作られる。漢の時に、都（洛陽など）および中原に所在する皇帝を求心核とする同心円状に広がる世界構造の淵源があることが、つとに栗原朋信によって指摘された〔栗原朋信　一九六〇〕。倭など東アジアの東方にとって、漢の楽浪郡設置とそこを発信地としてもたらされる中国の政治的、文化的、経済的意義は大きく、後々まで影響を及ぼす最初の契機となった。

三世紀前半には、魏（帯方）と諸韓国、高句麗、倭などの関係が成った。春秋戦国期以降の最古の辞書、『爾雅』は中国の世界像を九州、四極、四荒、四海の順で同心円状に外に広がって存在する空間思想として述べ、後世に影響を与えた。これを東アジアの魏の場合に当てはめていえば、魏の国内は「九州」であるが、「四極」「四荒」は周縁の諸韓国、倭国の邪馬台国などである。蕃の住む「四海」は倭でも魏と交渉のない狗奴国、さらに東海の彼方にある「倭種」の国であり、魏の圏域の枠外のはるか異界とも認識されたと解されよう。これらも漢の楽浪郡を承けた魏の帯方郡を介して認められる関係であり、「九州」から東アジア各地に及ぶ様々なモノと人、文化などのベクトルはこれらの郡をいわば基地として外へ外へと作用するものであった。

四世紀末、五世紀初めは、北朝の北魏と高句麗の関係ができる。北魏を後ろ盾とする高句麗は周辺の東夫余、粛慎などとの服属関係を図り、また高句麗と新羅の関係も、新羅を「東夷の寐錦」（中原高句麗碑）、「属民、朝貢、論事」（広開土王碑）と表現するところに知られ、さらに南進して百済（「百残」）、加耶諸国（安羅人、任那加羅）を従属させる関係を志向する。この高句麗に対抗して戦う倭（「倭寇、倭賊」）（広開土王碑）の立場が窺われる。高句麗中心の東アジアの国際秩序化は、六世紀初めに建立された広開土王碑に、倭も百済、新羅を「臣民」としたので、高句麗が「討伐」するのを当然とする中心国としての論理が明示される。

その一方で、五世紀前半の四二一年以後、百済、倭は南朝の宋との関係が成って高句麗に対抗できた（『宋書』）。百済は宋の「返隷」であると認識されていた（『宋書』倭国伝）。この百済と倭の周辺国同士の関係を通して、倭は渡来人を含む百済人の王権参画をえて、仏教、漢字、外交技術などの文化を摂取した。ところが、五世紀半ば、宋は北魏軍の攻勢に遭い影響力が衰える。百済は高句麗の侵略で一時滅びるが、倭の援助を受ける。四七二年、百済は敵の北魏に朝貢し高句麗征討を願うも失敗した。四七七年、倭は宋に倭の東西、「海北」での軍功をアピールするが、一方で中国中心の天下とは別個に、倭王独自の「天下」思想を表明する（稲荷山古墳鉄剣銘など）。宋の府官制の採用、「軍郡」の冊封もこれと関連しよう。だが、高句麗中心の東アジアの国際秩序は基底を貫いており、変わらなかった。

六世紀は、梁と百済、その下位に斯羅、加耶諸国（「梁職貢図」北宋本）との関係があり、また倭と斯羅の関係は、斯羅（新羅）は「韓に属し、或いは倭に属す」とされ（「梁職貢図」）、ある時期の状況を、百済の情報によって述べた可能性もある。北朝では北魏と高句麗、その下位の新羅の関係があるが、新羅が高句麗秩序からの離脱を進めた。

七世紀初め頃、隋と倭の関係が倭の遣隋使によって結ばれる。百済の西岸を北上して山東に着く、往復の交通路を考えると、隋と百済および倭の関係でもある。隋は倭にとって「大国」であり、同時に新羅、百済にとって倭が「大国」の時期もあった（『隋書』倭国伝）。これに関連して、倭の遣隋使が地方にクニ―イナギ制の存在することを隋に報告したのは、地方支配の進展を示すというだけでなく、ミニ中心国としての主張であったとの石上英一氏の見解もある。

七世紀後半以後は、唐と高句麗、百済、新羅、倭の関係がそれぞれの遣唐使などを介して公的に成立した。高句麗は唐の遠征に遭い、その後、百済・新羅も唐の侵攻や対外政策に絡んで、次々と連鎖的に政変、戦争が起こり、一貫した国際秩序が続かない。そうした東アジア情勢が、倭にも外圧となって波及し、政変を起こす。また六五〇年代、倭は飛鳥に仏教思想で世界の中心と観念される須弥山を造り、未服属の南島と隼人と東北の蝦夷を饗応した。さらに六五九年、遣唐使に三種の蝦夷を同道させて皇帝に謁見した（『日本書紀』など）。その問答に明らかな通り、周辺国として倭が従属する蝦夷国の証しとなる人々を示し、大国振りを誇り中心国となったことを表した。すでに述べたごとく、中国の外交において同伴朝貢は「大国」と「小国」ないし「旁国」を表徴する明確な姿であった。倭は百済救援の唐・新羅との戦争、敗北もあり、不安定な国際関係にあったが（『日本書紀』『旧唐書』など）、その後、遣唐使は戦後交渉、高句麗平定の慶賀の使節以外遣わされず、したがって唐の冊封も受けることなく、その唐の国際秩序の外側にあった。

百済の滅亡、その後の高句麗の滅亡後、勝者の新羅は朝鮮南東部の金馬渚に高句麗遺民を集めて高句麗国、報徳国を建て、競い合う倭への対策として何度も高句麗使を仕立てて同伴し、倭に至った。これは倭との外交上の意義を有するのみでなく、新羅の唐に向けての自立表明にほかならず、周辺国の大国＝小中華化への転換、変貌を示すのである。

七世紀後半から末期になると、唐の膨張策に基づく朝鮮での戦争、服属の結果成立した唐と朝鮮諸国の関係は、唐が朝鮮から遼東に撤退するに及び、新羅一国だけの時代を迎えた。

このようにして、東アジアの新羅、日本に、新たに靺鞨と旧高句麗の人々を主に建国された渤海が加わって、諸国の国際的中心の交替、並立が認められる。

倭国（日本）の王権は、亡命した百済人王族に百済王を賜姓するのに知られる通り、王権または倭王の下に百済人をランクし、各地への配置などを通して編成を進めた。六七〇年代、新羅との国交、ついで大宝年間の遣唐使の派遣、外交に際して、国号を倭から中国的な「日本」に確定した。君主号も倭王から「天皇」と改めた。これらは中国の辺縁国、あるいは周辺国の倭の中心化、すなわち小中華化の一区切りを象徴的に示している。

この七世紀後半、八世紀初めにかけて倭の王権所在地（藤原京）を中心軸として、筑紫、日向、出雲などを周縁地域と捉え、特定の役割を付与することになる。それは記紀の神話や伝承にも反映して、天孫降臨、神武東征、天皇（景行）・皇子（日本武尊）の熊襲、蝦夷などの征討、皇后（神功）の新羅征討、そして国引きの大事な舞台（『出雲国風土記』）にも指定される。これは支配層の中心と周縁、ことに辺縁との関係の国土観念の形成と結び付いた思考によったものと思われる。

倭は親密な関係にあった百済の滅亡後、その遺民の戦いへの救援と敗北、敵対した新羅との競争が続いたが、一方で、新羅の中国に学び発展させた華厳経に依拠する仏教、漢文の訓読法や官人養成のテクストとしての論語などの文字文化、文字技術などの受容（百済の制度、国字も採用する）、新羅僧尼の招致、寄留（百済僧もいる）、あるいは還俗などによる王権の関係部門への任用を行い、官人をはじめとする支配層の文化や制度の摂取、活用に資した。こうした事柄を背景に、すでに入手していた唐法典を母法にし、新羅の社会実態を参考として、六七〇年代以降の天武・持統期に律令制を受容、適用させて、中央集権の国家建設を急いだ。倭（日本）の国家体制、国家構造としての小中華化、中心化の実践である。東アジアの世界構造は、倭の現実の国家形成と支配にも確実に作用した。

要するに、五世紀以降、倭は東アジアの中心国との関係を基本に、周辺国として中華思想や国際秩序までをも取り入れ、その上、王権とその中心地帯の下に各地の周辺、辺縁（東西）を掌握し、位置づけようとした。それが七世紀に及んで、政変、外征、内乱などの曲折を経て、終局的には中国王朝に倣い、地方を支配する集権国家の実現に漕ぎつけたと見なせよう（より中国国制に倣ったのは養老律令の段階である）。これについては、先進の中心国に対し、周辺国が比較的短期間の国家形成過程を遂げるという特徴をもつことが徐建新氏によって明解に指摘されている〔徐建新二〇一二〕。

このようにみると、東アジアの国際関係、国際秩序とは、東部ユーラシア世界のなかでの小中華世界の形成を表している。広域の世界（圏域）の存在と東アジア諸国の関係（圏域）の存在は国際関係、国際秩序の重層性を意味する。ゆえに、時代によって変化し位相を異にするが、中心（中華）の中国王朝と周辺の朝鮮諸国、さらに辺縁の倭という三層構造、または中心の中国と周辺の朝鮮諸国、中国と周辺の倭（日本）という二層構造の二通りを設定できる。周辺国同士の朝鮮諸国と倭の関係も長年にわたりもちろん存在する。その後、周辺国としての朝鮮諸国、日本それぞれの中心国（小中華）化を生じる。東部ユーラシア世界論としても、中心国の変化、交替がありえ、周辺、辺縁の国々、集団の変動、消長もあって、長期的には流動性がある。ことに国際関係の三層構造はフレキシビリティをもつ。中国からみると、中心国の交替、周辺国や辺縁国の中心国化は渤国が、辺縁国の周辺国化は倭（日本）が、それぞれ最も明瞭な例である。諸国、諸地域、諸民族の内外での社会、経済、政治の運動と相互作用による外圧や国際的契機の重視は、中心（中核）の中国王朝の歴史を相対化する上でも有効な観点であろう。

結局、東部ユーラシア規模の中国王朝を頂点とする広域世界と各地の圏域（小世界）とで形成される外交、交易、仏教（思想）を通して、共通する普遍性と秩序をもったシステマティックな（組織的）重層構造の存在を想定できる。そこには国際諸関係の錯綜、外交の重複、なかでも紛争、戦争などによって起る可変性があった。日本列島内部の社会の営みには、日本国などの成立までのグローバルな国際的背景、社会的状況が複合的、複眼的に考慮されなければならない。

六　東部ユーラシア世界の展開と周辺国（日本）の中心化

次に、七、八世紀頃の隋唐代、東部ユーラシアのなかの東アジアの国際関係、国際秩序、国際（世界）認識の展開について、焦点を合せてみてみる。

ここでは中心国の隋唐帝国の膨張と周辺国、辺縁国への波紋、そこでの動向に多元的、流動的な秩序化が予測される。実態としては、周辺国の外交、経済面での朝貢、朝賀、仏教面での寺院、翻経院における使者、僧侶、商人などの人、産物すなわちモノ、書籍、経典、文書などの文物、情報の様々な接触、移動、交流の現象と不可分の関係で出現すると思われる。

七世紀は、東部ユーラシア諸国と関係を結んできた南北諸王朝を統合、一元化した隋唐帝国の東部ユーラシア規模の中心（中華）化を特色とする。それには遠征などによる征服、交易、交通が大きく力を及ぼしているが、南北朝期までの諸国の朝貢の蓄積による国際関係の伝統や様々な成果が前提になっているに違いない。

隋の礼秩序、すなわち礼楽、楽制には、「七部楽」に高麗伎、天竺伎、亀茲伎が含まれ、のち「九部楽」に安国が、「雑伎」に疎勒、扶南、康国、百済、突厥、新羅、倭国がみられる（『隋書』楽志）。倭国伎は、遣隋使は六〇〇年が最初なので、それ以前、あるいは百済経由で隋朝廷に入っていたかと思われる。遣隋使、遣唐使は中国の国際認識ではあくまでも「朝貢使」であったが、奏楽は周辺国などの朝貢に対する迎接儀礼の一環であった。

渡辺信一郎氏は、北魏以来の朝貢による諸国楽が隋で集約されていること、礼楽による隋中心の国際的主従関係を構築していることを明らかにした〔渡辺信一郎二〇一三〕。

七世紀中葉から後半は、すでに隋から唐に代わった六三〇年頃、三〇ないし四〇余の西域諸国とつながりがあった（裴矩『西域図記』）。六六五年、有名な高宗の泰山封禅の祭祀には、東は高句麗、倭人、西は波斯、烏長（インド北部）までの多くの国々の使者が参加した（『資治通鑑』）。

八世紀には、七三五年（天宝一二載）の玄宗の朝賀の儀式が蓬萊宮含元殿で催された時、日本と新羅の遣唐使の争長事件（席次争い）が起きた。その時、日本、新羅のほか、大食（アッバース朝サラセン）などの諸国の使節が参席し、側近の将軍が接待した（『続日本紀』）。

唐の「四蕃」の朝貢に関しては、三〇〇余国ないし七〇余番があったといい、東の日本、新羅から西の安国、石国、米国、史国、遠く大食、波斯、天竺、獅子国、南の真臘国、林邑国などが数えられている（『唐六典』）。これらは唐の冊封を受けた国とほぼ一致し、梁代の東部ユーラシアの地域と重なることが分かる。唐は東部ユーラシアの広い範囲で、朝貢をはじめとする交流を通して諸国と様々な関係を結び、その中心であって、中華の位置にあり続けたのである。

八世紀以後、唐の周辺国としての新羅の中心国（小中華）化が目立ってくる。新羅は日本をライバルとしつつ公的交流を続けたが、この中心国化は、七三五年の新羅使の外交で「王城国」と名乗って起こったトラブル（『続日本紀』）に象徴的である。

日本も国家的な中心としての営為は続く。南九州の隼人戦争、そして三八戦争とも呼ばれる東北の蝦夷「征討」と帰服や「貢納」、南島の奄美、沖縄の人たちの「朝貢」とそれに対する叙位などである。自らを「中国」と称する意識も認められる（『続日本紀』）。これらは日本古代国家の小中華化を強く志向する動きであり、周辺観、辺縁観の形成と不可分である。

九世紀は、日本の国際関係は国際意識の弱まり、唐の衰勢もあって、七、八世紀ほど振るわない。また都人、支配層の集住する都城と周縁、特に辺縁（鄙）の遠距離間の交通はあるものの、地方支配と密接な交通体系が変容し、主要な諸活動の場は都の範囲に縮小するなどして、いわば中心の局所化へと進む。

東アジアの唐と周辺国の新羅、唐と周辺国の日本という国際社会で同等の関係にあった新羅と日本は、中心国化した国同士の競合、対立の矛盾が現実の政治、外交面で現れる。日本の藤原仲麻呂政権による新羅征討計画とそのための日本海側での臨戦態勢がその例である。その後も、新羅の海上活動を「賊」と見なして警戒を強める状態がよく起る。

ところで、中国の周辺国の国際関係、国際認識は二面性を有する。新羅（高麗）では、禅門九山に立つ文人、崔致遠の撰になる碑文に、入唐僧の出自や経歴を「唐新羅国」「有唐新羅国」「大唐新羅国」「大唐高麗」「有唐高麗」から書き始める（例えば聖住寺址朗慧和尚塔碑、鳳巖寺智証大師塔碑など）。これは『続高僧伝』の新羅僧の記述にもみえ、七世紀に遡ると思われる。国際的な関係からは、新羅は唐の冊封下で、文化的にも唐に学んだ新羅文化の進展があったという点で首肯できる（日本の仏家の間での、仏教流布の国々に天竺、震旦、本朝〈日本〉を掲げて新羅、高麗をネグレクトする三国観にも影響を与えた可能性がある）。その一方で、碑には「君子之郷」「槿花郷」「仁城」という表現が窺われ、新羅を讃美で彩り、自国のアイデンティティを強く主張する。ここに事大主義と民族意識の交錯、併存を窺うことができる。後者はおそらく周辺国としての変化しやすく、萎縮するような中華化の一面と連動するであろう。

おわりにかえて

唐代に限らないが、東部ユーラシア世界における周辺国としての日本（倭）のあり方の特性に言及して、おわりにかえたい。

中国中心の国際関係、国際秩序（冊封、羈縻を含む）が東アジアに及ぼした影響は極めて大きかった。中国の冊封、羈縻による支配関係は機能し、規定的役割を果たしたとすべきである。こうした関係を介して、日本は中心国の政治、制度を自国社会に相応しい形で移植し、先進的な文化とともに受容した。それと同時に、中心と直接しない辺縁の時代はもちろんのこと、周辺国の時代にも同じ周辺国の朝鮮諸国の制度、文化を摂取する場合がむしろ多かった。具体的にみれば、倭は、魏との外交、宋との外交、遣隋使、遣唐使の時期は中国の周辺国にほかならず、六世紀、七世紀後半の遣唐使の途絶期は辺縁国であった。八世紀も遣唐使は時たまあったが、新羅との頻繁な交流が繰り広げられ、朝鮮諸国すなわち周辺国の、または周辺国を介在して先進文化の摂取を行い、それが文化受容や交易の大きな部分を占めた。九世紀は遣唐使が二回のみで、同じ周辺国の渤海との外交による海外情報の入手、漢文学、暦をはじめとする文化摂取が主であった。付け加えれば、外国文化の受容には終始積極的で、時にイノベーションを誘い起こしたが、日本社会に適合した選択的受容という点が特徴であった。

要するに、七、八世紀前後の日本は王権の政策の不統一も一因となって、多くの場合全方位（等距離）外交を取り、正負の両面を孕みつつ、デュアルポリシーという特徴をもって一貫していたといえるであろう。

参考文献

榎一雄 一九九四『榎一雄著作集』七・中國史、汲古書院

河上麻由子 二〇一一『古代アジア世界の対外交渉と仏教』山川出版社

―――― 二〇一五「『職貢圖』とその世界観」『東洋史研究』七四―一

河添房江 二〇一四『唐物の文化史』岩波新書

熊谷公男 二〇一五「倭王武の上表文と五世紀の東アジア情勢」『東北学院大学論集 歴史と文化』五三

栗原朋信 一九六〇「文献にあらわれたる秦漢璽印の研究」『秦漢史の研究』吉川弘文館

徐建新 二〇一二「日本古代国家形成史についての諸問題」『日本古代の王権と東アジア』吉川弘文館

鈴木靖民 二〇一四「東アジア世界史と東ユーラシア世界史」『梁職貢図と東部ユーラシア世界』勉誠出版

鈴木靖民ほか編 二〇一四『梁職貢図と東部ユーラシア世界』勉誠出版

趙燦鵬 二〇一一a「南朝梁元帝《職貢図》題記佚文的発見」『文史』二〇一一―一

―――― 二〇一一b「南朝梁元帝《職貢図》題記佚文続拾」『文史』二〇一一―四

廣瀬憲雄 二〇一一a「倭国・日本史と東部ユーラシア」『歴史学研究』八七二

―――― 二〇一一b『アジアの国際秩序と古代日本』吉川弘文館

―――― 二〇一四『古代日本外交史――東部ユーラシアの視点から読み直す』講談社選書メチエ

皆川雅樹 二〇一四『日本古代王権と唐物交易』吉川弘文館

山内晋次 二〇一一a「『東アジア史』再考」『歴史評論』七三三

―――― 二〇一一b「九世紀東部ユーラシア世界の変貌」『仁明朝史の研究』思文閣出版

余太山 二〇〇三「〈梁書・西北諸戎伝〉与〈梁職貢図〉」『両漢魏晋南北朝正史西域伝研究』中華書局（中国）

王素 二〇一一「梁元帝『職貢図』初探」『漢唐歴史与出土文献』故宮出版社（中国）

李成市 二〇一四「六―八世紀の東アジアと東アジア世界論」『岩波講座日本歴史』二・古代二

渡辺信一郎 二〇一三『中国古代の楽制と国家』文理閣

終章　東アジア交流史と東アジア世界・東部ユーラシア世界

本書は『古代日本の東アジア交流史』を書名とする。古代日本における一世紀頃から一〇～一一世紀頃に及ぶ、一〇世紀以上の長い年月に生じた朝鮮半島、中国などとの交流の上での大小様々な個別の問題を究明し、あるいは概観したものである。それを今、私が改めてまとめ直して、体系的な全体像を提示するほどの論点が不足なく出そろってはいない。そこで、ここでは各章で論じた数々の史実などを念頭に置きつつ、近年の研究の流れと課題に対して、本書が提示する二点の根幹となる視角を述べることで、総括にかえたい。

その一つは東アジアのみを名のるのではなく、古代日本の「東アジア交流」とする意味について、本書での私見を学界の研究史ないし学説史のなかに位置づけることである。もう一つは近年、日本史の側から出された東部ユーラシアをめぐる議論に関して、私見の要点を解説するとともに、日本や中国でのシルクロード史研究に重なるところの多い東部ユーラシア（ユーラシア東部）史研究の動向を捉えることを通して、古代日本の歴史と東アジア、東部ユーラシアとの関係性を論じ、見通しにも触れることである。

一　古代日本の東アジア交流史

これまで古代日本に関連する研究書の書名に国際交流、国際交易を冠した例はあるが、東アジア交流史または東アジア交流と称する場合はほとんどない。近年のものとして、池田温氏の『東アジアの文化交流史』（吉川弘文館、二〇〇〇年）があり、東アジア、文化交流史の語が若干似かよっているが、概念規定はなされていない。これは基本は中国史研究の側からの唐代を主とする日本、朝鮮との文化や人物の交流を論じる論集である。これより先、東野治之氏の『遣唐使と正倉院』（岩波書店、一九九二年）も、日本の唐、新羅、渤海、中央アジア、東南アジアに関連する交易や文化交流の個別論文からなる論集である。中国考古学の王維坤氏の『中日文化交流的考古学研究』（陝西人民出版社〈中国〉、二〇〇二年）は、中国と日本の出土文物（例えば和同開珎や井真成墓誌など）から古代日本と中国の文化交流を究明する。中国の拜根興氏は前著『唐代高麗百済移民研究』（中国社会科学出版社、二〇一二年）に続いて、『石刻墓誌与唐代東亜交流』（科学出版社〈中国〉、二〇一五年）を刊行した。これは七世紀後半の高句麗、百済から唐へ移住した人たちの西安、洛陽出土の墓誌銘を検討して、中国と朝鮮の二国間の個々人の移動から交流史を解明したものであり、先駆的な業績に属する。ただし、近年の井真成墓誌の研究を含めて、従来の研究の対象・範囲は、日中、中朝などの二国間の関係や交流、交通に限られている。したがって東アジアの視角からアプローチしたり、総体的理解を目的にしたりする例はみられない。東アジア世界を正面から論じる研究は、五〇年前に藤間生大氏の『東アジア世界の形成』（春秋社、一九六六年）があり、中国では韓昇氏の『東亜世界形成史論』（復旦大学出版社、二〇〇九年）が挙げられ、なかで交流史が扱われている。日本の李成市氏の『古代東アジアの民族と国家』（岩波書店、一九九八年）は朝鮮史の側から東アジアを見渡すものである。これらは東アジアを対象にするが、後述の冊封体制論と視角や分析方法を異にしている。

　この東アジア史や東アジアとは、日本、朝鮮半島、そして中国を含む地域概念、空間概念であることが自明のごとく認識されている。これに類した東北（北東）アジアの概念もあり、日本や韓国の歴史学などでも使われる例が知られるが、東アジアよりも広い地域を対象にして、東アジアと北アジアを併せた語と考えるのが一般的である。

　東アジアに対して、西のシルクロード、中央アジアに目を転じてみると、西域から来住して唐代に官途に就くような人物やその子孫の墓誌も西安や洛陽で多数出土し、さらに墓自体も検出されている。これらについては、榮新江氏の『絲綢之路与東西文化交流』（北京大学出版社、二〇一五年）のシルクロードを通る漢文化、西方との宗教の交流についての論究や、日本の森部豊氏の編著『ソグド人と東ユーラシアの文化交渉』（勉誠出版、二〇一四年）のソグド人の北朝・隋唐における文化・信仰・軍事などの多様な動きを分かり易く述べた小論集がある。また石見清裕氏の編著『ソグド人墓誌研究』（汲古書院、二〇一六年）に集められたシルクロードのソグディアナや諸国に出自する人たちを扱う基礎研究がある。最近もアメリカのヴァレリー・ハンセン氏の『図説シルクロード史』（原書房、二〇一六年）が日本で公にされている。これらは中心としての唐の東西にある周縁との交流、関係という視野に立つなら、東アジア交流史にも結び付く可能性を有すると思われる。

　さて、本書の三分の二以上の章は、倭と呼ばれた時代からの日本の文化、思想、信仰、宗教面ないしそれと関連する外交などの対外交流をテーマとしている（特にⅡ─1、Ⅲ─1・2・3・4・5、Ⅳ─1・2・3・4・5）。対象とする対外交流の相手は特定の国との間だけでない。その大半は朝鮮半島の高句麗、百済、新羅、加耶の諸国・諸地域であるが、渤海や唐との交流も扱っている。さらには弥生時代の倭各地と諸韓国の直接の交流が漢の楽浪郡に淵源を持つこと（Ⅰ—1）、古墳時代の東国の毛野に及んだ馬匹文化、さらに渡来文化を象徴する馬具や耳飾りのような装身具が加耶、高句麗、新羅との交流の影響を表すことを論じており（Ⅰ—2）、この文化系統を遡ると中国東北、遼東の三燕までたどり着くことが指摘できよう。また、百済から倭に伝播した仏教は、すでに知られている新羅、高句麗との関係や梁の仏教の系譜を引くだけではなく、百済王興寺の塔建立時の舎利荘厳具に表れる北斉の要素のように、北朝、さらにシルクロードの信仰とも無関係ではない（Ⅱ—1）。史書には朝鮮諸国に来た胡人、すなわち西域の僧侶による布教や、百済から倭に送られたペルシャ人と思しい寺院造営の工人などの存在も認められる。こうした中国南北の仏教文化は山東で出合って、高句麗、百済に達する。いわば東アジア規模で、文化合流の現象を看取できるであろう。日本の神信仰でさえ、すでに中国、朝鮮で固有信仰と絡んで地域化した仏教の影響がある（Ⅳ—1）。これらが東アジア交流史と称する所以である。東アジアの視角で俯瞰すると、交流は文化に限らず、二国間のかかわり合いのみで済むことでもなく、諸国の政治、外交、紛争その他の動きが国際的に連鎖して絡み、交錯する状態を生じる場合が少なくない。そのなかで、日本の交流とは中国や朝鮮などとが主であるが、その方向性は大部分が日本に向かっており、仏教やモノの受容にみるように対価があって互恵性が存在するけれども、一方向的な傾向を否めないのが特徴である。

すなわち、本書で論じる「東アジア交流」とは、東アジアのなかで古代日本と主に朝鮮半島、中国との間で展開する多義的な交流・交通の様相である。交流の内容は人やモノ、情報、文化の動きや交わりを包括する。だが、それには公的で一定規模の交易、技術移転、技術提供を伴う場合があることを考慮するなら、それらは生産、流通や経済活動にも波及し、ひいては社会のイノベーションをも惹起するのであり、国家の形成やその後の制度、構造を規定し変容させる国際的契機にもなる点で、大きな歴史的意義を帯びることは重視しなければならない。また古代では文化的、経済的な対外交流は、奈良時代の唐、新羅、渤海との関係にみられる通り、使節の往来による外交と不可分の一体性、緊密性がある（Ⅲ—5）。その後の新羅人、唐人の商船による交易などは、次の日本社会や国家の到来を呼び起こす要因にもなると推察される。

日本（倭）の古代国家の東アジアとの関係史研究に関して、一九七〇年代初め、石母田正は「交通」概念が生産関係、生産様式と等価値を意味すると指摘した。私の論究はこれを承け、年々増加する関連の史料（資料）とそこから導かれる事実に対応させつつ解釈を拡げて広義の概念として用い、国際関係だけでなく日本列島内の地方、周縁との交流も併せ考え、既成の歴史を捉え直し、塗り替えるコンセプトとするべく意図してきた。

さらに日本の東アジア交流の研究とは、かつての遣唐使研究に典型的なように、中国との外交史が偏重され、対外関係が中国一辺倒の事大主義に終始する観があった。一方、朝鮮との外交については日本の植民地支配下で従属史観に連なる日本史の一部に包摂して扱われ、おそらく日本内部の歴史と見なされていた。いわゆる神功皇后の「三韓征伐」説話を征服の事実の反映として特筆大書される以外に、ほとんど研究対象にされない時代が続いた。一九六〇年代半ばになり、北朝鮮の研究者による日本列島内分国論で倭を三韓・三国の分国とする説が紹介されて衝撃を与えるに及び、高句麗文化の影響とされる高松塚壁画古墳の発見と相俟って朝鮮との交流史研究が緒に就いたのである。『日本書紀』の朝鮮三国の記事について、ようやく従来の研究が考え直され、関係史の再構築が始まったが、加耶に対しては後の韓国考古学の成果に待たなければならなかった。

私は七、八世紀の日朝関係から研究に手を初め、併せて遣唐使の論考を発表した。渤海史や新羅史のテーマにも取り組んだが、問題関心は主に日本国家の対外関係の解明にあった。その後、国家形成史に比重を移しながら、古代文化に関連する仏教や神信仰、渡来人と渡来文化についても研究を広げ、また国際的な学術交流の活動も続けるようになり、現在に至った。二〇年余り続けた円仁の現地踏査を含む研究に加えて、この約一〇年、中国の井真成墓誌や法王寺の円仁石刻の発見、そして百済王興寺跡の発掘による調査・研究に当初から携わり（II―1、IV―2・3）、中国史、朝鮮史にも学んできた。要するに日本史の側から中国、朝鮮との交流史の研究に及んだのである。私の考える交流は広域にわたり、その意義も多様化した。本書は私のこの長年、探索した研究集積を東アジアという視野で括り、文化交流を核に据えて時代と問題ごとに改めて提示し直したものといえよう。

交流史のより厳密なカテゴライズと体系化した全体像を描くためには、なお研究の広がりと深まりを必要とする。例えば、八世紀における東アジア交流の高揚としてよく知られる唐の文物、文化の摂取に関しては、本書III―5でも通観したが、実は天平期が一時的なピークであるに過ぎず、その前後は余り振るわなかったとする東野治之氏の見解が知られている。確かに九世紀の古代国家による遣唐使の派遣事業は二回だけに減り、盛んとはいえない。中国文化の摂取も、周辺国の新羅、次いで渤海の文化を介して古典や制度を受容し、法制面での令制の注釈の集成、格式の編纂、中国文学の粋である漢詩集の編纂、平安宮の中国的な門号への改定が行われる。それは漢詩集に明白なごとくに、中心の中国のコンテンポラリーな詩文に倣うことなく、旧態の中国文化を独自に日本化させた姿形を内実とする「国風文化」として再現させた。本書ではこうした交流の内実、性格の変容に関連する論点を扱うことができなかったが、ここにも日本社会に適した新古の中国の先進文化を摂取、融合させて自らの文化を更新し、形成させていく特色の存在が確かめられるのである。

二　東アジア世界論と東部ユーラシア世界論

一九六〇～七〇年代、日本の学界では冷戦構造の世界情勢のなか、日米安全保障体制下の日本と中国、朝鮮との関係をどう認識すべきかが問われ、歴史学でも日本と東アジアの国際関係史が論じられた。そのなかで西嶋定生は、五～八世紀前後の中国王朝（中華）と古代の周辺諸国（蕃夷）の間の冊封―朝貢関係、すなわち冊封体制において、仏教、儒教、律令制、漢字の授受を指標とする歴史世界が形成され、その世界構造が自律的運動を繰り広げているとする東アジア世界論を唱えて、日本の前近代史研究に大きな影響を与えた。現在も続く、漢訳や寺院建築に表れる中国化した仏教や漢字文化の周辺国への伝播、受容・変容の研究も、その延長線上にある。西嶋説と連動するのは石母田正の東夷の小帝国（小中華）論であり、日本の中国に倣った古代の帝国主義による朝鮮「任那」侵出、百済と唐、新羅戦争の際の百済救援を取り挙げた。石母田正の観点は、アジア諸国にも小中華思想があるとの指摘、周辺における小帝国群の存在の析出などの形でも受け継がれた。

これらの東アジア世界論に対しては、朝鮮史などの側から中国中心であって冊封される側の視角が欠如しているとの批判が出され、また、一九八〇～九〇年代には、冊封よりも羈縻のほうが普遍的な対外関係であるとの堀敏一の異論などもあった。その後、二一世紀初めになると、中国での墓誌の発見があるほか、古代日本の対外研究は儀礼面や文書の実証研究とともに、個別具体的な問題にも関心が移った。

二〇〇四年、中国・西北大学が公表して学界内外の関心を大いに集めた新出の西安の井真成墓誌は、日本の遣唐使、ひいては日中関係研究の恰好の資料であり、この発見を機に専修大学の東アジア世界史研究センターがスタートした（二〇一四年より古代東ユーラシア研究センターに名称と内容を変えた）。私も遣唐使や遣唐留学生の出自や唐での生活環境を具体的に考えるきっかけを得られることになった。その後発見された六七八年作成の禰軍墓誌については、銘文中の「日本」の語が日本国を指すか否かの論争が続いている。『続日本紀』の唐での争長事件で知られる呉懐実の墓誌も紹介されている。西安、洛陽龍門、山西天龍山の在唐新羅人関係の調査もある。II—5の百済系唐人の陳法子墓誌は一見日本に無関係であるが、百済時代の父祖を含む事績記事が『日本書紀』の解釈の傍証になる資料であった。これらの資料は古代の国を超えて行き来する人たちの活動を伝えるもので、日本、中国はもとより、韓国でも研究が始まり、国際的視野で取り組まれるべきことを示唆している。

二〇一〇年以降に入ると、日本古代史研究では中堅の研究者によって東部ユーラシア世界を想定する研究が次々に現れた。詳しくはIV—6に譲るが、その先駆けとなった廣瀬憲雄氏は中国王朝と交通する諸国の外交儀礼、外交文書を分析し、日本などの周辺国の東部ユーラシアとの関係を明らかにした。山内晋次氏は日本が陸路と海域とで東部ユーラシアとの交流をもつ事実を重視した。皆川雅樹氏は日本で舶載品を意味する唐物の源流が中国から東部ユーラシアにまで遡及することを、王権とのかかわりで論じた。その後、同氏は河添房江氏とともに編著『唐物と東アジア』（勉誠出版、二〇一六年）を公にし、歴史学のほか、文学、美術史を含む東アジアから東部ユーラシアとの関係へと議論をおし広げた。

東部ユーラシアとは、元来地理的・空間的概念であり、交通路や生態環境を含意するが、端的にはユーラシアを二分した東部である。中国を中心にしたパミール高原、マラッカ海峡以東とされるが、私見では交易（経済）、宗教（仏教など）を介した人やモノの移動・交流・交易によってインド、ペルシャ、サラセンまでを含むので、もっと西に境界線を広げてよいかと思われる。古代日本でも、法隆寺と正倉院に伝来する伎楽面の酔胡主、酔胡従が中央アジアのソグド人の首領と従者を表している。また、III—5に触れた西大寺や各地出土のイスラム陶器の発見がある。奈良時代に来住し活動した僧侶をはじめとするインド、ペルシャ、東南アジア、西域の人たちを想起でき、実際、最近平城宮跡出土の木簡に、ペルシャ人官人の名が確認されたという（Ⅲ—3）。逆に日本の入唐僧霊仙のように国を越え、長安で梵語仏典の漢訳事業に従事し、渤海僧と交友を結ぶ人もいる。これらの事実は、唐を介在とするにせよ、東部ユーラシアが日本と無関係だとは決していえないことを示している。

このような東部ユーラシア世界論に対しては、二〇一四年、李成市氏がこの論では日本、朝鮮の国家成立の必然性を説明できず、中国を含む東アジアの現実にこそ立つべきと批判した。二〇一五年、日本史の熊谷公男氏は、東アジア世界に取って代わりうるほど、日本史の理解に重要で有効かという疑問を提示したが、これに対してマクロな視点も有効ではとの浜田久美子氏の意見もある。

三　東部ユーラシアの構造と展開

上述のような議論がなされるなか、私は遣唐使が唐で出合った東西の使節や商人、物資や文化に注目し、それが日本にも多少の影響を及ぼしている事実を無視しないなら、それが東アジアだけにとどまらない意味をもつと考え始めていた。ちょうどその頃、関連する史料（資料）の発見が相次いだことで、日本が位置する東アジア世界には東部ユーラシア世界が被さるように重層して存在するとみる構造とその展開を構想することになったのである。

二〇一一年、香港の趙燦鵬氏は「南朝梁殿元帝《職貢図》題記佚文的新発現」（『文史』二〇一一—一）において、清代の張庚が一七三九年に書写した「諸番職貢図巻」（『愛日吟盧書画続録』）の一八国分の題記逸文を紹介した。これを機に、私は諸本がある「梁職貢図」諸国条の使節図と題記、唐代成立の『梁書』諸夷伝の三〇余国の記事をもとに、日本、中国、韓国の研究者と共同で研究を進め、その成果を金子修一氏との共編『梁職貢図と東部ユーラシア世界』（勉誠出版、二〇一四年）として公刊した。同書で私自身は六世紀の梁の東部ユーラシア規模の国際関係が中華―蕃夷思想、天下観、世界観を表すとともに、現実に機能する国際秩序、世界構造（システム）の存在を反映するとみて、先行学説と違った東部ユーラシア世界論を掲げた（「東部ユーラシア世界史と東アジア世界史」）。Ⅳ―６にその要点を述べた。

中央アジアの農牧接壌地帯にあったイラン系遊牧国家の滑国（エフタル）は西の中心の「大国」であった。滑国は隣接する「旁小国」（周古柯など）を従わせて圏域（小世界）を築き、また「旁国」（波斯など）を服属させ、入手した特産物を朝貢品に仕立てて、南朝の梁、北朝の北魏などや北方の芮芮に「旁小国」と同道して度々入朝した。このような国際関係を成り立たせた内実と契機の一つは中継を含む交易（経済、商業）であり、もう一つは柔軟性に富む仏教（宗教信仰）であり、ともに重要な要素であった。

「大国」は「小国」などを富（資源）の供給地とし、中心に権力、消費、産業を集中させ、その組織化（制度化）を進めた。それを前提に「大国」との間の国際的な交易外交を継続させ、国際秩序を形成していた。

東アジアでは、五、六世紀、朝鮮で百済が中心となり、「旁小国」を従えて中国王朝と交わったが、七世紀以後、それまでの高句麗の国際秩序から脱却した新羅が朝鮮を統一し、高句麗遺民の「小国」を作るなどして、中心（中華）化を進め、八世紀に及んだ。倭も六五九年、遣唐使が東北の蝦夷を同伴して朝貢し、洛陽で高宗に面会し、中心（中華）化をアピールした。

こうした「大国」を中心にした周辺の「旁国」「小国」「旁小国」群による圏域が東部ユーラシア各地で作られ

た。中国南北朝以外に、滑国、波斯、天竺（インド）などの圏域（小世界）があり、中国の東隣の東アジアにも小世界の諸関係が築かれたことは疑いない。その西にも、時代を降るといくつかの圏域が存在することは、陶器などの分布から想像される。東部ユーラシア世界と東アジア世界など各小世界とは、例えるなら、広く大きな傘の下に小さな各種の傘が並び立ち、あるいは重なり合うような、重層的な構造であった。したがって私の考える東部ユーラシア世界論は、当然ながら東アジア世界論を不要とするものでなく、東アジア史像の捉え直しや再構成にもつながるであろう。この点は、田中史生氏の「歴史世界としての「東アジア世界」の現在」（『東アジアの政治と文化』明石書店、二〇一六年）および「越境する古代」（『歴史評論』七九九、二〇一六年）に言及がある。

この世界構造をモデル化すると、中心（大国）―周辺（大国、旁国）―辺縁（旁小国）という三部構造の歴史的世界を設定できる。周辺国はよく中心化を生じる。この構造の枠組みのなかで、一世紀頃の漢代以来、様々な人の移動やモノの交易、文化移転が行われ、東アジアでは少なくとも唐の存続する一〇世紀まで引き継がれて変容、展開しながら、宋代に及ぶと理解できる。その後、一二世紀にはユーラシア東西でのモンゴルによる世界秩序が打ち立てられる。その前後、一一世紀初めから一三世紀にかけて、ユーラシア東方で対等な諸国関係の澶淵体制が構成されたことが杉山正明、古松崇志各氏によって唱えられているが、これは東部ユーラシア世界と同じ空間での外交、文化、経済のシステムの存在を認める考えである。ついで一五、六世紀以後、イマニュエル・ウォーラーステイン氏の説などで知られるような資本主義経済の世界構造が始まると見通すことができる。

東ユーラシアの一定のシステムやルールを有する「世界」がどう実在するかは今後も深めるべき問題である。二〇一四年、専修大学の古代東ユーラシア研究センターの設置に際して「世界」の称を付さなかったのは、飯尾秀幸氏が「研究プロジェクトを開始するにあたって」（『古代東ユーラシア研究センター年報』一、二〇一五年）、「古代史研究における東ユーラシア地域論をめぐる試案」(『同』二、二〇一六年)で述べるように、同様の理由からである。東部ユーラシアの歴史に迫るには、日本史だけにとどまることのない、色々な切り口があるものと予測される。

日本(倭)ないし東アジア(東部ユーラシア)の三部構造に関しては私見が初めてではない。村井章介氏は早くに中世日本列島とその周辺の中心—周縁—境界(—異域)という四つの空間に分節化される地域空間モデルを示している(「中世日本列島の地域空間と国家」『思想』七三二、一九八五年)。深谷克巳氏は東アジアの法文明圏が、儒教的要素を基準にすると、中核国家、周辺国家、間隙的部族社会の三部構造で成り立つとする(『東アジア法文明の中の日本史』岩波書店、二〇一二年)。世界構造論では、柄谷行人氏が日本の歴史学研究者の論を適宜まとめて、帝国—周辺—亜周辺(—圏外)と経済、文明を軸にして旧世界帝国の構造を説明している(『帝国の構造』青土社、二〇一四年)。これらの諸説は私の提示する古代の構造論に類似、共通するもので、今後の研究交流が期待される。

四　東部ユーラシア世界論の広がりと古代日本

東部ユーラシア世界は、海山を越える交通路が敷かれ、諸国を跨いで形成されるが、それを機能させ実効性を与えているのは、人とモノの移動、交流にほかならない。この地域は通常の東ユーラシア、中央アジア、中央ユーラシア、シルクロードなどという分野の対象と重なる。日本では、荒川正晴、池田温、石見清裕、高田時雄、土肥義和、関尾史郎、森部豊、森安孝夫、吉田豊などの諸氏が多彩な研究を牽引している。

森安孝夫氏は、「中央ユーラシア」は時代によって変遷する人文地理的、文化的概念であるとする(『東西ウイグルと中央アジア』名古屋大学出版会、二〇一五年)。上田信氏は雲南を中心とした東ユーラシアを称する(『東ユーラシアの生態環境史』山川出版社、二〇〇六年)。モンゴル史研究の杉山正明氏は「ユーラシアの東西」と表現する(『ユーラシアの東西』日本経済新聞出版社、二〇一〇年)。妹尾達彦氏は、シルクロードの農牧接壌地帯を重視し、西方からアフリカまでを射程に入れて「アフロ・ユーラシア」と呼ぶ(『長安の都市計画』講談社選書メチェ、二〇〇一年)。菅沼愛語氏は、中国を核とする周辺諸国との外交や戦争の関係から「東部ユーラシア」のエリア設定を提言する(『7世紀後半から8世紀の東部ユーラシアの国際情勢とその推移』渓水社、二〇一三年)。廣瀬憲雄氏は、日本史の推移に国際環境を重視するなら、東部ユーラシアの視点は唐の滅亡後モンゴルの台頭までも有効であるとする。中国中心の理解が多いが、研究の対象は広域に及び、極めて精緻であり、旧来の東西交渉史のイメージを一新させている。このほか、歴史社会学の山田信行氏は、「アフロ・ユーラシア世界システム」という紀元前五〇〇〇年から紀元一四〇〇年頃のローマ、インド、中国を核として包括する世界があるとする(『世界システムという考え方　批判的入門』世界思想社、二〇一二年)。

これらの日本内外での中央ユーラシア、シルクロードの研究ないし世界構造論と、いわば新参の東部ユーラシア世界論との研究交流により、共通理解を作り上げていかなければならない。これらの世界論は多様で、広がりがある。東部ユーラシア史でなく、ユーラシア世界を唱えるのであれば、より大きな課題になるが、日本の歴史や文化もそのなかに含まれ、あるいは関連する可能性は小さくない。ユーラシアの文化の波が西から東漸して中国、朝鮮から日本に伝わり、東国や蝦夷の地にまで達するのは、この世界構造と無関係でない。世界システムの議論にかかわることにより、古代日本を世界史のなかに位置づけて理解する道が拓かれるであろう。以後、世界各地で進む地域研究をも参照しながら、確かな実証と理論構成とを積み重ねていくことが望まれる。

本書で述べた古代日本の東アジア交流の個々の事実がすべて東部ユーラシア世界に結びつくわけではない。東部ユーラシア世界の「世界」とは普遍性、規則性（秩序）、関係性、完結性を有し、一体として把握できる国、集団などの結び付いた状態の世界である。史料で知られるこの世界は中国王朝中心の動きが主流であり、中心—周辺—辺縁の関係を基本として構築される。だが、関係性はその内包する要素、成分や外的条件や背景によって、可変的、流動的である。さらに古代日本、朝鮮諸国に例を取って、東部ユーラシアと東アジアの二重の世界の下にあると考えると、それらが作用する二重の国際インパクト（外圧）、国際的契機が既成の歴史的営為と絡み合って、外交、内政、経済、文化を大きく規定し、同時に各地社会を突き動かすポテンシャルになる。この世界は国際的には一極とは限らない、多極的な秩序が大小の層を成すかのごとくに存在する。その世界構造は多極的な秩序の多層の集合体ということにもなるであろう。

また東部ユーラシアに広げなくとも、東アジア世界の追究は、例えば仏教思想や文学の分野では日本の平安期以降や朝鮮の高麗以降について研究が進んでおり、まだ深める余地は色々ある。

本書で私は古代の日本や朝鮮、中国の史料（資料）のなかに東アジア交流の事実を探り出し、日本の歴史や文化に関係づけることを強調し過ぎたかもしれない。ほかにも研究の回路があるであろう。例えば、文化などとやや隔たる感もあるが、紛争、衝突、軋轢を孕む錯綜した交流、関係について論及するところは多くなかった。今日に通じるこの地域の複雑な歴史は当然あって、どれも直視すべき歴史である。

個々の事実を古代日本の枠にとどめることなく、東アジア、さらに東部ユーラシア、ないしシルクロードにまでを研究の視野に収めて、あるいはそれをフィードバックさせてみると、さらにまだ知られていない多くの歴史が浮かび上がり、豊かな全体像をイメージできるに違いない。

おわりに

私は今日に至るまで、東アジアのなかで日本の歴史を明らかにしたいという関心の下に、倭国時代からの王権を核とする国家形成の道を歩み、奈良・平安時代までの国家構造を整えていく古代日本の姿を、朝鮮・中国などとの関係史を通して研究してきた。そのなかで、史書が記す王権・国家の政治や外交だけでは説明できない、多様な交流の様相が具体的な資料によって浮上してきた。例えば一九七七年、私は正倉院のなかに新羅物と呼ばれる新羅からの舶載品があることに注目し、特に佐波理製品（鋺）に付属する新羅文書の内容とその正倉院に収められるに至る背景や由来を考えた。私はその前後から、日本のなかはもとより、韓国、北朝鮮、中国、ロシアの遺跡、遺物などにも注意を払い、日本の歴史を考える資料として活用することを常に意識してきた。

その最たるものは、一九七〇、八〇年代に学界内外の関心を集めた中国の高句麗広開土王碑である。さらに九〇年代以降の韓国の大成洞古墳群をはじめとする加耶の墳墓と出土遺物、ロシア沿海州の日本海に面したクラスキノの渤海遺跡、二〇〇〇年代に入る頃からの韓国の栄山江流域の前方後円墳の相次ぐ調査、二〇〇四年の中国西安の井真成墓誌、その後の禰軍墓誌、河南省法王寺の円仁石刻の発見、等々を直に想起できる。これらは日本と日本人の活動に直接関係するか、その可能性の高い考古資料、歴史資料であり、私は発見や調査のたびに現地に赴いて現物を確かめ、学界やメディアを通して紹介し研究に努めてきた。二〇〇八年、韓国扶余を訪れて私が直感した王興寺跡の舎利容器や荘厳具などと飛鳥寺のつながりについては、同じでないという異論も耳にしたが、両者の微妙な違いこそがまさに異文化の伝播、受容のある通りの形を反映するに違いないのである。このほか、二〇一一年公にされた新出の「梁職貢図」についても、共同研究を組織し、研究成果の一部を公刊した。一方、日本と韓国、北朝鮮で発見が続く木簡の調査、研究の動きも目が離せなくなった。なかに新羅人の名を記す木簡があり、逆に百済木簡には日本（倭）人の名も認められる。前記の佐波理製品に関しても、最近、藤原京出土の佐波理鋺の断片を集成した報告が公刊されて担当者に頂いた。私にとっては約四〇年ぶりの関連資料との出会いであり、僅かな文献から来住した新羅人を追い求めてきた研究にナマの資料の裏づけが得られて、密かな興奮を禁じ得なかった。これらの新たな資料によった論考は、既刊の論集にも収録したが、それ以外の円仁石刻や佐波理鋺を含む新羅人、新羅文化の考察、「職貢図」に発する東部ユーラシア世界論を、本書に収めることができた。

本書は全体を一九章で構成した。このなかの二分の一強の一一章は、最近一〇年間のシンポジウムと講演会の研究者のみでなく、市民や古代史ファンに向けた報告をもとにして書き直した文章である。逆に駆け出しの頃の論文を改めた章も一つある。またそのうちの三章は、近年日本と中国で公表された出土文字史料（墨書土器）、墓誌、祭祀遺物に関して論じた書下ろしである。冒頭の章は最近糸島市で次々と発見された硯資料にも関連する。

各章のもとになった論文などの初出を掲げると、次の通りである。

はじめに　新稿

I

1　「古代の出雲と日本の東アジア交流」島根県立八雲立つ風土記の丘講演会資料、二〇一六年（一部）

2　「甲を着た古墳人の時代の日本」『国際シンポジウム　よみがえれ古墳人　記録集・資料集』よみがえれ古墳人　東国文化発信委員会、二〇一五年

II

1　「古代文化の源流を探る――王興寺から飛鳥寺へ――」『國學院大學文化講演会資料集』國學院大學、二〇〇八年

2　「難波宮木簡をめぐる二、三の視角」『東アジアの古代文化』一〇三、二〇〇〇年

3　「百済救援の役後の百済および高句麗の使について」『日本歴史』二四一、一九六八年

4　新稿

5　新稿

III

1　「東アジアのなかの飛鳥・藤原京の時代――七世紀の文化形成を中心に――」『めざせ！　世界遺産登録「飛鳥・藤原の宮都とその関連遺跡群」を知る・学ぶ・活かす』講演会資料、奈良県立橿原考古学研究所附属博物館、二〇一五年

2　「出雲大社の創建と東アジア」『八雲立つ風土記の丘』二二〇、二〇一六年

3　「平城京の新羅文化・新羅人」武田幸男編『朝鮮社会の史的展開と東アジア』山川出版社、一九九七年

4　「日本古代の渡来人と技術移転」『國學院雑誌』一〇九―一一、二〇〇八年

5　「天平文化の背景」上田正昭編『日本史』（1）古代、有斐閣新書、一九七七年

Ⅳ

1　「東アジアのなかの日本の神信仰――古代の固有信仰と外来宗教論――」『神道と日本文化の国学的研究発信の拠点形成　研究報告』二、國學院大學、二〇〇七年

2　「円仁に関する新資料の出現――法王寺釈迦舎利蔵誌――」『日本歴史』七五〇、二〇一〇年

3　「円仁石刻の史料性と法王寺の沿革」鈴木靖民編『円仁と石刻の史料学』高志書院、二〇一一年

4　「敦賀・松原客館とその時代」『松原客館の謎にせまる――古代敦賀と東アジア――』気比史学会、一九九四年

5　新稿

6　「東部ユーラシア世界と東アジア世界――日本古代と世界構造――」『文学・語学』二一四、二〇一五年

終章

一　新稿

二〜四　「東部欧亜世界論与古代日本（三―九世紀）――日本的研究動向――」『〝絲路文明伝承与発展〟国際学術研討会論文集』中国・浙江大学一帯一路合作与発展協同創新中心、二〇一五年（縮約、改訂）

上述したように、これらは考古学やモノの研究に多くを負う論考が大半である。文献によって古代の日本と東

アジアの歴史、文化を専攻する私が、敢えて隣接領域に〝越境〟した結果である。けれども、文化面を主とする古代の交流史は、文献だけによるのでは歴史の皮相をなぞる浅薄な推察に終わるおそれがあり、歴史の現場、時代に即したナマの資料であるモノにこそ、事実に迫る有力な手がかりがある。いわば文献と考古学資料との融合的な研究法により、モノの有する情報をミクロの目で探り出し、歴史に接近するなら、必ず新たな収穫があるはずである。

諸資料を総合した観察が歴史の細部にわたる理解を豊かにするであろう。本書がそうした成果を十分に挙げたかと問われれば、忸怩たるものがある。さらに、本書は新出資料に接して研究に着手したり、従来の学説を見直したりした文章もあるが、主催者や市民の依頼を受けて検討を始めた場合が少なくない。章によって濃淡や形式の違いがあったり、重複する箇所があったりするのもそうした事情による。

だが、「はじめに」でも記した通り、本書は結果的に、古代日本の東アジアとの交流史について、文化を中心にして一世紀から一〇、一二世紀までのポイントを大略明らかにでき、研究の方向性を少しでも示唆し得たかもしれない。ただ、日本本位の立場で取り上げたので、ほかにも未着手の事柄があり、全時代を等しく解明したとはいい難いであろう。この点は、すでに公にしたいくつかの拙著での王権・国家史に関する見解とすり合わせ、総合することによって、より確かな目標に近づくことができると思われる。国際的な連鎖性や長期波動の現象にも留意するだけでなく、さらに、日本史を東部ユーラシア、ユーラシア史の一定のリズム、システムの下で、紛れもない共通性と関連性をみつけて理解し、歴史叙述できる時を待ちたいと考えている。

おわりに、各章のもととなる調査、研究に当たっては、多くの方のお世話になった。特に松本岩雄、平石充、吉松大志、武末純一、右島和夫、土生田純之、徳江秀夫、江浦洋、大橋信弥、濱修、中村智孝、今尾文昭、西光慎治、諫早直人、高田貫太、糀谷好晃、木村淳一、西山美香、宮田眞、赤羽目匡由、藏中しのぶ、早川保夫、李鎔賢、王海燕の各氏には、講演のお誘いや執筆のきっかけを頂き、またご教示に与った。国書（外交文書）の研究会の金子修一氏、石見清裕氏、浜田久美子氏をはじめとする諸氏には、いつも啓発を受けている。本書の索引は河内春人氏が作成して下さった。これらの方がたのご厚情に心より謝意を表する。日頃研究を支えてくれている妻、そして息子、娘とその家族にも、〝ありがとう〟と感謝の言葉を捧げたい。

勉誠出版の吉田祐輔氏には、本書の構成、編集をはじめ、上梓に至るまで懇切丁寧なお力添えを頂いた。篤くお礼申し上げる。

二〇一六年一〇月

鈴木靖民

索　引

主要件名・主要人名

【あ行】

【か行】

【さ行】

【た行】

【な行】

【は行】

【ま行】

【や行】

【ら行】

【わ行】

研究者名

【あ行】

【た行】

【な行】

【は行】

【ま行】

【や行】

【ら行】

【わ行】

著者略歴

鈴木靖民（すずき・やすたみ）

1941年北海道生まれ。横浜市歴史博物館館長、國學院大學名誉教授。文学博士。

専門は日本古代史・東アジア古代史。

著書に『古代対外関係史の研究』（吉川弘文館、1985年）、『日本の古代国家形成と東アジア』（吉川弘文館、2011年）、『倭国史の展開と東アジア』（岩波書店、2012年）、『比較史学への旅―ガリア・ローマから古代日本へ』（勉誠出版、2012年）、『梁職貢図と東部ユーラシア世界』（編著、勉誠出版、2014年）、『日本古代の周縁史』（岩波書店、2014年）、『相模の古代史』（高志書院、2014年）などがある。

古代《こだい》日本《にほん》の東《ひがし》アジア交流史《こうりゅうし》

著者　鈴木靖民
発行者　池嶋洋次
発行所　勉誠出版㈱
〒101-0051 東京都千代田区神田神保町三―一〇―二
電話　〇三―五二一五―九〇二一㈹

二〇一六年十一月十八日　初版発行

印刷　太平印刷社
製本　若林製本工場

ISBN978-4-585-22160-9　C3020

梁職貢図と東部ユーラシア世界

六世紀の梁を中心とした国際秩序・文化的状況を伝える貴重資料「梁職貢図」。その史料的位置付けを明らかにし、東部ユーラシアの世界構造を立体的に描き出す。

鈴木靖民・金子修一 編・本体八五〇〇円（＋税）

古代東アジアの仏教と王権
王興寺から飛鳥寺へ

諸学の視点から、舎利信仰と王権の関わりや造寺、造仏の技術・文化伝習など、東アジア世界において仏教の果たした文化的・政治的重大性を明らかにする。

鈴木靖民 編・本体八〇〇〇円（＋税）

古代東アジアの道路と交通

秦の直道の発掘調査結果をもとに、古代東アジア諸国の道路構造や道路網、交通制度などを多角的に分析することで、「道路」そして「交通」の歴史的意義を解明する。

鈴木靖民・荒井秀規 編・本体六〇〇〇円（＋税）

古代日本の異文化交流

神信仰をはじめとする日本固有の思想・宗教などを、異文化交流の視角から捉え直し、日本文化を世界歴史の中に相対・客観化し位置付ける意欲作。

鈴木靖民 編・本体一二五〇〇〇円（＋税）

比較史学への旅
ガリア・ローマから古代日本へ

ローマ帝国の属州であったガリア・ローマ地域。周縁への視座から世界史の命題を解き明かし、世界史上における古代日本の位置を模索する比較史学へのアプローチ。

鈴木靖民 著・本体一七〇〇円（＋税）

「もの」と交易の古代北方史
奈良・平安日本と北海道・アイヌ

七世紀～十一世紀の古代の北海道と日本列島、大陸を往還した多彩な「北の財」。その実態と歴史的・文化的意義を最新の古代史・考古学研究の成果から実証的に検討する。

蓑島栄紀 著・本体七〇〇〇円（＋税）

入唐僧恵蕚と東アジア
附 恵蕚関連史料集

日中に分散していた恵蕚に関する史料三十六種を集成、また、恵蕚と恵蕚を取り巻く唐・新羅の人々を追うことで多元的な歴史世界を描き出す論考三本を収載。

田中史生 編・本体五〇〇〇円（＋税）

九世紀の来航新羅人と日本列島

九世紀に顕著となった新羅人の来航現象が、列島社会をどう変化させ、日本はどう対応したのか。対新羅政策における対外意識の変化を支配層、諸階層の人々から考察する。

鄭淳一 著・本体一〇〇〇〇円（＋税）

日本古代のみやこを探る

古代国家の政治・文化の発信点であった「みやこ」をめぐり織りなされる諸相を、歴史学・考古学・歴史地理学の知見より立体的に描き出す画期的成果。

舘野和己 編・本体一〇〇〇〇円（＋税）

中国古代都城の設計と思想
円丘祭祀の歴史的展開

漢から唐にかけて、都城の設計の起点が移っていく過程を検証。日本、北魏、隋の遷都との比較検討を通じて、古代東アジアにおける都城の理念を明らかにする。

佐川英治 著・本体一一〇〇〇円（＋税）

上代写経識語注釈

飛鳥・奈良時代に書き写された日本古写経の識語をほぼ網羅する七十一編を翻刻・訓読・現代語訳し、詳細な注釈を加え、写経識語の意義を捉えた四本の論考と索引を収載。

上代文献を読む会 編・本体一三〇〇〇円（＋税）

日本「文」学史第一冊
A New History of Japanese "Letterature" Vol.1
「文」の環境——「文学」以前

日本の知と文化の歴史の総体を、思考や社会形成と常に関わってきた「文」を柱として捉え返し、過去から現在、そして未来への展開を提示する。

河野貴美子／Wiebke DENECKE／新川登亀男／陣野英則 編・本体三八〇〇円（＋税）